너희는 세상의 빛이라
(마 5:14)

ὑμεῖς ἐστε τὸ φῶς τοῦ κόσμου
(Κατὰ Ματθαῖον 5:14)

그리스도인이
빛으로 산다는 것

김남준 현 안양대학교의 전신인 대한신학교 신학과를 야학으로 마치고, 총신대학교에서 목회학 석사와 신학 석사 학위를 받았으며, 신학 박사 과정에서 공부했다. 안양대학교와 현 백석대학교에서 전임 강사와 조교수를 지냈다. 1993년 『열린교회』(www.yullin.org)를 개척하여 담임하고 있으며, 현재 총신대학교 신학과 조교수로도 재직하고 있다. 시류와의 영합을 거절하는 청교도적 설교로 널리 알려진 저자는 조국 교회에 바르고 깊이 있는 개혁신학적 목회가 뿌리내리기를 갈망하며 연구와 설교, 집필에 힘쓰고 있다.

주요 저서로는 1997년도 기독교 출판문화상을 수상한 『예배의 감격에 빠져라』와 2003년도 기독교 출판문화상을 수상한 『거룩한 삶의 실천을 위한 마음지킴』, 2005년도 기독교 출판문화상을 수상한 『죄와 은혜의 지배』를 비롯하여 『구원과 하나님의 계획』, 『게으름』, 『자기 깨어짐』, 『하나님의 도덕적 통치』, 『교사 리바이벌』, 『자네, 정말 그 길을 가려나』, 『목회자의 아내가 살아야 교회가 산다』, 『설교자는 불꽃처럼 타올라야 한다』, 『돌이킴』, 『싫증』, 『개념없음』 등 다수가 있다.

그리스도인이 빛으로 산다는 것

ⓒ 생명의말씀사 2012

2012년 4월 30일 1판 1쇄 발행
2012년 5월 10일   3쇄 발행
2012년 5월 15일 2판 1쇄 발행
2012년 6월 30일   5쇄 발행

펴낸이 | 김창영
펴낸곳 | 생명의말씀사

등록 | 1962. 1. 10. No.300-1962-1
주소 | 서울 종로구 송월동 32-43(110-101)
전화 | 02)738-6555(본사)·02)3159-7979(영업)
팩스 | 02)739-3824(본사)·080-022-8585(영업)

지은이 | 김남준

기획편집 | 태현주, 조해림
내지디자인 | 조현진
표지디자인 | 디자인집
인쇄 | 영진문원
제본 | 정문바인텍

ISBN 978-89-04-03131-3 (03230)

저작권자의 허락없이 이 책의 일부 또는 전체를
무단 복제, 전재, 발췌하면 저작권법에 의해 처벌을 받습니다.

그리스도인이 빛으로 산다는 것

"You are the light of the world."

하나님의 나라는 그 빛의 확장이며 그 사랑의 확장입니다. 우리가 그 빛을 전하고 그 빛을 따라 착한 행실로 살아가는 것은 세상도 우리처럼 하나님께로 돌아오게 하기 위해서입니다.

김남준

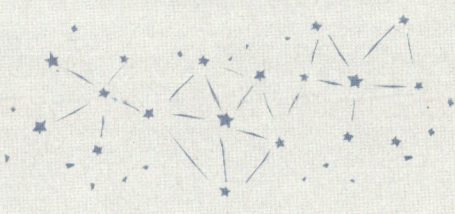

생명의말씀사

| 추천의 글 |

통합적 사고로 진리를 말합니다 (사상·윤리·은혜의 힘을 회복함)
서강대 철학과 교수 **강영안**

이 책을 손에 드신 분들은 김남준 목사님 책을 저보다 더 많이 읽었으리라 생각합니다. 저는 목사님 책을 아직 그리 많이 읽지 못했습니다. 하지만 이 책의 원고를 손에 들고 며칠 간 푹 빠져 읽으면서 목사님의 신앙과 사상, 세상과 사물을 보는 관점, 글 쓰는 방식을 이해할 수 있었습니다. 저는 이 책을 비평가의 관점에서 읽지 않았습니다. 수용자 또는 독자의 마음으로 일종의 공감적 독서를 하였다고 말하는 것이 옳을 것입니다. 감동을 받은 사람은 그냥 빙긋이 웃는 얼굴로 물러나는 것이 마땅하나 여러분보다 앞서 이 책을 읽은 사람으로 몇 마디 하지 않을 수 없습니다.

우선 무엇보다 김남준 목사님의 사고가 매우 통합적이라는 사실을 저는 이 책을 읽으면서 알았습니다. 받은 훈련이나 활동으로 보면 목사님은 뛰어난 신학자요, 목회자이지만 성경을 읽고 사고하고 적용하는 과정을 보면 신학과 철학, 인문학과 자연과학을 적절하게 사용하여 하나님의 진리를 풀어 냅니다. 심지어 도시미학에 관해 상당히 긴 논의를 하는 것을 보고는 목사님의 학문적 폭과 관심을 느낄 수 있었습니다. 만일 우리가 무엇을 알 수 있다면 그 어떤 것에 대해서도 그리스도인은 무지할 권리가 없음을 목사님은 몸으로 보여주고 있습니다.

김남준 목사님의 통합 학문은 성경 한 구절, 한 단어를 풀어 낼 때도 드러납니다. 요즘 학자들은 자신이 한 전공의 좁은 범위에 머물러 있는 것을 오히려 자랑스럽게 생각하는 경향이 있습니다. 신학자들도 이 점에서 다를 바 없습니다. "바울 서신 가운데 로마서를 전공했고, 로마서 가운데에서도 9장에서 11장까지 이른바 '이스라엘 문제'를 전공했다. 그러므로 로마서 7장은 잘 모른다." 이런 방식입니다. 소논문을 쓰거나 학위 논문을 쓸 때는 그렇게 할 수밖에 없지만 하나님의 말씀은 이런 방식으로 연구될 성질의 것이 아니라는 것을, 하나님의 말씀을 읽고 말씀을 따라 살고자 하는 사람들은 알고 있습니다.

  김남준 목사님은 성경 한 구절을 읽더라도 단순히 단어의 뜻과 구문의 구조뿐만 아니라 성경신학과 교의학, 역사신학과 실천신학의 관점을 적절하게 사용하고 있는 것을 보게 됩니다. 기나긴 독서 과정을 통해서 통합신학을 몸으로 익히지 않고서는 할 수 없는 일입니다. 오늘처럼 부분과 부분, 부분과 전체를 이어 줄 사고의 줄을 상실한 때에 목사님이 시도하는 통합신학적 방식은 성도를 하나님의 사람으로 준비시기고 교회 공동체를 하나님의 모습을 닮은 성숙한 공동체로 키워 가는 데 필수적이라 할 것입니다.

  김남준 목사님의 책을 읽으면서 특히 반갑게 생각하는 점은 사상과 윤리, 지성과 실천적 삶을 다같이 강조하는 모습을 본 것입니다. 우리가 배워온 신앙 전통은 믿음, 열심, 헌신을 많이 강조했습니다. 제대로 생각하고, 제대로 알아가는 과정과 윤리적 삶은 소홀히 했다고 말해도 지나치지 않을 것입니다. 반지성주의와 윤리무관심주의가 우리 한국 교회 안에 상당히 깊이 스며든 것은 우연이 아닙니다. 교회 안에서는 무조건 "아멘." 하고 열심히 모든 일에 참여해야 좋은 신자인 것처럼 이해될 뿐 아니라 세상의 윤리 기준으로 보아도 문제가 될 수 있는 것들을 아무렇지도 않은 것처럼 보는 태도가 여기서 비롯되지 않았나 생각합니다.

김남준 목사님은 이 책을 통하여 그리스도인이 지성주의와 반지성주의의 덫을 벗어나 제대로 된 사상 체계를 가질 수 있는 길과 도덕주의와 윤리무관심주의의 덫을 벗어나 윤리의 힘을 얻을 수 있는 길을 동시에 보여주고 있습니다. 사상의 힘과 윤리의 힘은 삼위 한 분이신 하나님의 지혜와 능력, 그분 안에 있는 사랑과 은혜에서 나올 수 있는 것임을 목사님은 잊지 않고 계속 강조를 하고 있습니다.

저는 이 책이 이 땅의 교회를 다시 세우는 데 크게 기여하기를 소원합니다. 제가 마음 아프게 생각하는 것은 이 땅의 그리스도인과 교회가 신뢰를 많이 잃어 가고 있다는 사실입니다. 이렇게 말하면 "예수 그리스도의 복음이 들어가서 사람들의 마음을 얻기 시작하면 어느 곳에나 반대와 미움과 배척이 있지 않느냐?"고 반문할 분이 있겠지요. "어둠은 빛을 싫어한다!"고 말이지요. 그런 부분이 전혀 없다고는 저도 생각하지 않습니다.

그러나 이 땅에서 기독교는 선교 초기 단계에 있지 않습니다. 더구나 복음이 이 땅에 들어와 사람들의 영혼 구원뿐만 아니라 사회를 바꾸고 문화를 바꾸는 데 너무나 많은 기여를 했다는 것을 사람들은 알고 있습니다. 지금도 그리스도인 가운데는 삶의 여러 영역에서 자신의 이익을 돌보지 않고 희생 봉사하는 분들이 많습니다.

그럼에도 이 땅의 그리스도인과 교회가 신뢰를 잃어 가고 있다는 사실이 여러 통로를 통해 포착됩니다. 스스로 '빛'이라 자처하지만 열매를 보면 '어둠'이 아니고서는 맺을 수 없는 것들을 맺는 사람들도 있습니다.

다시 이렇게 반문할 분이 있을 것입니다. "세상 사람들의 신뢰가 무엇이 그리 중요한가? 하나님으로부터 신뢰를 받으면 그만이지." 그렇다면 한번 생각해 보시지요. 자신이 신뢰하지 않는 사람의 말을 듣는 경우가 있습니까? 말의 가치는 신뢰를 바탕해서야 가능합니다. 만일 사람을 믿지 않는다면 그 사람의 말도 믿지 않습니다.

그리스도인은 복음을 전하고 전한 복음대로 살아야 할 사람들입니다. 그런데 그리스도인이 만일 신뢰를 잃어버린다면 그가 하는 말도 당연히 가치를 잃게 됩니다. 따라서 복음을 전하고자 한다면 무엇보다도 신뢰를 얻어야 합니다. 그런데 말 자체에서는 신뢰가 나오지 않습니다. 말과 삶의 일치, 말과 행동의 일치가 반복될 때 신뢰가 쌓입니다. 타인에게 한 약속을 지킨다든지, 기대한 능력과 실제 능력에 차이가 없다든지, 정직히든지 할 때에 사람들은 신뢰를 하게 됩니다. 말에 뒤따라야 할 열매가 있기 때문입니다.

따라서 그리스도인이 신뢰를 잃는다는 것은 그리스도인의 삶과 사명에 심각한 문제입니다. '그러면 어떻게 세상 사람들에게 그리스도인이 신뢰를 얻을 수 있는가?' 라는 물음에 대한 답을 목사님의 책이 제공해 주고 있다고 저는 믿습니다.

사족이 될지 모르지만 한 가지 덧붙이겠습니다. 마태복음 5장에서 7장을 읽을 때 부딪치는 질문이 하나 있습니다. '예수님께서는 그 가운데 있는 말씀을 제자들만 모아 놓고 따로 가르치지 않으시고 왜 수많은 무리를 포함시키셨을까?' 하는 물음입니다.

마태복음 5장은 이렇게 시작합니다. "예수께서 무리를 보시고 산에 올라가 앉으시니 제자들이 나아온지라." 제자들이 1차적 청중이라 말할 수 있을 듯합니다. 무리는 일종의 들러리처럼 보입니다. 그렇지만 예수님께서 산에 올라가 앉으신 이유가 무리 때문임을 본문은 보여줍니다. "무리를 보시고 산에 올라가 앉으시니."

그런데 그 무리가 누구입니까? 마태복음 4장 마지막 부분에 보면 예수님께서 천국 복음을 전파하시며 병을 고친다는 소문을 듣고 찾아온 사람들입니다. 그들은 제자들과 구별됩니다. 제자들은 예수님께서 직접 찾아가 불러 모으신 사람들입니다. 무리는 자신의 욕구와 필요, 자신의 호기심을 따라 예수님께 찾아온 사람들입니다. 이 두 부류의 사람들을 놓고 예수님께서는 "입을 열어" 가르치기 시작하셨습니다. '복되다' 는 말을 들을 수 있는 성품에 대한 여덟 가지 말씀을 하신 다음 예수님께서는 그들을 일컬어 "세상의 소금", "세상의 빛"이라는 일종의 존재 선언을 하십니다. 예수님께서 직접 부르신 제자들은 제외한다고 하더라도, '어떻게 무리가 이 존재 선언을 받을 만한가?' 이런 질문을 하게 됩니다.

예수님의 십자가 고난과 부활을 거치면서, 비로소 성령 하나님의 깨우침과 내재를 경험하고서 제자들이 참 제자가 되고 무리가 더 이상 무리로 머물지 않고 예수님을 따르는 제자로 변화된 것을 우리는 사도행전을 통해서 보게 됩니다.

그렇다면 '제자 된 삶의 존재론적 근거가 무엇인가?' 하는 질문이 다시 생깁니다. 이 물음에 대한 답을 김남준 목사님은 어느 누구보다도 분명하게 하고 있다고 저는 생각합니다. 마태복음 5장 14절에서 16절까지 단 세 절을 가지고 이토록 넓고 깊은 논의를 할 수 있는 신학자, 목회자가 우리 곁에 있다는 것만으로도 즐겁지 않습니까?

할 수만 있다면 고등학생들부터 대학생들이 먼저 이 책을 읽고 깊이 묵상하고 토론하고 그리스도 안에서 자신의 존재를 발견할 수 있었으면 좋겠습니다. 일반 성도들은 물론이고 신학생들이나 목회자들에게도 적극적으로 추천합니다.

| 차 례 |

추천의 글 | 4
출간에 부치며 | 18

제 1 장 빛으로 부르신 사람들 | 21

I. 들어가는 말 | 23

II. 세상의 빛 | 25
    A. 신약에 나타난 '빛'의 용례 | 27
    B. '그 빛'인 신자들 | 27
        1. 빛의 본질 | 28
        2. '그 빛' : 발광과 반사 | 30
        3. 인간 자신은 빛이 아님 | 32
            a. 진리의 존재를 거부함 | 32
            b. 실용주의와 폐해 | 34
                1) 실용주의의 등장 | 35
                2) 실용주의의 폐해 | 36
            c. 물질주의의 그림자 | 38
            d. 남겨 두신 본성의 빛 | 41
            e. 예수 그리스도를 아는 빛 | 45
    C. 하나님과 영광의 빛 | 51
        1. 그리스도인의 정체성 | 52
        2. 하나님의 영광과 빛 | 58

III. '그 빛'으로 부르신 하나님 | 61
    A. 신학적 의미 | 62
        1. 빛과 진리이신 예수 그리스도 | 62
        2. 빛이신 예수 그리스도에 대한 경험 | 63
            a. 하나님을 앎 : 들음과 봄 | 64
            b. 그리스도에 대한 경험과 삶 | 66

B. 윤리적 의미 ｜ 70
　　　　1. '세상'의 의미 ｜ 70
　　　　2. 진정한 자유 ｜ 72
　　　　3. 하나님께서 사랑하신 세상 ｜ 73
　　　　4. 최고의 섬김 : 영광을 드러냄 ｜ 75

Ⅳ. 결론 ｜ 76

제 2 장 세상을 비추게 하신 사람들 ｜ 81

Ⅰ. 들어가는 말 ｜ 83

Ⅱ. 예수님의 두 비유 : 동네와 등불 ｜ 83
　　A. 산 위에 있는 동네 ｜ 84
　　　　1. 높은 곳에 위치한 동네 ｜ 84
　　　　2. 모든 사람에게 보임 ｜ 85
　　　　3. 세상과 같아지고자 하는 교회 ｜ 89
　　　　　　a. 신학적·심리적 오류 ｜ 89
　　　　　　b. 빗나간 선교 마인드 ｜ 90
　　B. 등경 위에 둔 등불 ｜ 91
　　　　1. 말 아래 두지 않음 ｜ 92
　　　　2. 등경 위에 둠 ｜ 93
　　　　　　a. 등경과 이스라엘의 가옥 ｜ 93
　　　　　　b. '그 빛'이 없는 사고 ｜ 95

III. 모든 사람에게 비치는 빛 | 98
   A. 본성의 빛, 그 이상의 것 | 99
   B. 모든 사람으로 하여금 보게 하는 '그 빛' | 101

IV. 진리의 빛과 인간의 행복 | 102
   A. 등불로 충분한 세상 | 103
      1. 『나도 때론 포르노그라피의 주인공이고 싶다』 | 104
      2. 등불은 자신을 보라고 하지 않는다 | 105
   B. 물리쳐야 할 마음의 어둠 | 107

V. 결론 | 109

제 3 장 '그 빛'의 가변성과 불변성 | 113

I. 들어가는 말 | 115

II. '그 빛'으로 비치게 하라 | 116
   A. 허락을 뜻하는 명령 | 116
   B. 너희의 '그 빛' | 118
      1. 진리를 소유함 | 118
      2. 진리를 위탁하심 | 119
      3. 진리를 확장하심 | 123

III. '그 빛'의 불변성과 가변성 | 124
   A. '그 빛'의 불변성 | 125
      1. 그리스도의 위격의 불변성 | 125
      2. 복음적 교회의 영원성 | 127
      3. 지상 교회에 대한 섭리 | 129
   B. 교회의 정체로서의 '그 빛' | 130
   C. '그 빛'의 가변성 | 133
      1. 가변적 교회에 위탁하심 | 133
      2. 인간의 불의로 진리를 가로막음 | 138
         a. 진리에 대한 불신자들의 도전 | 140
            1) 사상적 도전 | 140
            2) 윤리적 도전 | 161
         b. 신자들의 방해 | 166
            1) 잘못된 교훈으로써 | 166
            2) 그릇된 삶으로써 | 171

IV. 교회의 '그 빛', 가변성의 경륜 | 173
   A. 인간 창조의 경륜과 조화됨 | 174
      1. 세상을 통해서도 진리를 알게 하심 | 174
      2. 진리의 배척을 통해서도 영광을 받으심 | 176
   B. '그 빛'의 공동체적 성석 | 180
      1. '그 빛'에 참여한 교회 | 181

2. '그 빛'을 위탁받은 교회　|　184
      a. 교회에 성경을 주심　|　184
      b. 해석을 교회에 맡기심　|　186
         1) 성경의 해석　|　187
         2) 교리의 수립　|　189
         3) 신앙의 변증　|　191
      c. 목회 사역으로 드러나는 '그 빛'　|　195
   3. '그 빛'을 누려야 할 성도들　|　199
      a. 인간 마음에 '그 빛'을 담으심　|　199
      b. 은혜의 부패와 마음　|　201
 C. 하나님을 절대적으로 의존함　|　204
    1. '그 빛'의 누림이 하나님께 의존함　|　206
    2. 하나님과 생명의 역사　|　208
    3. 하나님만을 의지함　|　211

Ⅴ. 우리는 무엇을 해야 하는가　|　214
  A. 하나님을 의존하는 경건　|　214
     1. 산 같은 사상　|　215
     2. 물 같은 마음　|　215
  B. 우리의 시대 안에서 사랑하며 충성함　|　217
     1. 예루살렘을 보시고 우신 예수님　|　217
     2. 하나님의 용서를 구한 모세　|　218
     3. 꾸짖을 세상을 알고 사랑함　|　219

Ⅵ. 결론　|　221

제 4 장 '그 빛' 과 선한 행실 | 229

I. 들어가는 말 | 231

II. '그 빛'을 비치게 한다는 의미 | 232
   A. 사람 앞에 | 232
   B. 그 시대의 사람들 앞에 빛을 비춤 | 236
     1. 그 시대의 아들로 살아가는 사람들 | 236
       a. 시대의 정신으로 살아감 | 236
       b. 시대 정신의 본질 | 238
       c. 시대를 아는 지식 | 239
       d. 사람을 빚는 두 틀, 세상과 그리스도 | 244
     2. '그 빛'을 비치게 한다는 의미 | 250
       a. 비치게 하라 — 첫 번째 의미 | 251
         1) 동굴의 비유 | 252
         2) '아나바시스'(anabasis)와 '카타바시스'(katabasis) | 254
         3) 복음과 그리스도인의 숙명 | 255
         4) 하나님의 계획 : 시대 정신과 진리의 판단 | 258
           a) 창조에 대하여 | 258
           b) 타락에 대하여 | 259
           c) 구원에 대하여 | 260
           d) 완성에 대하여 | 261
       b. 비치게 하라 — 두 번째 의미 | 264
         1) 모든 사물을 차별 없이 비춤 | 264
         2) 삶의 모든 영역에서 진리를 드러냄 | 267

3. 대적할 세상과 끌어안을 세상 | 275
4. 세상에 '그 빛'을 비춘다는 것은 | 278

III. 착한 행실과 '그 빛'을 비춤 | 280
  A. 착한 행실들 | 281
  B. 세계와 인간의 목적으로서의 선 | 284
    1. 창조의 목적과 관련됨 | 284
    2. 세상이 받는 유익은 반사적인 것임 | 287
    3. 교회는 거룩한 공동체임 | 289
  C. 착한 행실과 '그 빛'을 비춤 | 291
    1. 목표는 사람의 감동이 아님 | 291
    2. 판단을 위한 절대적 기준이 필요함 | 294
    3. 진리에 의한 판단을 삶으로 보여줌 | 295
      a. 세상의 도덕 기준과 그 빛 | 295
      b. 사상-은혜-윤리 | 297
      c. 진리를 따르는 일관된 삶 | 299
    4. 마음과 뜻을 다하여 섬김 | 302

IV. 결론 | 304

제 5 장 세상도 하나님께 영광을 돌리게 하라 | 309

I. 들어가는 말 | 311

II. 너희 착한 행실들을 보고 | 312
    A. '보고' : 봄과 앎 | 314
    B. 윤리적 행동들의 특성 | 316
        1. 그 사람을 알게 함 | 316
        2. 가치 체계를 알게 함 | 318
        3. 하나님의 통치를 알게 함 | 320
    C. 도덕은 우리의 종교의 참 됨을 입증함 | 324

III. 하늘에 계신 아버지께 영광을 돌리게 하라 | 325
    A. 하늘에 계신 하나님 | 326
    B. 너희 아버지이신 하나님 | 328
    C. 하나님께 영광을 돌림 | 330
        1. 영광을 돌리다 | 331
        2. 세상도 하나님 영광을 위함 | 334

IV. 결론 | 335

부록 1. 참고 문헌 | 341
부록 2. 색인 | 351

| 출간에 부치며 |

그래도 우리는 빛이었습니다

성경을 읽는 것은 우리가 하는 일이지만, 본문의 의미를 열어 우리의 어두운 지성을 밝혀 주시는 것은 하나님의 은혜입니다. "너희는 세상의 빛이라"(마 5:14.上)라는 본문 말씀은 그리스도인이라면 누구나 알고 있는 구절입니다. 많은 그리스도인에게 본문은 수없이 읽은 말씀이요, 굳이 성경을 펴지 않더라도 쉽게 떠올릴 수 있는 구절이요, 요즘은 세상 사람들을 통해서도 들을 수 있는 구호입니다.

그런데 어느 순간, 마른 땅과 같아 보이는 이 말씀이 열리면서 반짝이는 빛 같은 것들이 쏟아져 나오기 시작하였습니다. 그 때 저는 기도원에 있었습니다. 하늘 높이 작열하는 불꽃의 파편들처럼 본문 말씀의 감추어졌던 진리들이 찬란하게 드러났습니다. 저는 어떻게든 환희의 기억을 붙잡아 두려는 아이처럼, 그분께로부터 부어지는 엄청난 양의 정보를 거침없이 깨알 같은 글씨로 적어 내려갔습니다. 그리고 그 불꽃에 대한 기억의 조각들을 다시 체계적으로 배열하였습니다.

알고 보니 그 때 들려주신 것은 저뿐 아니라, 이 시대 교회와 그리스도인을 향한 하나님의 애타는 음성이었습니다. 지금이라도 깨우치고, 하나님께서 불러 주신 그 소명대로 그리스도인과 그리스도의 교회가 바로 서기를 바라시는 하나님의 마음이었던 것입니다.

이 글을 쓰는 지금 이 순간에도 저는 진리에 관심이 없는 그리스도의 교회들을 생각하며 가슴이 미어지는 것 같은 아픔을 느낍니다. 빛바랜 복음으로는 굶주린 영혼을 채울 수 없고, 진리 없는 번영의 추구만으로는 우리를 구원하신 목적을 따라 살아갈 수 없습니다.

저는 이 책을 정확히 2주 동안 썼습니다. 집필하는 내내 교회를 세속화하기 위한 세상의 시도는 이토록 치밀하고 철저한데, 세상을 복음화하기 위한 교회의 시도는 엉성하고 허술하기 그지없어서 눈물이 나도록 슬펐습니다. 그러나 그러하기에 더욱 간절히 이 땅의 교회들이 진리를 맡은 그리스도의 교회로 불꽃처럼 타오르기를 간절한 마음으로 기도할 수 있었습니다.

이 책을 읽는 독자들도, 이 말씀을 통해 찬란하게 타오르는 진리의 빛을 경험할 수 있기를 바랍니다. 지금 우리의 모습이 보잘것없다 할지라도, 그래도 우리는 빛이었습니다. 그리스도께서 우리를 빛으로 부르셨다는 사실을 기억하며 세상을 향한 소명을 확인할 수 있게 되시기를 진심으로 바랍니다.

2012년 4월
그리스도의 노예 김남준

제1장

빛으로
부르신
사람들

"너희는 세상의 빛이라"(마 5:14 上)

I. 들어가는 말

이 장의 본문은 마태복음 5장에서부터 7장까지로 이어지는 산상수훈 중의 한 구절입니다. 다수의 신약학자들은 예수 그리스도의 산상수훈 전체가 한 번에 설교된 내용일 것이라고 추측합니다. 그리고 마태복음의 산상수훈 본문은 꽤 길었을 것으로 여겨지는 설교의 핵심을 요약한 것이라고 생각합니다.[1)]

예수 그리스도께서는 제자들을 이 세상의 소금과 빛에 비유하시면서, 다음과 같이 말씀하셨습니다. "너희는 세상의 빛이라"(ὑμεῖς ἐστε τὸ φῶς τοῦ

---

1) 본문에 대해서는 세 가지 관점이 존재한다. 첫째로, 마태가 전승, 문서 자료, 자신의 창의력을 가지고 그 설교를 만들었으며 따라서 설교 내용이 역사적 예수에게서 온 것이라고 볼 수 없다는 관점이다. 둘째로, 마태가 설교의 구조를 짜고 그 내용은 예수에 관한 전승으로 채웠다는 관점이다. 셋째로, 마태가 예수님께서 말씀하셨던 설교의 골자를 정확하게 기록하였다는 관점이다. David L. Turner, *Matthew; Baker Exegetical Commentary on the New Testament* (Grand Rapids: Baker Publishing Group, 2008), 141-142. 누가복음에서는 이 말씀들이 단편적으로 나타나 있기 때문에 이 설교가 한 번에 이루어진 것이 아니라 흩어진 여러 자료들을 복음서 저자가 편집한 것이라는 주장도 있다. 그러나 일반적으로 마태의 산상수훈은 예수 그리스도의 가르침의 단편들을 편집한 것이 아니라 한 번에 설교하신 것을 기록한 것이라 생각된다. Herman Ridderbos, *Matthew* (Grand Rapids: Regency Reference Library, 1987), 82-85.

κόσμου). 그리고 이 말씀의 의미가 우리가 이 책에서 생각해 보고자 하는 주제입니다.

그러면 여기서 말하는 "너희"는 누구를 가리키는 것일까요? 이차적으로는 이 말씀을 적용하는 우리를 포함합니다. 그러나 일차적으로는 바로 앞 장에서 병 고침을 받은 사람들을 포함한 많은 제자들을 가리킵니다. "예수께서 온 갈릴리에 두루 다니사 그들의 회당에서 가르치시며 천국 복음을 전파하시며 백성 중의 모든 병과 모든 약한 것을 고치시니 그의 소문이 온 수리아에 퍼진지라 사람들이 모든 앓는 자 곧 각종 병에 걸려서 고통당하는 자, 귀신 들린 자, 간질하는 자, 중풍병자들을 데려오니 그들을 고치시더라 갈릴리와 데가볼리와 예루살렘과 유대와 요단 강 건너편에서 수많은 무리가 따르니라"(마 4:23-25).

이 사람들은 예수님을 따라 산에 올랐습니다. 그리고 제자들과 함께 예수님의 설교를 듣게 되었습니다. 흔히 팔복산이라고 불리는 이 산의 명칭은 공식적인 지명이 아닙니다. 이곳은 예수 그리스도께서 산상수훈을 가르치신 언덕을 가리키는데, 갈릴리 호숫가에 위치한 어느 언덕임에는 틀림이 없지만, 실제 위치는 정확하지 않습니다. 아무튼 성경은 이렇게 보도합니다. "예수께서 무리를 보시고 산에 올라가 앉으시니 제자들이 나아온지라"(마 5:1). 이 구절은 우리에게 매우 중요한 두 가지 사실을 일깨워 줍니다.

첫째로, 기독교 신앙의 본질이 무엇인지를 보여줍니다. 각색 병든 자들이 고통을 받고 있었고 예수 그리스도께서는 그들을 긍휼히 여기셨습니다. 그리하여 그들의 질병을 고쳐 주셨습니다. 그것은 예수 그리스도께서 이 세상에서 성취하시려는 구원이 인간의 영혼만이 아니라 육체까지 아우르는 전인적 구속임을 보여주는 것입니다. 그러나 또한 그것은 병 고침이 진정한 구원의 전부가 아님을 보여주고 있습니다. 병 고침을 받은 무리와 제자들이 함께 산으로 올라갔고 예수님은 그들보다 더 높은 곳에 자리를 잡으셨습니다. 그리고 왕처럼 좌정하셔서 하나님의 말씀을 가르치셨습니다. 마치 마태복음 4장에서 예수 그리스도께서 그들의 병을 고쳐 주신 것이 바로 다음 장에서 진리의 말씀을 들려주시기 위한 준비인 것처럼 말입니다.

둘째로, 이 세상에 빛이 되는 것은 매우 특별한 사람들, 즉 예수 그리스도께서 직접 뽑으신 열두 제자 같은 사람들만의 일이 아니라는 것입니다. 다시 말해서 병 고침을 비롯한 다양한 사건들을 통하여 예수 그리스도를 만나고 천국 백성이 된 모든 사람이 바로 이 세상의 빛으로 부르신 사람들입니다. 하나님께서는 그리스도를 믿고 회개함으로써 당신의 나라에 들어온 모든 사람을 그 빛으로 살게 하심으로 많은 사람을 그 빛으로 돌아오게 하고자 하셨습니다. 이러한 구원 계획에 대하여 사도 베드로는 다음과 같이 말합니다. "그러나 너희는 택하신 족속이요 왕 같은 제사장들이요 거룩한 나라요 그의 소유가 된 백성이니 이는 너희를 어두운 데서 불러 내어 그의 기이한 빛에 들어가게 하신 이의 아름다운 덕을 선포하게 하려 하심이라"
(벧전 2:9).

II. 세상의 빛

예수 그리스도께서는 당신을 따르는 천국 백성을 "빛"(φῶς)이라고 부르셨습니다. 그러면 여기서 "빛"이 의미하는 바가 무엇일까요? 예수 그리스도께서 사용하신 빛의 비유는 구약성경에서 사용된 빛의 비유들의 연속선상에 있습니다. 따라서 구약성경에 익숙한 유대인에게 이 비유는 아주 친근했을 것입니다. 또한 구약성경에 해박한 예수 그리스도께도 시편과 선지서를 통해 자주 사용된 빛의 비유를 사용하여 설명하는 것은 지극히 자연스러운 일이었습니다(시 27:1, 37:6, 사 62:1).

구약성경에 등장하는 빛의 비유는 구속사의 전개를 따라서 점진적으로 명백해지는 신약 계시 안에서 예수 그리스도를 가리키고 있습니다. "그가 태초에 하나님과 함께 계셨고 만물이 그로 말미암아 지은 바 되었으니 지은 것이 하나도 그가 없이는 된 것이 없느니라 그 안에 생명이 있었으니 이 생명은 사람들의 빛이라 빛이 어둠에 비치되 어둠이 깨닫지 못하더라"(요 1:2-5). 예수 그리스도 자신이 구약에서 예표로 제시된 빛의 실체이심을 고려할 때, 예수 그리스도께서 빛의 비유로 그리스도인의 정체성을 이야기하신 것은 가장 권위 있으면서도 친근한 방식의 가르침임에 틀림없습니다.

사도 요한은 말합니다. "참 빛 곧 세상에 와서 각 사람에게 비추는 빛이 있었나니 그가 세상에 계셨으며 세상은 그로 말미암아 지은 바 되었으되 세상이 그를 알지 못하였고"(요 1:9-10). "나는 빛으로 세상에 왔나니 무릇 나를 믿는 자로 어둠에 거하지 않게 하려 함이로라"(요 12:46). 예수 그리스도께서는 그 빛으로 이 세상에 오셨으니 이는 우리를 구원하시고, 죄와 무지로 인하여 알지 못하던 하나님과 세계와 인간에 대하여 알게 하시기 위함이었습니다.

그리고 이것은 궁극적으로 인류를 그 빛 가운데 사랑으로 교통하며 창조의 목적을 따라서 살게 하시기 위함이었습니다. 아들이 아버지와 사랑으로 교통하는 것처럼 말입니다. "그가 빛 가운데 계신 것같이 우리도 빛 가운데 행하면 우리가 서로 사귐이 있고 그 아들 예수의 피가 우리를 모든 죄에서 깨끗하게 하실 것이요"(요일 1:7).

A. 신약에 나타난 '빛'의 용례

신약성경에서 빛을 의미하는 단어 '포스'(φῶs)는 약 75회 정도 나타나는데 다음과 같이 세 가지 범주로 사용되었습니다. 물리적 빛, 윤리적 빛, 그리고 신학적 빛입니다.

이것을 좀 더 상세히 살펴보면 다음과 같습니다.

첫째로, 물리적 빛입니다. 이것은 자연적이고 광학적인 빛을 가리킵니다. 곧 어둠을 비추는 자연의 빛을 가리키기도 하고 혹은 이 세상의 많은 보화 또 그 보화가 나타내는 영광을 묘사할 때 사용되기도 하였습니다(마 24:29, 눅 11:36, 계 21:11 등).

둘째로, 윤리적 빛입니다. 이것은 그 빛을 담지한 사람의 착한 행실로서 진리의 효과를 가리킵니다. 어떤 사람이 진리를 따라 사는 사람일 때 그 사람은 빛의 사람이라고 합니다. 진리를 따르는 그의 올바른 삶이나 인격을 통해서 다른 사람에게까지 그 진리를 알게 하는 효과를 나타낼 때 그것을 빛이라고 묘사하였습니다(마 5:16, 13:43, 요 3:21, 롬 13:12 등).

셋째로, 신학적 빛입니다. 이것은 하나님 혹은 하나님의 존재의 효과, 나아가서 어떤 가치의 질서를 보여주는 효과를 가리킵니다. 그리고 이 빛은 곧 진리를 의미하기도 하였고 예수 그리스도를 가리키기도 하였습니다(요 1:4, 7, 3:19, 21 등).

B. '그 빛'인 신자들

예수 그리스도께서는 당신을 따르는 무리를 향하여 너희는 세상의 빛이라고 말씀하셨습니다. 헌신된 소수의 제자들만이 아니라 병 고침을 받아

이제 믿기 시작한 사람들에 이르기까지 모두 빛이라고 말씀하셨습니다. 신앙의 수준에 상관없이 복수인 그들 모두를 단수인 '그 빛'(Τὸ φῶς)이라고 불러 주신 것입니다. 팔복산에서 산상수훈을 듣고 있던 일차적 청중은 병고침을 받고 예수님을 따르던 많은 무리였으나, 이 말씀을 통해 예수 그리스도께서는 이차적 청중인 우리까지 '그 빛'(the light)으로 부르고 계시는 것입니다.

예수 그리스도의 이러한 선언의 의미와 중요성을 살피기 위하여 우리는 빛이 무엇을 가리키는지 생각해 보아야 합니다. 이를 위해서는 먼저 빛에 대한 광학적 이해가 필요합니다.

1. 빛의 본질

하나님께서 창조하신 사물들 가운데 빛만큼 독특한 성격의 물질은 없습니다. 그래서 과학자 앨버트 아인슈타인(Albert Einstein, 1879-1955)은 빛을 단지 물리적인 존재가 아니라 '관념적이고 철학적인 사물'이라고 말하였습니다.

현대물리학에서조차 빛의 모든 것이 밝혀진 것은 아닙니다. 빛은 정의하기에 따라 여러 가지로 존재합니다. 만약 빛을 시각적으로 인식할 수 있는 광선으로 규정한다면, 그것은 가시광선에 국한될 것입니다. 그러나 실제로는 훨씬 더 많은 종류의 빛이 존재합니다. 빛은 광선의 파장에 따라 여러 종류로 분류되는데, 그렇다고 빛을 파장에 국한시켜 생각할 수도 없습니다. 왜냐하면 빛은 파장인 동시에 광자라는 입자의 덩어리이기도 하기 때문입니다. 즉 빛이 퍼져나가는 것은 파동이면서 입자인 전자기파의 발생이라 할 수 있습니다.

빛은 때로 아름다운 색깔로 드러나기도 하는데, 이 색은 물리적인 것이 아니라 심리적인 것입니다. 이러한 빛의 특성은 다른 사물에서는 찾아보기 힘든 성질입니다.

프리즘의 스펙트럼 실험을 통하여 빛의 입자설을 주장하였던 아이작 뉴턴(Isaac Newton, 1642-1727)은 유채색을 빛의 변화에 따른 것이 아니라 단지 합성 비율을 바꾼 결과로써 생겨나는 것으로 알았습니다. 그래서 뉴턴은 이렇게 말하였습니다. "정확히 말하자면 광선에는 색이 없다. 광선에는 색의 감각을 일으키는 능력과 성질만이 있을 뿐이다."[2] 이것은 빛의 색깔이라는 것이 순전히 그것을 인식하는 주체의 감관에 의하여 결정되기 때문입니다. 예를 들어서 인간이 바라보는 노란 색깔의 꽃은 조류의 눈에는 보라색을 띤 회색빛으로 보입니다. 임마누엘 칸트(Immanuel Kant, 1724-1804)가 '물자체'(物自體, Ding an sich)는 아무도 알 수 없다고 주장한 것을 생각나게 하는 대목입니다.[3]

이처럼 빛이 존재하는 것은 분명하지만, 그 존재 양식에 있어서는 다른 사물들과 현저하게 구별됩니다. 빛이 존재하는 양식은 결코 물이나 나무, 돌과 같지 않습니다. 빛은 자신이 무엇인지 잘 드러내지 않으면서도 다른 사물들을 볼 수 있게 해주는 독특한 성격을 가지고 있습니다.

예수 그리스도께서도 말씀하셨습니다. "눈이 나쁘면 온 몸이 어두울 것이니 그러므로 네게 있는 빛이 어두우면 그 어둠이 얼마나 더하겠느냐"(마 6:23). 이 말씀을 통해서 우리는 예수 그리스도 자신이 빛을 객관적 사물로만 인식하신 것이 아니라 주관적 인식 기능, 혹은 능력으로도 생각하신 것

---

[2] 'For the rays to speak properly are not coloured. In them there is nothing else than a certain power and disposition to stir up a sensation of this or that colour." Isaac Newton, *Opticks: or, A Treatise of the Reflections, Refractions, Inflexions and Colours of Light. Also Two Treatises of the Species and Magnitude of Curvilinear Figures*, Part II (London: n.p., 1704), 90.
[3] 김남준, 『하나님의 도덕적 통치』(서울: 생명의말씀사, 2007), 55.

을 알 수 있습니다. 이처럼 빛은 사물과 사물을 바라보고 있는 사람의 인식 사이에 걸쳐 있습니다. 이는 마치 진리가 인간에게 도덕적 설복의 방식으로 효과를 나타내기 위해서는 진리가 객관적으로 존재할 뿐 아니라, 사람에게 인식되어야 하는 것과 같은 이치입니다. 이러한 빛의 독특성 때문에 빛은 자주 '진리 자체 혹은 그 진리의 효과'를 가리키는 비유로 자주 사용되었습니다(시 119:105, 잠 6:23, 요일 1:7 등).

요약해서 말하자면, 빛에 대한 이러한 숙고는 우리에게 다음과 같은 사실들을 알려줍니다. 첫째로, 빛은 그 자체가 존재입니다. 둘째로, 빛의 본질은 쉽게 파악되지 않습니다. 그러나 그것이 빛을 누리는 일에 방해가 되는 것은 아닙니다. 셋째로, 빛은 자신을 나타낼 뿐 아니라 그 빛으로 말미암아 다른 사물들을 보게 만들어 줍니다. 다시 말해서 빛이 없었더라면 보지 못하거나 잘못 보았을 사물들을 올바로 보게 만들어 줍니다. 넷째로, 빛은 존재와 인식 사이에 걸쳐 있습니다. 진리가 존재할지라도 그것을 인식하지 않는다면 인간이 그 효과를 누릴 수 없는 것처럼, 빛이 있어도 인간이 그 빛을 인식하지 못하면 사물들을 파악하지 못합니다.

2. '그 빛' : 발광과 반사

예수 그리스도께서 "너희는 세상의 빛이라."라고 하신 말씀을 대할 때, 우리는 이런 의문을 갖습니다. "정말 우리가 빛일 수 있는가?"라고 말입니다.

인공적인 불빛을 모두 배제하였을 때, 세상에 어둠이 내리면 지상에서 볼 수 있는 가장 밝은 빛은 하늘에 있습니다. 그것은 바로 달입니다. 이 세상에서 가장 밝은 달빛이 비치는 지역은 미국의 콜로라도라고 합니다. 고

지대이고 공기가 맑아서, 달빛이 환하게 비치는 밤이면 강 위에 배를 띄우고 책을 읽을 수 있을 정도라고 하니 얼마나 밝은 빛입니까? 지구와 달의 거리는 363,300킬로미터부터 405,500킬로미터의 범위에서 궤도상 위치에 따라 수시로 변합니다. 우리가 흔히 지구와 달의 거리를 384,400킬로미터라고 하는데, 이것은 이처럼 유동적인 거리의 평균을 산출한 것입니다. 아무튼 이렇게 멀리 떨어져 있는 달이 반사하여 비치는 빛으로 책을 읽을 수 있을 정도라니 그 빛의 세기가 놀랍지 않습니까?

그러나 달은 스스로 빛을 발하는 존재가 아닙니다. 그것은 태양처럼 스스로 빛을 내는 발광체가 아니라 그 빛을 받아 단지 반사하기만 하는 암체(暗體)일 뿐입니다.

우리가 세상의 빛이라고 할지라도 그 빛은 우리 안에 자연적으로 담지되어 있는 것이 아니라 예수 그리스도께로부터 온 것을 받아서 비춘다는 점에서, 우리는 발광체가 아니라 암체와 같은 존재입니다. 그러나 표면에 태양빛이 비추어 반사될 뿐인 거울이나 달의 빛과 달리, 우리가 비추는 빛은 진리이신 예수 그리스도의 말씀이 우리의 단단한 자아의 껍질을 깨뜨려 우리의 지성 속으로 파고 들어와 마음속에 사랑의 불을 지핀 결과라는 측면에서 암체에 비유하는 것도 적합하지는 않습니다. 우리가 비추는 빛은 우리의 내면을 변화시키고 뿜어져 나오는 것이기는 하나 우리 안에서 저절로 발생한 것이 아니라 예수 그리스도께서 비춰 주신 진리의 빛을 받음으로써 나타난 것입니다. 그러므로 우리는 기억해야 합니다. 예수 그리스도를 만나고 그분의 복음으로 말미암아 변화되어 교리와 지식의 말씀으로 사상의 체계를 갖추었다 할지라도, 또한 성령의 은혜로써 우리가 선한 의지를 가지고 사랑 안에서 순종의 삶을 살게 되었다 할지라도 그것은 우리 안에서 자발적으로 일어난 것이 아니라 하나님의 역사를 덕 입은 결과입니다. 그런 점에서 우리가 빛이라 할지라도, 그것이 결코 빛의 원천이신 하나님께 대한 의존을 감하는 것은 아닙니다.

이는 마치 하나님께서 이 세상의 모든 만물에 자연법칙을 부여하셨으나, 우주 만물이 하나님 없이 법칙에 의존하게 하지 아니하시고, 그 법칙이 당신을 의존하게 하여 그 안에서 만물을 친히 유지하고 계신 것과 같습니다. 이것은 마치 하나님 자신이 인간의 모든 거룩한 성향들의 원인이시나, 그것들이 하나님 없이 인간의 마음의 작용과 삶을 주관하게 하지 않으시고 오직 하나님을 의지하게 하심으로써 인간의 의지의 작용 안에서 인간을 다스려 가시는 것과 같은 방식입니다.

3. 인간 자신은 빛이 아님

그럼에도 불구하고 인간은 마치 자신 안에 빛이 있는 것처럼 생각하였고, 나아가 자신이 빛이라고 자처하였습니다. 빛을 받아야 할 존재임을 망각한 채, 자신의 이성이 진리의 원천이라고 믿거나 이성만으로 그 진리를 찾아갈 수 있다고 믿은 것입니다.

이것이 바로 하나님을 떠난 인류가 형성해 온 시대 정신입니다. 그리고 오늘날은 이러한 시대 정신이 극단적으로 영향력을 행사하고 있는 시대입니다.

a. 진리의 존재를 거부함

오늘날 시대 정신의 특징은 객관적 진리의 존재를 철저히 부인하는 것이라 말할 수 있습니다. 진리가 내팽개쳐지고 도덕 그 자체가 상대적인 것으로 여겨지는 시대에 우리는 살고 있습니다.

이 시대가 도덕을 무시하는 이유는 객관적이고 절대적인 가치 기준을 거부하기 때문입니다. 그런데 '도덕'은 객관적인 진리의 개념인 '도'와 그에 합치되는 인간의 삶에 대한 평가인 '덕'을 의미합니다.

현대인은 도덕을 기득권 세력들이 자신들의 이익을 위하여 수립한 인간 억압의 수단이라고 여깁니다. 인간의 진정한 행복은 도덕을 통해서가 아니라 근거 없는 억압으로부터의 완전한 인간 해방을 통하여 성취된다고 생각합니다.

이처럼 인간의 마음의 작용이나 행동들을 도덕적으로 판단하는 절대 기준 자체가 비인간적인 것으로 거부되고 있습니다. 사람들은 아무도 다른 사람에게 절대적 가치 기준을 강요할 수 없다고 믿고 있습니다. 모든 사람이 각기 자신의 판단을 신뢰하며, 인간 본성 안에 진리가 될 만한 빛이 있다고 생각합니다. 그러나 그렇게 발견되는 빛이나 진리도 잠정적인 것일 뿐 영원한 것은 아니라고 생각합니다. 아니, 영원한 것일 필요가 없다고 여깁니다. 이것이 바로 포스트모더니즘(postmodernism) 시대를 살아가는 우리의 모습입니다.

또한 이제까지 관성으로 버텨 오던 유교적 영향들조차 이미 사라져 가고 있는 실정입니다. 이러한 상황은 우리나라의 교육 현장에서도 잘 드러나고 있습니다. 거창하게 나 붙던 교육을 위한 구호들이 이제는 모두 사라졌습니다.

그 옛날, 학교를 비롯한 주요 관공서 앞에는 항상 커다란 간판이 붙어 있었습니다. 그리고 거기에 다음과 같은 구호들이 쓰여 있었습니다. 1950년대의 표어가 "무찌르자! 공산당."이었다면, 1960년대에는 "증산, 수출, 건설."이었고, 1970년대에는 "유신으로 번영하자!"였습니다. 그러던 것이 1980년대에 와서는 "나라에 충성, 부모에 효도하자!"가 되었고, 1990년대에 와서는 "삐삐(무선호출기)는 진동으로!"가 되었습니다. 그런데 2000년대 이후에는 모든 글자가 지워지고, 하얀색 간판만 남게 되었습니다. 거기에 기록하여야 할 사회적인 합의를 이룬 구호가 사라졌기 때문이기도 했고, 그런 구호를 채택할 근거조차 인정하지 않는 시대가 되었기 때문입니다. 저는 지금은 대학교 3학년이 된 딸아이의 고등학교 졸업식에 가서 보았던 그 학급의 급훈을 기억합니다. 액자 속에 담긴 그 구호는 이것이었습니다. "경쟁은 엄연히 존재한다. 살아남자."

이제 현대인에게 나라에 충성하고 겨레에 봉사하며, 부모에게 효도하고 자식을 위해 희생하자는 구호는 호소력을 잃었습니다. 타인의 행복에 이바지하는 것이 훌륭한 삶이라는 이전의 가치관 역시 낡은 생각이 되고 말았습니다.

세대를 막론하고 현대인이 추구하는 최고의 가치는 개인의 평안과 풍요입니다. 그리고 이러한 경향은 시간이 지날수록 더욱 두드러지고 있습니다. 이 두 가지가 성취될 수 있다면 그것 자체가 도덕이고 가치라고 믿는 사회가 된 것입니다.

b. 실용주의의 폐해

미국에서 존 듀이(John Dewey, 1859-1952), 윌리엄 제임스(William James, 1842-1910), 찰스 샌더스 퍼스(Charles Sanders Peirce, 1839-1914), 올리버 웬들 홈스(Oliver Wendell Holmes, Jr., 1841-1935) 등에 의하여 전개된 실용주의가 그 영향력을 확산하고 있을 때, 그들의 주장은 매우 단순하였습니다. 그들이 확산하고자 하였던 신념은 "절대적 진리는 없다."는 것이었습니다. 즉 절대적 가치와 모든 사람이 따르지 않으면 안 될 항구적 도덕 같은 것은 존재하지 않으며, 설령 어떤 가치와 도덕이 사람들에게 인정을 받는다고 할지라도 그것은 잠정적인 것일 뿐이라고 생각하였습니다.

1) 실용주의의 등장

실용주의자들은 보다 원대한 계획을 가지고 자신들의 이론을 구축해 갔습니다. 다윈주의(Darwinism)를 기초로 철학적 실용주의 학파를 형성하였는데, 이것은 찰스 다윈(Charles R. Darwin, 1809-1882)의 자연주의(Naturalism)를 기독교의 유신적 세계관을 대체할 완전한 세계관으로 만들고자 한 운동이었습니다. 결국 이것은 당대뿐 아니라 후일 미국인의 사고방식과 사회제도 형성에 커다란 영향을 미쳤습니다.

그들은 진리는 절대적으로 있는 것이 아니며, 단지 사회가 만들어 내는 것이라고 보았습니다. 그리고 사회는 필연적으로 다양한 욕구를 가지고 있는데, 법은 바로 이러한 현실을 대변하는 것이라고 생각했습니다. 윌리엄 제임스는 진리를 "어떤 하나의 생각이 가지고 있는 현금으로서의 가치"라고 하였는데, 이는 어떤 생각이 인간에게 이익을 가져다준다면 그것을 진리라고 부를 수 있다는 것입니다. 올리버 웬들 홈스의 다음 언급은 이러한 사상을 더 잘 대변합니다.

> 법은 정확하게 측정된 사회적 욕구들에 의해 세워져야 하며, 기존의 법이 가지고 있는 정당성은 예를 들어 '정의'와 같은 영원한 원칙을 대변하는 데 있지 않고 우리가 바라는 사회적 목적을 이루는 데 도움이 되는가에 있습니다.[4]

---

[4] Oliver Wendell Holmes Jr., "Law in Science" in The Essential Holmes, ed. with an introduction by Richard A. Posner (Chicago: University of Chicago Press, 1996), 198., Nancy R. Pearcey, Total Truth: Liberating Christianity from Its Cultural Captivity (Wheaton: Crossway Books, 2004), 237 에서 재인용.

2) 실용주의의 폐해

이런 관점에서 볼 때, 현대인의 사상을 실용주의가 지배하고 있는 것은 자연스러운 일입니다. 그러나 실용주의는 인간으로 하여금 '어떤 가치를 따라 살아야 하는가?'라는 질문을 박탈해 버렸습니다. 실용주의에 따르면 인간이 붙들어야 할 절대적 기준 같은 것은 없기 때문입니다.

이러한 실용주의적 도덕관이 학교 교육에 반영된 결과는 끔찍하였습니다. 낸시 피어시(Nancy R. Pearcey, 1952-)는 자신의 책 『완전한 진리』(Total Truth)에서 실용주의 교육철학자인 존 듀이의 탐구적 도덕 학습 방법을 실제에 적용한 한 교사의 경험을 이렇게 소개합니다.

> 교육학 교수 토머스 리코나(Thomas Lickona)가 8학년 열등반 학생들을 대상으로 가치관 명료화 전략을 실시했던 한 교사의 이야기를 보고하였다. 학생들은 토론을 통하여 자율적으로 자신들이 가장 가치 있다고 생각하는 활동을 정하게 되었는데 그 때 선정된 것들이 '섹스, 마약, 음주, 결석'이었다. 그 교사는 그런 교육방법으로 그들이 선정한 활동들이 도덕적으로 잘못 되었다는 것을 학생들에게 설득할 수가 없었는데, 이는 과거의 도덕적 이상들을 가르치는 대신 학생들 자신의 주관적인 감정과 가치관들을 훈련시킨 교육의 결과였다.[5]

이것은 절대적 가치와 도덕적 기준을 거부할 때 결국 인간이 무엇을 바라게 되는지를 보여줍니다. 이러한 현상들은 모두 진리라는 절대 기준을 버린 데서 비롯됩니다. 따라서 '절대적 진리란 존재하지 않는다. 어느 사회

---

[5] Nancy R. Pearcey, *Total Truth: Liberating Christianity from Its Cultural Captivity* (Wheaton: Crossway Books, 2004), 240.

의 다수의 사람들이 받아들이는 것, 그것이 진리이다.'라고 생각하는 것은 스스로 빛을 버리고 어둠 속으로 들어가는 것과 같습니다.

절대적 진리란 없고, 진리는 불변하는 것이 아니라 사회적 합의에 따라 만들어지는 것이라고 생각하는 실용주의적 정신은 새로운 가치관을 생산해 냈습니다. 그것은 바로 이웃에게 심각한 해를 끼치는 일만 아니라면, 용납되지 못할 일은 없다는 것입니다. 현대 철학은 절대 가치와 도덕 기준을 파괴하고자 하는 사람들에게 논리적 근거와 사상적 무기를 제공해 주었고, 그 결과 이전에는 듣도 보도 못한 인간의 악행들이 가득한 세상이 되었습니다. 그러나 실용주의자들은 이러한 비판에 대하여 다음과 같이 반문합니다. "인간은 모두 자율적 존재이다. 우리가 왜 이러저러한 행동을 하면 안 되는가? 누가 무슨 권위와 근거로써 그것을 선택하는 것이 나쁘다고 판단할 수 있는가? 그들에게 그럴 수 있는 권한을 누가 부여하였는가?"

이러한 실용주의적이고 가치 상대주의적 사상이 광범위하게 유포됨으로써, 인간은 보다 더 많은 자유를 누리게 되었지만 그 자유의 대가는 끊임없는 죄악과 방종, 방황과 고독, 철저한 소외로 되돌아왔습니다. 이는 인간이 자기 밖에 있는 객관적 진리를 거절하고, 자기 안에서만 진리의 빛을 찾으려고 했기 때문입니다. 인간은 단지 빛을 받아야 할 존재이며 그 빛을 따름으로써 하나님께서 자기를 지으신 목적을 따라 살 수 있는 존재임에도 불구하고, 오히려 그것을 거부함으로써 자신이 누구인지, 그리고 무엇을 위하여 살아야 하는지도 모르는 존재가 되어 버린 것입니다.

사실 이러한 실용주의 사상은 이미 17-18세기의 사회계약 사상에서 예고된 바입니다. 토머스 홉스(Thomas Hobbes, 1588-1679), 존 로크(John Locke, 1632-1704), 장 자크 루소(Jean-Jacques Rousseau, 1712-1778) 등에 의하여 주창된 이 사상은 사회나 국가의 성립 근거를 구성원들의 계약 관계에서 찾으려고 하였습니다. 역사상 인간이 이룩한 사회나 국가는 구성원들을 강제할 질서 수립의 근거를 가지고 있으며, 그것은 구성원들의 동의와 협력을 통하여 도덕과 법으로 나타난다는 것입니다. 그들은 그 도덕과 법이 상호 이익을 기초로 한다고 주장했는데, 이러한 추론은 사회의 도덕과 국가의 법 제정에 대한 하나의 설명은 될 수 있겠지만, 도덕 근거 자체를 설명해 주지는 못합니다.

도덕의 근거에 대하여 길버트 체스터턴(Gilbert K. Chesterton, 1874-1936)은 그의 책 『정통』(Orthodoxy)에서 다음과 같이 말합니다.

> '도덕'(morality)이라는 것은 "네가 나를 치지 않는다면, 나도 너를 때리지 않겠다."라고 말하는 것으로 시작되지 않았다. 도덕에는 이러한 거래 관계의 흔적이 없다. 그러나 두 사람이 이렇게 말한 것 같은 흔적은 있다. "우리가 이 신성한 장소에서 서로 치고받고 해서는 안 된다." 그들은 종교를 수호함으로써 도덕을 얻은 것이다. 그들은 용기를 기른 것이 아니다. 오히려 신전을 수호하기 위하여 싸우다 보니 자신들이 용감한 자들이 된 것을 알게 된 것이다. 그들은 정결하게 되려고 애쓴 것이 아니다. 오히려 성단(聖壇)에서 제사하기에 적합하도록 자신을 정결하게 하다 보니 자신이 깨끗하게 된 자들임을 알게 된 것이다.[6]

C. 물질주의의 그림자

18세기에 영국을 시작으로 산업혁명이 일어났습니다. 이러한 산업혁명은 이미 15세기 유럽 국가들이 해양 진출과 식민지 개척에 열을 올릴 때부

---

[6] Gilbert K. Chesterton, *Orthodoxy* (New York: Image Books, 1990 reprint), 67.

터 예고된 사회 변혁이었습니다. 식민지에서 들여 온 값싼 원료들을 이용한 재화의 대량 생산은 국가적 부의 축적 수단이 되었고, 이것은 약소지배국에 대한 경제적 수탈과 내국인 근로자들의 임금 착취로 이어졌습니다.

이제까지 1차 산업을 기반으로 하던 사회의 안정성이 무너지며, 사회생활의 익명성을 유행시키는 도시화가 바쁘게 이루어졌고, 인류는 돌이킬 수 없는 변화 속으로 들어가기 시작했습니다. 사람들은 생산과 생활을 위한 기반시설이 잘 갖추어진 도시로 모여들게 되었고, 다양한 요소들의 결합을 통해 이루어지는 생산 활동은 인간의 가치관에 커다란 변화를 주었습니다. 즉 생산에 필요한 다양한 물적 요소들과 인적 요소들 가운데 아무 것도 필요 없는 것들이 없으며, 또 동시에 아무것도 절대적으로 그것 하나만으로 충분한 것도 없다는 사실을 깨닫게 되었던 것입니다.[7]

이러한 산업혁명과 함께 발달한 기계공업은 대량의 재화들을 값싼 가격에 생산해 냈고 이를 통하여 사람들은 상상해 보지 못한 물질적 풍요 속에서 생활하게 되었습니다. 그러나 그러한 풍부한 물질생활을 위해서 인간이 지불한 대가는 너무나 혹독한 것이었습니다. 혈연과 지연으로 얽힌 사회의 해체, 씨족과 부족, 그리고 가족들 간의 공동체적인 유대감과 책임 의식의 상실, 이웃들과 익명의 존재로 섞여 살아가는 사회적 관계의 단절, 교통과 통신의 발달로 격차감이 사라지고 소통이 쉬워졌으나 오히려 그 어디에서도 소속감을 느끼기 힘든 인간의 모습 등은 이러한 산업화와 도시화가 남긴 어두운 그림자입니다.

오늘날 이런 현상은 더욱 두드러졌습니다. 발달한 통신 수단으로 말미암아 정보의 유통은 빨라졌으나, 인간관계는 더욱 피상적이 되었습니다. '소

---

7) David F. Wells, *Losing Our Virtue: Why the Church Must Recover Its Moral Vision* (Grand Rapids: William B. Eerdmans Publishing, 1998), 23–27.

셜 네트워크 서비스'(SNS) 같은 것이 대표적인 예인데, 인격적 관계없이 정보 교환과 감정적 교류가 이루어지다 보니 관계의 폭은 넓어졌지만 관계의 깊이는 얄팍해지고 말았습니다. 사회의 여론이 형성됨에 있어서도 예전보다 신속하게 이루어지게 되었지만, 즉흥적이고 충동적인 의견이 대세를 형성하게 되었습니다.

인간성에 있어서 다른 사람과 함께 살아갈 수 있는 사회적 훈련이 안 되어 있는 사람들도 많아졌습니다. 이것은 끔찍한 집단 이기주의와 따돌림의 문화로 나타나고 있습니다. 현대인은 점점 다른 사람들과 관계를 맺고 자신을 낮추고 섬기고 양보하고 우애하고 희생하면서 살아가야 할 도덕의 근거를 상실해 가고 있습니다. 이유와 목적이 없기 때문에 그렇게 살아가야 할 의무도 없는 것입니다.

어디 그뿐입니까? 인간의 사고는 물질을 중심으로 이루어지고, 사회는 익숙해진 물질의 풍요로움을 지속하거나 더 누리기 위하여 더욱 더 치열한 경쟁 구조로 발전해 가고 있습니다. 무엇보다도 인간이 다른 사람과의 관계에서 자신이 누구인지를 확인하고, 의무와 책임을 생각하게 하는 가치망을 상실한 것이 물질주의의 가장 큰 폐해입니다.[8]

오늘날 현대 사회에서 중산층이 누리는 물질적 소비생활이 17세기의 왕족들이 누리던 것과 맞먹는 수준이라고 하니 얼마나 풍요로운 시대에 살고 있습니까? 그러나 그것이 곧 현대인이 더욱 행복해졌다는 것을 의미하지는 않습니다. 현대의 발달한 의학 기술들은 인간의 수명을 연장해 주었지만 그 삶의 정신적인 질까지 포함하여 고려한다면, 반드시 인간이 더 행복해진 것은 아닙니다. 극단적인 핵가족화 현상으로 말미암은 노인 소외의

---

[8] David F. Wells, *God in the Wasteland: The Reality of Truth in a World of Fading Dreams* (Grand Rapids: William B. Eerdmans Publishing, 1994), 7–16, 95–97.

문제가 그 대표적인 예입니다.

　물질문명의 발달로 말미암아 현대인은 각종 육체적 질병들과 정신적 질환에 시달리고 있으며, 과다한 자원의 개발과 산업시설 및 과도한 소비로 말미암아 지구 온난화와 공해를 비롯한 환경오염, 거기서 비롯되는 각종 질병들이 인간에게 되돌아오고 있습니다. 그러나 이런 물질만능주의 사회 현상 역시 이미 산업혁명과 실용주의 안에서 예고된 비극입니다.

　오늘날 우리가 현대 사회에서 경험하는 이 모든 비극은 오늘날의 사람들이 과거의 사람들보다 훨씬 더 악하기 때문에 일어나는 현상이 아닙니다. 이는 인간이 자기 바깥에서 빛을 받음으로써 비로소 사물들을 올바로 보고 그 가치를 정할 수 있는 존재임에도 불구하고 저마다 자신을 빛으로 여기고 참 빛인 진리를 버렸기 때문입니다.

　존재의 질서는 곧 가치의 질서입니다. 어떤 존재가 더 중요하고 덜 중요한지를 알고 그 질서를 올바로 세울 때 그것은 곧 가치관이 됩니다. 그래서 인간이 무엇을 하든지 올바른 가치의 질서를 세우고 살아간다면, 진리를 따르는 다른 사람들의 삶과도 일체를 이루며 조화로운 질서 속에서 살아갈 수 있습니다. 그런데 진리의 기준들을 버리고 제멋대로의 가치를 추구하며 살기에, 인간의 삶은 고단하고 비참한 것이 되고 말았습니다.

d. 남겨 두신 본성의 빛

　만약 하나님께서 우리에게서 모든 빛을 완전히 제거해 버리시고 그 빛을 찾을 수 있는 가능성까지 빼앗아 버리셨다면 인간은 동물과 다름없는 존재로 살아갈 수밖에 없었을 것입니다. 그러나 하나님께서는 우리를 그렇게 버려 두시지 않으셨습니다.

　하나님께서는 여전히 우리 안에 희미하게나마 그 빛의 일부를 남기셨습니다. 이것이 바로 '본성의 빛'입니다. 이 빛이 올바르게 발견되고 적용되기만 해도, 인간 사회에 나타나는 죄의 무모함과 광기, 그리고 맹렬함을 어느 정도는 통제할 수 있습니다. 그래서 역사적으로 이러한 인간 안에 있는 본성의 빛을 이성으로 찾아감으로써 그것이 진리의 연원(淵源)인 것처럼 생각하였던 일군의 무리도 있었습니다.

동북아시아의 사상가들 중에도 그러한 가치관 속에서 인간을 신화(神化)하는 경향을 지닌 사람들을 찾을 수 있습니다. 유교에서 가치의 근거를 찾는 사유적 활동은 크게 세 견해로 분류됩니다. 내재적 가치론, 외재적 가치론, 중용적 가치론이 바로 그것입니다.[9] 이것들 중 내재적 가치론은 인간의 본성을 하늘이 내린 초월적 내재자 혹은 사물의 근원적 이치로 보고, 육욕적 본성을 거슬러 직접 상승하여 그것을 깨닫는 것이 인간 수양의 핵심이라고 보았습니다. 그래서 다음과 같은 견해들이 등장하게 됩니다.

> 측은해 하는 마음을 사람들이 다 가졌으며, 부끄러워하는 마음을 사람들이 다 가졌으며, 공경하는 마음을 사람들이 다 가졌으며, 시비를 가리는 마음을 사람들이 다 가졌으니, ……인과 의와 예와 지가 밖에서 나에게 녹아 들어온 것이 아니다. 내가 본래 가졌던 것이지만 생각하지 않을 따름이다(惻隱之心 人皆有之 羞惡之心 人皆有之 恭敬之心 人皆有之 是非之心 人皆有之……仁義禮智 非由外鑠我也. 我固有之也 弗思耳矣).[10]

북제(北齊) 유주(劉晝, 514-565)의 『신론』(新論)에는 다음과 같은 글이 나옵니다.[11]

---

9) 정용환, 『철학적 성찰로서 유교론』, (서울: 철학과 현실사, 2011), 24.
10) 『맹자』, 告子章 上, 6장, 유교경전번역총서 2권, 유교문화연구소 편집 (서울: 성균관대학교 출판부, 2008), 764-765.

홀로 행하여도 자신의 그림자에 부끄러움이 없고, 홀로 잠을 자도 이불에 부끄러운 바가 없다(獨行不慚影 獨寢不愧衾).

이러한 인용문들은 동북아 사상에서 나타난 인간을 내재적 신화가 이루어지는 존재로 규정하려는 경향을 보여주고 있습니다. 오늘날과 같은 포스트모더니즘 시대에 힌두교나 불교, 동북아 사상이 다시 각광을 받고 있는 것은 그 사상들 안에 현대의 시대 정신과 교감을 이루는 부분이 많기 때문입니다.

실제로 고대 철학 사상과 포스트모더니즘은 상당 부분 일치하는 문화 종교적 코드를 갖고 있습니다. 이것은 로마시대의 철학자 마르쿠스 툴리우스 키케로(Marcus Tullius Cicero, BC 106-BC 43)에게서도 발견됩니다. 그는 『선과 악의 궁극적 목적』(De Finibus Bonorum et Malorum)이라는 책에서 인간이 도달하게 되는 참 행복은 선한 삶에서 비롯되며 그 선악의 판단 기준은 인간 본성이라고 하였습니다. 그리고 온전한 자아의 완성이야말로 주된 선(善)이라고 보았습니다.

> 내가 언급한 것들을 우리가 가능한 한 가장 완전한 본성 속에서 취득하는 것이 영혼의 본래적인 욕망이라 한다면, 우리가 욕구의 대상을 취하였을 때에 본성은 거기에서 궁극적인 지위를 차지하는 것이며 그것이 최고의 선이라는 것을 인정하지 않으면 안된다. [12]

---

11) 유주, 『아침 해는 밝은데 안개가 하늘을 가린다』, 이성애 편역 (서울: 동인, 1995), 45.
12) "Quoniam autem is animi appetitus a principio fuit, ut ea quae dixi quam perfectissima natura haberemus, confitendum est, cum id adepti simus quod appetitum sit, in eo quasi in ultimo consistere naturam atque id esse summum bonum," Cicero, *De Finibus Bonorum et Malorum*, in *Loeb Classic Library*, vol. 40 (Cambridge: Harvard University Press, 1999), 439, 445.

하나님께서는 인간의 타락에도 불구하고 인간의 지성 안에 있는 '본성의 빛'(lux naturae)과 하나님을 향한 무한한 그리움, 즉 '종교의 씨'(semen religionis)를 남겨 주셨습니다. 이것은 양심의 빛과 무한자에 대한 무의식적 갈망으로 나타납니다.

그러나 인간 본성의 빛은 계시의 빛에 의하여 지도받지 못할 때 그의 세계관과 결합하여 다양하게 굽은 모습으로 인간의 삶과 지성 안에 표출됩니다. 그 대표적인 것이 현대인의 쾌락주의입니다. 오늘날 현대인에게 있어 쾌락에의 탐닉은 단순한 악이 아니라, 종교 심리적 현상입니다. 이렇게 쾌락을 탐닉하도록 부추기는 것이 절대 가치에 대한 거부와 도덕 상대주의이기 때문입니다.

그러나 우리는 육체적 쾌락을 탐닉하는 현대인을 비난하기만 해서는 안 됩니다. 우리는 그것이 죄라고 하는 사실을 명확히 하면서도 또 한 편으로는 그것을 그들 자신도 어찌할 수 없는 질병으로 여겨야 한다는 마틴 로이드 존스(Martyn Lloyd-Jones, 1899-1981)의 견해를 기억해야 합니다.

> 우리에게 필요한 것은 우리의 질병과 연약함이 치료를 받아야 한다는 것입니다. 죄는 질병으로 보아야 합니다. 우리는 그것을 치료받아야 합니다.[13]

영국의 문학가이며 비평가로서 C. S. 루이스(C. S. Lewis, 1898-1963), 필립 얀시(Philip Yancey, 1949-) 등에게 깊은 영향을 주었던 길버트 체스터턴(Gilbert K. Chesterton, 1874-1936)은 자기 시대의 가장 탁월한 정통기독교의 지지자로 불렸습니다. 그가 한 다음의 말도 죄에 대한 마틴 로이드 존스의 이해와 맥을

---

[13] Martyn Lloyd-Jones, *Romans: Exposition of Chapters 3:20-4:25 Atonement and Justification*, (Edinburgh: The Banner of Truth Trust, 2003), 6.

같이 합니다. "사창가의 문을 두드리는 모든 남자는 하나님을 찾고 있는 것이다."14)

그렇습니다. 인간에게는 하나님에 대한 막연한 목마름이 있습니다. 그러나 진리를 거절한 인간은 그 막연한 목마름의 정체가 무엇인지를 알지 못합니다. 삼위일체 하나님 안에서 누려야 할 지극한 행복을 육체의 쾌락으로 대신하려고 하는데, 광란의 쾌락을 통해 영혼의 갈증을 달래려는 시도는 인간은 더욱 목마르게 할 뿐입니다.

e. 예수 그리스도를 아는 빛

신자가 도덕적으로 단정한 삶을 살아가는 이유는 단지 죄에 대한 신적 형벌을 두려워하기 때문만은 아닙니다. 신자의 윤리적 삶은 그가 거룩하게 살아가기 때문에 생겨난 결과입니다. 그리고 하나님을 향한 사랑에서 비롯되는 신자의 거룩한 생활은 나 자신을 모든 가치와 질서의 기준으로 삼던 태도를 버리고 진리의 빛을 예수 그리스도를 통해 받아들인 결과입니다.

예수 그리스도의 십자가 안에서 우리는 자신이 누구이고 하나님께서 누구이신지를 깨닫습니다. 그리고 예수 그리스도 안에서 우리에게 계시된 하나님의 구원과 사랑에 대한 인식은 우리로 하여금 성경을 진리의 말씀으로 받아들이게 합니다. 그리하여 우리는 자신이 무엇을 위하여 어떻게 살아야 하는지를 알게 됩니다. 이 깨달음은 철학적인 깨달음이지만, 자신을 진리의 근거라고 생각하던 인간의 사상을 통하여 획득하게 된 것이 아닙니다. 그것은 철학책을 탐독함으로써 얻어진 것이 아니라 예수 그리스도를 인격

---

14) "Every man who knocks on the door of a brothel is looking for God," Gilbert K. Chesterton, *The Collected Works of G. K. Chesterton*, vol. I, ed. by David Dooley (San Francisco: Ignatius, 1986)., Christopher West, *The Theology of Body Explained: A Commentary on John Paul II's "Gospel of the Body,"* (Wiltshire: Antony Rowe, 2003), 258에서 재인용.

적으로 만남으로써 누리게 된 것입니다. 그러므로 그리스도인이 된다는 것은 지성을 돌이킨다는 것입니다.

이러한 사실은 이미 '회개하다'라는 말에 내포되어 있습니다. '회개하다'라는 말은 희랍어에서 '메타노에오'(μετανοέω)라고 나옵니다. 이것은 '다시, 후에'를 의미하는 '메타'(μετά)와 '생각하다'를 의미하는 동사 '노에오'(νοέω)의 합성어입니다. 이는 회개라는 행위의 핵심이 지성의 변화에 있음을 보여줍니다. 하나님 앞에서 자신의 죄를 회개함으로써, 인간은 이제껏 알지 못했던 존재와 가치의 기준과 질서들을 복음을 통해 접하게 되고 성경을 통하여 깨닫게 되는 것입니다. 나아가서 모든 학문을 통해 이 성경의 질서와 가치의 체계들이 참으로 최고의 것이며 그 안에서 인간이 가장 행복하고 평안할 수 있다는 사실을 알게 되는 것입니다.

그러므로 교회는 언제나 정직한 복음과 참된 진리를 사람들에게 들려주어야 합니다. 예수 그리스도의 교회는 영혼이 구원받고 심판을 면하는 종교적 방법뿐만 아니라 인생 전체를, 하나님께서 천지를 창조하시고 인간을 지으신 목적에 합당하게 살아가는 길이 무엇인지를 알려줄 수 있어야 합니다. 교회는 예수 그리스도와 복음을 사랑하기 때문에 현자가 된 사람들의 공동체여야 합니다. 교회는 종교의 영역과 세상의 영역이 구별된다는 것만을 가르치지 말고, 두 영역의 구별이 결국은 어떤 통일을 위하여 필요한 구분임을 가르쳐 주어야 합니다.

따라서 교회는 세상에서 하나님의 선하심을 발견하고 즐거워할 줄 알고, 세상의 부조리와 악함을 보며 그것을 공격하고 개혁할 줄 아는 그리스도인을 길러 낼 수 있도록 사상과 윤리의 힘을 다시 세워야 합니다. 성경의 진리가 어떻게 이 세상의 학문과 예술, 정치와 사회, 모든 학문 안에서 발견한 자연적이고 도덕적인 질서들과 연관을 이루는지 가르쳐 주어야 합니다.

오늘날과 같이 혼란스러운 포스트모더니즘 상황에서, 교회의 지도자인 목회자들이 고도의 지성을 갖추어야 할 필요성이 대두되고 있는 이유도 바로 이 때문입니다.

오늘날 신학자들을 중심으로 이루어지고 있는 기독교 세계관 운동이 보편 교회 전체에 미치는 영향은 너무나 미미합니다. 더욱이 개신교 안에서 나타나는 결과는 더욱 그러합니다. 이에 대한 해결책은 그러한 세계관 운동이 사회운동으로서가 아니라 교회 안에서 목회의 내용으로서 가르쳐지는 것입니다.

매주일 드리는 공적 예배를 통하여 그러한 세계관에 입각한 설교가 울려 퍼져야 합니다. 신학을 통한 성경의 정확한 해석과 그 해석의 결과들을 그리스도인의 삶에 적용할 때, 목회자는 설교 속에서 그러한 통합적인 세계관을 가지고 한 사람의 신자가 성경에서 발견한 진리를 따라 이 세상에서 어떻게 살아가야 하는지를 가르쳐야 합니다. 그런 의미에서 볼 때 목회자는 먼저 구도자가 되어야 하고, 설교자는 먼저 가르치고자 하는 그 진리를 따라 살아가고 있는 사람이 되어야 합니다.

참된 회심의 역사는 교회가 참된 진리를 가르칠 때 나타납니다. 예수 그리스도를 통해 한 줄기 분명한 진리의 빛이 비치자, 나를 둘러싼 사물들의 질서가 드러났습니다. 진리의 빛 속에서 바라보니, 이제껏 내가 생각하던 사물들의 존재와 가치에 대한 질서들은 자의적인 것이거나 다른 사람들에 의하여 세뇌된 것이었습니다. 그래서 결국 다음과 같은 고백을 하게 됩니다. "우리가 하나님으로 알고 섬기던 세상은 사실 우리 자신을 주인 삼은 삶이었구나. 그러나 진리의 빛을 받고 보니 우리는 하나님을 위하여 살아가야 할 존재이구나. 이제껏 내가 경험한 모든 불행과 고통, 그리고 변화받은 후에 인식하는 이 세상의 악함과 더러움은 하나님께서 정하신 올바른 질서들을 따라 살지 않았기 때문에 발생한 일이구나." 신학적으로 이것이 바로 회심(conversion)입니다.

오늘 이 글을 읽는 여러분에게도 이러한 경험이 있지 않습니까? 하나님의 말씀을 배우고 창조의 목적을 깨달으며 무엇을 생각하였습니까? 우리가 이 세상을 더럽힌 것은 이 세상이 원래 더럽게 창조되었기 때문이 아니라 인간이 하나님께 바쳐야 할 영광을 세상에 돌렸기 때문이며 그것은 결국 자기 자신을 하나님 삼은 자의적 우상숭배였습니다. 이제껏 우리의 불행은 이 세상의 자원이 부족하고 사람들로부터 받는 사랑이 모자라기 때문이라고 생각했습니다. 그러나 웅장한 진리의 체계로 들어가는 입구가 복음으로 말미암아 열렸습니다. 그리고 거기서 성육신하시고 또 부활하신 예수 그리스도의 찬란한 영광의 빛을 보게 되었습니다. 그러자 비로소 이 모든 생각이 잘못되었다는 것을 알게 되었습니다. 이것은 하나님께서 우리에게 벼락처럼 때리시는 우레이고 또 번갯불이었습니다.

죄인이 경험하는 회개에는 두 가지가 있습니다. 첫째는 심리적 후회입니다. 여기에는 자기의 죄가 무엇인지에 대한 인식보다는 죄의 결과인 비참에 대한 자각이 더 크게 작용합니다. 이것을 희랍어에서는 '메타멜로마이'(μεταμέλομαι)라고 하는데, '후회하다'라는 뜻입니다(고후 7:8). 이러한 회개는 참된 회심자가 아닌 사람들에게도 일어납니다(마 27:3). 둘째는 신학적 회개입니다. 이것을 희랍어에서는 '메타노에오'(μετανοέω)라고 하는데, '회개하다, 각성하다'라는 뜻입니다. 여기에는 죄의 본질에 대한 인식뿐만 아니라, 예수 그리스도와 하나님의 거룩함, 자신의 뿌리 깊은 죄성에 대한 신학적 깨달음이 동반됩니다(눅 5:8).

한 인간이 예수 그리스도를 믿고 거듭나게 되면, 진리에 대한 '새로운 감각'(new sense)을 마음에 갖게 됩니다(요일 5:20). 조나단 에드워즈(Jonathan

Edwards, 1703-1758)는 이것을 하나님의 초자연적 아름다움을 인식하고 정동할 줄 아는 감각이라고 보았습니다.

중생한 자들에게 주어지는 새로운 초자연적인 감각이 있는데 말하자면 그것은 어떤 신적이고 영적인 취향으로 그 본질 전체에 있어서 앞선 종류의 지성의 감각 중 어느 것과도 다르고 다른 오감 중 어느 것과도 다른 것이며 영적이고 신적인 일들에 있어서 자연인들에 의해 인식되는 어떤 것과는 전적으로 다른 이런 마음의 새로운 감각의 행사로 참된 성도에 의해 인식되는 것이다. 이것은 마치 꿀의 달콤한 맛이, 꿀을 보거나 느끼는 것으로써 꿀에 대해 인간이 갖는 개념과는 다른 것과 같다. 자, 내가 말하고 있는 이것은 말하자면 거룩함의 아름다움이다.[15]

복음의 진리는 저항할 수 없는 무한한 권위와 아름다움으로 우리의 지성을 압도하고 우리의 마음을 덮습니다. 그래서 우리는 이러한 회심을 경험할 때, 눈물을 흘리며 참회합니다. 진리와 상관없이 살았던 자신의 삶과 그로 말미암는 고통 때문이었습니다. 진리의 빛이 없어서 어둠 속에서 살았던 날들을 후회하며 울었고, 또한 명백하게 그 빛이 우리 주위에 있었음에도 불구하고 완고한 의지로써 그 빛을 알기를 거절하며 살았던 날들 때문에 울었습니다. 무엇보다도 아직도 누군가가 이 빛을 모르기 때문에 예전의 자신처럼 어둠 속에서 죽은 자와 방불한 삶을 살아가고 있다는 사실 때문에 울었습니다. 그리고 이로 인해 우리는 이 빛을 전히지 않으면 안 될 숙명에 사로잡히게 되었습니다. 누구의 강요가 아니라, 그 빛 자체가

---

15) Jonathan Edwards, *Religious Affection*, in *The Works of Jonathan Edwards*, vol. 2, ed. by Perry Miller (New Haven: Yale University Press, 1986), 260-261.

가지고 있는 강력한 진리의 힘이 우리로 하여금 구원받지 못한 모든 사람을 향하여 복음에 빚진 자가 되게 하였던 것입니다. 이것이 바로 진리의 그 빛이 우리에게 가져다준 효과입니다. 이것은 일종의 운명과 같은 것이었습니다.

사도 바울은 자신의 이러한 경험을 다음과 같이 피력합니다. "형제들아 내가 여러 번 너희에게 가고자 한 것을 너희가 모르기를 원하지 아니하노니 이는 너희 중에서도 다른 이방인 중에서와 같이 열매를 맺게 하려 함이로되 지금까지 길이 막혔도다 헬라인이나 야만인이나 지혜 있는 자나 어리석은 자에게 다 내가 빚진 자라 그러므로 나는 할 수 있는 대로 로마에 있는 너희에게도 복음 전하기를 원하노라 내가 복음을 부끄러워하지 아니하노니 이 복음은 모든 믿는 자에게 구원을 주시는 하나님의 능력이 됨이라 먼저는 유대인에게요 그리고 헬라인에게로다"(롬 1:13-16).

그래서 사도 바울의 소명의 핵심을 다메섹의 경험에서 설명한 것은 복음과 소명에 대한 가장 정확한 이해입니다. 이에 대하여 김세윤 교수(1946-)는 이렇게 말합니다.

> 따라서 내려지는 결론은 바울이, 다메섹 도상에서 그리스도가 나타나셨을 때에 그분의 복음뿐 아니라 이방인 선교에 대한 소명을 받았다고 하는 것이다. 이 사실만이 바울의 사도로의 부르심 안에 있는 강제력의 요소를 적절하게 설명할 수 있다. 즉 바울은 그리스도에 의해 "잡힌 바" 되었다고 느꼈으며(빌 3:12) 복음 전파에 대한 숙명인 신적 강제력 아래 놓였음을 느꼈다(고전 9:16). **16)**

---

16) Seyoon Kim, *The Origin of Paul's Gospel* (Tübingen: J. C. B. Mohr Paul Siebeck, 1981), 65-66.

바울이 느낀 복음 전파에 대한 신적 강제력은 예전의 자신처럼 진리의 빛을 알지 못하는 이웃들을 불쌍히 여기는 마음에서 비롯됩니다. 그리고 그 마음은 곧 백성을 보시고 그들의 목자 잃은 양과 같은 상태를 보시며 마음 아파하시던 예수 그리스도의 심정이 이입된 것입니다(마 9:35-36).

아! 오늘날 그리스도인이라는 이름은 가졌으나 진리와는 상관이 없는 사람들이 얼마나 많습니까? 그들은 한때 진리를 알았으나 더 이상 그 진리에 붙들려 살지 않습니다. 어쩌면 그들은 처음부터 진리와는 상관이 없는 사람들로 종교인으로서 살아가는 방법만을 터득한 사람들일지도 모릅니다. 그래서 예수 그리스도를 믿으면서도 자신들도 행복하지 않고 다른 사람들도 행복하게 하지 못합니다. 빛의 자녀들이지만, 어둠 속에서 살아가는 것입니다.

C. 하나님과 영광의 빛

예수 그리스도께서는 "너희는 세상의 빛이라."고 말씀하셨는데, 여기서 "너희"는 복수이지만 "빛"은 단수입니다. 이 사실이 보여주는 것은 무엇입니까?

한번 이런 상상을 해보십시오. 수천 명의 사람들이 모두 일시에 큰 언덕에 올라왔습니다. 그리고 맞은편에 찬란하게 비치는 태양과 마주하였습니다. 각자의 손에는 다양한 크기의 거울이 들려 있습니다. 어떤 사람은 문짝만한 거울을 들고 나타났습니다. 어떤 사람은 손바닥만한 거울을, 또 어떤 사람은 티스푼보다 더 작은 유리조각들을 들고 서 있습니다. 떠오르는 찬란한 태양의 빛이 무수하게 많은 거울에 의하여 반사됩니다. 거울의 크기와 모양이 각기 다르므로, 반사되는 빛의 크기와 모양도 각각 다를 것입니다. 그러나 그 빛은 본질적으로 모두 동일합니다. 왜냐하면 거울들은 각기 달라도 반사하는 태양빛은 하나이기 때문입니다.

이것은 마치 비록 그리스도인의 성품과 재능은 각각 달라도 이 어두운 세상에서 모두 하나인 그 빛을 드러내는 것과 같은 이치입니다. 우리의 다양함은 하나님의 아름다움을 드러내는 원인이 됩니다. 이것을 이해하기 위해서는 다음과 같은 교리적 사실들을 숙고하여야 합니다.

1. 그리스도인의 정체성

"너희는 세상의 빛이라"(마 5:14上). 이 말씀은 '현재직설법' (indicative)입니다. 즉 앞으로 빛이 될 가능성이 있다거나 혹은 열심히 노력하여 빛이 되라는 당부가 아닙니다. 이것은 "너희는 어두운 이 세상을 비추기 위해 하나님께서 여기에 두신 바로 그 빛이다."라는 직접적이고 현재적인 선언입니다. 여기서 우리는 천국백성, 혹은 그리스도인의 자기 정체성이 무엇인지 깨닫게 됩니다. 우리가 이 세상의 빛이어야 함은 피할 수 없는 사명이며, 미래의 일이 아니라 현재 힘써야 할 일입니다.

여기서 우리는 그리스도인의 참된 표지가 무엇인지를 깨닫게 됩니다. 진정으로 그리스도인이 된 사람에게는 그리스도인이 아닌 사람에게는 절대로 없는 빛이 있습니다. 그리스도인이 그리스도인인 것은 다른 사람에게는 없는 그 빛 때문입니다. 그리고 그 빛이 없다면 그는 그리스도인이 아닙니다.

내가 죄인이라는 사실, 그리스도가 나를 위해 십자가에서 죽으셨다는 사실, 내가 믿음으로 영생을 얻게 되었다는 사실, 성경이 진리라는 사실, 그리고 나는 하나님의 영광을 위하여 창조되었다는 사실, 그리고 하나님의 모든 말씀에 순종하며 살아가는 것이 나의 본분이라는 사실은 신자의 마음속에서 어떤 식으로도 사라질 수 없는 빛입니다. 만약 이러한 빛이 없다면 그는 참으로 이 세상의 빛으로 나타날 수 없을 것입니다.

그러나 우리는 한 순간 강력하게 뿜어 내는 빛의 발현뿐 아니라 그 빛이 사라져 가는 것도 경험합니다. 조나단 에드워즈가 지적한 바와 같이 시뻘겋게 달아오른 쇠가 식은 후에는 더욱 단단한 쇠가 되듯이 하나님을 향한 사랑으로 타오르던 마음도 식어지면 예전보다 더 강퍅해집니다.

> 인간이 확신을 잃어버리면 열을 가하고 담금질을 한 쇠가 단단해지듯 그 마음이 딱딱해진다. 만약 당신이 죄에 대해 각성한 후에 그것에 대한 확신을 상실하게 된다면 또 다시 각성하는 일은 더 어려워질 것이다.[17]

이러한 신자의 내면의 변화는 그 마음이 지속적으로 진리의 빛에 영향을 받고 있지 않기 때문입니다. 그러므로 빛과 관련하여 신자는 최초로 그 진리의 빛을 받아들이는 것의 필요성과 함께 그 진리의 빛을 자신 안에 유지하며 살아가는 일의 중요성도 깊이 마음에 새기고 있어야 합니다.

진리이신 예수 그리스도의 성품은 무한하신 하나님의 성품입니다. 그분의 속성을 드러내는 모든 진리의 빛은 무한합니다. 따라서 성경을 통해, 세계를 통해, 인간과 역사를 통해, 그 진리의 빛을 통해 하나님의 아름다움을 알고 그 빛이 자신 안에 점증하게 하여야 합니다. 그리고 그렇게 알게 된 하나님의 아름다움에 대한 지식 안에서 하나님을 디욱 사랑해 가는 것이 신자의 의무이며 본분입니다.

---

[17] Jonathan Edwards, "God Makes Men Sensible of Their Misery Before He Reveals His Mercy and Love," *Sermons and Discourses, 1730-1733*, in *The Works of Jonathan Edwards*, vol. 17, ed. by Harry S. Stout (New Haven: Yale University Press, 1999), 168.

인간에게 인식되는 아름다움은 인간의 사랑의 원인입니다. 인간이 참으로 선하지 않은 것을 아름답게 여겨 사랑하게 되는 것이 모든 불행의 시작입니다. 이 세상에 있는 것들은 제 아무리 아름답게 보인다 할지라도, 끝없이 마음이 이끌려서는 안 되는 것들입니다. 사상도, 존재도, 사물도 인간이 무한히 사랑할 가치가 있는 것은 아무 것도 없습니다.

인간의 마음의 무한한 이끌림은 오직 진리만이 누릴 수 있습니다. 진리만이 인간의 무한한 사랑을 받을 가치가 있습니다. 진리 자체이시며 또한 근원이신 하나님만이 무한한 선이시며 무한한 아름다움이시기 때문입니다.

그러므로 인간의 가장 큰 의무는 예수 그리스도를 통하여 하나님의 선과 아름다움을 알고 사랑하는 것입니다. 그 선과 아름다움은 신비하여 그것을 한 번 맛보면 더욱 갈망하게 되고, 다른 아무 것으로도 그것을 대체할 수 없게 됩니다. 그래서 아우렐리우스 아우구스티누스(Aurelius Augustinus, 354-430)는 이런 경험을 다음과 같이 고백하였습니다.

> 부르고 외치시사 나의 귀먹음을 깨뜨리시고, 비추고 밝히시사 나의 눈멂을 쫓으시니, 당신의 내음을 풍기실 때에 나는 취했고 당신을 그리워했으며, 당신을 맛본 뒤에 더욱 기갈을 느끼오며, 당신이 나를 만지시니 그 평안함에 마음이 살라지나이다.[18]

인간은 하나님의 아름다움을 경건하고 신비로운 영적 경험 속에서만 맛

---

[18] "Vocasti et clamasti et rupisti surdidatem meam, coruscasti, splenduisti et fugasti caecitatem meam, flagrasti, et duxi spiritum et anhelo tibi, gustaui et esurio et sitio, tetigisti me, et exarsi in pacem tuam." Avrelivs Avgvstinvs, *Confessiones*, X. 27. 38, in *Corpus Christianorvm Series Latina*, XXVII: *Avrelii Avgustini Opera* (Tvrnholti: Thpographi Brepols Editores Pontificii, 1996), 175.

보는 것이 아니라, 성경과 창조세계 안에서 발견하며 그 아름다운 뜻을 따라 살아가야 하는 존재입니다. 스스로 발견한 하나님의 아름다움이 이 세계의 시간과 공간 속에 구현되고 증진되도록 자연과 사회에 헌신하며 도덕적으로 살아가는 것, 그것이 바로 그리스도인의 행복입니다. 그리고 이 세상의 무지한 사람들에게 진리로 말미암는 이 행복을 알려주는 것이 하나님께서 인간을 창조하신 목적에 이바지하는 것이며, 곧 그리스도인의 사명입니다.

이를 볼 때 선교는 하나님의 선하심을 알게 하는 것이며, 목회는 하나님의 아름다움을 사람들에게 보여주는 것입니다. 그리스도인이 누리는 모든 아름다움은 하나님께서 교회의 머리이신 그리스도를 통하여 주신 아름다움의 분여(分與)입니다. 교회의 질서, 사랑의 질서, 성도의 영혼, 영혼의 은혜, 하나님의 통치⋯⋯. 이 모든 것은 인간이 그 질서를 따르고 있는 한, 하나님의 아름다움을 보여주기에 적합한 수단들입니다.

진리는 모두 아름다우며 진리를 받아들인 모든 사람의 마음속에서 그 진리는 사랑받습니다. 그리고 한 인간의 영혼은 진리를 사랑할 때 가장 아름답습니다. 영혼의 아름다움은 진리를 닮은 아름다움이기 때문입니다.

우리가 진리의 어떤 국면을 깨달았다고 할지라도 그것은 존재하고 있는 무한한 진리에 비하면 무한히 작은 한 부분일 뿐입니다. 그렇기 때문에 진리는 그 진리를 안 사람을 겸손하게 하는 힘이 있습니다. 진리에 대한 깨달음은 인간을 항상 사랑과 영원으로 인도합니다. 왜냐하면 진리를 안 사람은 자신이 발견한 진리의 아름다움이 사랑과 영원에 속한다는 사실을 알기 때문입니다. 이 사실을 발견하고 아우구스티누스는 다음과 같이 그 감격을 피력합니다.

진리를 아는 자는 그 빛을 알고, 그 빛을 아는 자는 영원을 압니다. 사랑은 그 빛을 압니다. 오, 영원한 진리요 참된 사랑이시요 사랑스러운 영원이시여!19)

진리는 시간과 공간 그 모든 것을 향하여 뻗어 있을 뿐 아니라 또한 그것을 초월하여 있기 때문에 그것이 아름답다는 사실을 절실히 알았다 할지라도 그 누구도 그것을 온전히 알았다고 말할 수 없습니다. 그러므로 진리에 대한 싫증과 영원(永遠)에 대한 무관심은 진리 자체에서 비롯된 것이 아니라 그것을 인식해야 할 인간의 마음의 부패에서 비롯된 것입니다. 진리는 끝없고 영원은 아무 것으로도 가둘 수 없습니다.

기독교 신앙은 복음을 통해 진리를 알고 사랑하며 순종하는 것입니다. 그리스도인은 마치 그 일을 위하여 태어난 것처럼 살아야 합니다. 그는 마땅히 죽을 때까지 그 진리를 추구하며 그 빛과 하나 되기를 갈망하며 살아야 합니다.

한 사람이 기독교 신앙을 가지게 되는 동기는 무수히 많을 것이며, 또한 사람마다 다를 것입니다. 그러나 그들이 복음을 통하여 하나님의 존재와 그리스도의 성육신과 죽으심, 부활을 통하여 나타난 사랑을 알게 되고 나면 가야 할 길은 같습니다. 진리를 사랑하는 사람이 되어야 하는 것입니다. 중생과 회심은 존재론적으로는 새로운 사랑의 성향을 부여받는 것이고, 인식론적으로는 진리의 탁월함에 대한 감각을 갖게 되는 것입니다.

하나님께서 교회를 세워 양떼들을 목양받게 하신 목적은 목회 사역을 통

---

19) "Qui nouit ueritatem, nouit eam, et qui | nouit eam, nouit aeternitatem. Caritas nouit eam. O aeterna ueritas et uera caritas et cara aeternitas!" Avrelivs Avgvstinvs, *Confessiones*, VII. 10. 16, in *Corpus Christianorum Series Latina*, XXVII: *Avrelii Avgvstini Opera* (Tvrnholti: Thpographi Brepols Editores Pontificii, 1996), 103.

해 성도들에게 진리의 아름다움을 보여주어 선한 의지로써 하나님을 사랑하게 만들어 주시려고 하신 것입니다. 아우구스티누스의 "진실로 (진리)보다 탁월한 것이 있다면 그것은 하나님일 것이며, 그러나 그런 것이 존재하지 않는다면 하나님이 진리 자체이신 것이다."(Si enim est aliquid excellentius, ille potius deus est; si autem non est, iam ipsa ueritas deus est.)[20]라는 언급은 목회 사역뿐만 아니라, 이 세상의 문화를 대하는 우리의 모든 태도에 있어서 확고한 좌표로 삼아야 할 발언입니다.

성경을 통해 하나님의 말씀을 깨닫는 것, 공적인 예배를 통해 진리에 대한 새로운 이해를 갖는 것, 진리의 빛 앞에서 회개하고 고치는 것, 그리고 진리를 깨달음으로써 하나님의 사랑과 은혜를 경험하는 것 등의 실천이 지속되지 않으면 그 누구도 이 어두운 세상을 빛으로 살아갈 수 없습니다. 더욱이 예수 그리스도가 의도하셨던 그 빛으로 사는 것은 더더욱 불가능합니다.

예배는 진리와 관계되어 있기에 구별된 시간이고 기도는 진리이신 하나님께 그 진리를 사랑하고 그에 부합하며 살도록 매달리는 시간이기에 특별합니다. 하나님의 은혜는 그것이 없으면 우리가 진리에 부합할 수 없기 때문에 더욱 사모하여야 할 것이고, 교회는 함께 진리를 찾아가는 유일한 공동체이기 때문에 우리가 하나님의 사랑으로 섬기는 것입니다.

진리는 그 자체가 영원하고 무한한 것이기 때문에 진리를 안 모든 사람을 그 무한과 영원 속으로 잡아끄는 힘이 있습니다. 저는 회심하고 나서야 우주의 무한함이 경이롭게 느껴졌고 인간의 심리와 시간의 무한성에 대하여 진지하게 생각하게 되었습니다. 이러한 경험은 비단 저 한 사람만의 경

---

20) Avrelivs Avgvstinvs, *De Libero Arbitrio*, II. 15. 39, in *Corpus Christianorvm Series Latina*, XXIX: *Avrelii Avgvstini Opera*, Pars II. 2 (Tvrnholti: Thpographi Brepols Editores Pontificii, 1970), 263–264.

험은 아닐 것입니다. 우리가 아무리 아름다운 진리를 발견하고 깨달았다고 할지라도 그 진리의 영원성과 무한성에 지속적으로 이끌리지 않는다면 우리는 이 세상에서 그 빛으로 살아갈 수 없습니다. 그 빛을 모든 사람 앞에 드러내 보여줌으로써 그들로 하여금 늘 있던 사물에 대하여 새로운 인식을 갖게 하고 자신에 대하여 또 하나님에 대하여 다른 생각을 갖게 만들어 주는 것이 바로 하나님께 영광을 돌린다는 의미입니다.

2. 하나님의 영광과 빛

성경은 하나님의 영광을 빛과 밀접하게 관련지어 설명합니다. 성경에 나타난 영광의 용례를 분석해 보면 크게 세 가지 범주로 나눌 수 있습니다. 본체적 영광, 발산적 영광, 효과적 영광이 바로 그것들입니다.[21]

첫째로, '본체적 영광'(essential glory)입니다. 이것은 하나님의 존재 자체를 가리키는 것입니다. 사실 하나님의 존재는 정의될 수 없습니다. 사물에 대한 정의는 그것이 한계를 가지고 있고, 그것과 견줄 수 있는 다른 사물이 있을 때에 가능한 것입니다. 그런데 하나님께서는 무한자이시고 다른 사물들과 나란히 비교될 수 있는 사물이 아니시기에 정의될 수 없습니다. 다만 술어적으로(predicatively) 설명될 수 있을 뿐입니다. "하나님은 사랑이시다." "하나님은 자비로우시다."라는 서술처럼 말입니다.

본체적 영광은 하나님 자신을 가리키는 것이기 때문에 그 무엇이라고 정의될 수 없습니다. 그래서 존 웨슬리(John Wesley, 1703-1791)는 하나님의 영광을 다음과 같이 설명하였습니다.

---

[21] 김남준, 『하나님의 도덕적 통치』(서울: 생명의말씀사, 2007), 100-101.

'하나님은 거룩하시다.'라고 할 때, 그것은 전적으로 그분 자신의 고유한 탁월하심을 가리키는 것이다. 그리고 그것은 결합된 모든 속성으로부터 흘러나와서 그분의 모든 행하심으로부터 빛이 비치게 하시며, 자신의 영광 이외의 모든 것을 어둡게 하여 보이지 못하게 하는 것이다.[22]

둘째로, '발산적 영광'(radiative glory)입니다. 이것은 특정한 시간 안에서 이루어지는 하나님의 장소적 임재인 '쉐키나'(shekinah)를 가리킵니다. 성경의 기록을 보면 어떤 특별한 시간과 특정한 장소에 하나님의 영광이 찬란하게 나타나는 장면이 등장합니다. 예를 들어서 모세가 시내산에 올라갔을 때 빽빽한 구름과 함께 머물렀던 하나님의 임재, 광야 교회이던 시절 성막 위에 머물렀던 구름기둥과 불기둥 같은 것들이 바로 그것입니다. 이것은 하나님의 장소적 임재로서 하나님 자신이 거기 계신 사실을 지시하는 표지로서의 하나님의 영광을 의미합니다.

물론 하나님께서는 어디에나 동일하게 계십니다. 그러므로 이러한 특별한 임재를 하나님께서 다른 장소에 덜 계시다는 의미로 이해해서는 안 됩니다.

하나님께서는 어디에나 동일하게 계시지만, 특별한 목적을 갖고 특정한 시간에 특정한 장소에 강력하게 나타나기도 하십니다. 특정한 사람들에게 하나님께서 존재하신다는 사실을 분명하게 알리기 위함입니다. 이러한 장소적이고 시간적인 임재를 가리켜서 발산적 영광이라고 합니다.

셋째로, '효과적 영광'(effective glory)입니다. 이것은 하나님께서 당신의 이름을 이 세상에서 높이심으로 사람들이 하나님의 존재와 속성을 인정하게

---

22) W. T. Purkiser, "The Biblical Foundations," in *Exploring Christian Holiness*, vol. 1 (Kansas: Beacon Hill Press, 1983), 27.

되는 것을 가리킵니다. 하나님의 본체적 영광은 소멸되거나 감소될 수 없으며, 더욱이 인간에 의해 훼손당하지 않습니다. 그러나 이 땅에 두신 하나님의 이름은 높여지기도 하고 땅에 떨어지기도 합니다. 인간이 그 이름을 존귀하게 여기거나 업신여기는 것에 따라, 하나님의 이름의 위상이 높아지거나 낮아질 수 있는 것입니다.

하나님의 이름이 이 땅에서 어떻게 여김 받는가 하는 문제는 인간이 하나님을 향하여 어떤 태도를 가지고 있는가에 따라 가변적입니다. 이것을 하나님의 효과적 영광이라고 부릅니다. 즉 하나님의 효과적 영광이 드높을 때 그것은 이 세상에서 하나님의 이름이 널리 높아지며 진심으로 인정받는 것이며, 그렇지 못할 때 그것은 그 반대입니다. 이는 마치 태양 자체와 일기의 관계와 같습니다. 인간이 경험하는 변화무쌍한 기후와 날씨의 변화는 대기권 때문입니다. 비바람과 눈보라, 천둥과 번개, 그리고 우박과 같은 것들은 모두 대기에서 일어나는 기후의 조화입니다.

그러한 날씨의 변화무쌍한 현실과는 상관없이 구름과 대기권 너머에는 언제나 찬란한 태양이 빛납니다. 그리고 그것은 바로 하나님의 본체적 영광에 비할 수 있습니다. 태양 자체는 빛을 잃는 경우가 없으나, 땅에서 볼 때는 때로 구름에 가려지는 것 같기도 하고 비바람 앞에 힘을 잃는 것처럼 보이기도 하는 것입니다.

하나님의 본체적 영광에 대한 효과적 영광의 관계도 그러합니다. 이 세상에서는 사람들이 하나님의 이름을 높이기도 하고 모욕하기도 하지만, 그것과는 상관없이 하나님께서는 언제나 충만한 영광이십니다. 그러나 하나님께서는 당신의 본체적 영광이 이 세상에서 그에 합당한 이름의 영광으로 나타나기를 원하십니다. 하나님께서는 무엇인가 부족한 것이 있으시기에 인간으로부터 당신의 영광을 인정받고 싶으신 것이 아니라, 인간이 그렇게 당신의 이름의 영광을 인정하며 살아감으로써 세계와 인간을 지으신 목적을 성취하고, 또한 그 안에서 인간 자신도 가장 행복할 것이기 때문입니다.

그래서 성경은 이렇게 말합니다. "나 여호와가 의로 너를 불렀은즉 내가 네 손을 잡아 너를 보호하며 너를 세워 백성의 언약과 이방의 빛이 되게 하리니"(사 42:6). 또 이렇게 말합니다. "이는 너희가 흠이 없고 순전하여 어그러지고 거스르는 세대 가운데서 하나님의 흠 없는 자녀로 세상에서 그들 가운데 빛들로 나타내며"(빌 2:15).

이처럼 인간은 효과적인 영광을 드러내며 이 땅에 살아야 할 존재입니다. 왜냐하면 하나님께서 천상과 지상의 세계를 창조하신 것이 바로 이러한 효과적인 영광으로 충만하게 하시기 위함이었기 때문입니다.

III. '그 빛'으로 부르신 하나님

하나님께서 우리를 사람으로 창조하시고, 예수 그리스도를 믿어 진리의 사람으로 거듭나게 하신 것은 그 빛에 나를 통한 빛을 더하게 하기 위해서입니다. 그 빛은 먼저 바라보시는 하나님을 즐겁게 할 것이며, 나아가 그 빛을 모른 채 어둠 속에 살아가던 사람들에게 자신의 등 뒤에서 떠오르는 찬란한 태양과 같은 하나님을 바라보게 할 것입니다.

이것이 바로 우리를 당신의 자녀로 부르신 하나님의 계획입니다. 그러므로 우리는 '그 빛으로 부르신 자녀들'입니다. 이러한 감격을 시도 바울은 다음과 같이 표현하였습니다. "너희가 전에는 어두움이더니 이제는 주 안에서 빛이라 빛의 자녀들처럼 행하라"(엡 5:8).

A. 신학적 의미

하나님께서는 우리를 세상의 빛으로 불러 주셨습니다. 그리스도인이 세상의 빛이라고 하는 의미는 신학적 측면과 윤리적 측면으로 나누어 살펴볼 수 있습니다.

신학적 의미에 있어서 하나님께서 우리를 세상의 빛으로 불러 주신 사실은 다음 두 가지 요소와 깊은 관련이 있습니다.

1. 빛과 진리이신 예수 그리스도

먼저 신학적으로 예수 그리스도와 관련된 의미를 지닙니다. 다시 말해서 우리를 세상의 빛이라고 말씀하신 것은 빛으로 이 세상에 오신 예수 그리스도와 우리가 어떤 관계를 갖는지를 지시하는 것입니다.

예수 그리스도께서는 곧 진리요 그 빛이십니다. "그 안에 생명이 있었으니 이 생명은 사람들의 빛(τὸ φῶς)이라"(요 1:4). "예수께서 이르시되 내가 곧 길이요 진리(ἡ ἀλήθεια)요 생명이니 나로 말미암지 않고는 아버지께로 올 자가 없느니라"(요 14:6). 우리가 이 세상의 빛이라고 일컬음을 받는 것은 빛 자체이신 예수 그리스도와 맺고 있는 독특한 관계 때문입니다. 이것이 바로 본문의 빛의 비유를 생각할 때 잠시도 잊어서는 안 되는 신학적 사실입니다.

우리를 세상의 빛이라고 하신 이 비유는 '그 빛'이 무엇인지를 규정함에 있어서 단순히 인도주의나 도덕주의 차원에서 그리스도인을 세상의 빛으로 생각하는 접근을 처음부터 차단합니다. 윤리적 접근보다도 신학적 접근을 요청하고 있는 것입니다.

한 사람의 도덕적인 삶은 그 사람이 가지고 있는 세상 만물의 질서에 대한 이해를 기초로 세워지는 건물과 같습니다. 다시 말해서, 한 사람의 도덕적 행동은 그의 신념으로부터 나오는 것이고, 그 신념은 세상만사가 마땅히 정위(正位)되어야 하는 도리에 대한 신념입니다. 그 도리에 대한 이해가 체계적이고 확고하면 일관된 도덕 생활이 나오고, 그렇지 못하면 도덕 생활이 우발적이고 자의적이 되는 것입니다. 따라서 하나님의 존재, 내세, 절대 가치의 기준 등에 대한 믿음이 도덕 생활의 기초가 됩니다.

그리스도인의 모든 윤리적 행동의 동기는 하나님의 거룩하심에 있고, 그렇게 살게 하는 은혜로운 감화(感化)는 성육신하신 예수 그리스도에 있습니다. 왜냐하면 바로 성육신 안에서 그 빛이신 예수 그리스도가 우리를 위하여 이 땅에 사시고 죽으시고 다시 사셨기 때문입니다. 제가 항상 그리스도인의 모든 거룩한 삶의 능력이 예수 그리스도의 십자가에 대한 현재적 경험에 있다고 말씀드리는 것도 이 때문입니다. 이 십자가에 대한 경험을 사도 바울은 현재완료 시제로 고백합니다. '함께 못 박혔나니'는 희랍어로 '쉰에스타우로마이'(συνεσταύρωμαι)인데, 이는 예수 그리스도가 십자가에 못 박히신 것은 과거에 일어난 사건이지만 그 효과와 영향은 지금도 자신 안에 영향을 미치고 있다는 고백입니다. "내가 그리스도와 함께 십자가에 못 박혔나니(συνεσταύρωμαι) 그런즉 이제는 내가 사는 것이 아니요 오직 내 안에 그리스도께서 사시는 것이라(δὲ ἐν ἐμοὶ Χριστός) 이제 내가 육체 가운데 사는 것은 나를 사랑하사 나를 위하여 자기 자신을 버리신 하나님의 아들을 믿는 믿음 안에서 사는 것이라"(갈 2:20).

2. 빛이신 예수 그리스도에 대한 경험

또한 우리를 빛으로 부르셨다는 사실은 우리로 하여금 예수 그리스도에 대한 경험을 생각하게 합니다. 시간 세계 안에서, 예수 그리스도의 빛은 신성과 인성으로 비쳐졌습니다. 예수 그리스도께서는 하나님으로서의 찬란한 신성의 빛을 인성 안에 감추고 이 세상에 오셨습니다. 그러나 모든 사람에게 그것을 숨기신 것은 아닙니다. 신앙으로 나아오는 사람들에게는 당신의 찬란한 신성의 빛을 비추어 알게 하셨던 것입니다. 사도 베드로의 그 유명한 가이사랴 빌립보에서의 고백을 들어보십시오. 그가 "주는 그리스도시요 살아 계신 하나님의 아들이시니이다"(마 16:16)고 할 수 있었던 것도 바로 이 신성의 빛을 보았기 때문입니다.

이처럼 신성의 빛은 믿음으로 나아온 소수의 사람들에게만 비친 빛이었습니다. 그러나 예수 그리스도의 인성의 빛은 인격과 삶의 모범으로서 모든 사람에게 비추어졌습니다. 이러한 교리적 사실을 올바로 이해하기 위해서는 다음 사항들을 숙고하여야 합니다.

a. 하나님을 앎 : 들음과 봄

첫째로, 성육신하신 예수 그리스도와 하나님을 아는 지식의 관계입니다. 예수 그리스도 당시 유대인이 하나님을 향해 가지고 있었던 신앙이 오디오로 듣는 것과 같았다고 한다면, 예수님의 삶은 비디오로 보듯 정확하게 신앙이 무엇인지 보여주는 것이었습니다. 예수님은 삶으로 하나님의 사랑을 보여주셨고, 하나님을 어떻게 사랑해야 하는지 가르쳐 주셨습니다. 듣기만 하던 하나님을 예수 그리스도를 통해 비로소 발견하고 경험하게 된 것입니다.

예수 그리스도의 신적 사랑은 십자가에서 자신을 우리를 위한 화목제물로 드리심으로써 입증되었습니다. "우리가 아직 죄인 되었을 때에 그리스도께서 우리를 위하여 죽으심으로 하나님께서 우리에 대한 자기의 사랑을 확증하셨느니라"(롬 5:8).

이렇게 이루신 속죄 사역을 기초로 예수 그리스도께서는 우리를 구원하셨습니다. 중생과 회심을 통하여 당신과 우리 사이에 독특한 영적 관계를 수립하셨습니다. 죄에서 용서해 주셨을 뿐만 아니라, 죄의 능력과 결과들을 극복하며 살 수 있는 자원들을 공급받게 하셨던 것입니다. 이 관계의 독특성은 다음과 같은 사실들을 포함하고 있습니다.

첫째, 중생을 통한 '그리스도와의 연합'(unio cum christo)입니다. 그리스도와 신자와의 연합은 신비로운 것이며 본질적으로 영적인 것입니다. 하나님께서는 당신의 자녀들을 그리스도의 몸에 접붙여 그리스도의 교회의 일부가 되게 하심으로써 그 빛 자체이신 그리스도를 누리게 하십니다. 그리하여 그리스도가 당신에 관한 탁월한 지식들을 성경의 진리와 교회의 목회로써 소유하게 하십니다. 성령 안에서 교회를 한 몸 되게 하시는 하나님께서는 우리 각자를 그러한 연합 안에서 그 빛으로 살아가게 하십니다.

둘째, 성화를 통한 '그리스도와의 일치'(conformatio christi)입니다. 이것은 구원받은 성도들이 그리스도의 성품과 정신을 닮아감으로써 성취됩니다. 그리스도가 그 빛 자체이셨기에 빛으로 나타나셨던 것처럼 신자들도 그리스도 안에서 그분을 본받음으로써 그 빛으로 나타나게 됩니다.

예수 그리스도 당시의 이스라엘 백성은 하나님에 관해 많이 배웠고, 들었습니다. 그러나 하나님께서 어떤 마음으로 그들을 사랑하시는지는 잘 몰랐습니다. 그런데 예수 그리스도께서 이 세상에 내려오셔서, 어둠과 무지 속에 살아가는 죄인들을 바라보시며 눈물을 흘리시고, 그들의 헌데를 어루만지시며 땀을 흘리시고, 더러운 인간을 사랑하기 위해 그들의 발을 씻기시고, 죄인들을 용서하기 위해 십자가에 돌아가셨습니다. 무서운 율법의 칼을 든 하나님이 아니라, 한 손에는 우리를 때리시는 사랑의 회초리를 들고 다른 한 손에는 우리를 치료하고 싸매시는 용서와 위로를 들고 다가오시는 하나님의 모습을 예수 그리스도의 인성 안에서 보게 된 것입니다. 그래서 희망 없던 세리와 창기들이, 예수 그리스도의 품 안에서 위로와 안식을 발견하였습니다. 그들에게 예수 그리스도의 품은 완벽한 쉼의 자리였습니다.

여러분은 빛이신 그리스도를 경험하며, 율법의 준수를 요구하시는 무서운 하나님이 아니라 용서를 베푸시는 사랑의 하나님을 발견하였습니까? 십자가에서 공의와 사랑을 함께 나타내 보여주시는 하나님을 만났습니까? 그렇다면 여러분은 이제 그 빛에 참여하며 살아가는 사람들입니다.

b. 그리스도에 대한 경험과 삶

둘째로, 그리스도에 대한 경험과 삶의 관계입니다. 우리는 빛의 근원이 될 수 없으나, 빛이신 그리스도를 경험함으로써 빛으로 살 수 있게 됩니다. 예수 그리스도를 만나고 그분을 통해 하나님의 영광을 본 사람은 찬란한 지식의 빛을 받고 예전과 전혀 다른 방식으로 하나님과 자신과 세상을 보게 됩니다. 하나님께서는 분명히 살아 계시다는 사실을 깨닫게 되고, 이 세계는 우리의 숭배를 받을 대상이 아니라 우리가 돌보고 가꾸어 하나님의 통치가 이루어지게 함으로써 하나님께 기쁨을 드려야 할 일터라는 사실을 발견하게 됩니다. '나'라는 존재 역시 결코 숭배의 대상일 수 없고, 나의 진정한 보람은 하나님께 사랑을 받고 그 사랑을 사람들에게 흘려 보내 하나님의 사랑의 통로가 되는 것임을 알게 됩니다. 그런 점에서 예수 그리스도를 아는 지식은 모든 지식의 근원이신 하나님을 올바로 알고, 세계와 인간에 대한 모든 지식의 연관을 알게 하는 유일한 통로입니다.

구약에 나타나는 하나님을 아는 지식은 보이지 않는 하나님을 향하여 경외의 삶을 살아가게 하는 원동력입니다. 이 지식의 주인은 하나님 자신이

시지만, 또한 그것은 인간에 의하여 버려지기도 하고 취하여지기도 합니다. 그래서 호세아 선지자는 말합니다. "내 백성이 지식(דַּעַת)이 없으므로 망하는도다 네가 지식을 버렸으니 나도 너를 버려 내 제사장이 되지 못하게 할 것이요 네가 네 하나님의 율법을 잊었으니 나도 네 자녀들을 잊어버리리라"(호 4:6).

하나님을 아는 지식은 이스라엘 백성에게 세 가지 차원으로 작용합니다. 언약적 차원, 인식적 차원, 그리고 헌신적 차원이 바로 그것입니다.[23] 첫째, 언약적 차원입니다. 우리는 여기서 하나님을 '아는' 일에 있어서 실패하는 것은 언약을 파괴하는 행위임을 알게 됩니다. 그래서 언약 백성인 이스라엘 백성의 가장 큰 의무는 지성으로 하나님을 알아가는 것이었습니다. 둘째, 인식적 차원입니다. 이스라엘 백성이 이미 가지고 있는 '하나님을 아는 지식'은 잊혀질 수도 있고, 또 거부될 수도 있는 가변적인 것이었습니다. 셋째, 헌신적 차원입니다. 하나님을 아는 지식은 단지 이성으로만 아는 지식이 아니라, 하나님을 알고 사랑하며 순종하게 하는 내적인 동기로서 작용합니다. 이것은 곧 계시를 통하여 알게 된 계명에 대한 외적인 순종뿐만 아니라, 하나님을 향한 내적인 사랑도 포함하는 것입니다. 이스라엘 백성은 이 지식을 공동체적으로 소유함으로써, 다른 사람과는 구별되는 경건 안에서 하나님과 이웃에게 헌신하며 살아갈 수 있게 되는 것이었습니다.

이 하나님을 아는 지식이 신약에 와서 기독론적인 전환을 통하여 '예수 그리스도를 아는 지식' (γνώσεως Χριστοῦ Ἰησοῦ)으로 제시됩니다. 여기서 '지식'을 의미하는 희랍어 단어 '그노시스' (γνῶσις)는 히브리어에서 '지식'을 의미하는 '다아트' (דַּעַת)의 동치어입니다. 구약성경에서 하나님을 아는 지

---

[23] James Limburg, *Hosea-Micah, Interpretation: A Bible Commentary for Teaching and Preaching* (Atlanta: John Knox Press, 1988), 21-22.

식이 신약성경에서는 그리스도를 아는 지식으로 제시되고 있습니다. 이는 예수 그리스도 자신의 가르침에서도 명백합니다. "예수께서 이르시되 빌립아 내가 이렇게 오래 너희와 함께 있으되 네가 나를 알지 못하느냐 나를 본 자는 아버지를 보았거늘 어찌하여 아버지를 보이라 하느냐"(요 14:9).

하나님께서 그리스도를 통하여 당신 자신을 나타내시는 계시의 방식은 구약의 그것과는 비교할 수 없을 정도로 명료합니다. 그러므로 신약성경에서 그리스도는 하나님에 관한 지식에 이르는 통로입니다. 이것을 사도 바울은 다음과 같이 설명합니다. "또한 모든 것을 해로 여김은 내 주 그리스도 예수를 아는 지식이 가장 고상하기 때문이라 내가 그를 위하여 모든 것을 잃어버리고 배설물로 여김은 그리스도를 얻고 그 안에서 발견되려 함이니 내가 가진 의는 율법에서 난 것이 아니요 오직 그리스도를 믿음으로 말미암은 것이니 곧 믿음으로 하나님께로부터 난 의라"(빌 3:8-9). 바울이 언급하는바 그리스도를 아는 지식의 핵심은 곧 불의한 인간을 의롭다고 하시는 하나님의 구원에 대한 앎입니다. 그러므로 하나님을 아는 지식의 이러한 신구약의 관계성은 하나님의 복음이 그리스도를 통하여 성취된 것을 보여줍니다.

그래서 조나단 에드워즈(Jonathan Edwards, 1703-1758)는 그리스도인의 지성적 특징을 구원 사역에 나타난 '하나님의 지혜'(wisdom of God)에 대한 경험이라고 봅니다.

> 그들은 새로운 찬양의 내용을 갖습니다. 이제 그들은 천사들이 알고 싶어 하고 그로 인해 하나님을 찬양하고 싶어하는 하나님의 능력과 지혜와 무한하신 자비와 사랑의 영광스러운 사역들에 대한 이해를 갖습니다. 이것은 전에 그들이 결코 이해하지 못하던 것이었습니다. 영광스러운 구원 사역

에서의 하나님의 지혜와 하나님의 주권적인 은혜, 그리고 죄인들을 향한 그리스도의 죽기까지의 사랑은 그들에게 새로운 것들입니다. 이제 그들은 이것들을 전에는 결코 할 수 없었던 찬송의 제목으로 삼을 수 있습니다.[24]

그리고 그러한 깨달음의 빛 안에서 우리는 인간의 가장 커다란 행복이 하나님께로부터 부여받은 빛으로써 다른 사람들과 진리의 교통을 이루는 것임을 알게 됩니다. 그러나 이러한 깨달음의 빛은 성경을 통해서 진리를 더욱 깨달아 가고자 하는 끊임없는 신자의 노력과 성령의 조명이 없이는 결코 유지되지 않습니다. 이러한 생각은 '은혜와 부패' 라는 개혁주의와 경험적 청교도 신학의 유장한 담론으로 우리를 데려갑니다.

오늘날 비윤리적인 행위로 사회의 지탄을 받는 그리스도인이 많이 있습니다. 신문과 방송을 오르내리는 것도 모자라 이제는 영화 속에서까지 사회적 반감과 지탄의 대상으로 등장하고 있습니다. 교회와 하나님의 명예에 누를 끼치는 이러한 사람들 중에 처음부터 예수 그리스도의 참된 교회와는 상관없는 사람들도 있습니다. 그러나 그 중 어떤 이들은 한때는 예수님을 사랑하고, 하나님께 헌신했던 사람들입니다. 진리의 빛의 비추임을 받았으나 그 빛을 잃어버린 사람들인 것입니다. 이러한 사실이 주는 도전이 무엇입니까? 그것은 바로 신앙의 현재성입니다.

이전에 아무리 신앙을 경험한 사람들이라고 할지라도 매일 진리의 빛 앞에서 그와 하나 된 삶을 살아가려는 수고와 노력을 게을리한다면, 그렇게 비윤리적인 삶을 살게 될 수도 있다는 것입니다. 인간이 선에는 쉽게 익숙해지지 않지만 악에는 쉽게 익숙해지며, 또한 익힌 바 선을 행하는 것보다

---

[24] Jonathan Edwards, "The Perpetuity and Change of the Sabbath," *Sermons and Discourses(1739 -1742)*, in *The Works of Jonathan Edwards*, vol. 22, ed. by Harry S. Stout (New Haven: Yale University Press, 2003), 233.

도 익히지 않은 악을 행하는 것이 자연스러울 때가 많은 것도 이러한 사실을 잘 보여줍니다. 그러나 이것은 한 편으로는, 인간이 구원받은 후에 더욱 하나님을 의존하며 살도록 만드신 하나님의 탁월한 구속 경륜입니다.

이처럼 신자는 복음적 경건 속에서 거룩한 삶을 살게 하시는 하나님의 사랑과 생명을 끊임없이 공급받음으로써 이 세상에서 그 빛으로 살아갈 수 있습니다. 그러므로 한 번 그리스도께로부터 받은 구원의 불변성으로 인하여 교만하지 말고, 오히려 지속적으로 그 빛 가운데 머물고자 끊임없이 애써야 합니다.

B. 윤리적 의미

하나님께서 우리를 세상의 빛으로 불러 주셨다는 두 번째 의미는 윤리적인 것입니다. 희랍어 성경은 '그 빛'이라고 기록할 뿐 아니라 세상에도 정관사를 붙여 '그 세상' (τοῦ κόσμου)이라고 기록하였습니다. 하나님께서 우리를 세상의 빛으로 불러주셨다는 사실이 지니는 윤리적 의미를 파악하기 위해서는 세상의 의미와 인간의 진정한 자유, 그리고 세상에서 하나님의 영광을 드러나게 하는 방식에 대하여 숙고하여야 합니다.

1. '세상'의 의미

성경에서 세상을 뜻하는 단어 '코스모스' (κόσμος)[25]는 크게 세 가지 의미로 사용됩니다. 첫째로, 있는 그대로 실재하고 있는 현재의 세상입니다. 이

---

[25] Frederick W. Danker, *A Greek-English Lexicon of the New Testament and Other Early Christian Literature*, 3rd edition (Chicago: The University of Chicago Press, 2000), 561–562.

는 자연적으로 존재하는 세계를 가리키는 것입니다. 도덕적이고 신학적인 의미를 배제한 채 하나님께서 창조하신 세계로서 현재 존재하고 있는 세상을 가리킵니다(요 1:10上, 11:9). 둘째로, 하나님께서 창조하시고 구속하신 후 회복하고자 하시는 세상입니다(요 1:10中, 계 11:15). 셋째로, 타락하고 구속받아야 할 세상입니다(요 3:16, 갈 4:3, 딤전 1:15, 히 11:38). 이 세 번째 의미에서의 세상은 죄를 특징으로 합니다.

성경에서 이 세상은 종종 '이 세상 사람들'과 동의어로 사용되기도 합니다(요 3:16). 왜냐하면 하나님께서 세상을 사랑하신다는 것은 곧 당신의 형상을 닮은 인간을 사랑하시는 것이기 때문입니다. 결국 우리가 그 빛으로 존재해야 할 세상은 다른 세상이 아니라 지금 우리가 살고 있는 이 인간 세상, 하나님께서 한때 아름답고 선하게 창조하셨으나 지금은 타락한 세상의 인간입니다. 이것이 바로 그리스도가 구원을 위해 죽기까지 사랑하신 그 세상이며, 하나님의 사랑을 거절하고 그리스도를 십자가에 못 박은 바로 그 세상입니다. 하나님께서는 우리 그리스도인을 바로 그러한 세상의 빛으로 부르셨습니다.

이 세상의 모든 비극의 원인은 궁극적으로 진리의 빛이 없기 때문입니다. 과학의 발달은 인간의 수명을 연장시킬지 모르지만 인간을 참다운 행복으로 인도하지는 못합니다. 눈부신 과학의 기술로 우주를 여행하고 사물의 미세한 세계와 천체의 거대한 우주를 헤아린다 할지라도 그것들과 관계를 맺으신 하나님을 알지 못한다면 그 무엇으로도 인간은 행복해질 수 없습니다. 이처럼 과학의 발전이나 물질의 풍요는 인간의 행복을 보장하지 않습니다. 과학적 진리는 인간의 육체를 풍족하게 할지 모르지만, 영혼을 자유하게 하여 진정으로 인간 존재의 목적을 실현하게 하는 것은 오직 진리의 빛뿐입니다.

2. 진정한 자유

신학교 시절 만난 선배 하나는 소련 시민권을 갖고 있었습니다. 당시 러시아 지역은 냉전 시대 소비에트 연방이라 불리던 공산국가였습니다. 그때 이 선배가 하던 일은 소련 곳곳을 찾아다니면서 그리스도인을 찾아내어 탈출시키는 것이었습니다. 이것은 걸리면 목숨을 내놓아야 하는 위험한 일이었습니다. 다음의 이야기는 그 선배에게서 직접 들은 간증입니다. 선배는 어느 나이든 부부를 치밀한 작전 끝에 미국으로 망명시켰습니다. 상당한 액수의 뇌물을 공무원들에게 뿌린 것은 물론이거니와 몇 명은 목숨을 내놓고 수행한 작전이었습니다. 일 년 후 무사히 미국에 정착한 그 노부부를 다시 만났을 때 그들은 간절하게 이런 부탁을 하였습니다. "선교사님! 우리를 다시 소련으로 보내 주실 수는 없습니까?" 그래서 깜짝 놀라 이유를 물었답니다. 그랬더니 이렇게 대답하더랍니다. "우리는 여기와 같은 자유로운 세상으로 오면 마음껏 신앙생활하기 더 좋을 줄 알았는데, 아닙니다. 소련이 신앙생활하기 훨씬 좋고 행복합니다. 여기는 핍박도 없고, 먹을 것도 지천이지만 서서히 심령이 부패해지며 영적 무장이 해제됩니다."

비슷한 이야기가 하나 더 있습니다. 어느 안과 의사에게서 들은 실화입니다. 그 의사는 무료로 개안 수술을 해주는 사람이었는데, 신앙심이 깊은 어느 무의탁 노인을 수술해 드렸다고 합니다. 그런데 6개월도 채 되지 않아 그 할아버지가 찾아와 이렇게 말하더랍니다. "세상이 이렇게 악한 줄 몰랐소. 보이지 않던 때는 좋은 줄 알았던 사람들이 그렇게 살아가는 줄 몰랐소. 차라리 눈 뜨기 전으로 돌아가고 싶소."

진정한 자유는 몸의 자유만이 아닙니다. 인간이 진정한 자유에 도달하기 위해서는 이 세상 자원의 궁핍에서 해방될 뿐 아니라, 영혼과 마음이 모든 부당한 속박으로부터 벗어나야 합니다.

하나님께서는 그리스도인에게 십자가의 구속을 통하여 '이중의 자유' (two-fold freedom)를 주셨습니다. 신분의 자유와 상태의 자유가 그것입니다. 신분의 자유는 하나님께서 우리를 죄의 종, 마귀의 자식의 상태에서 해방시켜 하나님의 자녀로서의 신분을 주신 것입니다. 이로써 우리는 하나님의 자녀의 명분을 얻게 되었고, 믿음과 의와 구원의 후사가 되었습니다. 다음으로 상태의 자유는 하나님께서 구원받은 우리를 마음과 영혼의 모든 악한 속박으로부터 완전히 자유하게 해주신 것입니다.

오늘날 인류가 경험하는 모든 악과 고통은 죄에 의하여 야기된 병적 증상(symptom)입니다. 인간의 참 행복은 자유에 있습니다. 그 자유는 창조주 하나님께서 인간에게 부여하신 양도할 수 없는 독특성으로서 하나님과의 관계 안에서만 생각될 수 있는 것입니다. 하나님의 자녀들의 윤리적인 삶은 바로 이러한 내적 자유, 죄의 속박으로부터 자유롭게 된 상태의 열매입니다.

지금도 죄 가운데 살아가는 많은 사람을 보십시오. 그들은 진정으로 자유를 갈망하여 도덕의 기준을 거부하고 육체의 욕심을 따라 방종하게 살아갑니다. 그러나 그것은 자유의 추구가 아니라 자신의 힘으로는 헤어 나올 수 없는 속박 안으로 스스로 걸어 들어가는 것입니다.

3. 하나님께서 사랑하신 세상

그러나 본문에서 예수 그리스도께서 "세상"이라고 표현하셨을 때 그것은 단지 하나님께 심판받아야 할 비관적 세상만을 가리키는 것이 아닙니다. 그것은 또한 거룩하신 하나님의 사랑을 받는 세상이기도 하기 때문입니다. 하나님께서는 그 세상을 사랑하셨기에 예수 그리스도를 이 세상에 보내셨고 사도 바울은 이것이 바로 하나님의 사랑의 최고의 나타남이라고 감격하며 말합니다. "우리가 아직 연약할 때에 기약대로 그리스도께서 경건하지 않은 자를 위하여 죽으셨도다"(롬 5:6).

이처럼 하나님께서 이 세상을 사랑하셨기 때문에 그 빛을 허공에 비추지 않으시고 어두운 세상에 비추셨습니다. 그리고 바로 그 일을 교회의 목회와 성도들의 인격과 생활을 통하여 드러내기로 작정하셨습니다.

이 세상 사람들은 죄로 말미암아 영혼과 마음이 어두워졌고, 그리하여 빛으로 부름 받은 우리 그리스도인이 가진 신학적 의미를 올바로 알지 못합니다. 그리고 그 신학적인 의미에 대하여 깊은 관심을 갖지도 않습니다. 오히려 그들은 우리에게서 윤리적인 의미를 쉽게 발견합니다. 왜냐하면 윤리적인 의미를 발견하는 것은 신학적인 의미를 발견하는 것보다 훨씬 더 쉽기 때문입니다. 인간에게 있는 공통적인 윤리 의식들과 양심의 빛은 인간으로 하여금 그것들을 쉽게 발견하고 판단하게 돕습니다. 인간은 자신이 직접 도덕적으로 살아가는 것은 힘들어 하지만, 다른 사람들이 그렇게 사는 것을 보는 것은 힘들어 하지 않습니다. 그것이 자신의 이익에 직접 관계되지 않는 한 말입니다.

예수 그리스도께서는 당신이 사랑하신 그 세상이 우리를 통하여 궁극적으로 하나님을 깨닫게 되기를 원하십니다. 그리스도인의 윤리적인 삶은 윤리를 통해 인간의 덕성을 보이는 것이 아니라 거룩하신 하나님과 관계를 맺고 있는 그 사람의 행복과 절대가치에 대해 생각하게 만들어 주는 것입니다. 그리고 그것이 바로 하나님께 영광을 돌리는 것입니다.

그러므로 그리스도인의 윤리는 하나님께만 보이도록 사용되는 윤리가 아닙니다. 궁극적으로 우리가 바라보아야 할 유일한 대상은 하나님이시지만, 이 세상에 살아 있는 동안 우리는 세계와 역사와 이웃들에 대하여 책임을 져야 합니다. 그러한 관계에 충실하게 사는 삶과 그 관계 너머에 계신 거룩하신 하나님을 알고 사랑하는 일은 분리되지 않습니다. 그 둘이 분리되거나 그 둘 중 어느 하나 때문에 다른 하나가 무시되어도 좋다고 생각하는 것은 하나님의 뜻이 아닙니다. 도덕주의자들이나 신비주의자들, 마르크스주의자들, 열광주의자들 모두 그리스도께서 의도하셨던 '그 빛'이 된 사람들이 아닙니다. 비록 그들에게 '한 빛'(a light)이 있을지라도 말입니다.

4. 최고의 섬김 : 영광을 드러냄

이 세상을 향한 그리스도인의 최고의 섬김은 그 빛으로써 하나님의 영광을 드러내는 것입니다. 우리의 삶은 그 빛으로써 하나님의 영광을 드러내고 있습니까? 조나단 에드워즈는 하나님의 영광은 곧 하나님의 지성(understanding)과 의지(will)라고 하였습니다.

> 하나님 안에 있는 하나님의 내적 영광은 그분의 지성 혹은 의지 안에 있다. 그분의 지성의 영광 곧 충만하심이 그분의 지식이다. 우리가 하나님의 의지 안에 그 특별한 좌소를 두고 있다고 생각해야만 하는 하나님의 내적인 영광과 충만하심은 그분의 거룩하심과 복락이다.[26]

오늘날 우리 조국 교회의 그리스도인의 삶은 하나님의 생각과 의지를 이 세상에 반영하고 있습니까? 그리고 하나님 안에 있는 그 뜻을 따라 하나님과 세계와 교회와 역사와 우리 인간 자신을 바라보고 있습니까? 그것들과 우리 자신과의 관계를 올바로 설정하며 하나님께서 의도하셨던 삶을 살아

---

26) Jonathan Edwards, *End of Creation*, in *The Works of Jonathan Edwards*, vol. 8, ed. by John E. Smith (New Haven: Yale University Press, 1987), 528.

가고 있습니까? 우리의 삶은 이 세상을 향한 하나님의 의지를 보여주고 있습니까? 하나님께서 가지고 계신 이 세상을 향한 선한 의지, 곧 타락하고 구원받아야 할 이 세상의 인간에 대한 하나님의 사랑을 드러내고 있습니까? 죄인을 사랑하되 하나님께서 정하신 가치의 질서와 도덕의 기준들을 드러내게 하는 방식으로 사랑이 이루어지고 있습니까?

하나님께서는 그리스도인을 통해 이 세상에 신학적으로 윤리적으로 진리의 빛을 비추려고 하십니다. 우리가 그 진리의 사람, 그 빛으로 살아가는 도덕의 사람이 되지 않으면 안 되는 이유가 여기에 있습니다.

IV. 결론

하나님께서 죄 많은 세상에서 우리를 구원하신 것은 신앙을 도구삼아 이 험한 세상의 파도를 타고 넘으며 인생을 쉽게 살게 하시기 위함이 아닙니다. 하나님께서 구원받은 자녀들을 세상에 두신 것은 어둠에 익숙하게 하시기 위함이 아니라, 그 빛으로 어둠을 이기게 하시기 위함입니다.

이 어두운 세상에 빛을 비추기 위해 우리는 먼저 그 빛을 소유한 사람이 되어야 합니다. 우리가 먼저 예수 그리스도를 통하여 진리의 사람이 되어야 하며, 그 진리의 빛을 따라 살아감으로써 이 세상 사람들과는 다른 방식의 삶으로 도덕적 감화를 끼쳐야 하는 것입니다.

예수 그리스도 없는 도덕주의는 신학이 없는 윤리이며, 도덕이 없는 복음주의는 자기 만족적이고 소비적 영성(spirituality)에 지나지 않습니다. 이것들은 결코 그리스도인이 이 세상에서 그 빛에 참여하는 삶이 아닙니다.

그러므로 우리는 이 세상의 모든 교회가 정직하고 영향력 있게 그리스도의 복음을 선포하도록 기도하여야 합니다. 모든 교인이 진리의 빛이신 그리스도를 진정으로 만나고 일평생 그 십자가의 의미에 붙들려 사는 사람들이 되기를 간구하여야 합니다. 이를 위하여 더 큰 복음의 능력과 충만한 성령의 은혜를 부어 주시기를 사모하여야 합니다.

그러나 거기서 그쳐서는 안 됩니다. 거룩한 삶으로 뻗어 나가 하나님께서 창조하신 이 세상을 하나님께서 의도하신 세상으로 쇄신하는 일에 이바지하지 아니하는 모든 종교적 혜택은 자기 만족적이고 주관주의적인 영성으로 굴러 떨어져 자신만을 위하여 소비되고 맙니다.

우리가 이 세상을 위하여, 빛으로 부르신 신학적인 의미와 함께 윤리적인 의미를 강조해야 하는 것도 바로 이 때문입니다.

빛으로 부르신 사람들
한·눈·에·보·는·1장

I. 들어가는 말
- 성경 본문이 말하는 "너희"는 일차적으로는 제자들을 포함하여 병 고침을 받고 예수님을 따르던 수많은 무리를, 이차적으로는 모든 그리스도인을 가리킨다.

II. 세상의 '빛'
A. 신약에 나타난 '빛'의 용례
- 물리적 의미로는 자연의 빛이나 이 세상의 보화 등을 나타내며, 윤리적 의미로는 진리를 따라 살아가는 사람이나 삶을 나타내며, 신학적 의미로는 하나님 혹은 어떤 가치의 질서를 보여주는 효과 그리고 예수 그리스도를 나타낸다.

B. '그 빛'인 신자들
1. 빛의 본질
- 빛은 존재와 인식 사이에 걸쳐 있다. 진리도 그와 같아서 존재할지라도 인간이 그것을 인식하지 않는다면 그 효과를 누릴 수 없다.
2. '그 빛' : 발광과 반사
- 우리는 세상의 빛이나 우리 안에 그 빛을 자연적으로 담지하고 있는 것이 아니라 예수 그리스도께로부터 온 것을 받아서 비추는 것일 뿐이다.
3. 인간 자신은 빛이 아님
- 그러나 인간은 이성이 진리의 원천이라고 믿거나 이성만으로 그 진리를 찾아갈 수 있다고 믿은 채 객관적 진리의 존재를 거부했다. 절대적 가치에 대한 거부는 실용주의의 등장과 함께 거세게 확산되었는데 그 결과 이웃에게 심각한 해를 끼치는 일만 아니라면 용납되지 못할 일은 없다는 가치관이 만연해졌다.
- 이러한 현상은 산업혁명 이후 물질주의의 영향 가운데 더욱 심화되었다. 현대 사회의 모든 비극은 현대인이 과거의 사람들보다 악하기 때문이 아니라 저마다 자신이 빛인 줄 여기고 참 빛인 진리를 버렸기 때문이다.
- 그러나 하나님께서는 인간 본성 안에 희미하게나마 빛의 일부를 남기셨다. 이것은 양심의 빛과 무한자에 대한 무의식적 갈망으로 나타난다. 모든 인간에게는 하나님에 대한 막연한 그리움이 있다. 진리를 거절하였기에 그 목마름의 정체를 알지 못할 뿐이다.
- 신자의 윤리적 삶은 거룩한 생활의 결과이며, 거룩한 생활은 예수 그리스도를 통해 진리의 빛을 받아들인 결과이다.

C. 하나님과 영광의 빛
1. 그리스도인의 정체성
- 그리스도인은 열심히 노력하여 빛이 되어야 할 사람들이 아니라 이미 세상의 빛이다. 그러므로 그리스도인은 진리를 알고 사랑하기 위해 태어난 사람인 것처럼 진리를 추구하며 그 진리의 빛과 하나 되기를 갈망하여야 한다.
2. 하나님의 영광과 빛
- 하나님의 효과적 영광은 인간이 하나님을 향하여 어떤 태도를 가지고 있는가에 따라 가

변적이다. '그 빛'으로 살아간다는 것은 이 세상 사람들 앞에 진리의 빛을 비춰 하나님에 대해 다른 생각을 갖게 만들어 주는 것으로, 이것이 바로 하나님의 영광을 드러내며 살아가는 삶이다.

III. '그 빛'으로 부르신 하나님
A. 빛으로 부르심의 신학적 의미
1. 빛과 진리이신 예수 그리스도
- 우리가 세상의 빛이라 일컬음 받을 수 있는 것은 빛 자체이신 예수 그리스도와의 관계성 때문이다.
2. 빛이신 예수 그리스도에 대한 경험
- 예수 그리스도의 신성의 빛은 신앙으로 나아 온 사람들에게만 비추어졌지만, 인성의 빛은 삶의 모본으로 모든 사람에게 비추어졌다. 예수님께서는 삶으로 하나님의 사랑을 보여주셨고, 하나님이 누구신지 알려주셨다.
- 우리는 빛이신 예수 그리스도를 경험함으로써만 빛으로 살 수 있게 된다.

B. 빛으로 부르심의 윤리적 의미
1. '세상'의 의미
- 우리가 빛을 비추어야 할 세상은 다른 세상이 아니라 지금 우리가 살고 있는 이 세상, 그 옛날 하나님이 아름답게 창조하셨으나 타락한 그 세상, 예수 그리스도께서 죽기까지 사랑하신 바로 그 세상이다.
2. 진정한 자유
- 진정한 자유는 영혼과 마음이 모든 부당한 속박에서 벗어나는 것이다. 하나님의 자녀들의 윤리적인 삶은 죄의 속박으로부터 자유롭게 된 상태의 열매로, 죄의 문제를 궁극적으로 해결하고 내적 자유를 가져올 수 있는 것은 오직 진리의 빛뿐이다.
3. 하나님께서 사랑하신 세상
- 그리스도인의 윤리는 하나님께만 보여야 하는 것이 아니다. 이 세상에 살아 있는 동안 우리는 세계와 역사와 이웃들에 대하여 책임을 져야 한다.
4. 최고의 섬김 : 영광을 드러냄
- 이 세상을 향한 우리의 최고의 섬김은 '그 빛'으로 살아가는 도덕의 사람이 되어 '그 빛'으로써 하나님의 영광을 드러내는 것이다.

IV. 결론
- 거룩한 삶으로 뻗어 나가 이 세상을 하나님께서 창조하실 때 의도하신 그 모습으로 쇄신하는 일에 이바지하지 않는 종교적 혜택은 자기 만족적 영성으로 굴러 떨어지고 만다. 그러므로 교회는 '빛으로 부르심'의 신학적 의미와 함께 윤리적 의미도 강조하여야 하며, 우리는 진리의 빛이신 예수 그리스도를 만나고 일평생 '그 빛'에 붙들려 세상에 그 빛을 보여주는 사람들로 살아가야 한다.

제2장
세상을 비추게 하신 사람들

"산 위에 있는 동네가 숨겨지지 못할 것이요
사람이 등불을 켜서 말 아래에 두지 아니하고
등경 위에 두나니 이러므로 집 안 모든 사람에게
비치느니라"(마 5:14下-15)

I. 들어가는 말

예수 그리스도께서는 우리를 세상의 빛이라고 말씀하신 후 그 의미를 더욱 상세하게 설명하시기 위하여 두 가지 비유를 들어서 계속 설명하셨습니다. 그것이 바로 '산 위에 있는 동네'와 '등경 위의 등불'의 비유입니다. 이 두 가지는 빛의 두 가지 성격을 대변하고 있습니다. 빛 그 자체가 가지고 있는 사람의 눈길을 끄는 성질과 또한 그 빛이 비추어 다른 사물들을 보게 만드는 효과가 바로 그것들입니다.

II. 예수님의 두 비유 : 동네와 등불

예수 그리스도께서 우리를 세상의 빛이라고 말씀하셨을 때 그것은 모든 사람의 눈에 드러나는 그리스도인의 성격을 의미하신 것이었습니다. 예수 그리스도께서는 이 빛의 비유를 좀 더 상세하게 설명하시기 위하여 다시 보충적인 비유를 두 가지 언급하셨습니다. 산 위에 있는 동네의 비유와 등경 위에 둔 등불의 비유가 바로 그것입니다. 모든 사람의 눈에 두루 띄게 되는 빛의 성질을 설명하시기 위하여 산 위에 있는 동네의 비유를 말씀하셨다면, 어두운 방 등경 위에 둔 등불의 비유를 말씀하신 것은 빛이 다른 사물들을 비추어 사람들로 하여금 바르게 보게 하는 빛의 성질을 말씀하시기 위한 것이었습니다.

A. 산 위에 있는 동네

먼저 예수 그리스도께서는 '산 위에 있는 동네'의 비유를 말씀하셨습니다. "산 위에 있는 동네가 숨겨지지 못할 것이요"(마 5:14 下). 여기에서 "동네"라고 되어 있는 희랍어 단어 '폴리스'(πόλις)는 원래 '도시, 성' 등을 가리킵니다.

1. 높은 곳에 위치한 동네

고대에는 높은 지대를 택해, 돌이나 벽돌로 성을 쌓고 외적의 침입으로부터 도시를 보호했습니다. 그런데 높은 곳에 성을 세운 데에는 다음과 같은 몇 가지 이유가 있습니다.

첫째로, 적의 공격을 효과적으로 방어하는 데 유리하기 때문입니다. 만약 성이 낮은 지대에 위치한다면, 적이 쉽게 성벽을 넘어오거나 공성추 등의 무기를 사용해 쉽게 성벽을 공격하여 허물 수 있습니다. 그래서 고대에는 높고 가파른 곳에 성을 지었습니다.

둘째로, 앞서 세워진 도시 위에 새로운 도시가 형성되는 경우가 많았기 때문입니다. 사실 허허벌판에 삶의 터전을 건설하는 경우는 극히 드뭅니다. 과거에는 도시가 있던 자리에 다시 새로운 도시가 들어서는 것이 일반적이었습니다. 새 정복자가 나타나면 기존의 문명을 허물고 다시 새로운 문명을 건설했는데, 그래서 지금도 로마 문명의 터를 파보면, 밑에서 시루떡 나오듯이 그리스 문명이 나오고, 더 파들어 가면 그 전 시대의 문명이 나오곤 합니다.

특별히 팔레스타인 지역을 포함한 중동지방의 경우 흙 벽돌로 건물을 세우는 경우가 많았는데, 흙 구조물이 헐리고 그 위에 다시 새로운 도시를 세우는 일이 반복되며 지반 자체가 높아졌습니다. 이렇게 높아진 지대를 히브리어로 '텔'(חֵל, tel)이라고 부르는데, 텔아비브(Tel Aviv), 텔엘아마르나(Tel el-Amarna) 등의 지명이 모두 여기에서 유래되었습니다. 도시가 반복적으로 무너지고 다시 세워지며 오랜 세월에 걸쳐서 인공 언덕지대인 '텔'이 형성된 것입니다.

예수 그리스도께서는 이러한 역사적이고 지리적인 배경을 염두에 두고, '산 위에 동네'를 언급하셨습니다.

2. 모든 사람에게 보임

산 위 높은 곳에 있는 동네가 가지고 있는 특성은 모든 사람에게 보이는 것입니다. 사람들이 특별히 그 성을 찾거나 발견하려고 애쓰지 않아도 늘 마주하게 되는 것입니다. 결국 이 비유를 통해 예수님께서 우리에게 주시는 말씀은 이것입니다. "성 위의 도시가 모든 사람의 눈에 드러나게 된다. 그들이 보고자 애쓰거나 또 그 동리(洞里)가 자신을 나타내고자 힘쓰지 않아도 결국 그렇게 된다. 너희도 나를 따르면 모든 사람의 눈에 그렇게 띄게 마련이다."

언젠가 어느 일간 신문에 무슨 범법 행위를 저지른 인물에 대한 기사가 실렸습니다. 대개 신문 기사를 쓸 때에는 이름 석 자 옆에 괄호를 표시하고 나이와 직업을 기록합니다. 그런데 그 범인의 경우에는 생소하게도 '장로'라는 교회 직분이 기록되어 있었습니다. 보통은 건축업, 회사원, 의사, 상업, 군인 등 직업을 기록하는데, 왜 그 사람에 대해서는 '장로'라고 기록했을까요? 저는 그 기사를 보면서 글을 쓴 기자가 가진 기독교에 대한 반감을 읽을 수 있었습니다. 그리고 동시에 기독교인이기에 더 올바르게 살아야 하겠다는 필요성을 절실히 느꼈습니다.

우리가 그리스도인이라는 사실이 세상 사람들 눈에 특별하게 드러나는 것은 하나도 이상한 일이 아닙니다. 예수 그리스도를 따르는 사람들은 그 존재에 있어서부터 세상 사람들과 구별되기 때문입니다. 그리스도를 따르는 사람들은 하나님 나라에 속해 있고, 그것을 거절하는 사람들은 세상 나라에 속해 있습니다. 물론 하나님 나라와 세상 나라는 장소로 구분되는 나라가 아닙니다. 이 두 왕국은 누구를 주인 삼고, 누구의 통치를 받으며 살아가는가에 의하여 구분됩니다. 예수 그리스도의 통치를 받으며 살아가는 사람들의 나라가 하나님의 나라이며, 인간을 주인 삼으며 살아가는 사람들의 나라가 세상 나라입니다.

우리도 한때는 세상 나라에 속한 백성이었습니다. 그런데 어떻게 해서 하나님의 나라에 속한 백성이 될 수 있었을까요? 이 일은 우리에게 비친 진리의 빛과 함께 시작되었습니다. 그리고 그 빛은 복음을 통하여 비추어졌습니다.

성령의 능력 안에서 우리의 지성을 압도하는 복음의 빛은 그리스도를 통하여 하나님과 세계와 인간을 아는 새로운 지혜를 가져다주었습니다. 그것은 이 세상의 철학자들이 찾던 지혜였으나, 세상의 학문으로서 오지 아니하고 성령의 능력으로 부르심을 입은 자들에게 주어졌습니다. 예수 그리스도의 십자가를 통해서 우리를 구속하시는 신비 안에서 계시된 것입니다(고전 1:17, 24). 그 빛 아래서, 우리는 하나님의 무한대의 사랑을 깨달았습니다. 또한 사람이 얼마나 고귀한 형상을 가진 존재인지를 볼 수 있게 되었습니다. 그리하여 우리는 예수 그리스도의 십자가 사랑 앞에서 죄인임을 깨닫고 엎드렸습니다. 그리고 예수 그리스도의 통치를 기쁨으로 받아들였습니다.

그리스도인이 된다는 것은 새 사람이 된다는 것입니다. 그것은 신분에 있어서 진노를 받을 불순종의 자식에서 하나님의 자녀가 되었다는 것 외에도(엡 5:6), 내적 변화와 관련하여 다음과 같은 내용들을 포함합니다. 바로 자기 사랑으로 하나님을 대적하던 마음의 성향이 하나님을 사랑하고 선을 행하도록 변화되는 것입니다(롬 7:18). 또한 신령한 것들을 아는 영적 감각을 새로이 갖게 되는 것이며, 죄의 속박으로 노예 상태에 있던 의지가 은혜 안에서 자유를 누리게 되는 것이며, 무엇보다도 성령께서 내주하시게 되는 것입니다. 이것은 돌감람나무가 참감람나무의 진액을 받아 새 나무가 되는 변화이며(롬 11:17), 이전 것은 지나가고 새로운 피조물이 되는 은혜입니다(고후 5:17). 이러한 변화가 분명하다면, 원리적인 면에서 그는 이 어두운 세상에 필연적으로 빛으로 드러날 수밖에 없습니다.

성(城) 밖에서 살아가는 사람은 그 성 안에 살아가는 사람들을 보면서, 자신은 그 성에 속한 사람이 아니라는 사실을 인식하게 됩니다. 마찬가지로 세상 나라에 속한 사람들은 하나님의 나라에 속한 사람들을 보며 자신들이 그리스도의 통치 아래 속하지 않았음을 알게 됩니다. 어떤 상황에서, 자신들은 두려워하는데 이 사람들은 두려워하지 않습니다. 자신들은 무서워 벌벌 떠는데, 이 사람들은 평안합니다. 자신들은 아무렇지도 않게 생각하는 일에 이 사람들은 분노하며 정의롭게 일어섭니다. 그 때 그들은 자신들과 이 사람들은 다른 질서 속에서 살고 있다는 것을 느끼게 됩니다.

그런데 오늘날 우리 조국 교회의 현실은 어떻습니까? 스스로 기독교인이라고 고백하기 전까지 아무도 그가 그리스도인지 모르는 사람이 대부분입니다. 이러한 그리스도인은 정체가 분명하지 않은 박쥐 같은 사람입니다. 세상에 가면 세상 사람처럼 살고, 교회에 오면 교회 다니는 사람처럼 살아갑니다. 자신의 현실적 이익을 따라 손바닥 뒤집듯 소속을 바꾸는 사람인 것입니다. 그러나 이것은 한 편으로, 세상에 가도 편하지 않고 교회에 가도 편하지 않다는 것이기도 합니다.

세상 사람들과 구별되려고 노력하지 않아도, 예수 그리스도를 충실하게 따라가다 보면 이 세상 사람들과 구별될 수밖에 없습니다. 만약 어떠한 구별도 없다면 그것은 신앙이 아닙니다. 이 세상이 우연히 생겼다고 믿는 사람과 이 세상은 하나님께서 창조하셨다고 믿는 사람의 삶이 어떻게 같을 수 있겠습니까? 하나님 없이도 넉넉하게 살 수 있다고 믿고, 하나님 없이는 한 순간도 살 수 없다고 생각하는 사람이 어떻게 비슷한 길을 걸을 수 있겠습니까? 한 사람은 이웃을 정복하고 지배해야 할 대상으로 보고 한 사람은 이웃을 사랑할 존재로 보는데, 한 사람은 자기를 위해 살다 죽는 것이 꿈이고 다른 사람은 하나님의 영광을 위해 살다 죽는 것이 꿈인데, 이 두 사람의 삶의 양식이 같을 수 있습니까?

정말 신앙의 원리를 따라서 핵심적인 진리의 가르침을 붙들고 살아가는 사람이라면, 그가 그리스도인이라는 것은 아무리 감추려고 해도 감출 수 없이 분명하게 드러납니다. 산 위에 동리처럼 숨겨지지 못하는 것입니다.

이런 의미에서 교회가 참으로 교회 되고 세상이 고유한 의미에서 세상이 된다면 둘은 현저하게 구별될 것입니다. 교회는 신학적인 의미에서도 윤리적인 의미에서도 구별될 수밖에 없을 것입니다.

3. 세상과 같아지고자 하는 교회

오늘날 우리는 교회의 문턱을 낮춰 사람들이 아무 저항감 없이 교회에 들어올 수 있게 해야 한다는 주장이 설득력을 얻고 있다는 사실을 잘 알고 있습니다. 많은 교회의 지도자들은 그것이 '선교적 적응'(mission accommodation)이요, 정황화(contextualization)라고 생각합니다. 그러나 그것은 신학적으로도 잘못된 생각이고 심리적으로도 잘못된 생각입니다.

a. 신학적 · 심리적 오류

첫째로, 신학적으로 잘못된 것입니다. 성경은 어느 곳에서도 세상과 동일하게 됨으로써 교회를 세우신 하나님의 의도를 이 세상에 구현할 수 있다고 가르치지 않습니다. 세상과 닮아 가려는 교회의 조치는 언제나 세상의 정신을 교회에 유입하는 결과를 초래하였습니다. 고린도교회가 대표적인 경우입니다. 고린도교회는 고린도시에 있는 세상의 정신을 바꾸고 고치도록 부름을 받았습니다(고전 1:2). 그러나 그리스도의 복음의 정신이 고린도시를 바꾸기보다는 오히려 고린도시의 정신이 교회를 변화시켰습니다. 고린도교회를 물들였던 파당주의, 물질주의, 성적 부도덕 등이 바로 그러한 결과입니다.

둘째로, 심리적으로 잘못된 것입니다. 사람들은 교회와 세상이 같을 것이라고 생각하기 때문에 교회에 나오는 것이 아닙니다. 오히려 교회는 세상과 다를 것이라고 믿기 때문에, 그리스도인이 자기들과 다른 사람들일 것이라고 생각하기 때문에 교회에 나오려고 하는 것입니다. 저는 21살에 회심했습니다. 만약 그 때 '교회 안에 있는 사람들도 나와 꼭 같은 인간이다.' 라고 생각했다면 결코 교회에 나오지 않았을 것입니다. '종교를 가진 사람들은 나와는 무엇이 달라도 다를 것이다.' 라고 생각하는 사람들이 종교에 관심을 갖습니다. 여러분은 아직도 교회가 사람들에게 세상과 다르지 않은 모임이 되어야 사람들이 교회에 몰려올 것이라고 생각합니까? 틀렸습니다. 세상이 어그러지면 어그러질수록, 교회는 더욱 더 꼿꼿하고 바르게 서야 합니다.

b. 빗나간 선교 마인드

어느 교회의 청년부를 섬기던 한 자매에게서 직접 들은 간증입니다. 청년부에서 친구 초청 잔치를 하는데, 담당 교역자가 자신을 부르더니 이렇게 말했답니다. "이번 초청 행사에 예수 안 믿는 청년들이 많이 오는데, 순서 중 하나를 네게 맡겨 줄 것이니, 그들도 함께 부르며 좋아할 유행가 중 가요 한 곡 불러 줄 수 있겠니?" 그 자매는 교회의 전도 행사에서 유행가를 부르는 것은 옳지 않은 것 같아서, 가요 대신 찬양을 부르겠노라고 대답했다고 합니다. 그러자 그 교역자가 말했답니다. "너는 왜 그렇게 생각이 없니? 그 날 초청 행사에 오는 사람들은 다 신앙 없는 청년들인데, 자기들이 세상에서 듣던 노래를 교회에서도 듣는다면 교회를 더욱 친근하게 느끼지 않겠니?"

결국 그 자매는 아무 결정을 못 내리고 나왔는데, 그 날부터 괴로움이 몰려왔습니다. 교역자 의견대로 하는 것도 괴로운 일이었지만, 그 뜻을 거스르는 것도 어려운 일이었기 때문입니다. 그 교역자는 모 신학대학원에 재학 중인 학생이었습니다. 그런데 마침 제가 그 다음 주간, 그 신학교 개강 집회에 강사로 갔습니다. 당시 3일 동안 집회를 했는데, 하나님께서 말씀에 은혜를 주셨습니다. 그 교역자는 그렇게 한 주간 개강 수련회를 마치고 주일에 교회로 돌아왔습니다. 그리고 그 자매를 조용히 불러 다음과 같이 말했습니다. "우리 학교에서 개강 수련회가 있었는데 말씀에 은혜를 받았다. 지난주에 내가 네게 친구 초청 집회에서 유행가를 부르라고 했던 것은 잘못된 것이었다. 내 뜻을 따르지 않은 너의 판단이 맞는 것 같아." 이렇게 말하는 그의 눈동자에는 이슬이 맺혀 있었습니다. 그는 빗나간 선교 방식에 대하여 후회하고 있었던 것입니다.

우리가 이 세상의 정신이 무엇인지 공부해야 하는 것은 분명한 사실이지만, 그것은 이 세상과 같아지기 위해서가 아니라 부지불식 간 이 세상을 닮아가지 않기 위해서입니다. 교회가 세상과 꼭 같이 세속화가 되면 더 많은 사람들이 몰려올 것이라고 생각하는 것은 틀린 견해이지만, 설령 그것이 맞다 한들 무슨 의미가 있겠습니까? 아무리 등을 잔뜩 달아 놓아도, 그것이 불 꺼진 등이라면 등의 개수는 하나도 중요하지 않습니다. 우리에게 필요한 태도는 세상의 판단을 의식하지 않고 예수 믿는 사람다운 삶을 살아가는 것입니다. 하나님의 판단을 의식하며, 진리의 빛 속에서 깨달은 신념을 따라 그 한 길로 계속 걸어가는 것입니다. 진리를 따라 곧게 살아가는 사람에게 처음에는 조롱과 비난이 쏟아질지 모르나, 나중에는 세상도 '저것이 바로 예수를 믿는 사람의 모습이구나!' 하고 인정할 수밖에 없을 것입니다.

B. 등경 위에 둔 등불

이어서 예수님은 등경 위에 둔 등불의 비유를 말씀하셨습니다. 이는 너희는 세상의 빛이라고 하신 의미를 더욱 상세히 가르쳐 주시기 위한 설명이었습니다. 예수 그리스도께서는 말 아래 등불을 두는 어리석은 일들을 인간이 쉽게 하지 않는다는 사실을 상기시켜 주심으로써 등불을 등경 위에 둔다는 사실을 강조하셨는데, 이것을 통해 우리는 우리가 이 세상의 빛이라는 것이 어떤 의미인지 생각해 보게 됩니다.

1. 말 아래 두지 않음

제가 알고 있는 어느 목사님이 이런 실수담을 고백하셨습니다. 목회 사역 초년병이던 시절에, 이 구절을 설교하면서 본문에 나오는 '말'을 동물 말(馬)로 생각하고, 다음과 같이 설교하였답니다. "말의 배 밑에 등불을 켜 보십시오. 그 말이 뜨거워서 길길이 날뛰지 가만히 있겠습니까? 그러므로 등불을 켜서 말 배 아래 켜 주는 사람은 없습니다." 설교를 듣던 많은 성도들도 뜨겁게 "아멘!" 했는데, 이 분이 설교를 마치고 가는 길에 가만히 생각해 보니 자신의 즉흥적 해석이 맞은 것인지 꺼림칙하더랍니다. 그래서 집에 도착하여 주석을 찾아보았더니 이 '말'(斗)이 그 '말'(馬)이 아니더랍니다.

본문에 나오는 '말'(μόδιον)이라는 단어는 로마시대에 곡식의 부피를 재기 위해 쓰던 용기입니다. 예전에 우리나라에서도 곡식을 거래할 때 되나 말을 사용했습니다. 로마시대에도 곡식의 부피를 잴 때 그런 도구를 사용했는데, 로마시대의 되말은 모디우스(modius)로서 약 8.75리터의 부피가 담겼다고 하는데, 오늘날 영미에서 사용하는 단위인 1 펙(peck, 영국은 9.092리터, 미국은 8.81리터)과 흡사한 용량이라고 합니다. 우리나라의 말만한 크기보다는 약간 작아도 꽤 큰 용기였을 것입니다. 아무튼 성경은 이스라엘 사람들이 등불을 말 아래 두지 않는다고 말하고 있습니다.

여기에서 '아래'(ὑπό)라는 표현이 그 용기 속에다 넣는다는 것인지, 그 옆에 내려 둔다는 것인지 명확히 알 수는 없습니다. 움푹 파인 말 속에 등불을 둔다는 의미일 수도 있는데, 그렇다면 등불에서 비치는 빛이 옆으로는 뻗어 나가지 못하고 위로만 비춰 천정에 동그란 빛만 나타날 것입니다. 방 안 좌우 둘레의 어둠은 사라지게 할 수 없는 것입니다. 혹은 등불을 말 옆에 내려 두는 것을 의미할 수도 있습니다. 그러나 그렇다면 한 쪽 면에 매우 커다란 말 그림자를 드리워 방안을 어둡게 할 것입니다.

2. 등경 위에 둠

예수님 당시의 사람들은 누구나 등불을 켜서 등경 위에 두었습니다. 본문의 의미를 더 잘 이해하기 위하여 '등경'(燈檠)의 의미와 등불과 관련된 당시 이스라엘의 생활 풍습을 좀 더 살펴보겠습니다.

a. 등경과 이스라엘의 가옥

'등경'이라고 번역된 단어 '뤼크니아'(λυχνία)는 히브리서 9장에서는 등잔대로 또 요한계시록 1장에서는 촛대로 번역되기도 하였습니다. "예비한 첫 장막이 있고 그 안에 등잔대와 상과 진설병이 있으니 이는 성소라 일컫고"(히 9:2), "몸을 돌이켜 나에게 말한 음성을 알아보려고 돌이킬 때에 일곱 금 촛대를 보았는데"(계 1:12).

우리가 살펴보고 있는 본문에 나오는 등경 '뤼크니아'(λυχνία)는 누가복음 11장에 나오는 휴대용 등불 '뤼크노스'(λύχνος)와는 다른 것으로서, 한 장소에 고정해 두고 사용하는 등불을 올려 놓는 도구를 가리키는 것이었습니다(눅 11:36).

본문을 이해하기 위해서는 예수님 당시 이스라엘 평민들의 가옥 구조를 염두에 두는 것이 해석에 도움이 됩니다. 아주 부유하게 사는 사람들의 경우에는 좀 달랐겠지만, 일반 서민의 가옥 구조는 대개 4개의 거주 공간으로 이뤄진 네 칸 집이었습니다. 문을 열고 들어가면 훤히 트인 앞마당이 있고 세 면이 방으로 둘러싸인 구조였습니다. 출입문 좌우로 방이 하나씩 있는데 벽이 있는 닫힌 방은 주로 창고나 부엌으로 사용되었고, 기둥만을 세워 마당에서 보이도록 열려 있는 방은 가축 우리로 쓰이거나 바느질, 옷감 염색, 공구 수리를 하는 작업 공간으로 사용되었습니다. 정면에 보이는 긴 방은 온 가족이 사용하는 공간으로서 식사를 하거나 잠을 자는 곳이었습니다. 더욱이 이스라엘 지방에는 바람 때문에 가옥에는 창을 크게 내지 않았습니다. 그래서 낮에도 집 안은 어두컴컴하였습니다. 해가 져서 온 땅에 어둠이 내리게 되면 그들의 방은 한 치 앞도 분간하기 어려울 정도로 캄캄해졌고, 등불이 꼭 필요하였습니다.

당시에 일반적으로 가족들이 함께 생활하는 방은 진흙을 말린 바닥이었습니다. 그 흙바닥 위에 커다란 거적이나 천을 깔고 앉아서 식사를 하거나 잠을 잤습니다. 방 안을 밝히기 위하여 사용하는 등불은 대개 올리브 기름을 사용하였는데, 접시에 기름을 담고 굵은 무명실을 드리워 불을 붙이는 단순하고 평범한 등잔부터 자기나 토기에 기름을 담고 심지를 뚜껑 중앙에서 위로 올라오게 만든 등잔에 이르기까지 다양한 형태가 있었습니다. 그리고 그런 등불은 대개 그것들을 높이 올려 놓을 수 있도록 나무나 금속으로 만든 등경과 함께 사용하였습니다.

어두운 방을 밝히기 위하여 등불을 켰다면 당연히 그것을 어느 정도 높은 곳에 두어야만 합니다. 그것을 움푹 파인 커다란 용기인 말 속이나 옆에 두어 어둡게 사용할 사람은 아무도 없을 것입니다.

더구나 당시 사용하던 등불은 식물의 열매에서 기름을 짜서 접시에 따르고, 거기에 헝겊으로 만든 심지를 담가 불을 붙이는 보잘것없는 것이었습니다. 거기에서 나오는 빛이라고 해봐야 희미한 호롱불에 불과한 것이었습니다. 그러나 등경 위의 불빛은 오늘날처럼 환한 전기불이 들어오는 시대에는 보잘것없어 보이겠지만, 해가 지면 깜깜한 어둠 속으로 빠져들었던 그 시대에는 한 없이 고마운 것이었을 게 분명합니다. 비록 등잔불의 불꽃은 손톱만한 것이었지만 그것은 그 방 안에 있는 사람들을 소경처럼 지내야 할 처지에서 구해 주는 소중한 것이었습니다.

또한 그 불빛은 누구든지 밤중에 그 방에 들어오는 모든 사람의 시선에 가장 먼저 들어왔을 것입니다.

예수님께서 우리를 등경 위에 등불이라고 말씀하신 이유는 등경 위에 등불이 갖는 이러한 특성 때문이었습니다. 첫째로, 빛을 비추어 주변을 밝혔고, 둘째로, 사람들의 시선에 노출되었습니다. 그러므로 우리는 빛을 발하여 모든 사람에게 진리를 인식하게 하는 동시에, 모든 사람에게 구별되어 드러나는 등경 위에 등불 같은 존재가 되어야 합니다.

b. '그 빛'이 없는 사고

본문의 의미를 생각하며 우리 자신의 모습을 돌아봅시다. 만약 우리가 주일에 교회에 가는 것을 제외하고는 전혀 이 세상 사람들과 다를 것이 없다면, 우리는 전혀 빛이 되고 있지 못한 사람들입니다. 세상 사람들의 눈에 여러분의 삶이 자신들과 별반 다를 것이 없게 비치고 있다면, 여러분은 말 아래 둔 등불만도 못한 존재입니다.

정직하게 우리 자신의 정체성을 돌아봅시다. 우리가 경계하는 세속적 그리스도인이란, 죄 짓고 악을 행하고 술 먹고 담배 피우고 죄를 짓고 교도소에 가는 사람만을 의미하는 것이 아닙니다. 진정으로 세속적인 그리스도인이란 겉으로는 신앙을 고백하나 사실은 이 세상을 지배하고 있는 통치의 질서를 따라 살고 있는 사람입니다. 하나님이 아니라 인간 자신이 중심이 된 사고 속에서 생각하고 사랑하고 살아가는 사람입니다. 그들은 자신이 세상 사람들을 품는 가슴이 크기 때문에 세상 사람들이 자신과의 관계에서 자신이 예수 믿는 사람과 조금도 다른 사람이라고 생각하지 않는다고 여길지 모르지만, 그것은 그들만의 착각일 뿐입니다. 사실은 이미 그리스도인의 정체성을 잃어버렸기 때문에 세상 사람들 속에서 구별되어 드러나지 않는 것입니다.

그리스도인의 정체성은 모든 사상에 하나님의 중심성을 인정하고, 그리스도의 영적 생명을 소유한 것입니다. 세속적인 사고는 그리스도의 영적 생명을 따라 살기에는 적합하지 않은 세계관이며 가치관입니다. 그러므로 어느 한 쪽을 포기하지 않는 한 그는 분열적 정신을 가지고 살아가지 않을 수 없습니다. 그리고 둘을 조화롭게 양립하여 평화롭게 살아갈 수 있다면 그는 진정한 의미에서 그리스도인이 아닙니다.

오늘날 그리스도인의 정체성의 상실 위기는 교회가 신적 기관으로서의 정체성을 잃어버린 것과 밀접한 관계가 있습니다. 다시 말해서 교회가 무엇인지에 대한 이해가 없기에 그리스도인이 누구인가 하는 정체성 역시 확립하기 쉽지 않은 것입니다. 특히 오늘날과 같이 탈신학적인 목회 상황에서 교회의 세속화는 걷잡을 수 없이 진행되고 있습니다.

약 십여 년 전의 일입니다. 청년들을 위한 집회에서 설교를 해달라는 부탁을 받고 어느 교회에 갔습니다. 교회당 현관에 들어서면서 깜짝 놀랐습니다. 누가 어떻게 운반하여 들여 놓았는지는 모르지만, 교회 로비 한가운데에 빨간색 신형 승용차 한 대가 놓여 있었습니다. 그리고 좌우에는 오토바이와 자전거들이 일렬로 놓여 있었습니다. 승용차 앞에는 1등, 그 좌우의 오토바이에는 2등, 그 옆에 자전거에는 3등이라는 표지판이 붙어 있었습니다. 상품으로 사용하려고 전시한 것이 분명하였습니다.

저를 안내하던 교역자 중 한 사람이 제게 친절히 설명해 주었습니다. "이번에 불신자 초청 전도 행사에서 전도 많이 한 사람들에게 주는 선물들입니다. 이 상품들은 모두 장로님들과 집사님들이 자발적으로 협찬해 주신 것들입니다."

개인이 신형 승용차 한 대를 선뜻 내놓는다는 것이 쉬운 일일까요? 오토바이 한 대, 자전거 한 대를 기증하는 것도 쉬운 일이 아닙니다. 전도를 위해 상품을 걸기로 한 교회나, 생활비를 아껴서 돈을 마련해 내놓은 장로나, 자동차까지는 못 내놓아도 오토바이라도 내놓은 집사나, 아무도 나쁜 사람은 없습니다. 전도에 열심을 내도록 독려하겠다는 목표도 나쁘다고 할 수 없습니다. 그러나 이것은 올바른 일일 수 없습니다. 목표가 올바르다 할지라도, 그것을 추구하는 사고방식이 그리스도의 통치를 보여주기보다는 세상의 정신을 보여준다면 그 일은 올바르다고 할 수 없습니다.

실제로 저는 열린교회가 방배동에 있었을 때, 어느 교회에서 다음과 같은 구호가 실린 전단지를 만들어 배포한 것을 직접 받아 읽었습니다. "우리 교회에 1,000명을 등록시켜 주시는 분께 서울 지역 소재 32평형 아파트를 드리겠습니다." 어찌하든지 교회를 성장시켜 보겠다는 목회자의 열의에는 동정이 가지만, 그 방법이 너무나 세속적입니다. 이러한 삶의 방식은 그 빛으로 살아가야 할 그리스도인을 이 시대의 정신을 따르는 세상 사람들과 구별하지 못합니다.

III. 모든 사람에게 비치는 빛

등경 위에 있는 등불을 말씀하신 후에 예수님의 관점은 등불의 빛이 미치는 영향력으로 이동합니다. "사람이 등불을 켜서 말 아래에 두지 아니하고 등경 위에 두나니 이러므로 집 안 모든 사람에게 비치느니라"(마 5:15).

일반적으로 집 안에 가족이 모두 모이게 되는 시간은 밤입니다. 해가 지면 가로등이 환하게 켜지고, 네온사인들이 거리 곳곳을 밝히는 도시에 살고 있는 우리에게는 밤이라고 해도 칠흑처럼 어두운 밤이 연상되지는 않습니다.

그러나 예수님 시대의 밤은 달랐습니다. 해가 지면 한 걸음 앞도 분간하기 어려운 어둠이 온 동네를 덮었습니다. 밤이 되면, 사람이 집 안에 들어와도 등불 아래까지 들어오지 않는 한 누구인지 제대로 알아볼 수 없었을 것입니다.

예수님의 비유에 따르면 등경 위의 불빛은 비록 찬란한 빛은 아니지만 방 안을 두루 비춥니다. 그리하여 그 어둠 속에서 자기가 있는 위치를 알려줄 뿐 아니라, 그 빛으로써 어둠 가운데 있는 사물들을 분별하게 만들어 줍니다. 이 빛은 자신의 영향력이 미치는 범위 안에서 방 안에 있는 모든 사물을 비춥니다. 이처럼 진리는 자신의 존재의 효과를 모든 사물에 비추어 인간으로 하여금 알게 합니다.

등경 위에 놓인 등불은 집 안 모든 사람을 위하여 비춥니다. 남자나 여자나 어른이나 아이의 구별이 없이 모든 사람이 그 불빛을 누립니다. 이것은 우리로 하여금 진리의 보편적 효과를 생각하게 해줍니다. 또한 우리 그리스도인이 그 빛으로 이 세상을 비추었을 때, 그 효과가 보편적이라는 사실을 생각하게 해줍니다.

그리스도인이 비추는 진리의 빛은 꼭 같은 정도는 아니지만 모든 사람을 비춥니다. 여기서 '모든'이라는 말은 이 세상에 존재하는 모든 사람을 뜻하는 것이 아닙니다. 성별과 나이 연령과 성격, 직업과 피부색에 상관없이 어느 계층에 속하는 사람이든지 그리스도인의 빛 된 삶을 통해 진리와 마주치게 됨을 보여주는 말입니다.

A. 본성의 빛, 그 이상의 것

모든 사람을 비추는 것은 진리만이 아닙니다. 하나님을 믿지 않는 사람들조차 가지고 있는 인간에게 공통된 진리를 닮은 또 하나의 빛이 있습니다. 그것이 바로 본성의 빛입니다. 이것은 하나님께서 당신의 형상을 따라 창조된 인간의 영혼 안에 남겨 두신 희미한 진리의 빛이며 이것으로 말미암아 인간 사회가 공통적인 도덕 감각을 가지고 질서를 유지하게 됩니다. 인간의 양심 같은 것이 바로 그런 것입니다. 신학적으로 일반계시라고 불리는 본성의 빛의 작용은 인간으로 하여금 욕정에 날뛰거나 비이성적인 광기로 도덕을 짓밟지 못하도록 어느 정도 막아 줍니다. 신자의 마음 안에는 진리의 빛과 본성의 빛이 각각, 또는 분간하기 어려울 정도로 함께 작용하며 인간의 의지의 선택을 좌우합니다.

예전에 어느 성도에게서 이런 이야기를 들었습니다. 친구들하고 모여서 대화를 하다가 생선회 이야기가 나왔답니다. 저마다 자신의 경험과 주워들은 이야기들을 토대로 생선회는 어디가 좋다고 열변을 토했는데, 누군가 확신 있는 어조로 말했답니다. "그런 거 다 필요 없고, 서해안 OO을 가야 진짜 회다운 회를 먹을 수 있단 말이야. 거기서 한번 먹어 보면 여태까지 먹은 생선회에 대한 생각을 바꾸게 될 거야." 그 말에 모두 의기투합하여 생선회를 먹기 위하여 그곳으로 출발했답니다.

　최고의 생선회를 먹게 될 것이라는 기대감을 가지고, 그들은 신명나게 고속도로를 달려 내려가는데, 갑자기 도로가 붐비는 차들로 막히기 시작했습니다. 잠시 후 갓길로 여러 대의 구급차와 견인차가 질주하였습니다. 바로 앞에서 대형 교통사고가 난 것이었습니다. 충돌한 차들이 서로 얽혀 찌그러져 있고 여기저기서 불길과 연기가 나고 도로 위에는 흥건한 핏자국과 미처 챙기지 못한 소지품과 신발들이 널려 있었습니다. 그 때 정적을 깨고 동승한 친구 중 한 사람이 말했습니다. "야, 우리가 지금 무엇을 하러 어디를 가고 있는 거냐? 이제 그냥 집으로 돌아가자!"

　이 날 그 교통사고 현장에서 이들에게 비추어진 빛은 성경의 진리는 아니었습니다. 인간은 언젠가는 죽는 유한한 존재라는 본성적 깨달음이 그 고속도로의 사고를 통해 사람들의 마음에 주어졌을 뿐입니다. 그러나 그 인식은 그 자리에 있던 모든 사람에게 '이 바쁜 시간에 할 일 팽개치고 이게 뭐하는 짓인가?' 하는 각성이 생겨나게 했습니다. 맛있는 회를 먹을 것이라는 욕망은 한 순간에 사라지고, 인생의 본질에 대해 생각하게 된 것입니다.

　한낱 본성적인 깨달음도 이처럼 모든 사람에게 보편적으로 호소력을 갖습니다. 그러면 진리의 빛이 모든 사람에게 미치는 영향은 얼마나 더 지대하겠습니까?

　이처럼 빛이 인간의 마음에 미치는 영향력의 깊이와 힘은 때마다 사람마다 다를지라도, 빛은 그것과 맞닥뜨리는 모든 사람으로 하여금 자신과 사물들을 다시 보게 합니다.

B. 모든 사람으로 하여금 보게 하는 '그 빛'

하나님께서 우리를 세상의 빛으로 부르셨을 때, 우리가 비추기를 원하시는 빛은 단지 이런 본성의 빛이 아닙니다. 이러한 빛은 굳이 그리스도인이 아니라도 이 세상 사람의 윤리나 도덕, 이방 종교도 충분히 보여줄 수 있습니다. 우리를 세상의 빛으로 부르셔서 비추게 하신 그 빛은 모든 사람에게 하나님을 보여줄 수 있는 신학적인 빛이며 그 안에서 살아가는 인간의 행복을 보여줄 수 있는 윤리적인 빛입니다. 우리는 세상 사람들로부터 칭찬을 받기 위하여 그 빛을 보여주는 것이 아닙니다. 오히려 우리의 간절한 소원은 빛을 보여주는 우리는 그들에게서 잊혀지고, 모든 빛의 원천이신 하나님과 그 빛 때문에 새롭게 알게 되는 세계와 사물들의 질서가 그들에게 깊이 아로새겨지는 것입니다.

18세기의 복음전도자로 탁월한 헌신의 삶을 살았던 존 웨슬리(John Wesley, 1703-1791)의 일화입니다. 비록 신학적으로는 비난받을 만한 것이 많은 사람이었으나, 그의 이 일화는 '진리의 빛의 영향력'을 이해함에 있어 적지 않은 도움을 줍니다.

그가 복음전도를 위하여 당시 신대륙이었던 미국에 가기 위해 배를 탔을 때의 일입니다. 마침 배가 부서질 것 같은 큰 풍랑이 불어왔습니다. 이 폭풍 속에서 그는 형언할 수 없는 두려움과 죽음의 위협을 느꼈습니다. 그것은 마치 에르푸르트 수도원으로 가던 마르틴 루터(Martin Luther, 1483-1546)가 떨어지는 벼락을 보고는 엎드려 하나님께 "제발 살려 주십시오!"라고 애원하던 때의 심정과 같았을 것입니다. 그런데 그 때 배 한 쪽에서 경건주의의 일파인 모라비아 교도들이 조용히 둘러앉아 찬송하는 평안한 모습이 웨슬리의 눈에 들어왔습니다.

존 웨슬리는 죽음 앞에서 초연한 그들의 모습을 보았을 때 자신의 신앙에 무엇인가 심각하게 부족한 것이 있음을 자각하게 되었다고 합니다. 이 날의 경험은 후에 웨슬리가 깊이 회심하고 성령을 체험하는 계기가 되었습니다. 당시 모라비아 교도들이 풍랑 속에서 두려워 벌벌 떨고 있는 웨슬리를 믿음 없는 사람이라고 비난한 것이 아니었습니다. 신자가 누려야 할 진정한 평안이 무엇인지 조목조목 가르친 것은 더욱 아니었습니다. 웨슬리 앞에서 그들이 한 것이라고는 그저 큰 풍랑 속에서도 자신들의 생명을 주님께 맡기며 평안 속에서 하나님을 의뢰하며 찬송한 것뿐이었습니다. 그들은 아마 웨슬리의 시선 같은 것은 의식하지도 않았을 것입니다. 그러나 웨슬리는 자신은 누리지 못하고 있는 또 다른 빛을 풍랑 속에서 찬송하는 그들을 통해 보게 되었습니다.

하나님께서 우리를 어두운 세상 속에서 예수 믿게 만들어 주신 것은, 우리가 우리의 신앙과 삶으로 우리 안에 있는 진리를 비추게 하기 위해서입니다. 그래서 우리를 만나지 않았더라면 결코 자신의 인생과 세상, 그리고 세상의 영광을 올바른 방식으로 보았을 리 없는 사람들을 그 빛으로 돌이키게 하시는 것입니다. 한 사람이 진리의 사람이 되고 주님을 진실로 사랑하는 사람이 되기만 하면, 그의 존재 자체가 어두운 세상에 등불이 되어 사람들로 하여금 전혀 다른 방식으로 생각하게 만들어 줍니다. 그리고 이것이 바로 하나님께서 우리를 이 어두운 세상에 남겨 두신 이유입니다.

IV. 진리의 빛과 인간의 행복

예수 그리스도께서 빛의 비유를 말씀하신 후 그것을 상세히 설명하실 때에 등불을 소재로 삼으신 것은 우리로 하여금 여러 가지 생각을 하게 합니다. 왜 하필이면 그리 밝지 않은 작은 등불이었을까요?

우리를 가리켜 "너희는 세상의 그 빛이요."라고 말씀하셨을 때 찬란한 빛을 생각한 사람들은 이 작은 등불의 비유가 이어질 때 의아한 생각을 떨칠 수 없었을 것입니다. 그리스도를 '세상의 빛'이라고 부르실 때에 태양과 같은 찬란한 빛으로 여기신 것과는 대조를 이루기 때문입니다(요 11:9, 12:35).

A. 등불로 충분한 세상

등불은 그 자체로는 태양과 같이 찬란한 빛은 아닙니다. 그러나 그 등불의 빛이 고유한 빛을 발하고 있는 한, 어둠 가운데 있는 세상 사람들을 하나님께로 인도하기에는 충분한 빛입니다. 이 세상이 워낙 어둡기 때문입니다.

그러면 여러분에게 이런 질문이 떠오를 것입니다. "예수님께서 우리를 빛이라, 등불이라 불러 주신 것은 감사한 일입니다. 하지만 우리는 진리에 대해 별로 아는 것도 없고 진리대로 산 것도 없습니다. 그런데 우리가 어찌 세상을 비출 수 있겠습니까?"

모든 사람이 겉으로 보기에는 각자 현실에 몰두하며 진리에 대해 무관심한 채 살아가는 것 같습니다. 그러나 인간은 처음부터 하나님을 아는 것 없이는 행복힐 수 없는 존재로 창조되었습니다. 가장 쾌락에 탐닉하고 현실에 몰입하는 사람들에게조차도 영원과 진리에 대한 갈망은 지울 수 없이 남아 있습니다. 어떤 사람들은 영혼과 진리에 대한 갈망이 거의 없는 것처럼 보이고 또 어떤 사람들은 아예 영혼과 진리를 무시하며 살아가는 것을 더 좋아하는 것처럼 보이기도 합니다. 그러나 그들은 모두 빛을 찾고 있는 사람들입니다. 진리의 그 빛과 그 빛이 아닌 다른 빛을 분간할 수 있는 능력 조차 없기에, 빛 같지 않은 빛을 보고 거기에 자신의 인생을 맡기려고 하는 것이지 진리의 빛을 찾지 않는 것이 아닙니다.

1. 『나도 때론 포르노그라피의 주인공이고 싶다』

여러 해 전, 어느 여성 탤런트가 『나도 때론 포르노그라피의 주인공이고 싶다』라는 책을 썼습니다. 그 책은 발매된 지 얼마 안 되어서, 음란 출판물로 혐의를 받아 검찰의 수사까지 받았습니다. 결국 무혐의 처분이 내려졌지만 그로 인하여 이 책은 순식간에 장안의 화제작이 되었고, 잠깐 사이에 50만 부 이상 판매되었습니다. 인간의 성적 자유에 대한 내용을 담은 책인데 자신의 자유로운 경험을 토대로 쓴 책이었습니다.

저는 어느 기독교 잡지사로부터 그 책의 서평을 청탁받고 그 책을 구입해서 읽었습니다. 그리고 그 서평은 잡지에 실렸고 또 잡지사에서는 그 내용을 인터넷에도 게재하였습니다. 몇몇 사람들은 아주 강력하게 서평자인 나를 비난하였습니다. 아마 사람들은 저에게 저자와 책에 대한 강도 높은 원색적 비난을 기대했던 것 같습니다. 물론 책의 내용과 저자가 주장하는 성적 자유에 대하여 그것이 죄라는 사실과 부도덕한 것이라는 점에 대해서는 분명하게 지적하였습니다. 그러나 저는 그러한 성적 일탈은 하나님 아니면 채워질 수 없는 갈망의 빗나간 표출이라고 해석하면서 저자의 영혼을 불쌍히 여긴다고 표현하였고, 이것이 사람들의 반발을 불러일으켰습니다.

사실 저는 그 책을 읽으며 그녀의 곤궁한 영혼이 너무나 불쌍하게 느껴졌습니다. 그래서 그 영혼을 위하여 한 동안 간절히 기도하기도 하였습니다다. 왜냐하면 저자 안에 있는 치열한 성적 자유에 대한 갈망은 길버트 체스터턴(Gilbert K. Chesterton, 1874-1936)의 지적과 같이 그녀가 아직 알지 못하는 하나님에 대한 갈망의 또 다른 표현임을 알았기 때문입니다. 지금도 저는 그 저자에 대해 이런 생각을 합니다. "그 여인은 특별히 나쁜 사람이기 때문에 그러한 부도덕에 빠졌다기보다는 진리를 알지 못하는 어둠 때문에 쾌락주의에 빠지게 된 것이다."

그런데 이후 그 저자의 인터뷰 기사를 통하여 알게 된 더 놀라운 사실이 있었습니다. 그 책을 읽은 후 몇몇 사람들은 이른 새벽 그녀의 집 문 앞에서 그녀를 기다리며 인생을 어찌 살아야 할지에 대하여 가르침을 받기 원하였다는 것입니다. 그들에게 만약 누군가 그러한 부도덕한 삶에 탐닉하지 않고도 행복에 이를 수 있는 진리의 빛을 알려주었더라면 어떠했을까요? 진리가 주는 행복이 그들이 추구하던 쾌락 그 이상이라는 사실을 누군가가 알려주었다면 그들은 어쩌면 우리보다도 더 열렬히 하나님을 믿고 사랑했을지도 모릅니다.

2. 등불은 자신을 보라고 하지 않는다

교회는 이 세상 사람들에게 감동을 주기 위해 존재하는 기관이 아닙니다. 이웃을 위한 미담을 생산하기 위한 공동체는 더욱 아닙니다. 윤리적 삶이 아름다운 것은 사실이지만, 도덕 자체가 우리의 목적일 수는 없습니다. 성경에서 우리에게 가르쳐 주는 그리스도인의 윤리적 생활은 도덕을 따랐기 때문에 나타난 결과가 아니라, 거룩함을 추구한 결과입니다. 우리는 사람들에게 보이고자 선을 행하지 않습니다(마 6:1, 5).

그러므로 하나님과 그리스도가 누구인가 알기를 원하는 신학적 탐구와 진리에 부합하여 행복한 삶을 살아가는 윤리적인 추구는 결코 분리될 수 없습니다. 신학과 윤리는 동일한 것이 아니나, 거룩함과 그 열매로서 함께 있는 것입니다. 그러므로 신학이 없는 윤리도 삶이 따르지 않는 거룩함도 참된 경건이 아닙니다.

그리고 이 두 가지는 예수 그리스도를 향한 사랑으로써 결합됩니다. 예수 그리스도께서는 말씀하셨습니다. "나무도 좋고 열매도 좋다 하든지 나무도 좋지 않고 열매도 좋지 않다 하든지 하라 그 열매로 나무를 아느니라"(마12:33). "이러므로 그들의 열매로 그들을 알리라"(마7:20).

거칠게 풍랑이 이는 밤바다를 홀로 비추는 등대를 생각해 보십시오. 그 등대는 뱃사람들에게 자기를 보라고 거기 서 있는 것이 아닙니다. 그 등대가 어둠 속에 빛을 발하는 것은 자기를 주목하게 하기 위함이 아니요 자신이 전달하는 빛의 의미를 알려주기 위함입니다. "여기가 항구다." 혹은 "여기가 위험한 지역이다."라고 말입니다.

어두운 방 안에 켜 둔 등불도 그러합니다. 그것은 등불 자체를 바라보게 하기 위함이 아닙니다. 그 빛의 도움을 받아 방 안의 사물들을 분별하게 하기 위함입니다.

세상의 그 빛인 우리 신자들의 존재 의의는 어둠 속에서 비춰 세상 사람들로 하여금 우리가 없었다면 보지 못했을 것을 볼 수 있게 하고, 우리가 아니었다면 오해했을 것들을 올바르게 깨닫게 해주는 것입니다. 세상 사람들이 진리 자체를 보지는 못할지라도 그 진리의 영향을 받으며 살아가는 사람들의 삶은 볼 수 있습니다. 그것을 보며 세상 사람들은 그리스도인의 가치관이 자신들과는 다르다는 것을 확인합니다. 이것이 바로 사람들에게 신자를 통해 진리를 발견하고 그 진리 안에서 이제껏 바라보던 세상과 사물들을 새롭게 바라보게 하는 방식입니다.

진리의 빛을 받기 전까지는 모든 사람의 마음은 어둠입니다. 진리를 알지 못하는 것도 어둠이지만 진리를 싫어하기 때문에 스스로 어둠에 갇히는 것도 더 커다란 어둠이 될 수 있습니다. 성경은 사람들의 마음에 있는 어둠의 심각성이 물리적인 어둠의 심각성보다 훨씬 크다고 말합니다. "하나님을 알되 하나님을 영화롭게도 아니하며 감사하지도 아니하고 오히려 그 생각이 허망하여지며 미련한 마음이 어두워졌나니 스스로 지혜 있다 하나 어리석게 되어 썩어지지 아니하는 하나님의 영광을 썩어질 사람과 새와 짐승과 기어다니는 동물 모양의 우상으로 바꾸었느니라"(롬 1:21-23).

B. 물리쳐야 할 마음의 어둠

성경은 진리와 관련하여 우리의 지성의 어둠을 두 가지로 가르쳐 줍니다. '객관적 어둠'(objective darkness)과 '주관적 어둠'(subjective darkness)이 그것입니다. 객관적 어둠이 지식을 얻음으로 물리칠 수 있는 어둠이라면 주관적 어둠은 사물이나 사람에 대한 부당한 사랑을 물리치기 전에는 사라지지 않는 어둠입니다. 이것을 좀 더 자세히 설명하면 다음과 같습니다.

첫째로, 객관적 어둠입니다. 이 어둠에 대하여 시인은 말합니다. "내 눈을 열어서 주의 율법에서 놀라운 것을 보게 하소서"(시 119:18). 이러한 어둠은 본인이 주관적으로 붙잡은 어둠이 아니라 지식적으로 잘 모르기 때문에 객관석으로 존재하는 어둠입니다. 이 어둠에 대한 처방은 진리를 배우는 것입니다. 이 어둠은 진리를 알기만 하면 물러갈 어둠입니다.

둘째로, 주관적 어둠입니다. 이 어둠에 대하여 사도 바울은 말합니다. "……오히려 그 생각이 허망하여지며 미련한 마음이 어두워졌나니"(롬 1:21下). 이것은 사람이 진리를 떠나 죄에 빠져 자기 욕망을 따름으로써 생겨나는 주관적 어둠입니다. 사물이나 사람에 대한 부당한 마음의 사랑이 그의 오성(悟性)의 판단을 어둡게 한 것입니다. 쓸모없는 것에 대한 사랑이 그의 마음에 어둠을 도입하여 사물들의 존재와 가치의 질서를 올바로 보지 못하게 만든 것이 그 원인입니다. 이런 어둠으로부터 벗어나기 위해서는 성경의 진리를 통한 성령의 강력한 조명과 하나님의 은혜의 도우심이 필요합니다. 그리고 이러한 도우심은 그러한 어둠으로부터 벗어나려고 간구하는 사람에게 하나님께서 베풀어 주십니다.

그러므로 우리가 진정으로 그 빛의 사람이 되기 위해서는 날마다 성경을 배우고 학문들을 통하여 그 진리가 어떻게 세계와 인간 안에 확장되어 존재하는지를 힘써 알아가야 합니다. 뿐만 아니라 성령의 능력과 말씀의 은혜로 날마다 다시 새로워지지 않으면 안 됩니다. 그리스도인의 삶에 대하여 아우렐리우스 아우구스티누스(Aurelius Augustinus, 354-430)의 다음 언급은 이러한 사실을 잘 말해 줍니다.

> 새 사람, 곧 천상에 속한 사람이 필히 옛 사람과 함께 지낼 수밖에 없는 것은 사람은 옛 사람으로 인생을 시작하기 마련인 데다가, 비록 옛 사람은 쇠하여 가고 새 사람은 날마다 자란다 할지라도 가시적인 죽음을 맞이할 때까지는 지속되는 일이기 때문이다.[27]

그래서 우리는 그 빛의 사람이라 할지라도 교만할 수 없습니다. 왜냐하면 말씀과 성령으로 매 순간 우리의 지성과 의지를 새롭게 하시지 않으면, 우리가 한 순간도 빛의 사람으로 머물 수 없기 때문입니다.

---

[27] St. Augustine, *True Religion*, in *The Works of Saint Augustine*, vol. I/8, ed. by Boniface Ramsey, (New York: New City Press, 2005), 62.

그리스도를 사랑하는 마음이야말로 진리를 깨닫기에 가장 좋은 마음이고 진리를 깨달은 마음이야말로 그리스도를 따르기에 가장 적합한 마음입니다. 이처럼 사랑은 놀라운 이해를 가져다줍니다. 그리고 탁월한 이해력은 올바른 사랑을 위하여 없어서는 안 될 기초입니다. 아는 것을 사랑하는 것은 모르는 것을 사랑하는 것보다 낫고 사랑하는 것을 아는 것은 사랑하지 않고 아는 것보다 탁월한 것입니다. 그것이 하나님께서 알고 사랑하라고 주신 대상인 한 말입니다.

V. 결론

하나님께서 우리를 등불이라고 말씀하신 것은 우리의 소명이 무엇인지 보여주기 위해서였습니다. 우리의 소명은 진리의 빛으로 세상을 비추며 사는 것입니다. 이 소명을 이루며 살아가기 위해 우리는 지혜를 가져야 합니다. 그 지혜가 우리를 빛으로 드러나게 할 것이며, 다른 사람들에게까지 비추어져 진리에 속한 것과 거짓에 속한 것을 분별하게 만들어 줄 것이기 때문입니다.

예수 그리스도의 복음은 바로 이 지혜의 핵심입니다. 그러므로 그리스도인은 예수 그리스도를 믿었으나 여전히 복음과는 관계없이 헛된 꿈을 좇는 자들이 되어서는 안 됩니다. 그리스도인은 하나님의 지혜, 그리스도의 십자가를 통하여 불러 주신 거룩한 목적을 따라 살아감으로써 더욱 이 세상을 비추는 등불이 되어야 합니다.

세상을 비추게 하신 사람들
한·눈·에·보·는·2장

I. 들어가는 말
- 우리가 세상의 빛이 된다는 것이 무슨 의미인지 예수님은 산 위의 동네와 등경 위의 등불 비유를 통해 보다 구체적으로 알려주셨다.

II. 예수님의 두 비유 : 동네와 등불
  A. 산 위에 있는 동네 : 그리스도인은 세상 사람들의 눈길을 끈다
- 높은 곳에 위치한 산 위의 동네가 모든 사람에게 보이듯, 그리스도인도 모든 사람의 눈에 드러난다.
- 예수 그리스도를 충실하게 따라가다 보면 이 세상 사람들과 구별될 수밖에 없다. 만약 어떠한 구별도 없다면 그는 신앙으로 살아가는 사람이 아니다.
- '선교'라는 미명 아래 세상과 같아지고자 시도하는 교회들이 있다. 교회가 친근해야 세상 사람들이 몰려올 것이라고 생각하는 것은 신학적으로도 심리적으로도 틀린 판단이다.
- 우리는 세상의 판단을 의식하지 말고 예수 믿는 사람다운 삶을 살아가야 한다. 진리를 따라 올곧게 살아가는 사람에게 처음에는 조롱과 비난이 쏟아질지 모르나, 나중에는 세상도 '저것이 바로 예수 그리스도를 믿는 사람의 모습이구나!' 인정할 수밖에 없다.

  B. 등경 위에 둔 등불 : 그리스도인은 세상 사람들이 바르게 보고 판단할 수 있게 돕는다
- 이스라엘의 전통 가옥 구조는 채광이 나빠 낮에도 집 안은 어두컴컴했다. 예수님 당시의 사람들은 집 안을 밝혀 그 안의 상황을 분별할 수 있게 하기 위해 등불을 켜서 등경 위에 두었다.
- 등불이 주변을 밝혀 그 공간에 있는 사람들이 사물을 바르게 식별하고 판단할 수 있게 하듯, 그리스도인도 세상 사람들에게 무엇이 바르고 옳은 것인지 알려주는 존재이다.
- 그리스도인이 세상 사람들 속에서 구별되어 드러나지 않는다면 그것은 그가 그리스도인의 정체성을 잃어버렸기 때문이다.
- 안타깝게도 오늘날 많은 그리스도인이 '그 빛'을 드러내지 못하는 삶을 살아가고 있고, 교회 가운데에도 '그 빛'이 없는 사고로 신적 기관으로서의 정체성을 상실하고 있는 곳들이 많다.

III. 모든 사람에게 비추는 빛
- 등불은 집 안 모든 곳에 빛을 비추며, 그 빛을 누리는 데에는 남자, 여자, 어른, 아이의 구별이 없다. 빛이 모든 사람에게 비치듯, 진리의 효과 역시 보편적이다. 그리고 그리스도인이 비추는 진리의 빛 역시 그가 만나는 모든 사람에게 보편적으로 비추어진다.

  A. 본성의 빛, 그 이상의 것
- 본성의 빛 역시 모든 사람에게 보편적인 호소력을 가지나, 진리의 빛은 그 이상의 보편성과 효과를 가진다.
- 진리의 빛이 인간의 마음에 미치는 영향력의 깊이와 힘은 때마다 사람마다 다를 수 있

지만, 진리의 빛은 그것과 맞닥뜨리는 모든 사람으로 하여금 자신과 사물을 다시 보게 한다.

B. 모든 사람으로 하여금 보게 하는 '그 빛'
- 하나님께서 우리를 예수 믿게 만들어 주신 것은, 우리가 우리의 신앙과 삶으로 어두운 세상 속에 진리의 빛을 비추게 하기 위해서이다. 그래서 우리를 만나지 않았더라면 결코 자신의 인생과 세상과 이 세상의 영광을 올바른 방식으로 보았을 리 없는 사람들을 돌이키게 하는 것이 하나님의 뜻이다.
- 한 사람이 진실로 예수 그리스도를 깊이 사랑하게 되면, 그의 존재 자체가 어두운 세상에 등불이 된다. 하나님께서 우리를 이 어두운 세상에 남겨 두신 이유는 이 역할을 감당하게 하기 위해서이다.

IV. 진리의 빛과 인간의 행복

A. 등불로 충분한 세상
- 등불은 태양처럼 찬란한 빛을 비추지는 못한다. 마찬가지로 우리가 비추는 빛도 약하고 희미하다. 그러나 그 자체로는 그리 밝은 빛이 아니지만, 세상이 너무나 어둡기에 세상 사람들을 하나님께로 인도하기에는 충분하다.

1. 『나도 때론 포르노그라피의 주인공이고 싶다』
- 쾌락에 탐닉하고 현실에 몰입하는 것은 '그 빛'에 대한 갈망과 추구의 또 다른 표현이다. 영적 어두움 때문에 빗나간 방향으로 표출되었을 뿐이다.
- 인간의 진정한 행복은 진리가 주는 행복이다.

2. 등불은 자신을 보라고 하지 않는다
- 우리의 윤리적 삶은 우리를 주목하게 하기 위한 것이 아니다. 세상 사람들은 진리 자체는 볼 수 없으나 진리의 영향을 받으며 살아가는 우리의 삶은 볼 수 있다. 그러므로 우리는 삶으로 우리를 주장하는 질서와 가치관이 그들과 다름을 보여주어야 한다.

B. 물리쳐야 할 마음의 어둠
- 진리의 빛을 받기 전까지 모든 사람의 마음은 어둠에 갇혀 있다.
- 우리는 무지로 인한 객관적 어둠과, 진리를 떠나 자기 욕망에 사로잡힘으로 말미암은 주관적 어둠으로부터 벗어나 빛을 소유한 사람이 되어야 한다.
- 진리를 깨닫기 가장 좋은 마음은 예수 그리스도를 사랑하는 마음이며, 진리를 깨달은 마음이야말로 예수 그리스도를 따르기에 가장 적합한 마음이다.

V. 결론
- 우리의 소명은 진리의 빛으로 세상을 비추며 사는 것이다.
- 이 소명을 이루기 위해 우리에게는 지혜가 필요한데, 복음이야말로 지혜의 핵심이다.

제3장
'그 빛'의 가변성과 불변성

"이같이 너희 빛이 사람 앞에 비치게 하여"
(마 5:16上)

I. 들어가는 말

예수 그리스도께서는 말씀하셨습니다. "이같이 너희 빛이 사람 앞에 비치게 하여." 여기서 "이같이"라고 하신 표현은 앞서 언급하신 두 가지 비유, 즉 산 위에 있는 동리와 등불의 비유에서와 같은 방식으로 우리의 빛이 사람 앞에 비치게 하라는 의미를 담고 있습니다. 이 말씀을 하나씩 해석함으로써 그리스도인을 세상에 두신 하나님의 계획과 의도를 살펴보고자 합니다.

현실적으로 그리스도인이 빛이라고 할지라도 실제로 그 빛을 제대로 비추고 있는지에 대해서는 의문이 갈 때가 많습니다. 예수 그리스도께서 우리를 빛이라고 부르셨는데 우리는 왜 이러한 의문에 직면해야 할까요? 그래서 어떤 사람들은 예수님의 이 말씀을 자기 마음대로 바꿉니다. "예수님께서 우리에게 너희는 세상의 빛이 되라고 말씀하셨습니다." 그러나 이 말은 사실이 아닙니다. 분명히 예수 그리스도께서는 우리를 빛이라고 현재직설법으로 말씀하셨기 때문입니다. 우리가 그 빛의 가변성과 불변성에 대하여 생각하지 않을 수 없는 것도 바로 이 때문입니다.

II. '그 빛'으로 비치게 하라

예수 그리스도께서는 우리가 이 세상을 향하여 비추어야 할 그 빛이 무엇인지를 가르쳐 주셨습니다. 그 빛은 우리의 빛이 아니라 빛이신 그리스도로 말미암은 빛입니다. 하나님께서는 이 세상이 진리인 그 빛의 비침을 받음으로써 어둠으로부터 벗어나게 되기를 바라십니다.

A. 허락을 뜻하는 명령

우리가 '그 빛'이 구체적으로 무엇을 가리키는지 살펴보기에 앞서 먼저 생각해야 할 사실이 있습니다. "너희의 그 빛으로 비치게 하라."(λαμψάτω τὸ φῶς ὑμῶν)고 하신 예수님의 말씀이 허락을 의미하는 명령이라는 사실입니다. 그래서 영어성경(NIV)은 다음과 같이 번역하였습니다. "너희 빛이 빛나도록 두라"(let your light shine).

우리가 처음 예수 그리스도를 믿고 기독교 진리를 깨달았을 때, 충분하다고는 말할 수 없지만 신앙생활을 해 나가기 위해 꼭 알아야 할 중요한 지식들은 이미 그 때 모두 주어졌습니다. 이 세계 이외에는 아무 것도 영원한 것이 없다고 믿었던 사람들이 하나님의 살아 계심을 받아들이게 되었습니다. 또한 무한한 가능성을 가진 존재라고 생각했던 인간은 타락한 존재이고, 하나님의 생명으로부터 멀어진 존재라는 것을 알게 되었습니다. 뿐만 아니라 죄인들이 자력으로 구원을 얻을 수 있는 것이 아니라 우리 주 예수 그리스도의 구속적 죽음을 통해 믿음으로써만 구원받을 수 있다는 사실을 알게 되었습니다. 그리고 하나님의 뜻이 성경에 기록되어 있고, 모든 인간은 그 진리를 따라 살아야 한다는 것을 깨닫게 되었습니다. 이렇게 우리의 인생이 올바른 인생이 되기 위해 필요한 대부분의 모든 진리가 예수 그리스도를 믿는 순간, 우리의 마음속에 빛으로 주어진 것입니다.

그런데 이렇게 처음 믿은 은혜와 사랑을 늘 간직하며 산다면 우리는 충분하지는 않아도 세상 사람들에게 기본적으로 전달하여야 할 중요한 진리를 가르칠 수 있었을 것입니다. 그러나 우리의 문제는 진리에 대한 처음 인식이 원리적으로는 사라지지 않아도 그 선명한 현재적인 인식이 변한다는 것입니다.

맨 처음 받았던 그 선명한 진리의 빛이 우리의 마음속에서 희미해지고 확신도 사라져 갑니다. 하나님을 사랑하던 사람들이 은혜가 떨어지고 변심하면서 세상을 사랑하게 됩니다. 마음이 가난하여 하나님을 앙망하던 사람들이 주님께서 주신 축복 때문에 마음이 부요해지고, 자신의 죄와 하나님의 나라를 위해 애통하던 사람들이 부요한 마음을 가지고 이 세상의 번영에 만족하게 됩니다. 의에 주리고 목마르던 사람들이 이제는 자신의 행복과 평안을 위해서 목마른 사람들이 됩니다.

이런 모든 우리의 변화는 하나님께서 처음에 우리에게 주신 그 빛을 가립니다. 그래서 예수 그리스도께서는 지금 "하나님께서 너희에게 두신 빛이 빛나도록 내버려 두라, 빛나게 하라, 허용하라, 가리지 말라."고 말씀하십니다.

B. 너희의 '그 빛'

본문은 그 빛을 "너희 빛"이라고 말합니다. 여기서 빛은 하나님으로부터 부어진 진리의 효과로, 그 빛은 결코 우리로부터 발생된 것이 아닙니다. 우리는 결코 그 빛의 근원이 될 수 없는 것입니다. 그런데 어떻게 그 빛이 우리의 빛이 되는 것일까요? 이에 대하여는 다음의 교리적 사실들을 숙고하여야 합니다.

1. 진리를 소유함

이것은 우리가 진리를 소유하였기 때문입니다. 물론 우리 자신은 진리가 아닙니다. 그러나 우리가 그 진리와 합치될 때, 그것은 우리의 소유가 될 수 있습니다. 사도 바울은 복음을 "나의 복음"(my gospel)이라고 말했습니다. 어떻게 복음이 바울의 복음일 수 있습니까? 복음은 하나님의 복음이고, 또한 예수 그리스도의 복음입니다(막 1:14, 롬 1:1, 롬 15:19).

그러나 사도 바울은 다음과 같이 고백합니다. "곧 나의 복음에 이른 바와 같이 하나님이 예수 그리스도로 말미암아 사람들의 은밀한 것을 심판하시는 그 날이라"(롬 2:16). "나의 복음과 예수 그리스도를 전파함은 영세 전부터 감추어졌다가"(롬 16:25). 이와 같은 표현은 빌레몬서에도 등장합니다. "그를 내게 머물러 있게 하여 내 복음을 위하여 갇힌 중에서 네 대신 나를 섬기게 하고자 하나"(몬 1:13).

복음은 예수 그리스도 자신이며 예수 그리스도를 위한 것인데, 왜 사도 바울은 이처럼 예수 그리스도의 복음을 자신의 소유인 것처럼 말하고 있는 것일까요? 바울이 복음을 "나의 복음"이라고 부를 수 있었던 것은 복음의 기원과 관련된 것이 아니라, 친숙성에 관계된 것입니다. 다시 말해서 복음이 자기 안에서 발생했다는 의미가 아니라, 성령 안에서 그의 인격과 삶이 복음이 주는 의미와 친숙하여 일체를 이루게 된 것을 가리키는 것입니다. 이는 복음을 통하여 그리스도가 사도 안에 계시고 사도가 그리스도 안에 있는 상태가 되었기 때문입니다.

우리가 진리의 빛을 소유하는 것도 마찬가지 원리입니다. 그 빛의 기원이 우리 안에 있기 때문이 아니라, 우리의 인격과 삶이 그 진리의 빛에 친숙하도록 합치되었기에 그 빛을 우리의 빛이라 부를 수 있는 것입니다. 또한 우리는 그리스도를 통하여 진리와 합치된 교회의 지체가 됨으로써 공동적으로 진리를 소유하게 됩니다. 이러한 측면에서 예수 그리스도께서 그 빛을 "너희 빛"이라고 부르는 것은 타당한 것입니다.

2. 진리를 위탁하심

복음의 능력은 허공에 나타나는 능력이 아니라, 그 복음 진리와 올바른 관계를 맺고 있는 교회와 그 지체들의 인격과 삶을 통하여 세상 사람들에게 나타나는 것입니다. 교회가 위탁받은 진리를 올바르게 파수하고 풍성한 가르침으로 자기 세대와 다음 세대에게 물려 주는 것은 무엇으로도 대체할 수 없는 사명입니다. 그러나 이것은 신자 각 사람이 그 진리를 '나의 진리'라고 고백할 수 있도록 자기화할 때에 비로소 세상에서 진리의 힘으로 나타나게 됩니다.

예수 그리스도의 이러한 선포를 대하며 우리는 자신들이 진리와 어떤 관계를 맺어야 하는지를 생각하게 됩니다. 여러분은 복음을 '나의 복음'이라 말할 수 있습니까? 예수 그리스도의 진리의 빛을 자신 있게 '나의 빛'이라 말할 수 있을 정도로, 그 진리와 하나가 되어 있습니까? 진리의 힘은 그 진리를 따르는 사람들이 전파하는 진리에 자신의 인격과 삶을 합치시킬 때에 많은 사람에게 드러납니다.

진리는 교회에 위탁되었습니다(마 16:19). 그리고 교회의 사명은 바로 이 진리의 빛을 열쇠 삼아 다른 것으로는 결코 열 수 없는 하나님의 나라를 열어 사람들을 들어가게 하는 것입니다. 예수 그리스도께서 당시 율법을 가르치는 지도자들을 엄히 꾸짖으신 것도 바로 이 때문이었습니다. "화 있을진저 너희 율법교사여 너희가 지식의 열쇠를 가져가서 너희도 들어가지 않고 또 들어가고자 하는 자도 막았느니라 하시니라"(눅 11:52).

19세기 자유주의 신학의 물결이 거세게 몰려올 때 유럽의 수많은 교회들이 복음을 버리고 인본주의적인 신앙으로 돌아섰습니다. 성경에 나오는 기적이나 이적, 그리고 예수 그리스도께서 동정녀 마리아의 몸에서 성령으로 잉태되어 이 땅에 오신 하나님의 아들이라는 분명한 사실이 과학적으로 입증될 수 없다는 이유 때문에 모두 부인되었습니다.

그럼에도 불구하고 당시 독일을 비롯한 유럽에서 복음을 파수하고 있던 교회가 전혀 없었던 것은 아닙니다. 신학자들이 자유주의 신학을 물마시듯이 들이키고 있을 때에도 복음주의적인 교회들은 여전히 남아 있었습니다. 소수이기는 하지만 열심히 예수 그리스도를 중심으로 한 성경의 위대한 진리들을 가르치던 사람들이 있었습니다. 그 대표적인 인물들이 경건주의 신학자인 필립 야콥 슈페너(Philipp Jakob Spener, 1635-1705)와 요한 알브레히트 벵겔(Johann Albrecht Bengel, 1687-1752), 그리고 요한 로렌츠 폰 모스하임(Johann Lorenz von Mosheim, 1693-1755)입니다.

그러나 이미 대세는 기울고 있었습니다. 이러한 사실은 18세기 독일의 교회의 설교의 역사를 통해서 알 수 있습니다. 종교개혁 이후 세월이 흐르면서 교회는 복음적인 생명력을 잃어 가고 이성주의가 득세하자 "살아있는 신앙·새로운 삶"이라는 표어를 내 걸고 경건주의가 태동하게 되었습니다. 그리고 이것에 대한 반동으로 다시 합리주의가 일어났습니다. 그러나 이러한 합리주의 사상을 추종하는 태도는 결국 설교단을 황폐하게 만들었습니다. 이 때 독일 교회 안에서는 다음과 같은 제목의 설교들이 주일 강단에서 선포되었습니다. '하나의 음료로서의 커피의 가치', '감자를 주식으로 하는 문화의 말할 수 없는 축복', '가축들을 축사에서 먹이는 것보다 방목하면 더 좋음' 등, 이외에도 예수님께서 결혼하지 않으신 이유를 설교의 소재로 삼거나 심지어 부활절을 앞두고는 '사람이 생매장 당하는 것의 위험'이라는 제목의 설교가 나오기도 했습니다.[28]

교회에서 이러한 설교가 선포되어진 이유는 무엇입니까? 예수 그리스도께서 하나님이시라는 사실, 우리를 구원하기 위해 하나님께서 어떻게 일하셨는가 하는 사실들은 대부분 하나님의 놀라운 초자연적인 역사와 함께 우리에게 계시로 전달되었습니다. 그런데 그런 것들을 과학적 합리주의로 재 보니, 사실성을 입증할 만한 눈에 보이는 증거를 찾을 수가 없었습니다. 그래서 그들은 이전에 복음 진리라고 믿던 것들을 모두 거부해 버렸고, 그러자 마지막에 남은 것은 다음과 같은 사실뿐이었습니다. "하나님은 우리를 이 세상에서 행복하게 살게 하시려고 예수 그리스도를 좋은 교사로 이 세상에 보내셨다."

그러나 이러한 복음적인 분위기는 지속적인 영향력을 발휘하지 못하였습니다. 계몽주의의 노도와 같은 물결이 당시 사회의 전 분야를 덮어 버린 것입니다. 과학뿐만 아니라 모든 학문을 뒤덮고, 심지어 신학과 성경까지도 뒤덮어 버렸습니다. 급기야 합리주의의 물결은 교회의 설교단까지도 덮어 버렸습니다. 설교자들이 강단에서 외치는 복음이 성도들에게 '나의 복

---

28) E. C. Dargan, *A History of Preaching*, vol. 2 (Grand Rapids: Baker Book House, 1974), 210.

음'이 될 수 없었기에 시대의 사조를 이기지 못한 것입니다. 이미 모든 학문과 사상에서 사실상 이 세상을 창조하시고 통치하시는 하나님에 대한 관념을 제거하려는 시도들이 급속하게 이루어지고 있었습니다. 이처럼 계몽주의와 과학적 합리주의의 물결이 쓰나미처럼 밀려와 온 유럽 사람들의 사고방식을 뒤덮어 버렸습니다.

이러한 상황에서 인간은 무한한 가능성을 지닌 존재라는 확신과 하나님 없이 스스로 행복을 추구할 수 있는 존재라는 사실을 확신하게 된 당시 유럽인들에게, 복음에 대한 고전적 외침은 아무런 설득력도 가질 수 없었습니다. 그 결과 유럽의 교회들은 급속도로 쇠퇴하였고, 종교개혁의 신학과 신념들도 와해되어 갔습니다.

그러므로 중요한 것은 복음 진리가 정말 나의 것이 되었는가 하는 것입니다. 아무리 참된 기독교의 진리를 정갈하게 전하고, 올바른 것을 추구한다 할지라도, 그것이 먼저 우리의 마음속에 강하게 박혀 그 복음을 나의 복음이라고 고백할 수 있기 전까지는 현실의 상황을 개혁하며 그 빛을 발할 수 없습니다. 한번 생각해 봅시다. 저는 이 책을 읽고 있는 여러분이 이 시대에 물들지 않는 확고한 성경적 기독교 신앙을 갖고 싶어하는 사람들이라고 생각합니다. 성경적 신학을 사랑하고 청교도의 신앙적 유산을 물려받고자 하는 사람들일 것입니다. 그런데 여러분은 그리스도의 복음을 '나의 복음'이라고 자신 있게 말할 수 있습니까? 참으로 복음이 여러분의 인생을 살아가는 데 있어서 참다운 지혜이며 여러분의 마음과 삶이 그것과 일체를 이루어 자신의 것처럼 여기며 살아가게 되었습니까? 오늘 하나님의 말씀은 여러분에게 이것을 질문하고 있습니다.

3. 진리를 확장하심

우리에게 복음의 진리를 위탁하신 그리스도의 기대는 우리를 통해 그 빛이 세상에 비치는 것입니다. 그리고 그것은 진리와 우리가 일체를 이룰 때 가능한 것입니다. 그러므로 "그 빛이 비치게 하라."는 말씀이 의미하는 바는 이것입니다. "이 빛이 참으로 너희와 일체를 이루어서, 너희의 삶을 통해 환히 비치게 하라. 그래서 모든 사람이 그 빛 때문에 예전에 보지 않던 다른 방식으로 하나님과 세상과 인간과 자기 자신에 대해서 다시 생각할 수 있게 하라."

하나님의 나라는 우리를 통해 비친 진리의 빛이 확장됨으로써 이 땅에 이루어져 가는 것입니다. 그러므로 교회의 정체는 '그 빛'의 공동체입니다. 그리고 그리스도인은 모두 '그 빛'의 일부입니다. 여러분은 하나님의 나라가 이 땅에 이루어지기를 사모합니까? 그분의 뜻이 이 땅에서도 하늘에서처럼 온전히 성취되기를 갈망합니까? 그렇다면 우리는 세상 사람들에게 진리를 보여주는 삶을 살아야 합니다.

하나님의 나라는 그 빛인 '진리의 확장'(*extensio veritatis*)입니다. 그리고 사랑의 나라입니다. 그 빛과 함께 하는 사랑은 자기를 구심점으로 하는 사랑이 아니라 하나님을 구심점으로 하는 사랑입니다. 그리고 이러한 사랑의 질서로 주님은 그 나라를 통치하십니다. 이 어두운 세상에 있는 그리스도인이 구원받은 후 저 천국으로 바로 향하지 않고 여전히 이 땅에 남아 있는 이유는 바로 존재와 인격과 삶을 통해 우리를 움직이고 있는 그 빛과 사랑의 힘이 무엇인지를 세상에 보여주어야 하기 때문입니다.

III. '그 빛'의 불변성과 가변성

예수 그리스도께서 그리스도인을 그 빛이라고 불러 주셨지만, 우리는 항상 그 빛으로 나타나고 또 살아가지 않습니다. 현실적으로 우리는 그렇지 못합니다. 초대 교회처럼 복음이 능력 있게 역사하던 때에도 그리스도인은 침체에 빠지기도 하고 부패하기도 하였습니다(행 5:2, 6:1). 그들은 고난과 핍박이 두려워 신앙의 정절을 버리거나, 하나님의 일에서 이탈하기도 하였고, 또 다시 돌아오기도 하였습니다(행 15:38, 딤후 4:10). 하나님의 계시의 빛을 풍부하게 받았던 다윗이 영적 어둠 속에서 범죄하고 하나님 앞에 차가운 거절감을 느끼며, 기름 부음 받을 때 주어진 성령이 거두어질 위기를 경험한 것은 좋은 예입니다(시 51:11-12).

이러한 현상은 개인적으로만이 아니라 공동체적으로도 그대로 적용됩니다. 하나님께서 한번 주신 그 진리의 빛을 모든 교회가 언제나 같은 정도로 유지하는 것은 아닙니다. 이러한 사실은 이스라엘의 역사에서도 분명하게 나타납니다(렘 6:16, 애 4:1). 예수 그리스도께서는 위대한 부흥과 함께 세워진 에베소교회에게 처음 사랑을 버렸다고 책망하셨습니다(계 2:4).

우리는 비록 이 세상의 그 빛으로 부름을 받은 그리스도인이지만, 개인적으로나 공동체적으로 항상 동일한 빛의 상태를 유지하고 있는 것은 아닙니다. 그것은 더욱 찬란하게 비치기도 하고 희미해지기도 합니다. 이 어두운 세상 안에서, 그리스도인이 지닌 그 빛의 가변성과 불변성에 대하여 숙고하여야 하는 것도 바로 이 때문입니다.

A. '그 빛'의 불변성

먼저 세상에 남겨 두신 그리스도인이 가진 그 빛의 불변성에 대하여 생각해 봅시다. 우리로 하여금 세상에서 '그 빛'이게 하는 근거가 그리스도시라는 점에서 그 빛은 불변합니다. 그리고 '그 빛'의 불변성과 관련하여 다음 몇 가지 사실들을 숙고하여야 합니다. 그리스도의 위격(位格)의 불변성, 복음적 교회의 영원성, 지상 교회에 대한 섭리가 그것들입니다.

1. 그리스도의 위격의 불변성

첫째로, 그 빛의 불변성은 그리스도의 위격의 불변성으로부터 추론됩니다. 교회는 영원 전부터 계시는 삼위일체 하나님의 모상입니다. 하나님께서는 삼위일체로 존재하시는 당신 자신을 교회 안에서 가장 잘 나타내셨습니다. 교회는 영원하신 하나님께서 삼위로서 함께 세우셨습니다. 그리고 교회를 향한 하나님의 계획은 세상을 구원하고자 하는 계획과 관련이 있습니다. 교회는 타락한 세상과 완성될 세상 사이에서 하나님의 구원의 계획을 이루어 갑니다. 그리하여 이미 있던 교회에서 완성될 교회로 나아갑니다.

하나님께서는 교회를 이루시는 구속 사역에 있어서 예수 그리스도를 중심이 되게 하셨습니다. 그리스도는 죽지 아니하며 어떤 사람도 보지 못하였고, 볼 수 없는 이로서 영원한 권능을 가진 분이십니다(딤전 6:16). 그분은 인간과 세계의 영원한 구원의 근원이시며(히 5:9), 자기의 피로 영원한 속죄를 이루사 단번에 성소에 들어가시고(히 9:12), 구원받을 자들의 죄를 위하여 한 영원한 제사를 드리시고 하나님 우편에 앉으신 분이십니다(히 10:12).

타락한 세상의 구속을 이루신 그리스도, 곧 성자는 영원한 위격이십니다. 구원하시는 성부가 사랑을 보여준다면 희생하시는 성자는 은혜를 드러내십니다. 그리고 믿게 하시는 성령은 교통하심으로써 삼위 하나님께서 함께 하시는 교회가 되었습니다. 하나님은 진리요, 사랑 자체이시며 생명이십니다(요 5:26, 요일 4:16).

삼위일체 하나님의 사랑과 진리는 그리스도를 통하여 이 세상에 드러납니다. 예수 그리스도께서는 이러한 자신의 위격과 역할에 대하여 다음과 같이 말씀하셨습니다. "내가 문이니 누구든지 나로 말미암아 들어가면 구원을 받고 또는 들어가며 나오며 꼴을 얻으리라"(요 10:9). "예수께서 이르시되 내가 곧 길이요 진리요 생명이니 나로 말미암지 않고는 아버지께로 올 자가 없느니라"(요 14:6). 이처럼 하나님은 그리스도를 이 세상에 당신의 진리를 보여주시는 통로로만 사용하신 것이 아니라 그리스도 자신을 인간이 당신께 나아오기 위하여 만나야 할 진리 자체로 삼으셨습니다.

예수 그리스도께서 진리 되심은 그분의 위격의 영원성과 관련이 있습니다. 예수 그리스도께서 이 세상에 대하여 진리가 되시는 것은 잠정적 조치가 아닙니다. 그리고 그리스도와 인간 혹은 교회가 맺은 관계를 통하여 그리스도께서 진리의 일부가 되시는 것이 아닙니다. 진리 자체이신 하나님께서 성자의 영원한 위격 안에서 우리에게 그분을 진리로서 계시하셨기 때문에 우리는 예수 그리스도가 영원한 진리이심을 알게 됩니다. 그래서 예수 그리스도는 인간이 진리에 대하여 온전히 아는 유일한 길입니다. 인간이 이제껏 이성만으로 발견한 모든 빛을 합친다 할지라도 그리스도를 통해 비치는 진리의 빛에 비한다면 그것은 찬란한 태양볕 아래 있는 희미한 등잔불에 불과합니다.

예수 그리스도께서 지상 생애 동안에 자주, 당신을 진리로 소개하신 것도 바로 그 때문입니다. 그리스도인이 이 세상의 빛인 것은 바로 이처럼 진리요, 그 빛이신 그리스도와 영적으로 연합되어 있기 때문입니다. 다시 말해서 예수 그리스도께서 그 빛이시므로 우리가 그분에게 연합됨으로써 그 빛에 참여하여 이 세상에서 그 빛의 역할을 하게 되는 것입니다. 그러므로 교회가 예수 그리스도와의 영적 연합을 누리고 있는 한 진리 자체이신 그리스도로 말미암아 교회는 어떤 의미에서든지, 불변하는 그 빛을 갖게 됩니다.

2. 복음적 교회의 영원성

둘째로, 그 빛의 불변성은 복음적 교회의 영원성으로부터 추론됩니다. 그리스도인을 통하여 나타나는 그 빛은 하나님께서 예수 그리스도에게 주신 것입니다. 그리스도는 교회의 머리이시고 복음적인 교회는 그분과 영적으로 연합된 몸입니다. 그리스도가 영원하시므로 교회는 영원합니다. 그러므로 우리가 세상을 비추는 그 빛이라는 사실은 그리스도께서 영원히 교회의 머리로서 빛의 원천이 되신다는 사실에서 출발하는 것입니다. 하나님께서는 자신의 아들을 통하여 이 세상에 진리를 보이십니다. 청교도 신학자 존 오웬(John Owen, 1616-1683)은 이에 대하여 다음과 같이 말합니다.

> 그리스도의 위격은 교회의 소명, 성화, 그리고 구원에 있어서 하나님 자신의 영원하신 영광에 대한 그분의 모든 계획의 토대가 되신다.……에베소서 1장 9-10절에서 "하나님이 그분의 선하신 기쁘심을 따라 그분이 자신 안에서 의도하신 하나님의 뜻의 신비들"은 천상 교회와 연합될 여기 지상 교회의 성화와 구원에 있어서 그분 자신의 영원하신 영광과 관련한 그분의 계획들이다.[29]

하나님께서 이 세상에 주신 모든 계시는 성자 그리스도를 통한 계시입니다. 그리스도께서 천상 세계에서 이루신 왕국도 그리스도를 머리로 하는 나라이며 지상 세계에 세우시려고 하신 나라도 당신을 머리로 하는 나라입니다. 두 나라는 교회이며 각기 다른 방식으로 하나님의 영광을 드러냅니다. 그것은 진리를 중심으로 하는 나라이며 그 진리는 예수 그리스도이십니다. 예수 그리스도께서 "뜻이 하늘에서 이루어진 것같이 땅에서도 이루어지이다."라고 기도하신 것은 두 나라에 있어서 중심이 하나님의 지성과 의지임을 보여주는 것입니다.

예수 그리스도의 성육신은 이 세상에 주신 계시의 절정입니다. 그리고 그 계시는 곧 진리에 대한 계시입니다. 교회가 진리이신 그리스도와 맺고 있는 관계는 이 지상의 교회의 상태가 아니라 그리스도의 영원한 위격에 기초합니다. 그러므로 보편 교회는 영적으로 그 빛이신 그리스도와 연합되어 있으며 그 관계는 영원히 끊어지지 않습니다. 그러므로 그 몸의 일부가 된 지상의 교회들과 또 거기서 공동체를 이루는 우리 그리스도인이 그 빛에 참여함으로 어두운 세상을 비추는 그 빛이 되는 것입니다. 개인인 그리스도인 한 사람으로서의 그 빛은 사라질 수도 있고 더 빛날 수도 있습니다.

지상에 있는 지역 교회는 그 빛을 현저히 상실하기도 하고, 완전히 잃어버리기도 합니다. 그러나 보이지 않는 한 몸으로서의 보편 교회의 빛은 어떠한 경우에도 사라지지 않고 영원합니다. 때로는 강렬하게 때로는 약하게 비치나 언제나 하나님은 교회가 그 빛을 완전히 잃지 않도록 보호하십니다. 그리스도가 교회의 머리이시기 때문에 교회가 그 빛이며, 그것을 아주 잃어버리지 않는 것입니다.

---

29) John Owen, *On the Persons of Christ*, in *The Works of John Owen*, vol. 1, ed. by William H. Goold (Edinburgh: The Banner of Truth Trust, 1972), 44.

3. 지상 교회에 대한 섭리

셋째로, 그 빛의 불변성은 지상 교회에 대한 하나님의 섭리로부터 추론됩니다. 교회가 그 빛으로서 가지는 불변성은 보편 교회를 영원히 보존하고자 하시는 하나님의 약속과 관련이 있습니다. 예수 그리스도께서는 말씀하셨습니다. "또 내가 네게 이르노니 너는 베드로라 내가 이 반석 위에 내 교회를 세우리니 음부의 권세가 이기지 못하리라"(마 16:18).

성자의 이러한 약속은 성부와 관계없는 약속이 아닙니다. 그것은 삼위일체 하나님의 약속입니다. 그리스도께서는 교회를 음부의 권세로부터 보존하시겠다고 약속하셨습니다. 이것은 예언이 아니라 삼위일체 하나님의 단호한 의지입니다. 교회의 역사는 이러한 신적인 의지의 실현입니다. 역사적으로 이 세상은 그 빛인 그리스도의 교회를 싫어하여 핍박하였고 그것은 물리적인 박해와 사상적인 억압으로 이어졌습니다. 수많은 사상이 교회를 스치고 지나갔고 근대에는 계몽주의의 거센 물결이 교회를 덮쳤습니다. 나라와 제국들에 의한 치열한 박해가 있었고, 이성주의로 흘러가 기독교 신앙을 버리는 나라가 속출하였습니다. 그러나 그 어떤 경우도 그리스도 교회에 있는 그 빛을 영원히 제거하지는 못하였습니다.[30] 오히려 이단이 지나가면 정통교리는 더 견고해졌고 핍박이 지나가고 나면 교회는 더욱 강하여졌습니다.

기독교 역사의 한 부분을 보면 그리스도의 교회가 쇠퇴하는 것 같고 때로는 종말이 가까운 것 같았으나 결코 그 빛의 흐름은 소멸되지 않았습니다. 그리스도께서는 외형적으로만 교회를 보존하시는 것이 아닙니다. 때마다 주신 영적 부흥을 통해 많은 세상 사람이 복음으로 돌아왔고, 뿐만 아니

---

[30] Jonathan Edwards, *A History of the Work of Redemption*, in *The Works of Jonathan Edwards*, vol. 9, ed. by John E. Smith (New Haven: Yale University Press, 1989), 114.

라 교회 안에 있는 신자들은 자신이 붙들며 살아가는 기독교의 내용들을 진리로 확신하고 다시 붙드는 역사가 일어났습니다. 역사적으로 이 지역 교회에서 진리의 불이 꺼지는 것 같으면 저 지역의 교회에서 진리의 불길은 타올랐고 이 시대의 진리가 희미해지면 다른 시대의 교회가 누렸던 진리의 도움을 받아 그 빛을 밝게 하였습니다. 이러한 역사는 보편 교회 전체를 붙들고 계신 그리스도의 능력과 약속으로 말미암은 것입니다. 그리스도의 교회에 접붙여진 성도들의 공동체가 영원히 '그 빛'일 수밖에 없는 근거가 바로 여기에 있습니다.

B. 교회의 정체로서의 '그 빛'

여기서 그 빛의 불변성과 관련하여 다음의 사실들이 숙고되어야 합니다. 교회의 정체성은 '그 빛'입니다. 하나님께서 사랑 안에서 세상을 창조하신 것처럼, 사랑 안에서 인류를 구속하셨고, 진리 자체로서 모든 존재와 가치가 되신 것처럼 진리 안에서 교회를 세우셨습니다. 그리고 모든 신자를 당신과 신비한 영적 연합 안에서 그 빛에 참여하게 하셨습니다.

그리스도의 교회는 그 빛이신 그리스도에 대한 신앙고백 위에 세워집니다(마 16:16). 음부의 권세가 교회를 이기지 못하는 것은 그 빛에 대한 살아 있는 신앙의 고백을 통해서입니다(마 16:18). 그러므로 그리스도의 교회는 이 고백이 불변하도록 유지하여야 합니다. 단지 외적 형식화뿐만 아니라 실제적으로 그 고백 위에 자신의 삶을 세울 수 있어야 합니다.

신자들은 그 빛을 증거하는 교회의 증언에 의하여 그리스도를 믿게 된 사람들입니다. 복음을 통하여 자기가 죄인임을 깨닫고 예수 그리스도를 믿어 회심하는 순간 소유하게 된 중요한 진리의 빛은 좀처럼 사라지지 않습니다. 회심의 순간 마음속에 주어지는 진리의 빛은 기독교 신앙의 기둥들이라 할 수 있는 것들로 예수 그리스도께서 우리를 위해 십자가에서 죽으셨다는 믿음과 성경은 사람의 글이 아니라 살아 계신 하나님의 말씀이라는 확신들입니다. 예를 들어서, 하나님의 살아 계심과 예수 그리스도의 대속에 대한 확신은 신앙적으로 방황하고 성경 읽기를 게을리하고, 또 기도에 힘쓰지 않는다 하더라도 쉽게 흔들리지 않습니다. 그 확신까지 쉽게 흔들린다거나 의심하고 심지어 공개적으로 부인할 수 있다면 그의 거듭남은 참된 것이 아닐지도 모릅니다.

중생과 함께 신앙의 근본 조항에 속하는 진리의 빛은 일단 주어지고 나면, 확신하는 정도에는 차이가 있을지라도 변하거나 사라지지 않습니다. 그러나 이것은 어디까지나 완전히 그 빛이 꺼지지 않는다는 의미일 뿐입니다. 활활 타오르는 불꽃과 거의 다 꺼져 가는 불꽃이 내뿜는 빛의 세기는 결코 같을 리 없습니다.

어떤 경우에도 교회에는 그 빛이 남아 있습니다. 여기서 말하는 교회는 지역 교회를 가리키는 것이 아닙니다. 지역 교회는 역사 속에서 사라지기도 하고 다시 생겨나기도 하고 파멸하기도 합니다. 그러나 보편 교회는 그렇지 않습니다. 보편 교회는 그리스도께서 교회에 주신 약속을 따라 영원합니다. 때로는 진리의 빛이 활활 타오르기도 하고 희미하기도 하지만 결코 그 빛을 완전히 잃어버리는 일은 일어나지 않습니다. 이것은 복음적 교회의 영원성이 그리스도와 하나님께 달려 있다는 사실을 보여주는 것입니다.

어떤 시대에는 하나님의 말씀이 풍부하게 해석되고 성령의 역사가 충만하여 많은 사람이 그 빛을 소유하고 지역 교회는 자신들의 선교지 안에서 그 빛을 찬란하게 비춥니다. 그러나 어떤 시대에는 하나님의 말씀이 거의 해석되지 않고 교회가 그 빛을 잃어버린 것처럼 아주 희미하게 비춥니다. 그러나 그러할 때조차도 하나님께서는 이 땅에 세우신 보편 교회와의 연관을 완전히 끊지 아니하십니다. 하나님은 종종 진노 속에서 어느 지역 교회들을 소멸하도록 내버려 두시기도 합니다. 그러나 보편 교회를 향한 하나님의 사랑과 구원은 끝이 없습니다.

그리스도의 교회가 그 빛을 잃어버리고 거의 꺼져 가는 등불과 같이 된 지경에도 하나님은 그들을 지키십니다. 이사야 42장과 마태복음 12장에는 꺼져 가는 심지의 비유가 등장합니다. "상한 갈대를 꺾지 아니하며 꺼져 가는 등불을 끄지 아니하고 진실로 정의를 시행할 것이며"(사 42:3). "상한 갈대를 꺾지 아니하며 꺼져 가는 심지를 끄지 아니하기를 심판하여 이길 때까지 하리니"(마 12:20). 이것이 바로 진리의 그 빛으로 주신 교회를 향한 하나님의 마음입니다.

이처럼 어떠한 경우에도 교회에는 빛이 있고, 따라서 그 교회의 지체 된 한 사람 한 사람의 그리스도인은 빛을 비추는 등불입니다. 그런데 등불은 심지를 올려 환하게 빛날 수도 있고, 심지가 신통치 않고 기름도 부족하여 이사야 선지자의 언급처럼 "꺼져 가는 등불"일 수도 있습니다. 등불의 기름이 다 떨어져 심지의 불꽃이 꺼져 갈 때 그을음이 나기 시작합니다. 그러면 사람들은 심지를 제거하거나 혹은 입으로 불거나 손으로 비벼서 불꽃을 아예 꺼 버립니다. 그러나 하나님은 자기의 백성을 그렇게 다루지 않으셨습니다. 그을음을 내며 사위어 가는 심지조차 등불로 여겨 주시며 다시 기름을 부어 타오르게 하셔서 어둠을 물리치게 하셨습니다.

C. '그 빛'의 가변성

하나님은 당신의 교회를 그 빛으로 부르셨습니다. 머리 되신 그리스도 안에서 신자들이 그 빛에 참여함으로써 세상의 빛이 되게 하십니다. 앞에서 살펴 본 바와 같이 교회에 주신 그 빛은 불변하는 빛입니다. 그러나 현실에 있어서 교회와 그리스도인은 이 세상에 대하여 가변적인 빛입니다. 교회의 역사는 이러한 사실을 잘 증명해 줍니다. 그 빛의 현실적 가변성을 이해하기 위해서는 다음의 사실들을 숙고하여야 합니다.

1. 가변적 교회에 위탁하심

성도 개개인이 담지하고 있는 진리의 빛은 공동체를 밝히는 진리의 빛과 밀접하게 관련되어 있습니다. '그 빛'의 가변성에 대해 보다 더 구체적으로 살펴보기에 앞서, 우리는 먼저 교회에 위탁하신 진리의 빛과 그 교회에 속한 개개인의 진리의 빛 사이의 연관성의 문제에 먼저 주목해야 합니다. 하나님은 진리의 빛을 교회에 위탁하셨습니다. 이미 언급한 바와 같이, 하나님 나라의 확장은 결국 교회에 위탁된 그 빛의 확장입니다.

예수 그리스도를 믿은 후 우리가 가장 미워하게 되는 것은 우리의 '영혼을 에워싸던 어둠'(spiritual darkness)입니다. 완성되는 하나님의 나라는 그 누구도 다음과 같이 말할 수는 없는 나라입니다. "진리의 빛이 없어서 하나님의 뜻대로 살지 못했습니다." 이사야 선지자가 꿈꾸던 완성된 하나님의 나라는 여호와를 아는 지식이 충만한 나라, 여호와의 영광을 인정하는 것이 세상에 가득한 나라였습니다. "내 거룩한 산 모든 곳에서 해 됨도 없고 상함도 없을 것이니 이는 물이 바다를 덮음 같이 여호와를 아는 지식이 세상에 충만할 것임이니라"(사 11:9). 하박국 선지자도 동일하게 말합니다. "이는 물이 바다를 덮음 같이 여호와의 영광을 인정하는 것이 세상에 가득함이니라"(합 2:14).

목회 사역을 통하여 성경이 해석되고, 한 교회에서 밝은 진리의 그 빛을 언제나 접할 수 있음에도 불구하고 현저한 어둠 속에서 살아가는 사람들이 있을 수 있습니다. 또한 한 교회가 목회 사역을 통하여 말씀을 드러내지 못하고 있음에도, 거기에 소속된 소수의 무리의 마음속에서는 진리의 빛이 활발하게 타오를 수도 있습니다. 이런 일은 전혀 불가능한 일은 아니지만, 매우 드물게 일어나는 예외적인 일입니다. 대부분의 경우, 성경을 해석함으로써 교회에 찬란한 진리의 그 빛이 가득하면, 그 빛은 성도들의 마음에 담겨지고, 성령 안에서 그 유익을 공동체적으로 누리게 되는 것입니다.

끼니 때마다 밥을 먹지 않으려는 아이의 나쁜 버릇을 고치는 세 가지 방법이 있습니다. 첫째로, 매로 다스리는 것입니다. 부모에게 매를 맞을지도 모른다는 두려움 때문에 밥을 먹게 하는 것인데, 가장 좋지 않은 방법입니다. 둘째로, 굶기는 것입니다. 스스로 배가 고파서 먹을 것을 찾을 때까지 음식을 주지 않는 것입니다. 소아정신과 의사들이 자주 권하는 방법입니다. 마지막으로, 가장 지혜로운 방법이 하나 있습니다. 그것은 바로 음식 먹기를 아주 좋아하는 친구들과 같이 생활하게 하는 것입니다. 식사 시간에 식구들이 밥 안 먹고 장난치는 자신에게는 무관심하고, 밥 잘 먹는 친구에게는 관심을 보이며 칭찬해 주는 것을 보면 아이의 태도는 바뀝니다. 아이는 밥을 먹고 자신도 칭찬받고 싶은 마음에 식사에 참여하게 되는 것입니다.

진리를 찾는 영적생활에도 이와 유사한 원리가 작용합니다. 은혜에서 멀어져 자신은 하나님의 말씀이 마음에 잘 들리지 않는데, 옆에서 다른 성도들이 하나님의 말씀을 송이꿀처럼 달게 받고 있으면 자신도 모르게 말씀에 귀를 기울이게 됩니다. 그런데 문제는 성도의 마음에 은혜가 떨어지면 성령 충만한 성도들보다 자기처럼 병든 사람이 더 친근하게 느껴진다는 것입니다. 교회에 불만이 가득한 성도들은 교회를 깊이 사랑하고 성도들을 섬기는 일에 기쁨을 누리고 있는 성도들과 함께 교제하는 것이 불편하고 싫습니다. 자신과 비슷한 처지의 신앙의 상태에 있는 사람들과 함께 불평이나 하는 것이 훨씬 쉽게 느껴지는 법입니다.

그리스도인은 진리의 빛과 그 운명을 같이하는 존재입니다. 예수 그리스도를 믿고 한 교회의 지체가 되었다는 것은, 진리와 떼려야 뗄 수 없는 존재가 되었다는 것입니다. 우리는 모두 왜 우리가 세상 사람들과 다른 가치를 추구하며 다른 소망을 품고 살아가는지 그 이유를 묻는 사람들에게 말해 줄 수 있어야 합니다. "왜 당신은 하나님을 알고 사랑하려고 합니까?", "특별히 행복할 만한 환경이나 조건이 아닌데도, 당신이 그렇게 기쁨의 삶을 살아가는 이유는 무엇입니까?" 이런 질문에 대하여, 그리스도인인 당신 자신만의 언어가 아니라 그렇게 묻는 세상 사람들의 언어로 충분히 답할 말을 준비하며 살아야 합니다. 그것은 그리스도인으로서의 마땅한 의무이고 책임입니다.

전도와 선교의 가장 기본적인 동기는 바로 그것입니다. 그리스도 안에서 복음을 통하여 이미 우리가 누리고 있는 진리의 그 빛을 어둠 속에 있는 사람들에게 나누어 주는 것입니다. '그 빛'은 불변하는 것이지만, 그것을 소유한 인간의 마음과 영혼, 삶의 방식의 상태에 따라 찬란하게 밝은 빛을 내뿜을 때도 있고, 완전히 사위어서 거의 꺼진 등불처럼 될 수도 있습니다. 그분께서 이처럼 진리의 운명이 마치 인간이 모인 교회에 달린 것처럼 경륜하신 이유는 무엇일까요?

이처럼 마치 진리가 인간에게 매인 듯 보이기도 하는 것은 그 진리의 빛이 거기에 합치된 사람들의 인격과 삶을 통하여 드러나기 때문입니다. 그러나 사실은 진리가 인간에게 매인 것이 아니라, 인간이 진리에 매여 있습니다. 진리가 인간을 의존하여 빛을 발하거나 사그라지는 것이 아니라, 인간이 진리에 참으로 합일을 이루지 못하고 있기에 그 진리의 빛을 사람들에게 인식시키지 못하는 것입니다. 이는 마치 거울로 반사하여 어두운 방으로 빛을 비추던 사람이 거울을 치워 버리자 방안이 다시 어두워지는 것과 같습니다. 진리는 사람들의 동의 여부와는 관계없이 진리로서 존재합니다. 문제는 진리 자체에 있는 것이 아니라 그 빛과 관계를 맺고 있는 사람들에게 있는 것입니다.

언젠가 학문이 깊은 교수님 한 분을 만나 대화를 나누게 되었는데, 사기가 매우 침체되어 있었습니다. 자신에게는 가르쳐 주고 싶은 것이 많은데, 강좌를 개설해도 들어줄 학생이 없다는 것입니다. 그러나 그렇다고 연구를 놓아 버릴 수는 없기에, 지금은 자신의 발전을 위해서 계속 공부하고 있다고 했습니다. 조금만 어려워도 들으려고 하지 않는 제자들을 둔 선생님들은 참 불행할 것입니다. 좋은 선생님에게서 훌륭한 학생이 나오기도 하지만 탁월한 학생들이 유능한 선생님을 만들기도 합니다. 이는 학생들의 열렬한 탐구 의지가 가르치는 사람들을 격려하기 때문입니다.

저 역시 그러한 경험을 한 적이 있습니다. 설교를 해보면, 어떤 청중들은 하나님의 말씀을 스펀지가 물을 빨아들이듯이 잘 흡수합니다. 특히 강의의 경우 잘 깨달은 후에 돌아오는 질문은 깊이도 있고 예리하기도 합니다. 그런 것들을 경험하고 나면 한 편으로는 공부한 보람을 느끼고, 또 한 편으로는 연관된 공부를 더 해야겠다는 의욕을 갖게 됩니다. 진리에 대한 진지한 탐구심과 경건의 열망이 있는 성도들에게 설교하는 것은 목회자에게 커다란 축복입니다.

지금으로부터 약 십여 년 전에 어느 성도와 대화하는 가운데 그가 이런 고민을 털어 놓는 것을 들었습니다. "목사님! 이러저러한 교리를 설교하셨는데, 실제로 그것을 실천하면서 한 해 동안 살아 보니 어떤 때는 그 말씀대로 살 수 있었지만, 대부분의 경우 끝까지 그 말씀을 지키기가 어렵더군요. 하나님의 말씀에 은혜를 받았다고 해도 그 유효기간은 두 달 쯤 되는 것 같습니다." 은혜 받은 성도의 이러한 반응은 설교자인 제게 참 우울한 결론이었습니다. 그래서 그 때부터 그러한 물러감의 원인이 어디에 있는지, 저도 본격적으로 고민하기 시작했습니다. 성경뿐만 아니라 성도들의 삶을 유심히 살펴보았습니다. 그리고 발견한 것이 있었습니다. 평소와는 달리 주의 깊게 살펴보니 성도들의 삶이 참 게으르다는 사실을 발견하게 되었습니다. 특히 선한 일이나 자신이 마땅히 감당하여야 할 의무에 대해서는 더욱 게으른 사람들이 많았습니다. "왜 저렇게 살까? 일본의 어떤 기사(棋士)는 바둑을 두다가 져서 피를 토하고 죽어 토혈국(吐血局)이라는 기보(棋譜)를 남겼다는데, 인생에 있어서 신앙이 오락만 못할까?" 저는 깊이 탄식하였습니다. 그리고 성경에서 그러한 게으름의 근원을 탐구하면서 게으름이라는 시리즈로 설교를 하였고 후일 그 내용들이 책으로 나와서 많은 독자에게 사랑도 받았습니다. 무엇보다 감사했던 것은 설교를 듣고, 또한 책을 읽고 많은 성도가 배운 바 진리와 멀어진 채 살아가는 자신의 삶의 문제들을 놓고 회개하며 씨름한 것이었습니다.

우리가 어떻게 하든지 진리의 빛을 더욱 많이 발견하고자 몸부림칠 때, 어찌하든지 진리를 따라서 살아가려고 목회자와 성도들이 함께 힘쓸 때, 교회는 어두운 세상에 찬란한 불꽃으로 불타오릅니다. 수많은 사람을 만나고 혼자서 수없는 밤을 고민해도 해결할 수 없던 인생의 문제들이 그 빛으로 말미암아 해결이 됩니다. 인생의 문제는 반드시 지상에서 얻을 수 있는 자원의 문제만이 아닙니다. 돈도 건강도 젊음도 있었으나 행복하지 않았던 사람들이 진리의 빛을 받고, 이 세상 가치가 아닌 하늘의 가치에 붙들려 사는 행복을 경험하였습니다. 어둠 속에서 살아가는 사람들을 돌이켜 올바른 길로 돌아오게 할 수 있는 것은 진리의 빛밖에 없는 것입니다.

그런데 때로는 진리가 사람들에게 무시당하는 것 같습니다. 또 진리를 싫어하는 많은 사람을 보면서 이 세상에 진리가 설 곳이 없다는 생각을 하기도 합니다. 그러나 진리의 그 빛을 완강히 미워하고 거절한다는 사실 자체가 다른 것을 진리로 여기며 살아가는 존재들임을 보여주는 것입니다. 이런 현실 속에서 하나님께서는 가변적 교회에 진리를 위탁하셨습니다. 그런데 교회가 진리에 대한 관심이 없이 냉담하고, 성도라 불리는 사람들이 진리와는 관계없는 삶을 살아간다면 그들의 신앙고백을 통해서 어두운 세상에 무엇을 줄 수 있겠습니까?

2. 인간의 불의로 진리를 가로막음

또한 인간의 불의가 진리를 훼방하기도 합니다. 어쩌면 여러분은 이렇게 생각할지도 모릅니다. "진리는 위대하고 완전한 것이 아닌가? 아무리 인간의 불의가 대적한다고 할지라도, 진리는 꺾일 수 없는 것이 아닌가?" 그렇습니다. 인간의 경건치 않음과 불의가 진리 자체를 망가뜨리지는 못합니다. 다만 잠시 그 빛을 가로막아 자신과 이 세상에 역사하지 못하게 훼방할 뿐입니다. 인간의 불의가 진리를 훼방하기도 한다는 것은 성경이 증언하고 있습니다. 사도 바울은 이렇게 말합니다. "하나님의 진노가 불의로 진리를 막는 사람들의 모든 경건하지 않음과 불의에 대하여 하늘로부터 나타나나니"(롬 1:18).

한 시골 마을 가난한 집에 남자 아이 하나가 있었습니다. 하나뿐인 자식을 신앙으로 훌륭히 키우려는 어머니의 노력에 따라 그 소년은 신학교에 입학합니다. 얼마 후 그는 하나님을 알아가는 대신 비밀조직에 가입하여 사회주의를 학습하게 됩니다. 결국 그 소년은 신학의 길을 버리고 혁명가로서 살아가기 시작합니다. 나중에 그 아이는 유명한 정치가가 되는데, 그가 바로 러시아의 이오시프 스탈린(Iosif V. Stalin, 1879-1953)입니다. 그가 신학의 길을 버리고 혁명가의 삶을 선택한 결정적인 이유가 무엇인지 아십니까?

스탈린은 티플리스신학교를 들어가기 이전 고리의 교회학교를 다닐 때부터 찰스 다윈(Charles R. Darwin, 1809-1882)의 책을 탐독하여 이신론자가 되었습니다. 그의 친구가 스탈린에게 성경 말씀을 전했으나 그는 하나님의 존재를 부정하며 오히려 친구에게 다윈의 책을 권하였습니다. 결국 그는 신학의 길을 버리고 혁명가가 되었습니다.[31] 그의 치하에서 수백만 명의 사람들이 무고하게 죽어 갔고, 유물론 사상이 급속히 유포되었습니다. 아버지에 의하여 사랑하던 사람이 살해당하고, 러시아를 탈출하여 망명의 길을 택한 그의 딸은, 후일 자기 아버지 스탈린을 아주 단순하고 잔인한 사람이라고 회고하였습니다. 이처럼 진리는 불의한 자들에 의하여 가로막히기도 합니다.

진리는 분명히 존재하며 살아있습니다. 그러나 하나님은 진리가 햇빛이 비치듯이 물리적으로 비치게 하지 않으시고, 사람들의 마음과 삶을 통하여 드러나게 하셨습니다. 그래서 진리의 빛을 비추는 일은 사람에게 위탁되었으나, 또한 사람으로 말미암아 가로막히기도 합니다. 사람의 모든 경건치 않음과 불의로 말미암아 진리의 빛이 가려지기도 합니다. 인간이 더 보탤

---

31) E. Yaroslavsky, *Landmarks in the Life of Stalin* (London: Lawrence & Wishart Ltd., 1942), 9-10.

것 없이 그 자체로 완전한 진리이지만, 진리와 관계 맺는 삶을 통하여 진리는 역사하기도 하고 빛을 잃기도 합니다. 복음을 통하여 인간에게 알려진 기독교의 진리도 그러합니다. 이것이 바로 예수 그리스도께서 우리를 세상에 그 빛으로 부르고 계신 이유이기도 합니다.

a. 진리에 대한 불신자들의 도전

진리의 불을 끄고 진리의 빛을 가리는 삶의 가능성은 신자와 불신자 모두에게 열려 있습니다. 그러면 먼저 불신자들이 어떻게 진리를 훼방하는지부터 살펴보겠습니다.

1) 사상적 도전

첫째로, 사상적 도전입니다. 무신론과 물질주의가 만연해지면서 현대인은 기존의 가치관들에서 더 이상 가치를 발견하지 못하게 되었습니다. 그 결과 인간은 과거 어느 때보다 더 공허해졌고, 개인의 자유와 행복에 강하게 집착하게 되었습니다. 이제 현대인에게 가장 중요한 가치는 행복을 느끼는 것입니다. 이러한 생각의 극단화를 일찍이 경험한 나라 중 하나가 미국입니다.

올더스 헉슬리(Aldous L. Huxley, 1894-1963)와 켄 케시(Ken Kesey, 1935-2001), 그리고 강력한 환각제인 LSD(lysergic acid diethylamide)의 사용을 이론화한 티모시 리어리(Timothy Leary, 1920-1996)와 같은 사람들은 우주적 의식 속으로 들어가는 정신 고양의 수단으로서 환각제의 복용을 권장하기까지 하였습니다.

특히 헉슬리는 문화와 예술, 철학, 역사 등 다방면에 대한 방대한 지식을 가진 재주가 뛰어난 영국인 문학가로서 1920년대에 문단에 데뷔하여 1, 2차

세계 대전을 모두 겪은 사람이었습니다. 이미 기계 문명의 발달에 따르는 부작용을 심각하게 느낀 그는, 그 원인을 당시 전체주의적 지배 체제의 야욕에서 찾았습니다.

헉슬리는 『멋진 신세계』(Brave New World)라는 자신의 소설에서 다음과 같은 양자택일을 제시하였습니다. 소설의 주요 인물인 문명국을 방문한 야만인에게 문명국에서 무지한 채로 행복하게 살아가는 사람들과 함께 살면서 미치광이가 될 것인가, 아니면 본래 자신이 있었던 야만국으로 돌아가서 우매하게 살 것인가 하는 것이었습니다. 그러나 그가 후일 자신이 이 책을 다시 쓴다면 제3의 사회의 존재를 설정하겠다고 하였습니다. 그가 궁극적으로 꿈꾸었던 것은 유토피아였습니다. 그는 "이 '제3의' 사회에서는······ 과학과 기술은 인간을 거기에 적응시키는 도구로써 사용되는 것이 아니라 인간을 위해 만들어진 안식일처럼 이용된다. 종교는 인간의 '궁극적 목적'인 자각적, 지적 탐구가 되고 우주는 내재하는 '길'(道) 또는 로고스, 초월적 신 즉 브라만의 조화적 지식이 된다."라고 하였습니다.[32]

또한 그는 중남미에 서식하는 선인장에서 추출한 흥분제 메스칼린(mescaline)의 복용 경험을 기록한 『지각의 문』(The Doors of Perception)이라는 책에서 우주적 인식에 이르는 수단으로서 약물을 사용해도 좋다고 주장하였습니다. 그는 환각제의 사용을 통해 지루하고 평범한 일상세계에 국한되었던 인식의 지평이 '축소 지향의 밸브'가 열리듯이 넓어질 것이라고 주장하였습니다.[33]

사상가들의 이러한 가르침으로 실제로 미국에서는 60년대와 70년대 사이에 수많은 젊은이가 마약에 중독되기 시작했습니다. 불변하는 진리를 거

---

[32] 올더스 헉슬리, 『멋진 신세계』, 이덕형 역 (서울: 문예출판사, 1998), 335-337.
[33] Nancy R. Pearcey, *Total Truth: Liberating Christianity from Its Cultural Captivity* (Wheaton: Crossway Books, 2004), 125.

부하고 인간의 자의적 행복 추구로 말미암아 불의와 경건치 않음으로써 그 진리의 빛을 가린 것입니다.

1960년대에 미국의 샌프란시스코와 로스앤젤레스 등의 청년층에서 시작된 히피운동은 전통 사회의 통념과 사회제도, 가치관을 부정하고 자연으로의 회귀와 인간성의 회복을 내세운 운동이었습니다.[34] 당시 미국에서는 베트남 참전과 존 F. 케네디(John F. Kennedy, 1917-1963)의 암살, 스토클리 카마이클(Stokely Carmichael, 1941-1998)과 말콤 X(Malcolm Little, 1925-1965)의 흑인 분리주의운동, 마틴 루터 킹(Martin Luther King, Jr., 1929-1968)의 암살 사건 등이 일어났고 이러한 일련의 사건들은 대중을 사회에 대한 분노와 절망감으로 내몰았습니다. 그러자 히피운동은 좌파운동, 시민운동과 함께 반문화주의운동으로 전개되었습니다. 그들은 자기 자신의 가치를 따라서 살고, 성에 대한 도덕적 억압으로부터 벗어나며 관습적 도덕을 해체하여 자유로운 성을 통한 친밀한 공동체의 성취를 꿈꿨습니다.

지난 세기의 짧은 역사만으로도 진리를 가로막고자 하는 인간의 의지가 얼마나 악하며 강한지를 볼 수 있습니다. 이 모두 가치의 질서 중심에 하나님을 배척하고 인간 자신을 둔 데서 비롯된 비극입니다.

성경은 영원히 살아 있고 변함없는 하나님 말씀임에 틀림없습니다. 그렇다는 사실 하나만으로는 인간의 불의로써 진리를 가리는 사상적 도전을 막아 낼 수 없습니다. 이를 위하여 두 가지 대책이 절실하게 요구됩니다.

첫째, 성경 진리에 대한 우리의 경험입니다. 성경 진리가 우리의 심령에 경험되어 불꽃처럼 타올라야 합니다. 비록 철학과 다른 학문에 대한 지식이 부족할지라도 그리스도의 복음이 나의 복음이 되는 영적 체험이 절실하게 필요합니다. 이를 위해서는 성령의 강력한 역사가 필요합니다. 그리고

---

[34] 김덕호, 김연진 공편, 『현대 미국의 사회운동』 (서울: 비봉출판사, 2001), 270-277.

복음은 그 모든 진리의 핵심입니다. 진리에 대한 많은 논변을 알고 있을지라도 핵심을 붙들지 못하는 유식한 사람들보다는 그렇지 못할지라도 이 복음을 진리로 붙들고 어린아이 같은 단순한 믿음으로 하나님을 의지하는 성도의 삶이 더욱 지혜로울 수 있습니다.

둘째, 성경의 진리로 사상의 체계를 세우는 것입니다. 이것은 두 가지 방향으로 이루어져야 합니다. 소극적으로는 이런 사상적 도전에 대하여 그들의 어리석음을 꾸짖고 책망하며 비판할 수 있어야 합니다. 교회 안에서 통용되는 신자들만의 언어가 아니라 이 세상의 모든 사람이 이해할 수 있는 언어로 이것들을 책망하고 비판하여 그 사상의 오류들을 드러내는 것이 필요합니다.

적극적으로는 이러한 현대사상을 넘어서서 성경 진리로 구축된 진리의 체계를 수립하는 것입니다. 복음이 성경의 중심이고 성경은 모든 지식의 중심입니다. 모든 학문을 향하여 성경 진리의 빛을 비추어 거짓된 가치의 체계를 구성하는 인간의 오류와 그릇된 적용을 제거하고 참된 사실과 진리에 기초하여 하나님과 세계와 인간에 대한 총체적인 사상을 세워 가야 합니다.

이러한 노력은 이미 초대 교회부터 이루어져 왔습니다. 특별히 초대 교회 교부 중 한 사람인 알렉산드리아의 클레멘스(Clement of Alexandria, c 150-c 215)는 자신의 작품 『스트로마타』(Stromata)에서 신학을 위한 도구로서의 철학의 사용을 잘 설명하였습니다. 클레멘스는 성경이 경고한 바와 같이 비록 철학적 지혜가 결코 기독교적 지혜는 아니지만 철학은 '가장 위대한 가르침을 위한 길을 준비하는' (προχατασχευάζει τὴν ὁδὸν τῇ βασιλιχωτάτῃ διδασχαλία) 도구가 될 수 있기에 세상의 지식으로 하여금 신학에 봉사하도록 해야 한다고 말합니다.[35)]

한 순간의 신앙의 신비 체험을 추구하고 종교적 정동을 중심으로 하는 것만으로는 기독교에 대한 사상적 도전을 막아 낼 수 없습니다. 가장 바람직한 기독교 정신은 하나님과 사랑에 빠진 지성입니다. 이를 위해서는 복음을 통하여 그리스도를 깊이 만나는 영혼의 변화가 절실하게 필요합니다. 그리하여 그 복음이 마음속에 등불처럼 타올라서 이것이 '나의 진리, 나의 복음'(my Truth, my Gospel)의 형태로 그리스도인의 인격과 삶 안에 나타나야 합니다.

복음을 아는 지식은 복음 자체뿐만이 아니라, 복음으로부터 체계적으로 세워지는 복음 교리에 대한 지식을 포함하는 것입니다. 우리가 회개하고 구원받기 위해서는 '아주 간단한 몇 문장의 선포적 내용'(kerygma)으로도 충분하지만, 구원받은 신자로서 구속하신 목적을 따라 살아가기 위해서는 훨씬 더 많은 체계적인 지식과 사상이 필요합니다. 그리하여 죽는 순간까지 복음의 비밀과 복음 교리의 깊이를 배우며, 주님을 더 사랑하며, 어두운 이 세상에서 그 빛으로 살아가는 것입니다. 그러기 위해서는 성령 안에서 본성적 어둠을 물리치고, 지식 안에서 무지를 몰아내야 합니다. 이에 대한 청교도 신학자 존 오웬(John Owen, 1616-1683)의 다음 언급을 두고두고 가슴에 새기십시오.

> 복음은 이중의 숙고 아래 있다. 첫째, 복음 안에 포함되고 계시되고 제시된 사항들, 그 자체들에 대한 숙고이다. 이러한 사항들은 우리 믿음의 질료적인 대상들이다. 둘째, 복음 선포의 교리적인 방식과 관련한 숙고이다. 전자와 관련하여서 모든 인간의 마음에는 본성적으로 영적인 어둠이 있으므로

---

35) Clement of Alexandria, *Stromata* 1.16 in *Patrologia Graeca*, vol. VIII, ed. by J. P. Migne (Paris: n. p. 1857), 796.

자신의 타고난 형상과 아름다움으로 신앙의 질료적인 대상들을 분별할 수가 없다. 후자와 관련하여서 인간은 무지하다고 일컬어지는데 말하자면 복음의 교리들을 합당한 태도로 이해하고 파악하지 못하여 지식의 결핍 때문에 멸망하는 것이다.[36]

복음에 대한 지식은 복음 자체와 복음 교리에 대한 지식입니다. 모든 지식의 근원은 하나님이시고 하나님으로부터 나온 모든 지식은 다시 그 지식의 근원인 하나님을 향합니다. 그리고 원천과 목표로서의 지식은 말할 수 없이 아름다운 연관관계를 이루며 하나의 체계로서 존재합니다.

랠프 커드워스(Ralph Cudworth, 1617-1688)는 이교 철학자들의 사상 속에서도 발견되는 신격의 단일성에 대한 추론을 아리스토텔레스(Aristoteles, BC 384-BC 322)의 『형이상학』(Metaphysics)으로부터 다음과 같이 인용하고 있습니다.

> 수학적인 숫자가 가장 으뜸이라고 말하면서 이 사물에 대하여 이 원리를 주장하고 다른 사물에 대하여는 다른 원리를 주장하는 사람들은, 세계 전체를 마치 사물들이 상호적으로 모두가 서로에게 기여하지 않고 하나의 의미와 조화를 이루기 위해 함께 도모하지 않는 통일성이 없고 불일치한 시와 같은 것으로 만들어 버린다. 그러나 세계에 있어서 그 반대가 분명하다. 그러므로 여러 가지의 원리가 있을 수 있는 것이 아니라 원리는 오직 하나뿐이다(14.10).[37]

이 체계들에 대한 이해는 우리 그리스도인으로 하여금 모든 삶의 영역에

---

36) John Owen, *On the Nature and Causes of Apostasy, and the Punishment of Apostates*, in *The Works of John Owen*, vol. 7, ed. by William H. Goold (Edinburgh: The Banner of Truth Trust, 1988), 102.

서 어떻게 하나님의 뜻이 이루어져야 할지를 보여주는 훌륭한 지식의 그물망(Network)입니다.

참된 기독교를 아는 지식은 신앙의 토대 위에 체계적인 사상을 갖는 것입니다. 그것은 복음으로부터 기본적인 내용만 제공받고 나머지는 제멋대로 집적하여 놓은 자기만의 인생관을 가리키는 것이 아닙니다. 또한 자신의 주관적인 신앙 경험 중 어느 한 특징을 자신이 선호하는 대로 얼기설기 묶어 놓은 생각들의 축적도 아닙니다. 그것은 복음 진리에 대한 신앙으로 토대가 놓이고, 성경의 증언과 성경에 대한 해석을 기초로 건전한 신학의 원리에 의하여 탐구되어 체계를 갖춘 사상이어야 합니다. 그리고 그 사상은 성령의 능력을 힘입어, 그것을 따라 살고 죽을 수 있기까지 우리의 현실적 생활을 좌우하는 무엇이어야 합니다. 삶을 규율하는 사상에 대한 박종홍 교수(1903-1976)의 다음 지적도 같은 맥락에 있는 것입니다.

제 아무리 장엄한 이론의 체계라 할지라도 하등 우리의 현실적 생활을 좌우하는 능력을 가지지 못한 것이라면 그야말로 유해무익한 헛된 도로(徒勞)에 불과할 것이다. 그러므로 종래의 일부 철학이 마치 비속하다고 발을 떼었던 대지의 이 현실을 다시 그리워하며 찾게 되었고 내버렸던 우리의 현실적 생활에 새로운 애착을 가지고 육박하여 파고들어 다시 피 끓는 힘의 철학을 찾아내려는 것이 대체로 보아 현대인의 진정한 염원인 것이다. 더욱 현실 그 자체가 공허한 관조적 명상(冥想)에나 도취할 여가를 가지지 못

---

37) Ralph Cudworth, *The True Intellectual System of the Universe* (London: n. p. 1743), 225. 조나단 에드워즈(Jonathan Edwards)는 자신의 신학적 명상록인 『미셀러니』(Miscellanies)에서 세계의 단일성과 연관성으로부터 신격의 단일성을 추론하여 진술하면서 아리스토텔레스(Aristoteles)의 『형이상학』(*Metaphysics*)과 플라톤(Platon)의 『티마이오스』(*Timaeus*)에 대한 커드워스의 이러한 해석을 인용한다. Jonathan Edwards, *Miscellanies(1153-1360)*, in *The Works of Jonathan Edwards*, vol. 23, ed. by Harry S. Stout (New Haven: Yale University Press, 2004), 380-381.

한 오늘날, 그러면서도 오히려 참된 생활을 하려고 현실 그 안에서 헤매고 있는 우리는 이 현실에 대하여 꾸준하고도 심각한 응시를 집중하지 않을 수 없는 것이다.[38]

지금 이 순간에도 이 세상에는 진리에 대한 불신자들의 사상적인 도전들이 계속되고 있습니다. 그들 중에는 진리를 믿고자 하나 아직 믿어지지 않는 사람들도 있지만 처음부터 그 진리를 믿지 않으려고 하는 완고한 의지를 가지고 하나님 없는 세계관을 수립하는 일에 헌신하고 있는 사람들도 많이 있습니다. 그들은 때로는 우리 그리스도인이 복음 진리에 헌신하는 것보다 더 탁월한 열심을 다하여 진리에 도전하는 일에 헌신하고 있습니다.

장 폴 사르트르(Jean-Paul Sartre, 1905-1980)는 자신의 평생의 과업을 진리를 허무는 일이라고 공언하였으며, 그리고 이렇게 진리의 빛을 가리고자 하는 사상적인 도전은 무엇에도 얽매이지 않는 완전한 인간의 자유를 구가하기 위한 것이라고 하였습니다. 사르트르는 앙리 베르그송(Henri Bergson, 1859-1941)의 저서를 읽으며 진리가 땅에 떨어졌다는 생각을 했고, 자신 역시 다른 진리들을 땅에 떨어지게 해야겠다고 결심하였습니다.[39]

모든 학문과 사상에서 이처럼 절대 규범을 거절하는 포스트모더니즘은 학문뿐만 아니라, 예술과 건축 같은 분야에서도 만개하였습니다. 미(美)에 대한 전통적 관념을 미학적 획일화의 폭력이라고 보고 아름다움과 추함의 역사에 대한 재해석을 시도합니다. 전통적으로 내려오던 형식주의적이고 객관주의적인 미론(美論)에 대한 비판은 17세기 중엽부터 일어나기 시작했

---

38) 박종홍, "철학개론강의", 『박종홍 전집』 1권 (서울: 형설출판사, 1953), 9-10., 강영안, 『우리에게 철학은 무엇인가』 (서울: 궁리, 2002), 61-62에서 재인용.
39) 변광배, 『존재와 무: 자유를 향한 실존적 탐색』 (파주: 살림, 2005), 119.

는데 미는 규칙에 입각하여 평가될 수 있는 것이 아니라는 것이었습니다. 이런 미학적 관점은 18세기 영국 경험주의 철학의 영향을 받아 주관화된 개념으로의 미를 탄생시켰고, 미를 정의하는 일에 있어서 비례와 같은 형식이 아닌 마음속에 환기된 즐거움이 중심이 되었습니다. 소위 '내적 감각'(internal sense)이라고 하는 인간의 능력에 관심을 둔 이 취미론은 한 걸음 더 나아가 미적 대상에 대한 중립성(disinterestedness)의 개념이 강화된 미적 태도론으로 발전함으로써 취미의 대상마저도 주관에 의해 규정된다는 주장에까지 이르게 됩니다.

획일적 체계의 규범미학(normative aesthetics)이 사라지고 기술미학(descriptive aesthetics)이 발전함에 따라 오늘날의 추(醜)의 개념도 미에서 파생된 대립자로서 규정되는 것이 아니라 새로운 미학적 의미를 가지고 등장하게 됩니다.[40]

이러한 사상은 건축에서도 잘 나타납니다. 그 대표적 인물이 루트비히 미스 반 데어 로에(Ludwig Mies van der Rohe, 1886-1969)입니다. 자신의 시대를 반영한 새로운 건축 양식을 세우고자 했던 그는 건축물을 하나의 관념의 형식이 아니라 근대 산업 발전으로 쏟아져 나온 철골과 유리와 같은 재료의 물성을 적극적으로 활용하여 구축적 특성을 실험하는 경험적 표현이라고 보았으며,[41] 이렇게 해서 극도의 명료성과 단순성이 돋보이는 흐르는 공간, 통일된 단일 공간이라는 그의 건축 양식이 탄생하게 되었습니다. 이는 대상물 자체에 미학적 의미를 두는 것이 아니라 순수한 감성의 극대치로서의 비(非)객체성을 추구하는 현대건축의 특징을 보여준 것으로서, 문명이

---

40) 오병남, 『미학강의』 (서울: 서울대학교출판문화원, 2010), 17-87. 이외에도 진중권, 『미학 오디세이 3』 (서울: 휴머니스트, 2006)과 카를 로젠크란츠, 『추의 미학』, 조경식 역 (서울: 나남, 2008)을 참고하라.

41) Fritz Neumeyer, *The Artless word: Mies van der Rohe on the Building Art*, trans. by Mark Jarzombek (Cambridge: MIT Press, 1991), 262.

도달할 수 있는 전위적 형태는 '거의 무'(Almost nothing)라고 본 미스의 생각을 뒷받침해 주는 증거이기도 합니다. 그는 건축의 제도적 형태의 '무엇' 보다는 건축기술의 '어떻게'에 집중함으로써 주체를 근대주의의 무의미한 논란 속에서 자유롭게 하였다는 평을 듣기도 하였습니다.42) 그래서 어떤 사람들은 "현대건축학은 미스 안에서 갈 길을 잃어버렸다."(The modern architecture missed its way in Mies)라고 말하기도 합니다.

이러한 경향은 현대조경학에도 나타납니다. 전통적으로 정원은 파라다이스(paradise)와 채원(菜園)의 개념을 축으로 발전해 왔는데, 전자는 왕을 비롯한 지배자들이 이상 속의 낙원을 형상화하는 것이었고, 후자는 식생활을 위하여 채소를 가꾸는 목적을 가진 것이었습니다. 근대 이전까지 정원 개념은 엄격한 질서와 조화를 중시하는 것이었습니다. 그러다가 산업혁명 이후에는 정원에 공원이라는 공공 개념이 들어오게 되었고, 이후로 도시화에 따라서 대형화되면서 전통적인 질서와 미적 개념을 추구하게 되었습니다.

그러나 포스트모더니즘의 영향으로 조경에 있어서 규범성, 실용성, 합리성 등이 배제되어 설치미술과의 경계가 허물어지는 경향을 갖게 되었습니다. 다시 말해서 전통적으로 조경은 나무와 꽃을 비롯한 식물들을 도입하고 부분적으로 조형물 등의 오브제(objet)를 사용하였는데, 이러한 비율과 고려들이 깨어지고 파격들이 등장하게 된 것입니다. 이러한 조경학의 변화는 합리성(rationality)에 기반을 둔 모더니티(modernity)를 강조하는 위르겐 하버마스(Jürgen Habermas, 1929-)와 그리한 근거로서의 '메타 담론'(Metadiscourse) 자체를 거부하는 장 프랑수아 리오타르(Jean-François Lyotard, 1924-1998)의 포

---

42) 김정곤, "미스 반데어 로헤(Ludwign Mies vander Rohe, 1886-1969)의 구축적 특성에 관한 연구", 건국기술연구논문지, vol. 26. (서울: 건국대학교 산업기술연구원, 2001), 30-31.

스트모더니즘에 관한 논쟁에 뿌리를 두고 있습니다.43)

마서 슈바르츠(Martha Schwartz, 1950-), 피터 워커(Peter Walker, 1932-), 조지 하그리브스(George Hargreaves, 1952-), 마이클 반 발켄버그(Michael van Valkenburgh, 1951-), 베르나르 추미(Bernard Tschumi, 1944-) 등이 현대조경학의 대표적인 인물들입니다. 특히 베르나르 추미는 파리 동북부의 라 빌레트역과 팡탱역 사이의 부지에 조성된 라 빌레트공원에서 해체주의를 과감히 도입한 공원을 설계하였습니다. 공원 설계에 있어서 전통적으로 기본을 이루던 직선도로와 목적지를 지향하는 길 개념을 과감히 허물었습니다. 공원 설계에 사선과 사형(蛇形) 도로를 도입하였으며, 길마다 가고자 하는 목적지가 없는 것으로 설계하였습니다. 그는 폴리(folly)라고 불리는 35개의 구조물을 설치하였는데, 이는 특정한 기능을 위한 것이 아니라 우연적인 결합으로 이루어진 구조물들로서 역사와 관습을 따르는 고정적 사고에서 이탈한 환경 장치들입니다.44) 그는 소위 '이접성(離接性)의 건축'(architecture of disjunction)을 가지고 건축에 반하는 건축을 창출하려고 시도하였는데, 이런 해체주의적 건축 기법을 일본 국립극장의 설계에 도입하였습니다. 그가 이러한 공원 설계에 있어서 염두에 두었던 철학자는 자크 데리다(Jacque Derrida, 1930-2004)로서, 어떠한 의미들이라도 '지연되고, 차별되고, 비결정적이 된다.'고 보았습니다.45)

예술에 있어서 이러한 급격한 변화는 이미 오래 전에 예견된 것이었습니다. 르네 데카르트(René Descartes, 1596-1650)와 임마누엘 칸트(Immanuel Kant, 1724-1804) 이후 '주체'를 의미하는 '수비엑툼'(subiectum)의 개념이 객관적 실

---

43) Kyungjin Zoh, "An Exploration of Postmodernism in Contemporary Western Landscape Architecture," 『한국조경학회지』, no.21, no.1 (서울: 한국조경학회, 1993), 108.
44) [http://en.wikipedia.org/wiki/Parc_de_la_Villette].
45) 이효상, "조경설계 응용을 위한 해체주의 디자인 연구" (공주: 조경학 석사논문, 공주대학교, 2003), 31-33.

체에서 '인식하는 나'로 전환되면서, 미학의 중심 주제는 미에 대한 객관적 조건이 아니라 한 사물의 아름다움을 판단하게 하는 주관적 조건과 인식 안에서 작용하는 선험적 원리들로 바뀌게 된 것입니다. 비록 데카르트주의자들이 하나님의 존재에 대하여 말했지만, 하나님은 이미 세계를 통치하시고 보존하시며, 인간사에 간섭하시는 전통적 기독교의 하나님이 아니라, 추상적인 원리 같은 것이었습니다.[46] 그렇기 때문에 하나님에 의하여 세계 안에 도입된 객관적 질서 같은 것들을 미의 기준으로 삼을 수는 없었던 것입니다. 포스트모더니즘에 와서는 인간 사이에 어느 정도 보편성을 가진 기준조차 거부되어, 사람마다 각자의 독자적 판단에 따르는 것으로 이해되기에 이르렀습니다.

미(美)의 기준에 대한 미학적 관점의 이러한 변화는 역사적으로 낭만주의 사조와 관련이 있습니다. 18세기 후반부터 19세기 초까지 시대를 풍미하던 낭만주의는 괴테(Johann Wolfgang von Goethe, 1749-1832)와 바이런(George Gordon Byron, 6th Baron Byron, 1788-1824)으로 시작하여 19세기 중엽 이후로는 도스토예프스키(Fyodor Mikhaylovich Dostoyevsky, 1821-1881), 플로베르(Gustave Flaubert, 1821-1880), 톨스토이(Lev Nikolayevich Tolstoy, 1828-1910) 등으로 이어지는 문학가들과 오귀스트 콩트(Auguste Comte, 1798-1857), 카를 마르크스(Karl Marx, 1818-1883), 프리드리히 엥겔스(Friedrich Engels, 1820-1895), 에른스트 마흐(Ernst Mach, 1838-1916)와 같은 철학가들, 그리고 진화론을 주장한 찰스 다윈(Charles Darwin, 1809-1882), 전자기학을 주창한 제임스 맥스웰(James Clerk Maxwell, 1831-1879) 같은 인물들을 지배했습니다.

이들은 모두 이성이 모든 사고의 중심이라고 주장하던 근대주의에 저항하였으며, 특히 '뉴턴주의적 세계관'(Newtonic world view)에 강하게 반발하였

---

[46] Jonathan I. Israel, *Radical Enlightenment: Philosophy and the Making of Modernity 1650-1750* (Oxford: Oxford University Press, 2002), 28.

습니다. 이런 역사적 배경 속에서 20세기 예술에 있어서 순수 추상의 추구나 로에의 건축 사상 같은 것들이 나타나게 된 것입니다.

이러한 상대주의적 사고는 현대 수학에까지 커다란 영향을 주었습니다. 이제껏 수학적 진리가 객관적으로 이데아의 세계에 존재하는 것으로 보던 사상을 거절하고, 수학적 진리를 '시간에 대한 직관'이라고 본 L. E. J. 브로우웨르(Luitzen Egbertus Jan Brouwer, 1881-1966)에 의해 소위 수학적 직관주의가 주창되었습니다. 브로우웨르의 이러한 수학적 사고는 명백히 칸트 철학의 영향을 받은 것이었습니다. 그리하여 그는 이제껏 존재하던 논리학의 중요한 원칙인 배중률(排中律, tertium non datur)이나 귀류법(歸謬法, Reductio ad absurdum)까지 부정하게 되었습니다.[47] 또한 수학이 논리를 의존한다는 전통적 논리학을 뒤엎고 논리가 수학을 의존한다는 주장을 낳았습니다. 그는 다음과 같이 주장하였습니다.

수학은 경험과는 독립된 자유로운 행동에 의해 창조된다. 그것은 단일한 선천적인 기본 직관으로부터 발전되는데, 그 직관은 다수에서의 단일함이

---

[47] 배중률(排中律, *tertium non datur*, law of excluded middle)은 고전 논리학의 세 가지 기본 법칙(모순율, 배중률, 동일률) 가운데 하나인데 p 또는 ~p 중 어느 하나가 참인 명제라고 할 때에 두 명제 사이에 제3의 참인 명제는 없다는 원칙이다. 곧 p도 아니고 비(非) p(~p)도 아닐 수는 없다는 말이다. 기호로 나타내면 p ∨ ~p이다. 통상적인 기호 논리학에서는 이 원리가 성립되고 있으나, 브로우웨르(L. E. J. Brouwer)는 수학적 직관주의의 입장에서 이 원리의 일반 타당성을 부정한다. Encyclopædia Britannica. Encyclopædia Britannica Online Academic Edition. Encyclopædia Britannica Inc., 2012. Web. 06 Feb. 2012. [http://www.britannica.com/EBchecked/topic/593494/laws-of-thought.] 귀류법(歸謬法, *reductio ad absurdum*, reduction to absurdity)은 논리적 필연성을 지닌 어떤 전제로부터 모순되거나 불합리한 결론을 보여주어 제시된 그 명제가 거짓임을 논박하는 방법이다. '간접 증명' (indirect proof)은 귀류법의 한 형태인데, 제시된 명제의 부정이 이미 입증되었거나 참이라고 받아들여진 다른 명제들과 결합되었음을 보여줌으로써 전제된 명제가 모순됨을 입증한다. 곧 명제가 'A일 때, B다.' 라면, B가 아니라고 가정하고 A에 대해 오류가 생기면 그 명제는 참이고, 오류가 생기지 않으면 그 명제는 거짓이다. Encyclopædia Britannica. Encyclopædia Britannica Online Academic Edition. Encyclopædia Britannica Inc., 2012. Web. 06 Feb. 2012. [http://www.britannica.com/ EBchecked/topic/494815/reductio-ad-absurdum.]

라고도, 또 변화에서의 불변이라고도 불린다. ……수학에 있어서 수학적 정의와 속성들은 수학적 방법들에 의해 또 다시 연구되어서는 안 된다. 그것들은 단지 기억과 사람들 간의 효율적인 의사소통을 가능케 하는 수단에 불과해야 한다.[48]

또한 그는 인간이 가지고 있는 수의 개념도 객관적으로 존재하는 수학적 실재가 인간의 지성에 투영된 결과라기보다는 인간의 수학적 직관에 의하여 창조된 것에 불과하다고 주장합니다.

신직관주의는 삶의 순간들이 질적으로 다른 부분들, 곧 시간적으로 분리되어 있는 동안에만 다시 결합되는 부분들로 나눠지는 것을 인간 지성의 근본적인 현상으로 간주한다. 이 부분들의 정서적 내용들을 추상화함으로써 순수한 이즉일성(two-oneness) 직관이라는 수학적 사고의 근본적인 현상으로 나아간다. 수학의 기본 직관인 이즉일성의 이 직관은 1, 2라는 수들을 창조할 뿐만 아니라 유한서수도 만들어 낸다.[49]

이처럼 브로우웨르는 정신의 다수성(多數性)의 가설을 기각함으로써 진리는 오직 실제에서만, 다시 말해 의식의 현재와 과거의 경험에서만 존재한다고 결론 내립니다. 논리의 보편적인 규칙 체계를 인정하지만, 논리가

---

48) L. E. J. Brouwer, *L. E. J. Brouwer Collected Works: Philosophy and Foundations of Mathematics*, vol. 1, ed. by A. Heyting (Amsterdam: North-Holland Publishing, 1975), 97.
49) L. E. J. Brouwer, *L. E. J. Brouwer Collected Works: Philosophy and Foundations of Mathematics*, vol. 1, ed. by A. Heyting (Amsterdam: North-Holland Publishing, 1975), 127-128; 또한 의식의 심연과 감각의 상관관계에 대하여 다음과 같이 말한다. "의식은 심연의 본향에서 평정과 감각 사이를 천천히, 무의지적으로, 그리고 가역적으로 진동하는 것처럼 보인다. 또 오직 감각의 상태만이 앞서 말한 변화의 최초 현상에 동의하는 듯 보인다. 이 최초 현상은 시간의 움직임이다." L. E. J. Brouwer, *L. E. J. Brouwer Collected Works: Philosophy and Foundations of Mathematics*, vol. 1, ed. by A. Heyting (Amsterdam: North-Holland Publishing, 1975), 480.

진리를 발견하는 신뢰할 만한 도구가 될 수 없으며 더욱이 다른 방식으로 접근할 수 없는 진리들을 그 논리로써 연역(演繹)하게 하지는 못한다는 것입니다.[50]

문학도 예외일 수는 없었습니다. 문학에 있어서 이제까지는 글을 쓴 사람이 그 내용에 대한 최종적인 권위를 가지고 있다고 믿었습니다. 그러나 이제는 독자 비평이라는 것이 생겨나면서 어떤 문학적 내용의 의미에 대한 절대적 잣대를 거부하였습니다. 포스트모더니즘 비평가들은 기존의 고전적인 해석을 뒤엎고 본문이 불변하는 어떤 의미를 가지고 있는 것이 아니라고 주장합니다. 다시 말해 본문의 의미에 결정적인 문맥들은 문장이나 문단에 있는 것이 아니라 독자의 내면 심리에, 독자가 삶을 이해하고 싶어 하는 방식에 있다는 것입니다.[51]

이러한 일은 음악에서도 나타났습니다. 과거의 수백 년을 지배해 왔던 전통적인 조성체계를 타파하고 무조성음악이라는 아방가르드 예술 운동으로서 20세기를 열었던 표현주의자 아르놀트 쇤베르크(Arnold Schoenberg, 1874-1951)의 음악도 마찬가지였습니다.[52]

현대 의상에까지도 이런 실험 정신이 들어왔습니다. 지난 해 한 패션쇼에

---

50) "정신의 다수성의 가설을 기각함으로써 진리는 오직 실제에서만, 다시 말해 의식의 현재와 과거의 경험에서만 존재한다는 결론이 나온다. ······진리란 종종 단어나 단어들의 복합체들에 의해서도 전달된다. ······나아가 주체로 하여금 진리를 전달하는 단어 복합체들로부터 또 역시 진리를 전달하는 다른 단어 복합체들을 연역할 수 있도록 만드는 논리라는 보편적인 규칙 체계가 있다. 주체의 인과적 행위는-혼자이든 함께 하든-논리에 의해 영향을 받고, 객체인 개별자들은 그것에 따라 행동한다. 이것은 그 진리가 경험되기도 전에 문제에 추가된 단어 복합체들이 진리를 전달한다는 의미도 아니며, 이러한 진리들은 언제나 경험될 수 있다는 의미도 아니다. 다시 말해 논리는 진리를 발견하는 신뢰할 만한 도구가 아니며, 다른 방식으로 접근할 수 없는 진리들을 연역할 수도 없다." L. E. J. Brouwer, *L. E. J. Brouwer Collected Works: Philosophy and Foundations of Mathematics*, vol. 1, ed. by A. Heyting (Amsterdam: North-Holland Publishing, 1975), 488.
51) Stanley Fish, *Is There a Text in This Class? The Authority of Interpretive Communities* (Cambridge: Harvard University Press, 1980), 303-321.
52) 서인정, "현대음악의 미학적 과제 : 20세기 모더니즘에서 포스트모더니즘 음악까지", 미학 예술학 연구 29집, (서울: 한국미학예술학회, 2009), 5.

는 얇게 저민 쇠고기 조각을 이어서 만든 의상이 등장하기도 하였습니다.

역사적으로 그리스도인이 진리를 따라 살지 못했던 악한 본보기들은 진리를 거부하고자 하는 이 세상 사람들에게 두고두고 아주 좋은 비방거리가 되었습니다. 기독교를 역사적으로 비난하는 일에 십자군 전쟁이 얼마나 자주 인용되는지 생각해 보십시오. 인간의 탐욕과 끔찍한 수탈, 이교도들에 대한 비인간적이고 잔인한 보복들은 하나님의 뜻을 따른다는 일이 얼마나 인간에 의한 자의적인 결정인지를 증명하는 수단이 되었습니다. 볼테르(Voltaire, 1694-1778)를 비롯한 계몽주의 철학자들은 중세 기독교를 타락한 미신으로 간주하였으며, 십자군은 광신과 탐욕과 정욕을 따라 이동하는 야만인에 불과하다고 비난하였습니다. 영국의 역사학자 에드워드 기번(Edward Gibbon, 1737-1794)은 그의 저서 『로마제국 쇠망사』(*The History of the Decline and Fall of the Roman Empire*)에서 십자군 운동의 원리를 '야만적 광신'(savage fanaticism)으로 평가하였습니다.[53]

1917년 2월과 10월, 두 차례에 걸쳐 일어난 러시아 혁명 중 10월에 일어난 혁명은 블라디미르 레닌(Vladimir Ilich Lenin, 1870-1924)의 주도하에 볼셰비키(Bolsheviki, 러시아어로 '다수파'라는 뜻)가 이끌었던, 마르크스 사상에 입각한 20세기 최초의 사회주의 혁명이었습니다. 혁명이 일어났을 때 분노한 농민들의 표적이 된 부류들 가운데는 귀족들과 관리들뿐 아니라 성직자들까지 포함되어 있었다고 합니다. 이는 러시아 정교회가 차르 정권의 착취에 봉사하였기 때문입니다.[54]

오늘 우리 그리스도인이 살아가는 현실의 삶은 단지 오늘의 일로 끝나지 않고 역사 속에 두고두고 사실로 남습니다. 한 시대의 교회와 그리스도인

---

53) Edward Gibbon, *The History of the Decline and Fall of the Roman Empire*, vol. 6 (New York: J. & J. Harper, 1826), 111.
54) 황인평 편, 『볼셰비키와 러시아 혁명 I』 (서울: 거름, 1985), 13.

이 빛으로 살지 아니하면 그것은 두고두고 기독교가 사상적으로 옳지 않은 종교라는 비난을 받는 구실이 되는 것입니다. 그러므로 어느 시대를 살아가든지 그리스도인은 모두 역사적인 부르심을 생각하며 살아가야 합니다.

역사 속에 일어난 이 모든 부당한 일들은 진리를 모르는 그리스도인에 의해 자행된 일이었습니다. 이는 그리스도인이 이 세상에서 빛으로 살아가기 위해서는 복음의 진리를 몇 가지 확신하고 있다 할지라도 그것으로 충분하지 않다는 사실을 보여주는 것입니다. 오히려 그렇게 살기 위해서는, 그리스도인이 끊임없이 변천하는 세상의 사조와 현실 속에서 올바르게 가치를 판단할 수 있는 총체적인 사상으로 무장하여야 함을 보여주는 것입니다. 그리고 이러한 사상은 이미 있었던 어떤 인본적인 사상들을 통째로 받아들임으로써 수립되는 것이 아닙니다.

성경 진리와 역사적으로 교회가 고백해 온 신앙고백과, 더불어 진지한 신학적인 탐구와 빛으로 부르심을 받은 현실 속에서 세상을 바꿀 수 있는 경건을 통하여 수립되는 것입니다. 그리스도의 교회가 이 세상에서 진리의 그 빛을 비추기 위해 신학자들과 기독교 학문에 헌신하는 사상가들이 필요한 이유도 바로 여기에 있습니다. 이 세상으로부터 오는 사상적 도전들이 목표로 하는 것은 성경을 통해 확립된 모든 진리의 체계들과 교회의 질서들을 무시하고 파괴하는 것입니다. 그렇게 함으로써 그 모든 것의 중심인 성경이 하나님의 말씀이 아니며 인간은 그 무엇에도 매이지 않는다는 것을 입증하려는 것입니다.

그러므로 우리는 역으로 성령 안에서 성경이 하나님의 말씀이라는 사실을 매일 깊이 경험하면서 기독교적인 절대 가치의 명제들이 마음에 불타오르도록 하여야 합니다. 나아가 그들의 사상적인 도전의 허구성을 밝히 드러내어 그릇된 체계들을 허물어 버리는 한 편 우리가 신봉하는 성경적 진리의 체계들을 더욱 확고히 수립하고, 이 세상의 모든 학문과 지식을 때로는 책망하고 때로는 깨우쳐 주어야 합니다.

성경의 도움 없이, 인간의 지혜만으로 진리를 알 수 있다고 하는 사람들이 있습니다. 그러나 진리의 빛은 인간의 공통 감각 속에서 드러나기도 하지만 또한 숨겨져 있습니다. 그렇기 때문에 그리스도인이라 하더라도 그가 매일 성경을 통해서 진리의 빛을 받지 않는다면 이 세상의 학문과 지식의 오류를 결코 꾸짖을 수 없습니다. 이러한 진리의 특성을 아우렐리우스 아우구스티누스(Aurelius Augustinus, 354-430)는 자신의 책 『의지의 자유에 관하여』(*De Libero Arbitrio*, 문자적으로는 '자유로운 선택에 관하여'임)에서 다음과 같이 말합니다.

> (불변적인 진리는) 신비로운 방식으로 감추어져 있기도 하고 공개적인 것이기도 한 빛으로서 불변적인 진리를 식별하는 모든 이에게 가용할 수 있도록 존재하고 (그들에게) 그 자체를 제공한다.[55]

모든 진리는 하나님의 것입니다. 일반 학문과 예술, 심지어 이교도의 가르침 속에서조차 어떤 희미한 진리의 빛을 발견할 수 있다면 그것들은 본래 하나님께 속한 것입니다. 그러나 그들이 자신들의 잘못된 사상의 체계 속에서 개별적 진리들을 올바르게 사용하지 않으려는 의도를 가지고 잘못 연과 지음으로써 그것들이 오히려 진리의 주인이신 하나님을 바로 보지 못하게 하는 것입니다.

---

[55] "omnibus incommutabilia uera cernentibus tamquam miris modis secretum et publicum lumen praesto esse ac se praebere communiter." Avrelivs Avgvstinvs, *De Libero Arbitrio*, II. 12. 33, in *Corpvs Christianorvm Series Latina*, XXIX: *Avrelii Avgvstini Opera*, Pars II. 2 (Tvrnholti: Thpographi Brepols Editores Pontificii, 1996), 260.

이렇게 거짓된 세계관과 인간의 억견과 그릇된 논리에 의하여 속박된 진리는 그리스도인의 지성과 복음의 능력에 의하여 해방되기를 기다리고 있습니다. 우리가 그리스도인으로서 세상의 빛이 되기 위해 복음에 대한 단순한 체험을 넘어서서 모든 지식을 아우르는 지성으로 무장하지 않으면 안 되는 이유가 바로 여기에 있습니다.

오늘날 조국 교회의 현실을 생각해 보십시오. 이미 대부분의 교회와 그리스도인은 기독교가 우리로 하여금 이 세상에서 빛으로 살게 하기 위한 사상을 가르쳐 주는 종교라는 고전적인 고백을 포기하고 있습니다. 마르틴 루터(Martin Luther, 1483-1546)가 종교개혁이 일어난 후 20여 년이 지난 어느 날 여러 도시를 방문하며 통탄했던 것처럼 무지한 신자들이 교회를 가득 채우고 있습니다. 이는 마치 루터가 『소요리문답』(Luther's Small Catechism)을 작성할 필요를 느끼던 당시 무지에 뒤덮인 교회적 상황을 생각나게 합니다. 루터는 자신이 그것을 작성하게 된 동기를 통분 속에서 다음과 같이 피력합니다.

최근 제가 교회를 방문하면서 마주하게 된 개탄스럽고 비참한 박탈감으로 인하여 이렇게 짧고 쉬우며 간단한 책자로 본 교리문답서인 기독교 교리를 준비하지 않을 수 없게 되었습니다. 오, 하나님! 제가 본 이것이 얼마나 비참한지요! 특히 시골에 사는 평민들은 기독교 신앙에 대해 아는 바가 전혀 없고 불행히도 대다수의 목회자들은 가르치기에 기술이 없고 무능합니다. 하지만 아마도 저들은 모두 그리스도인이라는 이름을 가지고 세례를 받고 성찬을 받을 것입니다. 주기도문, 사도신경, 십계명조차도 알지 못하면서 말입니다. 결과적으로 저들은 마치 단순한 소나 이성이 없는 돼지처럼 생활함으로 복음이 회복되었다는 사실에도 불구하고 그들의 모든 자유를 잘

못 사용하는 뛰어난 기술에 통달하게 되었습니다.[56]

그리스도인인 우리가 어떻게 하여야 진리를 몰라 밤과 같은 어둠 속을 헤매는 이 세상의 현실을 바꿀 수 있겠습니까? 그 빛으로 말미암아 지혜자여야 할 그리스도인조차 무엇을 믿으며 어떻게 하나님과 사람과 올바른 관계를 맺으며 살아가야 할지를 알지 못하고 있는 이러한 현실을 무엇으로 타개할 수 있겠습니까?

고백하는 진리와 생각하는 진리, 살아가는 진리가 각각 분리된 채로 살아가는 우리 그리스도인의 파편적인 삶의 분열을 어떻게 극복할 수 있을까요? 진리의 통합을 모르는 그리스도인에게는 복음이란 많은 진리의 조각 중 또 하나의 파편일 뿐입니다.

조국 교회는 각성하여야 합니다. 마음을 다하여 하나님을 사랑하고 그분이 어떻게 그리스도 안에서 세상의 주인이시며 인생의 동기가 되시며 또한 목적이신지를 지체들에게 알게 하여야 합니다. 계시에 굴복한 유순한 이성으로써 자신들이 믿는 바 복음 진리를 체계적으로 가르쳐 사상을 갖게 하고, 현대인의 언어로 이 사상을 변증하고 거짓된 사상들을 꾸짖을 수 있도록 훈련하여야 합니다. 이에 대하여 사도 베드로는 말하였습니다. "너희 마음에 그리스도를 주로 삼아 거룩하게 하고 너희 속에 있는 소망에 관한 이유를 묻는 자에게는 대답할 것을 항상 준비하되 온유와 두려움으로 하고 선한 양심을 가지라 이는 그리스도 안에 있는 너희의 선행을 욕하는 자들로 그 비방하는 일에 부끄러움을 당하게 하려 함이라"(벧전 3:15-16).

사도 베드로는 기독교 신앙의 변증을 위하여 최소한 세 가지를 준비하고

---

56) Martin Luther, "The Small Catechism of Dr. Martin Luther for Ordinary Pastors and Preachers," in *The Book of Concord* ed. by Robert Kolb & Timothy J. Wengert (Minneapolis: Fortress Press, 2000), 347-348.

있도록 성도들에게 촉구하였습니다.

첫째로는, 이성의 준비입니다. 사도는 고난 받는 세상에서 선을 행하며 사는 우리의 소망에 대한 근거를 묻는 사람들에게 이성적으로 답변할 준비를 갖추고 살도록 촉구하였습니다.

둘째로는, 은혜의 준비입니다. 이것은 그리스도인이 자기의 신앙을 변증할 때 이웃에 대하여 갖는 온유함입니다. 이 온유함은 하나님의 은혜의 소산입니다(민 12:3, 마 5:5). 이는 하나님과 이웃에 대한 사랑과 악인들의 삶의 본보기에 대한 두려운 경계에서 비롯되는 온유함입니다. 사상적으로 악인을 능가하는 사유와 생활의 확고한 근거를 가지고 있을 뿐 아니라 실제로 하나님의 사랑을 누리는 데서 오는 온유함인 것입니다.

셋째로는, 윤리의 준비입니다. 이것은 '선한 양심'(συνειδήσεως ἀγαθῆς)에서 비롯되는 윤리적 삶입니다. 인간 양심의 기능은 크게 두 가지입니다. 사람의 마음 안에서 의식에 붙어서 그의 죄에 대하여 끊임없이 송사하고, 율법의 도움으로 그것을 정죄하는 것입니다. 따라서 선한 양심이란 하나님께서 인간에게 양심을 주신 의도를 따라서 올바르게 기능하는 양심을 가리킵니다. 이 양심은 화인(火印)을 맞아 무감각해지기도 하고(딤전 4:2), 지성이 올바른 것을 붙잡지 않아 더러워지기도 합니다(딛 1:15). 이런 사람들에게 양심은 신뢰할 만한 것이 되지 못합니다. 그러나 계시의 빛과 성령 안에서 바르게 된 양심은 우리가 그것을 따라 살아갈 만한, 정신을 지도하는 능력을 가집니다. 그래서 사도 바울은 양심의 증언을 따라 자신의 행위의 옳음을 알았을 뿐 아니라 그것을 자랑하였습니다(고후 1:12). 성경은 이러한 후자의 양심을 가리켜 "깨끗한 양심"(딤전 3:9), 혹은 "선한 양심"(벧전 3:21)이라고 부릅니다. 그리고 거기서부터 흘러나온 윤리적인 삶을 통해 그리스도인은 자신이 믿는 바가 참된 진리임을 세상에 입증하는 것입니다.

2) 윤리적 도전

둘째로, 윤리적 도전입니다. 이것은 사상적 도전보다 더욱 현실적입니다. 기독교에 대한 불신자들의 윤리적 도전은 크게 두 가지로 이루어집니다. 기독교의 윤리의 기준들을 논리적으로, 실천적으로 무시하는 것입니다.

첫째로는, 기독교의 윤리의 기준들을 논리적으로 무시하는 것입니다. 이미 포스트모더니즘에 접어들며 절대적인 가치의 존재를 부인하고 있는 현대인이기 때문에 기독교가 추구하는 절대적인 가치는 그들의 사고방식에 전면적으로 배치되는 것입니다. 계몽주의 이후 이성주의에 의하여 성경의 절대성이 치열하게 공격을 받아 온 것도 바로 이 때문입니다. 불교를 비롯한 다른 많은 종교는 이러한 주장점에 있어서 유연성을 가지고 있습니다.

진리에 대한 기독교의 설명이 이차원의 평면에 원(圓)을 그린 후 단 하나의 구심점을 제시하는 것이라면 다른 종교들에서는 삼차원의 구(球)를 제시한 후 그 표면에 점을 찍어 보여주는 것과 같습니다. 그 점은 어디에 찍히든지 사람이 그것을 바라보는 방향에 따라 그 구의 중심이 될 수 있습니다. 진리에 대한 종교 다원주의의 설명이 바로 그러합니다. 이러한 현대사상의 주장과의 긴장을 견디다 못해 타협점을 찾아가는 것이 바로 기독교 안에 유입된 종교 다원주의의 입장입니다. 그러나 진리와 절대 가치의 관념에 대한 양도는 둘 중 하나를 가져옵니다. 윤리적 타락이든지 자기의 의이든지 둘 중 하나를 가지고 옵니다. 물론 절대가치를 신봉하면서도 실제의 삶에 있어서는 그것들을 따르지 않는 비윤리적인 삶이 나타나기도 하시만 말입니다.

둘째로는, 기독교의 윤리적 기준들을 실천적으로 무시하는 것입니다. 이것은 실제의 삶에서 진리의 기준들을 무시하며 살아가는 것으로 나타납니다. 진리와 절대가치에 대한 회의는 사상적 도전에 의해서보다 윤리적 도전에 의하여 더욱 급속히 대중화됩니다. 연일 보도되는 성추행과 학교폭력, 일반화되는 부정과 부패, 정치의 부도덕성 등에 대한 기사는 대중들의 도덕의식을 마비시키는 데 있어서 효과적입니다. 이러한 행동들에 대해 시민으로서 수치심을 느껴야 마땅하지만, 시대가 이미 그렇게 판단할 도덕적 근거까지 제거해 버리고 있기에 개인의 유익과 풍요 이외에 아무 것도 선이 없는 것처럼 살아가면서 그 어떤 가책도 받지 않는 것입니다. 사실 이러한 사상은 이미 자본주의 사회가 형성되면서 배태된 것이었습니다.

애덤 스미스(Adam Smith, 1723-1790)의 『국부론』(An Inquiry into the Nature and Causes of the Wealth of Nations)의 논리를 생각해 보십시오. 그는 개인에게 이로운 것이 사회에 이로운 것이라고 믿었고 경제 활동은 그 원칙에 따라 수행되며 그 자체가 자기 조절 능력을 가지고 있다고 믿었습니다. 그는 자신의 경제 이론을 근대 시민 사회 건설을 위한 이론적 기초로 구축하고자 하였습니다. 그는 일찍이 산업혁명을 경험한 영국에서 가장 큰 사회적 문제 중 하나였던 사회의 이익과 개인의 이익 간의 조화 문제를 다루면서 소위 '보이지 않는 손' 이론을 제시합니다.[57] 애덤 스미스에 따르면 개인이 자신의 이익을 추구하는 욕망과 행위는 사회의 이익과 조화를 이루는 방향으로 나아가게 되어 있는데, 그것이 이른바 '보이지 않는 손'이라는 것입니다. 스미스가 무제한의 자유방임적 경제체계를 주장한 것은 아니었습니다. 신중함과 정의와 같은 인간의 덕목, 법률과 공정한 규칙과 같은 외부적 규율의 도움이 필요하다고 보았습니다. 그러나 그는 우선적으로 인간이 갖는 일차적인 욕구를 따라 자연스럽게 살아갈 때 경제 활동의 균형이 이루어진다고

---

[57] 김병연, "애덤 스미스가 본 사회 통합과 경제 성장", 『현상과 인식』 제31권 1·2호 (서울: 한국인문사회과학회, 2007), 13-21.

보았습니다. 그는 인간에게는 이기심과 함께 다른 사람의 입장에서 생각할 줄 아는 공감 능력이 있다는 사실을 강조합니다. [58] 경제학자로 활동하기 이전에 이미 데이비드 흄(David Hume, 1711-1776)을 탐독하였던 도덕철학자로서 이러한 공감 능력을 바탕으로 다른 사람들을 관찰할 때 사람들은 스스로 자신을 일깨우고, 자기 행동의 도덕성을 인식하게 된다는 것입니다. 그는 다음과 같이 말합니다.

> 인간이 아무리 이기적인 존재라 하더라도, 그 천성에는 분명히 이와 상반되는 몇 가지가 존재한다. 이 천성으로 인하여 인간은 타인의 운명에 관심을 가지게 되며, 단지 그것을 바라보는 즐거움밖에는 아무 것도 얻을 수 없다고 하더라도 타인의 행복을 필요로 한다. 연민과 동정심이 이런 종류의 천성에 속한다.[59]

애덤 스미스를 비롯하여, 데이비드 리카도(David Ricardo, 1772-1823) 등에 의하여 주도된 자유방임주의 사상은 인간에 대한 계몽주의적 낙관을 반영한 것이었습니다. 그리고 그것은 소위 '야경국가'(Nachtwächterstaat)의 출현을 가져왔습니다. 다시 말해서 국가와 국민의 안전을 위한 것 말고는 국가로 하여금 개인의 경제 활동에 최소한의 간섭만을 허용하였습니다.

역사는 그러한 계몽주의적 낙관을 배신하였습니다. 재화의 대량생산과 자본의 형성은 인간이 인식하는 전통적인 가치 체계에 중대한 변화를 도입하였습니다. 물질적인 누림에 대한 과도한 욕망은 윤리의 지하를 가져왔고, 불신자들에 의한 윤리적인 도전은 가정과 학교로 하여금 인간에게 무

---

[58] 김병연, "애덤 스미스가 본 사회 통합과 경제 성장", 『현상과 인식』 제31권 1·2호 (서울: 한국인문사회과학회, 2007), 13-21.
[59] 애덤 스미스, 『도덕감정론』, 박세일, 민경국 공역 (서울: 비봉출판사, 2009), 3.

엇을 교육하여야 할지 그 기준과 내용을 상실하게 하였습니다.[60]

한 국가의 가장 중요한 가치는 정의를 가르치는 것이고 가정의 가치는 인간의 도리를 교육하는 것입니다. 학교는 이 둘을 종합하여 삶의 도리를 가르치며, 지식을 탐구하고 학문을 연마하여 인류를 이롭게 할 자격을 갖춘 사람으로 자라게 하는 곳입니다. 그리고 교회는 이러한 지식과 학문의 질서와 아름다움의 기원이 하나님이시며, 그 정수가 성경의 진리임을 어떻게 믿으며 살아가야 하는지를 사상, 은혜, 지식을 통하여 가르치는 곳입니다.

그러나 우리의 현실을 보십시오. 국가와 가정에서 절대적인 도덕의 기준들은 제거되어 가고 있고, 학교 교육은 다른 사람들과의 경쟁에서 이기고 생존하기 위한 수단으로 전락하고 있습니다. 이러한 세태를 꾸짖고 바로잡아야 할 교회는 오히려 그러한 탈규범화를 따라가고 있습니다. 성경이 하나님의 말씀이며, 성령께서 그것과 함께 인간의 마음에 은혜로써 역사하시며, 계명들이 삶의 올바름을 재는 표준이라는 종교적 신념들이 사라지고 있습니다. 그리하여 인간은 무엇을 생각하며 어떻게 살아가든지 하나님에 의하여 있는 그대로 용납되어야 하는 존재이며, 행복해야 할 존재이며 그것을 방해하는 모든 것은 악이라고 여기는 풍조들이 교회에서조차 가르쳐지고 있습니다. 이것은 교회가 세상의 그 빛이 되는 대신에, 스스로 불을 꺼

---

[60] 지그문트 바우만(Zygmunt Bauman)은 근대주의적인 도식의 붕괴는 "도덕적 현상을 급진적으로 기발하게 이해하는 가능성이 열렸다."는 것을 의미한다고 하였다. Zygmunt Bauman, *Postmodern Ethics* (Oxford: Blackwell, 1993), 2.; 데이비드 웰스(David F. Wells)는 더 이상 아이들에게서 윤리 의식을 찾아볼 수 없고 윤리의 권위가 급격히 약화된 것을, 오히려 대학에서 윤리학 강좌를 앞다투어 개설하는 현상과 사회 전체 체계가 와해되지 않을까 하는 사회적 우려에서 찾고 있다. 또한 심리학자 헬렌 린드(Helen Lynd)를 인용하며 "'착한', '나쁜'이라는 표현은 '성숙한', '미숙한', '생산적인'과 '비생산적인', 사회적으로 '적합한', '부적합한' 등의 표현으로 바뀐", 윤리체계가 없는 자녀교육을 예로 들기도 하였다. David F. Wells, *Losing Our Virtue: Why the Church Must Recover Its Moral Vision* (Grand Rapids: William B. Eerdmans Publishing Company, 1998), 13-14, 72-73.

서 세상과 동일한 어둠이 된 것입니다.

그래서 세상은 어떻게 되었습니까? 이전에 사람의 눈을 피하여 자행되던 부도덕한 행동들은 이제 백주대낮에 모든 사람이 보는 앞에서 이루어지고 있으며 그것들이 악한 것이라고 판단을 내릴 수 있게 하는 기준들 또한 무시되고 있습니다. 이런 상황 속에서 그리스도인이 신앙 안에서 지키려고 하는 윤리적 덕목이나 선한 행실들은 공공연하게 조롱당합니다(벧후 3:3, 유 1:18). 이러한 일들은 무엇으로도 막을 수 없습니다. 오직 그렇게 절대적인 가치가 없이 자기 소견에 옳은 대로 행하며 사는 사람들보다 그것을 따르며 사는 그리스도인의 삶이 훨씬 더 아름답고 행복하다는 사실을 보여주어야 하는 것입니다(신 10:13, 33:29).

이 세상 사람들은 불완전한 물질과 환경에 행복의 기반을 두지만, 우리는 아우렐리우스 아우구스티누스(Aurelius Augustinus, 354-430)의 지적과 같이 지복 자체이신 하나님께 행복의 기반을 둔 사람들입니다. 『복된 삶에 관하여』(De Beata Vita)에서, 그는 인간의 참된 행복이 어디에 있는지를 질문하고 답하는 과정 속에서 다음과 같이 결론을 내립니다. 참된 행복을 위하여 인간이 소유해야 하는 것은 영원하고 필연적인 운명이나 우연적인 무엇에 의하여 소멸하지 않는 '대상'(res)이어야 한다는 것입니다.

그러므로 저는 말합니다. 그것은 영원히 존속하는 것으로서 운명의 진자에 좌우되지 않아야 하고 어떠한 우연에도 종속되지 말아야 하는 것입니다. 필히 멸망하고 썩어 없어지는 것들은 우리가 소유하고 싶을 때에나 줄곧 간직하고 싶더라도 그렇게 할 수 없는 것입니다……여러분은 하나님을 영원하며 항상 거하시는 분으로 알고 있지 않습니까? 그렇기 때문에 저는 하나님을 소유한 자가 행복한 자라고 말하는 것입니다.[61]

세상 사람들은 사라지고 소멸할 것들에 기초를 두어 행복하지만 우리는 하나님과 영원한 것들에 행복의 기초를 두고 있습니다. 하나님 이외의 다른 것들에게서 행복해지기를 원하는 것이 인간이 경험하는 모든 불행의 궁극적인 원인입니다. 그리하여 우리 그리스도인이 그들만큼 높은 지위를 누리거나 많은 물질을 소비하지 않는다 할지라도 그들이 알지 못하는 다른 이유 때문에 그들이 보기에 고통스러운 윤리적인 삶을 살아가면서도 더욱 더 행복하다는 사실을 보여줄 수 있어야 합니다.

최고의 선교는 그리스도인의 올바른 행복입니다. 고난과 박해 속에서도 진리를 따라 대담하게 사는 윤리적인 생활, 그리고 그 속에서 시련을 겪고 손해를 보면서도 말할 수 없이 행복한 삶이야말로 진리에 대한 불신자들의 도전들이 헛되다는 것을 입증하는 것입니다.

b. 신자들의 방해

진리에 대한 도전은 하나님을 모르는 불신자들에 의해서만 자행되는 것이 아닙니다. 교회에 속한 신자들 역시 진리의 불을 끄고 진리의 빛을 가리는 일에 한 몫을 하기도 합니다. 진리에 대해 도전하는 신자들의 방해는 잘못된 교훈과 그릇된 삶에 의해 이루어집니다.

1) 잘못된 교훈으로써

첫째로, 잘못된 교훈으로 진리를 가로막습니다. 복음과 복음교리에 대한

---

61) "Id ergo, inquam, semper manens nec ex fortuna pendulum nec ullis subiectum casibus esse debet. Nam quidquid mortale et caducum est, non potest a nobis, quando uolumus et quamdiu uolumus, haberi. ……Deus, inquam, uobis aeternus et semper manens uidetur? ……Deum igitur, inquam, qui habet, beatus est." Avrelivs Avgvstinvs, *De Beata Vita*, II. 11, in *Corpvs Christianorvm Series Latina*, XXIX: *Avrelii Avgustini Opera*, Pars II. 2 (Tvrnholti: Typographi Brepols Editores Pontificii, 1970), 71–72.

체계적 지식을 갖지 못한 그리스도인은 훨씬 더 쉽게, 앞에서 언급한 사상적 자유화에 물들게 됩니다. 그리고 세속주의의 정체는 하나님께서 있어야 할 자리에 인간을 둔 것입니다. 그래서 그들은 한때 복음을 통해 그리스도인이 되었다고 할지라도 너무 오랫동안 복음과 관계없는 사상과 삶의 방식에 익숙해진 나머지 기독교 사상의 기둥들을 형성하고 있는 진리의 명제들에 무관심하거나 혹은 강하게 거부합니다.

오늘날 인간의 자기계발과 번영에 대한 기독교적 가르침들이 많은 교회에서 환영을 받고 있는 것도 바로 이 때문입니다. 그래서 그들은 인간이 철저한 죄인이라는 사실과 하나님 앞에 돌이켜 회개함으로써 구원받고 정결하게 되어야 한다는 사실을 받아들이려고 하지 않습니다. 그래서 조국 교회에서뿐만 아니라 전 세계에서 중생과 회심이 없는 기독교가 이처럼 보편적이 된 것입니다.

신학대학교에서 저의 강의를 수강하던 어느 학생이 제출한 레포트에 이런 내용이 있었습니다. 요즘 하나님의 은혜를 많이 받고 있다고 고백하는 친구를 만났는데 그 친구가 눈물을 글썽이며 이렇게 말하더랍니다. "이제는 하나님께서 나의 약점과 단점을 다 아시는 것 같아. 전에는 나를 바꾸시려고 하더니 이제는 하나님께서 나에게 적응하고 계신 것 같아." 예전에는 그 학생이 아무렇지 않게 들었을 친구의 고백이지만 하나님의 말씀을 깨닫고 나니 그런 고백을 하는 친구의 영적인 상태가 안타깝게 여겨지더라는 것입니다.

여러분은 그 친구의 고백을 어떻게 생각합니까? 과연 그럴까요? 과연 하나님께서 회개하지 않는 죄인들에게 적응하고 계시는 것이 성경의 가르침일까요? "내 모습 이대로 주 받으옵소서."라는 찬송은 진리의 빛을 받고 자기 깨어짐을 경험한 사람들이 부른다면 말할 수 없이 아름다운 신앙의 고백이지만, 그렇지 않은 사람들이 부른다면 그것은 하나님을 깔보는 것이며 전능하신 하나님께 대한 오만방자한 고집일 뿐입니다.

오늘날 우리 주위에 유행하고 있는 잘못된 교훈들을 보십시오. 현대 교회를 혼란스럽게 하고 있는 신사도운동도 역시 이러한 맥락에서 본다면 극단화된 인본주의의 또 다른 형태입니다. 객관적으로 제시된 진리보다는 주관적인 체험을 절대적 가치로 삼고 영적 체험들을 중시여기는 것은 '복음적 경건'(Gospel godliness)과는 거리가 먼 것입니다. 기독교 신앙의 최고의 표현은 보이지 않는 하나님을 향한 진실한 사랑입니다. 그리고 그것은 명백히 하나님을 아는 지식으로부터 성령에 의해 일어나는 것입니다. 참된 진리의 가르침 안에서 참된 경건은 아름다운 생명을 드러내게 됩니다.

또한 오늘날 광범위하게 받아들여지고 있는 번영주의를 생각해 보십시오. 우리나라에서 30-40년 전에 유행했던 번영주의는 생존을 위한 번영주의였지만 오늘날 조엘 오스틴(Joel Osteen, 1963-)을 비롯한 미국의 신번영주의와 그러한 가르침의 아류들을 받아들인 오늘날 한국 교회의 새로운 번영주의는 예전의 번영주의와는 의미나 주장점이 현저히 다릅니다.

오늘날의 신번영주의는 단순히 인간의 생존과 보다 인간적 삶을 위한 번영주의가 아닙니다. 인간의 생존과 소비를 위한 물질주의의 추구가 아니라, 자기 자신을 성취하는 수단으로서의 번영을 추구하는 것이 신번영주의의 요점입니다. 그래서 자신이 스스로의 꿈을 성취할 수 있는 존재이고, 인생의 가치는 인간이 자신의 존재 가치를 충분히 인정하게 되는 것에 있다는 사실이 강조됩니다. 그리고 하나님은 그렇게 인간이 자기 자신을 주인 삼은 삶을 살아감에 있어서 행복하도록 도와주셔야 하는 분으로 여겨지는 것입니다. 정확히 말해서 이것은 하나님께서 계셔야 할 자리에 인간 자신을 위치시킨 것입니다. 이것이 바로 세속주의의 핵심입니다.

그들에게 있어서 기독교적 회심은 인간의 이러한 가능성에 대하여 눈을 뜨는 것이며, 성화는 이 일의 성취를 위한 새로운 사고방식을 발전시키는 것입니다. 그러면서 인간이 극복하고 미워해야 할 것은 죄로부터의 정결이 아니라, 자기 안에 있는 그러한 무한대의 가능성을 인식하지 못하게 하고 주체적인 삶을 살아가지 못하게 하는 것들입니다. 그들에게는 인간의 최고의 행복은 하나님의 거룩함에 참여하는 것이 아니라 인간으로서 스스로 자기의 가능성에 눈뜨고 그것을 일깨워 스스로 가장 만족할 수 있는 상태에 도달하는 것입니다.

그런 점에서 볼 때, 신번영주의가 추구하는 바는 복음의 가르침보다는 에이브러햄 매슬로(Abraham H. Maslow, 1908-1970)의 심리욕구 이론을 생각나게 합니다. 그는 자신의 책 『동기화와 인간성』(*Motivation and Personality*)과 『존재의 심리학을 향하여』(*Toward a Psychology of Being*)라는 책에서 인간 개인에게는 충족되어야만 하는 5가지 욕구 단계가 있음을 논하였습니다. 이 욕구 위계는 가장 기초적인 생리적 욕구(physiological needs)로부터 시작하여 안전에 대한 욕구(safety needs), 애정과 소속에 대한 욕구(love and belongingness needs), 자아존중의 욕구(esteem needs), 자아 실현의 욕구(self-actualization)까지 상승하는데, 상위의 욕구는 하위의 욕구들이 채워질 때에만 동기적 요인으로 작용할 수 있습니다. 그는 욕구의 최상위 단계인 자아 실현을 성취한 자들을 참으로 건강한 사람이라고 믿었습니다. 이들은 최고의 심리적 욕구들을 충족한 자들이고, 자신의 자아의 구성요소들을 온전히 통합한 자들이라고 보았기 때문입니다.[62]

이것은 바로 오늘날 유행하는 신번영주의의 핵심적 주장점과 너무나 흡사합니다. 오늘날 현대인에게 신번영주의가 이처럼 호소력을 지니고 있는

---

62) Abraham H. Maslow, *Motivation and Personality* (New York: Haper & Brothers, 1954), 388-389.

것도 바로 시대정신과 일치하는 주장들 때문입니다. 그러나 이것은 인간이 자신의 꿈을 이루는 수단으로서 어떻게 기독교의 복음을 변질시켜 사용할 수 있는지를 보여주는 극단화된 자본주의적 사고방식입니다.

어디 그뿐이겠습니까? 누룩처럼 번져 가는 종교 다원주의는 기독교의 복음의 독특성을 무시해 버리고 신앙에서 예수 그리스도와 성경을 제거해 버렸습니다. 그리하여 무엇이 진리인지를 판단하는 기준을 일반적인 종교의 관념을 사용하여 인간에게 귀속시켜 버렸습니다. 결국 이것은 종교를 위장한 또 다른 인본주의를 낳았습니다. 특히 두 번의 세계대전을 거치며 광범위하게 합의를 이룬 세계와 인류의 평화를 위한 염원은 종교 다원주의의 확산을 가능하게 하였습니다. 산업화와 도시화 속에서 이루어진 상대주의와 절대적인 가치 체계에 대한 거부는 종교 다원주의를 훌륭한 선교 수단이 되게 하였습니다. 그리고 오늘날 그리스도의 교회가 가장 중심이 되어야 할 진리 자체와 사상의 체계들을 선포하고 가르치는 일을 저버리게 하는 원인이 되었습니다.

이러저러한 삶의 실천을 통해 인간이 어떻게 행복해질 수 있는지를 가르치는 탈신학적 설교들이 광범위하게 유포되었고 회중은 이러한 교훈들에 익숙해진 나머지 기독교의 가르침과 세상의 가르침이 어떻게 서로 대비되는지조차 알지 못하는 처지가 되었습니다. 심지어 어떤 교회들은 더 이상 이단에 대하여 긴장하지 않습니다. 왜냐하면 진리의 가치를 자신이 굳게 신봉하지 못하기 때문에 이단의 위험성을 알지 못하는 것입니다. 그리스도인은 바로 이러한 광범위하게 유포되는 진리와 상관없는 가르침 속에서, 혹은 아주 희미하게 가르쳐지는 진리로 말미암아 알게 모르게 진리를 거스르며 살아가고 있습니다.

2) 그릇된 삶으로써

둘째로, 그릇된 삶으로써 진리를 가로막습니다. 이것은 진리와 상관이 없거나, 혹은 진리의 인정을 받지 못하는 그릇된 생활을 가리키는 것입니다. 그리스도인의 진리에 대한 자유로운 입장과 세속적인 생활방식은 반드시 교회 바깥의 세상에서 들어온 것만은 아닙니다. 엄밀한 의미에서 세상은 교회 밖에만 아니라 신자 안에도 존재합니다.

사람 밖에 있는 자연이 사람 안에서 본성이 되는 것처럼 사람 바깥에 있는 세상이 인간의 마음의 죄성 안에서 세상이 됩니다. 진리에 대한 뚜렷한 인식과 성령에 의한 은혜의 감화, 그리고 매 순간 자신의 죄를 버리고 그리스도의 거룩하심을 좇는 의지적인 결단들을 통하여 윤리적인 삶을 사는 일이 없이는 누구도 이 세상의 빛을 드러내는 그리스도인으로서 존재할 수 없습니다.

그리스도인의 잘못된 삶은 잘못된 지식이나 부실한 사상의 체계에서 비롯될 수도 있고 그런 것들이 올바르다 할지라도 그로 하여금 창조의 목적을 따라 살게 하는 거룩한 은혜의 부재로 말미암아 그렇게 될 수도 있습니다. 그리고 이러한 것들이 어느 정도 구비되어 있다고 할지라도 매 순간 진리를 따르는 그리스도인 자신의 의지적 결단이 없다면 이 좋은 혜택들에도 불구하고 결코 윤리적인 삶을 살아갈 수 없습니다.

오늘날 조국 교회는 어떻습니까? 세상에서 통용되고 있는 윤리의 기준들을 가지고 평가할지라도 교회는 세상 사람들에게 받는 비난을 근거 없는 것이라고 변명할 수 없게 되었습니다. 교회도 본성에 있어서 타락한 인간이 모인 곳이니 오류와 부패들이 없을 리가 없습니다. 그러나 그 때마다 누군가 진리의 기준과 그리스도인의 올바른 삶이 바로 이것이라고 제시할 수 있어야 합니다.

교회와 그리스도인끼리의 끊임없는 분쟁과 진리에 대한 그릇된 가르침, 그리고 그 진리가 가르쳐 준 성경적인 삶의 표준을 숙고하지도 않고 자신의 삶을 규율하는 원리로 삼지도 않는 그리스도인에 의해 하나님의 이름은 모욕을 받고 있습니다. 이는 마치 사도 바울이 유대인의 불법과 불의로 말미암아 하나님의 이름이 모욕을 받는다고 지적한 바로 그 현실을 생각나게 합니다. "율법을 자랑하는 네가 율법을 범함으로 하나님을 욕되게 하느냐 기록된 바와 같이 하나님의 이름이 너희 때문에 이방인 중에서 모독을 받는도다"(롬 2:23-24).

일반적으로 타락한 인간의 마음에 부도덕한 삶은 쉽게 습득되지만, 그런 마음에 덕스럽고 가치 있는 행동은 쉽게 전수되지 않습니다. 세상이 어둠이기 때문에 빛보다는 어둠이 사랑을 받고, 덕스러운 삶보다는 부도덕한 삶이 환영을 받습니다. 교회와 그리스도인의 존재의 가치는 올바른 삶으로 하나님의 거룩하심을 생각나게 하는 것입니다. 하나님은 당신을 경외하는 사람들을 통하여 그 거룩하심을 나타내십니다. "모세가 아론에게 이르되 이는 여호와의 말씀이라 이르시기를 나는 나를 가까이하는 자 중에서 내 거룩함을 나타내겠고 온 백성 앞에서 내 영광을 나타내리라 하셨느니라"(레 10:3).

하나님은 심판을 통하여서도 당신의 위대함과 거룩하심을 나타내십니다(겔 38:23). 이를 통하여 하나님은 여러 나라 가운데서 더럽혀진 당신의 이름을 다시 거룩하게 하십니다(겔 36:23). 또한 하나님은 당신의 백성이 거룩하신 하나님을 앙망하며 사는 행복한 삶을 통하여 세상에서 이 일을 행하십니다. 이러한 일에 이바지하기 위해서는, 그리스도인이 끊임없이 자신이 누구인지를 십자가 앞에서 확인하며 하나님과의 화목을 누리며 살아가기를 힘써야 합니다. 사도 바울의 고백과 같이 우리로 화목하게 하신 우리 주 예수 그리스도로 말미암아 하나님 안에서 또한 즐거워하는 생활을 하여야 합니다(롬 5:11).

그리스도인이 하나님 밖에서 기쁨을 찾는다면 그것은 영혼의 질병 상태를 알려주는 위험 신호입니다. 하나님만이 그리스도인의 영원한 기쁨과 행복의 원천이시기 때문입니다. 그리스도 안에서 모든 착한 삶은 좋으신 하나님을 아는 지식과 '지순한 사랑'(caritas)에서 비롯됩니다. 그런데 너무나 많은 그리스도인이 한때 진리의 빛의 비춤을 받았지만 그 참다운 맛을 지속적으로 누리지 못하기 때문에 잘못된 행실로써 진리의 빛을 가리는 것입니다. 이는 그리스도인이 하나님보다는 자신을 기쁘게 하는 삶을 추구한 결과이며 진리 안에서 사는 그리스도인의 빛의 열매가 무엇인지 모르기 때문입니다.

이런 점에서 사도 바울의 다음과 같은 지적은 우리에게 영원한 찔림이 됩니다. "너희가 전에는 어둠이더니 이제는 주 안에서 빛이라 빛의 자녀들처럼 행하라 빛의 열매는 모든 착함과 의로움과 진실함에 있느니라 주를 기쁘시게 할 것이 무엇인가 시험하여 보라 너희는 열매 없는 어둠의 일에 참여하지 말고 도리어 책망하라 그들이 은밀히 행하는 것들은 말하기도 부끄러운 것들이라"(엡 5:8-12).

Ⅳ. 교회의 '그 빛', 가변성의 경륜

교회가 진리로 항상 불타오르고 있지는 않기에 세상에 비추는 빛은 가변적이 되고, 세상은 그 빛을 미워하여 교회를 삼키려고 공격하며 도전하기에 그 빛이 또한 가변적이 됩니다. 그러면 왜 하나님은 이 세상에 빛으로 부르신 당신의 자녀들과 교회의 그 빛이 가변적이도록 내버려 두시는 것일까요?

A. 인간 창조의 경륜과 조화됨

첫째로, 인간 창조의 경륜과의 조화 때문입니다. 하나님은 당신의 존재와 성품을 보이는 이 세계의 창조물들을 통하여 드러내셨습니다. 자연과 인간의 마음 안에 있는 모든 질서는 하나님의 존재와 성품의 울림입니다. 이것들이 인간의 감각 속에서 인식될 때 모든 인류의 예술의 원천이 되었고 인식 속에서 작용할 때 학문의 근거가 되었습니다. 하나님께서는 이 세계를 창조하셨습니다. 그리고 하나님은 모든 지식의 근원이십니다.

1. 세상을 통해서도 진리를 알게 하심

하나님은 영원한 당신의 지식 안에서 이 세계를 알고 계셨으며 계획하셨습니다. 그러나 하나님은 당신의 진리가 바라보는 이 하나 없는 하늘에 매달린 별빛처럼 존재하기를 원하지 않으셨습니다. 하나님 안에 있는 영원한 지식은 시간 속에 그 모든 창조물로 만들어졌고 그것을 도입한 시간성은 하나님 안에 있는 그 사물들에 대한 신적 지식을 손상시키지 않았습니다. 오히려 이 모든 인간과 사물을 아시는 하나님의 지식은 그것들이 시간과 공간 속에서 실제로 나타나게 될 모든 것의 조건이 되었습니다.

영원 속에서 모든 것을 아시는 하나님은 또한 시간 속에서 이 모든 것이 계기적(繼起的)으로 나타남을 보시면서 기뻐하십니다. 창조된 세계는 창조 너머에 있는 하나님의 관념의 예전(禮典)과 같습니다. 마치 성례전에 제공

된 물과 떡과 포도주가 그리스도의 부활과 죄로부터의 정결과 쇄신, 그리고 그리스도의 고난과 희생을 가리키듯이 말입니다. 이를 통해 하나님께서는 인간이, 창조하신 세계 안에서 성경과 신앙의 도움을 받아 모든 사물의 존재와 그 존재들의 연관을 통해 하나님의 생각을 배우고 그 뜻을 따라 살아가게 하셨습니다.

기독교 신앙의 궁극적 목적은 인간이 하나님의 창조 목적을 따라, 창조하신 세상을 살아가게 하는 것이지만, 그것을 가능하게 하는 구체적 목표는 인간이 마주하는 모든 사물 안에서, 심지어 악의 현존을 통해서조차 창조주 하나님의 지혜와 능력의 아름다움을 찾아 그분을 사랑하게 하는 것입니다. 그러므로 우리의 전도는 하나님의 아름다움을 처음으로 보여주는 것이며, 설교는 그것을 일깨워 주는 것이고, 목양은 양떼가 그것에 대한 감각을 잃어버리지 않도록 돌보아 주는 것입니다.

그러므로 우리의 사랑하는 자녀들이 어린 나이에 회심하자마자 우리는 그들의 한 손에는 성경을, 또 한 손에는 바르게 쓰인 과학책을 들려 주어야 합니다. 그들의 정신은 성경을 통하여 은혜의 세계를, 그들의 육체는 과학을 통하여 자연의 세계를 두루 돌며 경험하게 해주어야 합니다. 하나님은 우리가 성경을 통해서만, 혹은 교회의 예배 안에서만 당신을 알 뿐 아니라 그 계시의 빛을 힘입어 자연세계 안에서도 당신을 알고 사랑하기를 원하십니다. 그리고 하나님은 그러한 지식과 사랑, 송영 안에서 영광을 받으십니다.

조시 버글리(George Berkeley, 1685-1753)는 사실상 자연의 체계와 조화, 그리고 아름다움은 그것이 하나의 무한히 지혜롭고 완전한 정신이신 하나님과, 자신의 힘으로 모든 사물을 유지하시는 하나님의 산물임을 보여준다고 생각하였습니다. 63) 그리하여 인간이 말로써 하는 어떤 단어가 곧 그것이 지시하는 사물 자체는 아니지만, 그것에 상응하는 관념을 전달하는 것처럼 하나님께서 창조하신 세계도 하나님의 속성과 그런 관계를 가진다는 것입니다. 그리고 신앙을 가진 사람에게 자연의 질서와 하나님의 존재와의 연관 관계는 너무나 당연시됩니다. 그는 다음과 같이 말합니다.

> 우리는 우리가 볼 수 있는 현상을 부지런히 관찰함으로써, 자연의 일반적인 법칙을 발견할 수 있고 그것으로부터 다른 현상을 추론할 수도 있다. 나는 증명하려고 하지 않는다. 그러한 종류의 모든 추론은 자연의 창조자가 언제나 일률적으로, 그리고 분명히 알 수는 없지만 우리가 원리로 취하는 그러한 규칙들을 지속적으로 지키며 작용한다는 가정에 의존해 있기 때문이다.[64]

2. 진리의 배척을 통해서도 영광을 받으심

하나님께서는 인간을 창조하실 때 바로 이러한 하나님과 창조세계와의 관계를 이해하고 진리를 통해 하나님을 알게 되기를 원하셨습니다. 그리고 이 진리가 처음부터 사람들을 통해 나타나서 사람들에게 인식되고 사랑받으며, 사람들이 그것을 따라 살게 하는 데 사용되기를 원하셨습니다. 하나님께서 성경을 통하여 인간에게 당신을 계시하신 것도 바로 이런 진리의 전달이었습니다.

그러나 이 진리는 마치 땅에 심겨지는 씨앗과 같습니다. 이것은 능력이

---

63) Frederick Copleston, S. J., *A History of Philosophy*, vol. v. *Hobbes to Hume* (Mahwah: Paulist Press, 1959), 240.
64) George Berkeley, *A Treatise Concerning the Principles of Human Knowledge* (Rockville: Arc Manor, 2008), 81.

있는 복음 진리의 씨앗이지만 공업용 드릴처럼 땅을 파고 들어가 나무가 되지 않습니다. 오히려 그것은 인간의 본성과 조화를 이루며, 인간의 지성과 의지 안에서 사랑을 받아 생명의 뿌리를 내리고 그 사람을 변화시킵니다. 하나님은 능력이 모자라시기 때문이 아니라 당신이 그것을 기뻐하셨기 때문에 이 진리를 인간 창조의 경륜과 조화로운 관계에 있게 하셨습니다. 하나님의 진리임에도 인간에 의해 배척될 수 있는 것도 바로 이 때문입니다(눅 8:5, 막 6:3, 롬 1:28).

인간에 의해 진리가 배척되는 현실은 인간을 창조하신 하나님의 마음에 기쁨일 수 없지만, 그럼에도 불구하고 하나님께서는 그 진리를 거스르는 인간의 마음과 삶 속에 나타나는 부조화를 통해 당신의 성품의 빛을 또 다른 방식으로 나타내십니다. 진리에 대한 인간의 순종만이 진리의 가치를 드러내는 것이 아니라 심지어 인간의 불순종과 죄악까지도 하나님의 성품을 드러내는 것입니다. 특히 진리를 거스르는 인간의 불순종과 죄는, 그 죄를 용서하시고 하나님 없이 살려는 인간의 계획을 굴복시키시는 그분의 섭리 속에서 찬란한 빛을 드러내는 도구가 됩니다.

조나단 에드워즈(Jonathan Edwards, 1703-1758)는 자신의 책 『원죄론』(Original Sin)에서 '원죄의 교리를 따르면 인간의 비참한 상태와 하나님의 선하심이 일치하지 않는다.'고 주장하는 존 테일러(John Taylor, 1694-1761)의 반박에 대하여 다음과 같이 답변하였습니다.

> 우리가 본성상 죄 됨과 비참함 가운데 있음에도 불구하고 하나님을 찬양할 탁월한 근거를 가질 수 있는데 그것은 하나님께서 우리를 예수 그리스도를 통한 너무나도 영광스러운 은혜의 섭리 아래 있게 하셨다는 것이다. 이로써 우리는 이러한 죄와 비참함으로부터 구원받을 복된 기회와 또한 말할

수 없는 영원한 복락을 얻을 기회를 갖는다.[65]

타오르는 불길 속에 다양한 가연재를 넣어 보십시오. 플라스틱이나 금속, 목재, 헝겊 혹은 화학제품들을 던져 넣어 보십시오. 재료마다 독특한 빛깔과 불길, 그리고 연기를 내면서 타오릅니다. 하나님의 존재와 성품도 이와 같이 드러납니다. 진리는 불변하는 하나님의 계시이지만 그 불길에 던져지는 인간의 모든 불순종과 의지적인 반역들은 또 다른 의미에서 하나님의 성품의 빛깔을 드러내는 재료처럼 사용됩니다. 물론 그렇게 하나님께 사용되었다고 해서 하나님의 진리를 거스르는 사람들이 칭찬을 받을 수는 없습니다. 왜냐하면 그들의 의도는 처음부터 그러한 목적과 달랐기 때문입니다. 그들의 의도는 악했으나 결과적으로 진리를 발견하려고 하는 사람들에게 어떤 유익을 끼친 것입니다. 이것은 중세 철학자 피에르 아벨라르(Pierre Abélard, 1079-1142)가 말한 바, 소위 '비인칭적 선'(*bonum impersonale*)에 해당하는 것입니다.[66] 아우렐리우스 아우구스티누스(Aurelius Augustinus, 354-430)는 인간의 악이 천지창조의 목적을 따라 세계에 선(善)을 베푸시고자 하는 하나님의 의지를 꺾거나 변경할 수 없다고 보았습니다.

---

65) Jonathan Edwards, *Original Sin*, in *The Works of Jonathan Edwards*, vol. 3, ed. by John E. Smith, (New Haven: Yale University Press, 1997), 417.
66) 그는 하나의 명제에 의해 의미되는 것이 둘이 있다고 보았다. '어떤 명제가 사물로부터 만들어 내는 이해 내용'(*intellectus*)과 그 명제의 일반적 의미 밖에 있는 또 다른 의미가 그것이다. 전자는 사물 자체만을 의미하지만 후자는 명제가 주장하는 바(*dictum propositionis*), 곧 사태(*eventus rei*)와 관련된 의미이다. 이런 맥락에서 볼 때에 어떤 명제의 사물로서의 차원에서 언급되는 선, 곧 '인칭적 선'(*bonum personale*)과 그 명제의 사태의 차원에서 언급되는 선, 곧 '비인칭적 선'(*bonum impersonale*)은 엄격하게 구별되어야만 한다고 보았다. 인칭적 선은 언제나 사물에 귀속하는 속성으로 표상되지만, 누구의 혹은 무엇의 선인지 말할 수 없는 비인칭적 선은 술어에서 언급하는 속성을 귀속시킬 주체가 없기에 그렇게 말할 수 없다. 그러므로 " '악이 존재하는 것'은 선이다."라는 사태 차원에서의 명제를 "악이 선이다."라는 사물 수준의 명제로 이해해서는 안 된다고 보았다. 강상진, "선에 관한 아벨라르두스의 의미론적 분석", 중세철학 제8호 (한국중세철학연구소, 2002), 222-225.

사람이 선한 것들을 악하게 사용하고자 한다고 할지라도, 불의한 자들을 정당한 질서 속에 두는 방법을 아시는 하나님의 의지를 꺾는 식으로 행할 수는 없다. 그러므로 사람이 자신의 악한 의지를 통해 선한 것을 악하게 사용한다고 해도, 하나님은 당신의 공의로우신 능력을 통해 저들의 악한 것을 선하게 사용하신다.[67]

이는 다음과 같은 과학적 사실들 안에서도 그 원리를 확인할 수 있습니다. 하늘에 무수히 빛나는 별들은 폭발과 함께 사라지기도 하고 또 그 폭발 때문에 다른 별들이 만들어지기도 합니다. 별들이 만들어지는 재료는 가스 형태로 존재하는 물질입니다. 과학자들은 하나님의 창조도 가스 형태를 거쳐 우주의 무수한 별들의 탄생과 함께 이루어졌을 것이라고 생각합니다. 만약 우주의 대폭발과 함께 생겨난 물질, 곧 가스의 입자들이 모두 완전히 균등한 거리를 서로 유지하고 있었다면 아무 일도 일어나지 않았을 것입니다. 그러나 가스 입자들 사이의 미세한 물질 불균형은 입자들 간에 중력이 작용하여 전체의 변화를 가져올 수 있는 기회를 제공하고 농도가 짙은 부분은 더 큰 중력으로써 다른 입자들을 응집하는 역할을 하였습니다. 다시 말하자면 가스 형태의 물질 입자 사이에 존재하는 불규칙과 불균형, 질서의 부족이 아름다운 별들이 태어나는 원인이 된 것입니다. 예를 들어 보겠습니다. 스티븐 호킹(Stephen W. Hawking, 1942–)의 주장에 따르면, 축구장만한 공간에 수소가 가득 차 있고 이것을 축구공만한 크기로 압축한다면 여기에서 핵융합이 일어나기 시작할 것이고 이 때에 약 섭씨 1,000만 °C의 열이 발생하면서 수소는 헬륨으로 변화하게 된다는 것입니다. 그리고 남은 물질

---

[67] St. Augustine, *The Nature of the Good*, in *The Works of Augustine*, vol. 1/19, ed. by Boniface Ramsey (New York: New City Press, 2006), 336.

들은 에너지가 되어 자기(磁氣) 밖으로 방출됩니다. 그리고 방출된 에너지는 또 다른 운동의 원인이 된다는 것입니다.

하나님은 인간을 기계처럼 창조하지 않으시고 마치 당신이 당신 자신을 아시는 것처럼 인간도 자기 자신을 아는 존재로 창조하셨습니다. 그리고 당신이 당신 자신을 보고 즐거워하는 것처럼 인간은 진리를 보고 기뻐하기를 원하셨습니다. 그리고 그 진리를 사다리 삼아 단순하고 영원하신 한 분 하나님과의 지복의 교제 속에서 살게 되기를 원하셨던 것입니다. 아름다운 진리와 추루한 욕망을 따를 수 있는 가능성을 함께 열어 놓으셨고 하나님께서 인간을 사랑하신 것처럼 인간도 하나님을 사랑하기를 원하셨습니다.

하나님께서는 그리스도인이 교회를 통하여 진리의 빛을 드러낼 때에 이루어지는 세상뿐 아니라 그 빛을 잃어버릴 때 추루해지는 교회와 어두운 세상을 통해서도 자신들에게 주신 진리와 순종에 대한 가치를 다시 생각하도록 경륜하셨습니다. 이러한 조화 때문에 하나님께서는 교회에 주신 진리의 빛이 인간의 지성과 의지 안에서 가변적이 되는 것을 허락하셨습니다. 그리고 그러한 진리의 빛의 가변성의 경륜 때문에 우리는 하나님께서 살아 계시다는 것과 그분이 당신이 창조하신 세계와 교회에 대하여 절대적으로 선하신 분이심을 알게 됩니다.

B. '그 빛'의 공동체적 성격

둘째로, 세상에 빛으로 부르신 당신의 자녀들과 교회의 그 빛이 가변적이도록 내버려 두신 이유는 그 빛의 공동체적 성격 때문입니다. 진리의 빛은 개인에게 알려지지만 공동체에 위탁됩니다. 역사적으로 그것은 구약의 개인에서 가정으로, 신정 국가로, 그리고 신약의 교회로 이어져 왔습니다.

따라서 그리스도의 교회는 그 진리의 빛을 직접 위탁받은 지상의 유일한 공동체입니다. 가정이 참된 사람으로서 하나님 앞에 어떻게 살아가야 하는지를 배우는 신적 기관이라면 교회는 어떻게 죄인이 참된 그리스도인이 되어 살아갈 수 있는지를 배우는 신적인 기관입니다. 이러한 교리적 사실은 다음의 내용들을 깊이 숙고하지 않을 수 없게 합니다.

1. '그 빛'에 참여한 교회

그리스도의 교회는 그 빛에 참여한 공동체입니다. 그리스도께서 이 세상에 오셔서 하나님의 백성과 세상의 백성을 구별하신 것은 당신 자신이 이 어두운 세상에 빛으로 오심으로써 시작됩니다. "나는 빛으로 세상에 왔나니 무릇 나를 믿는 자로 어둠에 거하지 않게 하려 함이로라"(요 12:46).

어둠 속에 진리의 빛으로 나타나신 하나님은 또한 어둠 속을 헤매던 영혼들의 눈먼 상태를 치료하심으로 그 빛을 볼 수 있게 해주셨습니다. 성경은 이렇게 말합니다. "진리를 따르는 자는 빛으로 오나니 이는 그 행위가 하나님 안에서 행한 것임을 나타내려 함이라 하시니라"(요 3:21). 이방인들이 구원을 받아 그리스도인이 되는 것을 가리켜 "어둠에서 빛으로" 옮겨지는 것으로 묘사한 것도 바로 이러한 성경의 가르침을 보여주는 것입니다(행 26:18). 그래서 사도 바울은 그리스도인을 "빛의 아들"이라고 불렀습니다(살전 5:5). 그리고 그들은 빛의 아들답게 살도록 요청을 받았습니다. "너희가 전에는 어둠이더니 이제는 주 안에서 빛이라 빛의 자녀들처럼 행하라"(엡 5:8).

이러한 성경의 언급들은, 예수 그리스도를 믿고 그리스도인이 된다는 것이 곧 그 빛에 참여한 교회에 속하게 되는 것임을 보여줍니다. 교회의 대치할 수 없는 소명은 그 빛에 참여한 공동체라는 것을 보여주는 것입니다. 자신만 그것을 알고 누릴 뿐 아니라 그 빛을 모르는 사람들이 언제든지 그 교회에서 그 빛이 무엇이고 어떻게 그 빛에 참여할 수 있는지를 명백히 들을 수 있게 해주어야 합니다. 이 세상 어디에서도 진리가 무엇인지 알 수 없고 또 자신의 인생의 불행이 그 진리와 어떤 관계에 있는지를 이해할 수 없는 사람이라 할지라도, 교회에 나아와 최소한 그 진리를 마음으로 거부하지만 않는다면 그 빛에 비췸을 받을 수 있어야 합니다. 사람들은 교회에 와서 진리가 무엇이고 자신의 인생의 불행이 진리를 어떻게 거슬렀기 때문인지를 파악할 수 있어야 합니다. 그리고 그 진리의 빛으로 말미암아 인간 자신이 누구인지, 그리고 무엇을 위해 살고, 마지막에는 어떤 상태가 되는지를 알 수 있어야 합니다.

루트비히 비트겐슈타인(Ludwig Wittgenstein, 1889-1951)은 자신의 책 『논리철학논고』(*Tractatus Logico-philosophicus*)에서 이렇게 말했습니다. "말할 수 있는 것은 명료하게 말하고 말할 수 없는 것에 대해서는 침묵하여야 한다."[68] 그는 말할 수 있는 것을 명확히 말함으로써 한계를 지어 주면, 말할 수 없는 것은 스스로 드러난다고 주장하였습니다. 그에 따르면 진리, 도덕, 아름다움 같은 것은 표현 불가능한 것이며, 또한 그것을 굳이 표현하려고 애쓸 필요도 없습니다. 스스로 정직하게 살고, 남을 사랑하고, 배려하면 도덕은 스스로 드러난다는 것입니다. 아름다움도 그 자체는 표현 불가능한 것이지만 예술의 표현을 통해 드러난다고 보았습니다. 그러나 우리는 진리, 도덕, 아름다움 같은 것들에 대해 아무 것도 말할 수 없다는 그의 주장에 동의할 수 없습니다. 왜냐하면 성경이 그것에 대하여 계시해 주고 있는 한 우리는 말할 수 있기 때문입니다. 그러나 그것들이 이론 자체보다는 인간의 실천적인 삶을

---

68) Ludwig Wittgenstein, *Tractatus Logico-philosophicus*, trans. by D. F. Pears & B. F. McGuinnes (New York: Routledge, 2001), 3.

통하여 사람들에게 가장 잘 전달될 수 있다는 주장은 사실입니다.

교회가 발하는 그 빛의 찬란한 밝기는 교회에 속하여 그 진리에 참여하는 모든 지체가 발하는 그 빛의 총화입니다. 그러므로 교회는 선명하게 진리를 선포하고 성실하게 학문을 탐구하여 진리를 알리는 일에 열심을 품을 뿐 아니라, 교회를 찾는 사람들마다 그 빛과 관계를 맺게 하여 그 빛을 경험하게 하고, 그 빛으로 이루어진 사상의 체계 속에서 그 빛의 가치를 따라 생각하고 사랑하며 살게 만들어 주어야 합니다.

하나님의 거룩하심을 따르는 삶의 기쁨을 안 사람들은 그것 없이 윤리적인 삶을 살도록 강요받은 사람들보다 훨씬 더 윤리적인 삶을 살아갈 수 있습니다. 그 빛 안에서 사는 즐거움, 하나님 앞에서 사는 기쁨이 무엇인지를 아는 사람들에게는 고통이 따르는 커다란 윤리적인 결단일지라도 그것은 곧 큰 기쁨이지만, 그렇지 못한 사람들에게는 가장 작은 윤리적인 결단조차도 끔찍한 희생으로 여겨집니다. 왜냐하면 자신이 사랑하는 것들에 반대하는 결단들이기 때문입니다.

교회는 온 마음을 다하여 한 사람 한사람을 그 빛 안에서 그 빛을 누리며 그 빛을 따라 살게 하는 일에 헌신하여야 합니다. 추상명사일 뿐인 교인들의 숫자를 늘리는 것에 관심을 두기보다, 그 자리에 나아 온 각 사람이 그리스도의 형상을 본받아 참된 인간이 되고 또한 참된 사람으로서 살아가게 하여야 합니다. 이에 대하여 사도 바울은 말합니다. "우리가 그를 전파하여 각 사람을 권하고 모든 지혜로 각 사람을 가르침은 각 사람을 그리스도 안에서 완전한 사로 세우려 힘이니 이를 위하여 나도 내 속에서 능력으로 역사하시는 이의 역사를 따라 힘을 다하여 수고하노라"(골 1:28-29). 그리고 그 일은 각 성도들을 온전한 그리스도인이 되게 하는 일을 통하여 이루어집니다. "이는 성도를 온전하게 하여 봉사의 일을 하게 하며 그리스도의 몸을 세우려 하심이라"(엡 4:12).

교회에서 성도들은 이렇게 그 빛을 따라가는 구도의 동지들을 늘 만날 수 있어야 합니다. 그리고 목회자를 비롯한 교회의 지도자들은 이렇게 그 빛으로 살아가는 일에 있어 탁월하고 그 삶을 행복해 하는 사람들이어야 합니다. 이것을 통하여 보이지 않는 하나님의 은혜의 통치는 보이는 교회의 질서 안에서 아름다움을 드러내 보여주게 됩니다.

이 빛의 밝기는 교회가 머리이신 그리스도와 맺는 영적 관계의 깊이와 넓이에 따라 어떤 때는 그 빛이 강렬해지기도 하고 또 어떤 때는 쇠미해지기도 하지만, 한 시대에 구원받은 성도들은 교파와 인종, 문화와 언어를 초월해서 바로 이렇게 하나의 보편 교회로서 진리의 빛을 자기 시대와 이어지는 세대에 드러내기 위해 힘써야 합니다. 그러므로 우리는 나 개인, 내가 속해 있는 지역 교회를 너머 온 세상의 교회들이 공동체적으로 이 빛에 참여하고 이것을 드러낼 수 있도록 기도하며 이 일에 헌신해야 합니다.

2. '그 빛'을 위탁받은 교회

하나님께서는 그 빛을 교회라는 공동체에 위탁하셨습니다. 성령께서는 교회가 이렇게 위탁받은 그 빛을 목회 사역을 통해 더욱 충만하게 드러내도록 도우십니다. 때로는 초월적이고 신비적인 방법으로 도우시기도 하며 때로는 섭리 속에서 이 일에 교회가 이바지할 수 있도록 역사하기도 하십니다. 이러한 사실들은 다음의 내용들을 숙고함으로써 잘 알 수 있습니다.

a. 교회에 성경을 주심

하나님께서는 성경을 교회에 주심으로써 세상이 그 빛을 위탁받은 교회의 빛을 보고 돌아올 수 있게 하셨습니다. 하나님은 당신이 창조하신 모든 피조물 안에 당신의 빛들을 남기셨습니다. 실로 그분이 창조하신 모든 것 중 그분의 빛을 드러내지 않는 것은 아무 것도 없습니다. 심지어 인간에 의해 더럽혀지고 타락한 후에라도 그것들은 여전히 희미하게나마 하나님의 진리를 드러냅니다.

타락한 인간으로 말미암아 타락한 자연세계는 하나님의 저주 아래 있고, 이로써 창조세계는 본래의 아름다운 영광과 광휘를 잃어버렸으며 인간도 그것을 올바로 알 수 있는 인식 능력을 상당 부분 상실하였습니다. 사물을 아는 지성의 어느 부분도 이 부패성으로부터 제외되지 않았기에 인간이 이 모든 사물을 통해 그 빛을 희미하게나마 보게 되지만 그 빛이 참으로 무엇을 가리키는지 그 희미한 빛들이 서로 어떻게 아름다운 연관을 이루는지는 인간의 인식 능력 밖에 있는 것이 되었습니다. 하나님께서 성경을 주신 것이 바로 이 때문입니다. 타락한 인간으로 하여금 하나님의 계시의 도움을 통해 인간의 지성으로서는 추측하여 알 수 없는, 그러나 그것을 알지 않고는 결코 인간이 자신이 창조된 본래의 목적으로 돌아갈 수 없는 그 진리를 가르쳐 주신 것입니다.

이 계시들은 인간에게 필요한 만큼 성경의 형태로 남았습니다. 그래서 성경은 이러한 계시의 특별한 형태입니다. 그러므로 그리스도인은 먼저 교회에서 자신이 생각하는 바를 말하기 전에 성경을 통하여 교회가 믿는 바를 상당 기간 겸손히 배우지 않으면 안 됩니다. 하나님의 그 빛 앞에 자기의 이성을 굴복시키는 지성의 유순함을 배워야 합니다. 자신이 알고 싶은 것보다 하나님께서 교회를 통하여 알게 하시고 싶은 것을 먼저 배우려는 온유한 마음을 가져야 합니다.

이러한 성경 계시에 대한 지식은 어느 한 순간 확장된 것이 아닙니다. 거기에는 매일 성경을 대하는 진리의 추구와 함께 역사적으로 그 결과물들을 집적해 온 신앙고백의 전통이 녹아 있습니다. 그래서 그 지식을 배우고자 하는 우리는, 주관적으로 성경을 대하면서도 그 주관적인 해석과 체험이 진리를 이탈하지 않기 위하여 신앙고백의 전통을 통해 그것의 그릇됨과 올바름을 점검해야 합니다.

그러므로 성경의 진리를 안다는 것은 성경 자체에 대한 지식과 성경 진리에 대한 역사적 고백을 함께 아는 것을 의미합니다. 따라서 교회는 한 편으로는 진리를 탐구하는 일에 헌신하여 성경의 진리를 파수하고 또 한 편으로는 역사적으로 발전하여 온 계시에 대한 신앙고백에 자신들의 참된 고백을 더하여야 합니다. 이는 자기 시대에 교회에 들어오는 사람들로 하여금 교회가 성경을 어떻게 믿는지를 알게 하기 위함이며 또한 오는 세대의 후손들로 하여금 성경을 통하여 하나님과 세계와 교회와 인간에 대하여 아는 지식을 더하게 하기 위함입니다.

b. 해석을 교회에 맡기심

하나님께서는 교회가 그 빛으로 충만해지기를 원하십니다. 이 일을 위해 가장 중요한 헌신은 교회가 성경의 해석에 이바지하는 것입니다. 공동체에 주어진 성경은 해석되도록 주어진 성경입니다. 모든 그리스도인의 마음에 함께 하시고, 교회와 영원히 함께 하시는 성령은 성경의 저자이십니다. 그리고 그분의 임무는 성경 진리를 통하여 사람들의 마음속에 그리스도에 대한 믿음을 주시는 것입니다.

또한 성경의 궁극적인 해석자는 성령이시므로 어느 성경 연구가이든지 성령을 떠나 성경을 올바르고 풍부하게 해석할 사람은 없습니다. 그러나 성경을 해석하시는 성령의 역사는 성경을 연구하는 사람의 지성과 의지를 통하여 나타납니다. 성령께서 그들의 지성을 밝히시고, 이성의 추론을 순전하게 도우심으로써 성경의 의미를 드러내십니다.

교회는 이렇게 성경을 해석함으로써 사람들 앞에 감추어진 진리를 드러내는 한 편, 이미 알고 있는 진리들의 탁월한 의미를 지속적으로 붙들며 살도록 만들어 주어야 합니다. 교회는 이러한 성경 해석 활동으로 진리에 대한 자신의 충성을 입증하여야 합니다. 성경에 대한 이러한 교회의 해석 활동은 다음의 활동들을 동반합니다.

1) 성경의 해석

첫째로, 말 그대로 성경의 해석입니다. 하나님께서 성경에 대한 해석을 교회에 맡기셨다는 말은 교회가 독단적 해석의 권한을 갖는다는 것을 의미하는 것이 아닙니다. 교회는 성경의 진리 위에 서 있는 공동체이지 성경 진리를 만들어 내는 공동체가 아닙니다. 그런 점에서 교회는 성경을 해석함에 있어서 본래 성경을 기록하게 하신 하나님의 뜻을 지성의 탐구와 성령의 감화 안에서 발견해 가는 겸손한 노력을 계속해야 합니다. 하나님께서는 교회와 함께 하시는 성령과 그리스도를 통해 성경을 해석하심으로써 교회가 그 빛에 참여하고 또한 그 교회가 모든 사람에게 빛으로 드러나게 하시는 일을 결코 멈추지 않으십니다. 그럼에도 불구하고 이미 살펴본 바와 같이 어떤 시대에는 교회에 그 빛이 매우 풍부하였고 어떤 시대에는 쇠미하였습니다. 이것이 바로 그 빛의 현실적 가변성입니다.

성경 해석의 사명에 교회가 헌신할 때에는 풍부한 그 빛으로 비진리와 오류에 대하여 더욱 강하게 항거하였습니다. 그래서 어떻게 보면 이단들의 역사는 정통교리를 세우는 데 이바지한 역사입니다. 오류를 통해 오히려 무엇이 진리인지가 명료해졌고, 거짓된 교리를 통해 참된 교리가 무엇인지가 사람들에게 널리 알려졌습니다. 이단들을 통해 참된 신앙의 가치가 더욱 빛난 것입니다. 이것은 무엇보다 그 시대에 교회가 성경 해석에 헌신하였기 때문에 가능했던 일입니다. 진리에 대한 교회의 지적인 헌신이 없었다면, 오류는 진리를 대신하고 이단은 정통의 지위를 넘보았을 것입니다.

성경의 진리는 무궁무진하기 때문에 오랜 세월 동안 교회가 성경을 해석해 왔어도 아직도 발견하지 못한 진리의 빛이 성경 속에 많이 남아 있습니다. 마치 보화를 담은 광산이 탐광(探鑛)을 기다리듯이 교회의 해석을 기다리고 있습니다. 그러므로 교회는 할 수 있는 한, 성경을 올바르고 풍부하게 해석하려는 노력으로 경주하여야 합니다. 한 편의 설교는 성경의 본문을 해석하려는 노력과 함께 시작되어야 하고 이 세상을 살아가는 그리스도인다운 삶의 강조는 성경 해석을 적용함으로써 이루어져야 합니다. 이 일을 위해 교회는 모든 목회자가 수준 높은 성경 해석가로 훈련될 수 있도록 교육하고 또 훈련하여야 하며, 또한 교회는 목회자가 이 일에 헌신할 수 있도록 필요한 모든 여건을 갖추는 일에 헌신할 의무가 있습니다.

목회자들 이외에도 전문적으로 성경을 연구하는 '교회의 박사'(doctor ecclesiae)도 필요합니다. 보다 정치(精緻)하고 차원 높은 성경의 해석, 성경 원전의 연구와 사본의 비평으로부터 시작하여 역사적인 해석의 과정과 현대의 성경 해석의 현실에 이르기까지 성경 해석과 관련한 모든 영역을 탐구하는 일에 있어서 교회를 위하여 그 일을 대신할 교회의 박사들을 양성하는 일은 교회가 위탁된 진리의 빛을 더욱 찬란하게 하는 일을 위하여 반드시 필요한 일입니다. 교회가 충만한 성령의 능력을 기대할 뿐 아니라 정확한 성경의 해석을 위한 도움을 이들을 통해 받을 수 있도록 하여야 합니다.

오늘날 조국 교회에서 행해지는 설교는 설교하고자 하는 성경의 본문을 해석하려는 의지가 너무나 부족함을 보여주고, 성경 공부는 종종 성경 자체의 해석을 습득하기 위해서라기보다는 교제와 나눔을 위한 도구로 사용되고 있습니다. 이러한 교회의 현실은 교회에 위탁하신 그 빛을 더욱 찬란하게 드러내지 못하도록 가로막는 커다란 방해물입니다. 그러므로 모든 성도는 교회가 성경을 해석하는 일에 유능하고 효과적이 되도록 도와야 하며 목회자와 교회의 박사들을 통한 그 해석의 바람직한 결과에 관심을 가지고 귀를 기울여야 합니다.

2) 교리의 수립

둘째로, 교리의 수립입니다. 성경의 해석은 해석 자체를 위한 것이 아닙니다. 성경을 해석하는 과정은 성경을 통해서 두 가지를 얻기 위함입니다. 하나는 무엇을 믿어야 할지에 대한 '믿음의 규칙' (*regulae credendi*)이고, 또 하나는 어떻게 살아야 할지에 대한 '삶의 교훈' (*praecepta vivendi*)입니다.[69]

성경 본문에 대한 해석의 결과물들은 마치 예쁜 구슬과 같습니다. 그 구슬들을 성경의 원리에 따라 교리라는 실로 서로 꿸 때 유용하고 아름다운 믿음의 규칙과 생활의 교훈이 됩니다. 성경을 아는 지식은 바로 성경 본문의 의미를 통하여 이 두 가지, 곧 신앙의 규칙과 생활의 교훈들을 터득하는 것입니다. 따라서 교회는 열심히 성경을 해석하고 그 참된 해석들을 소재로 하여 자기들이 믿는 신앙을 고백하여야 합니다.

그런데 다른 시대의 교회가 발견한 그 빛에 대해서는 아무런 관심도 없

---

[69] "In his omnibus libris timentes deum et pietate man sueti, quaerunt uoluntatem dei. Cuius operis et laboris prima obseruatio est, ut diximus, nosse istos libros etsi nondum ad intellectum, legendo tamen uel mandare memoriae uel omnino incognitos non habere. Deinde illa, quae in eis aperte posita sunt, uel praecepta uiuendi uel regulae credendi, sollertius diligentiusque inuestiganda sunt; quae tanto quisque plura inuenit, quantum est intellegentia capacior." Avrelivs Avgvstinvs, *De Doctrina Christiana*, I. 3. 3, in *Corpvs Christianorvm Series Latina*, XXXII: *Avrelii Avgvstini Opera*, Pars IV. 1 (Tvrnholti: Typographi Brepols Editores Pontificii, 1996), 40–41.

고 지금 자신들이 발견한 진리의 빛이 마치 인류 최초의 발견인 양, 더 이상의 추가적 발견이 필요 없는 것처럼 여기는 것은 성경에 대한 잘못된 태도일 뿐 아니라 진리에 대한 현저한 교만입니다. 그러므로 우리는 시대마다 교회가 헌신해 온 성경 해석의 역사와 그 결과인 각 시대 교회의 진지한 신앙고백들을 참고하여야 합니다. 물론 성경 이외에 그 무엇도 절대적 진리가 아니지만 이러한 신앙고백들의 내용 자체와 그것을 고백하게 하였던 교회와 사회의 역사적인 상황들을 진지하게 고려함으로써, 우리는 쉽게 빠질 수 있는 오류에서 벗어나기도 하고 또한 자기 시대의 신앙고백을 보다 정확하게 기술할 수 있게 되는 것입니다.

이미 이루어진 교리의 체계들을 존중하면서도 자기 시대에 발견한 성경의 해석들을 통해 과연 그 교리가 참으로 신뢰할 만한 성경적 근거를 가진 교리인지를 다시 확인하는 일은 그 빛에 참여한 모든 시대의 교회가 회피할 수 없는 부르심입니다. 더욱이 개괄적 교리들을 보다 정교화하고 구체화하는 일은 그리스도인을 오류와 방종한 생활로부터 지켜 주는 아주 중요한 수단이 됩니다. 명백히 제시되고 있는 성경의 명제들 사이를 논리적으로 이어 감으로써 논리를 세우고, 그 논리들을 통하여 우리가 무엇을 믿고 어떻게 살아야 할지를 깨닫는 지혜를 갖게 하는 것입니다. 이러한 교리가 정확하고 구체적일수록 성도들은 성경 진리의 아름다움을 절감하게 될 것이며 거룩한 생활의 미학에 대하여 탁월한 인식을 갖게 될 것입니다.

그러므로 오늘날 조국 교회에서 교리에 대하여 적당한 반감을 가지거나 얕잡아 보는 것은 매우 잘못된 신앙의 태도입니다. 모든 그리스도인의 생활은 이러한 교리의 체계 위에 세워져야 하고, 그리스도인의 모든 생활은 바로 이 교리가 지향하는 논리의 분명한 드러남이어야 합니다. 이렇게 할 때 교회의 지체들은 함께 교리를 수립하고 수립된 교리의 의미를 누림으로써 교회에 위탁하신 진리의 빛을 그들의 사상과 생활 속에서 더욱 풍성히 만들어 가게 됩니다. 성령은 바로 이러한 교회와 그리스도인의 노력을 축복하심으로써 그 시대의 교회에 위탁하신 진리의 빛을 찬란하게 하십니다.

3) 신앙의 변증

셋째로, 신앙의 변증입니다. 기독교의 교리는 단지 교회 안에 있는 그리스도인끼리 주고받는 종교적 사실들이 아닙니다. 이 교리는 교인들이 자신들이 믿는 바를 확인하는 것이며 또한 이것들을 통하여 진리가 아닌 이 세상에 대하여 자신들이 믿는 진리를 표명하는 논리입니다.

이 어두운 세상에 빛으로 나타나는 교회가 되기 위해서는 단지 자신들이 믿는 바를 선전하는 것만으로는 충분하지 않습니다. 어둠 속에 있는 사람들은 그 어둠을 사랑하기 때문에 어둠에 있으며 또 그 어둠에 대하여 확신을 가지고 있는 것입니다. 그러므로 교회는 빛의 본질에 대해서만 연구하고 가르칠 뿐 아니라 어둠의 본질에 대해서도 연구하여야 합니다. 그리하여 이 세상 사람들이 사랑하는 어둠의 본질과 그 허구성을 드러내되, 교회 안에 있는 신자들끼리 통용되는 언어로만이 아니라 이 세상 사람들이 이해할 수 있는 언어로써 진술할 수 있어야 합니다. 이것은 단순히 언어의 문제만을 이야기하는 것이 아닙니다. 그들이 이해할 수 있는 사유의 틀과 용어를 가지고 그들이 이해할 수 없는 그 빛을 이해하게 해주어야 한다는 의미입니다. 이렇게 해야 하는 이유는 우리가 그들과 소통하지 않는다면 그들이 우리의 그 빛을 볼 수 없을 것이기 때문입니다.

개혁신학을 열심히 연마한 사람이 그 학문의 칼끝으로 겨누는 곳은 복음주의의 목입니다. 물론 건전하다고 알려진 복음주의 안에도 성경의 가르침을 세세하게 비춰 보면 교정해 주어야 할 부분이 있을 것입니다. 그리고 그것은 마땅히 보다 성경적인 신학의 비판을 받으면서 기독교의 가르침을 순전하게 하여야 할 것입니다(고후 4:2). 그러나 그럼에도 불구하고 우리가 자기 신학의 옳음을 가지고 남의 신학을 공격하는 열심만큼 세상의 정신을 공격하지 않는 것은 학문적 정직성에 어긋나는 것입니다.

이러한 강조점을 충분히 이해하면서도, 복음주의와 싸우는 것만을 자기의 사명처럼 생각하고 교회 밖에서 넘실대고 있는 더 흉악한 이교의 사상을 향해서는 거의 칼을 겨누지 않고 있는 개혁신학이 있다면, 그것은 종교개혁가들의 정신에도 어긋나는 것이고 이 시대의 교회에 주신 사명을 감당함에 있어서도 문제가 있는 것입니다. 정확히 말하자면, 이러한 문제는 신학을 하는 사람들이 세상 사람들의 언어로 기독교 신앙을 변증할 훈련이 되어 있지 않기 때문입니다. 단지 언어의 문제뿐 아니라 이 세상을 사로잡고 있는 거대한 시대 정신의 정체를 파악하지 못하고 있기 때문에 교회 내부용 신학만을 양산하는 것입니다.

이 점에 있어서 기독교 신앙의 변증은 성육신의 원리를 따라야 합니다. 예수 그리스도께서는 사람의 몸으로 세상에 오셨습니다. 왜냐하면 사람들이 사는 세상이었기 때문입니다. 그리고 사람으로서 육체의 죽음을 맞이하셨습니다. 하나님이신 그분이 사람으로서 죽으신 것은 사람들에게 그 죽음의 의미를 보여주시기 위함이었습니다. 그것은 바로 인간의 죄의 심각성과 이에 대한 대속으로서의 신·인(神人)의 죽음이었습니다.

교리를 수립하는 데 있어서는 성경의 진리와 성경의 진리를 해석했던 역사적 고백들을 알면 충분합니다. 그러나 그것은 우리가 성경을 믿어야 할 이유와 그 내용을 설명해 줄 뿐입니다. 세상 사람들에게는 그들이 왜 신앙을 가져야 하는지를 설명하는 것만으로는 충분하지 않고, 그들이 신앙을 가지지 못하게 하는 요소들을 현대의 학문과 사상 속에서 찾아내고 그것이 왜 불합리한지를 입증할 수 있어야 합니다. 신앙의 변증을 위해 그들이 헌신하고 있는 학문의 대상에 대하여 우리도 꼭 같이 헌신적으로 탐구하여야 할 이유가 여기에 있습니다. 이러한 노력을 통하여 세상의 빛으로 본 학문의 세계와 성경의 빛으로 본 학문의 세계가 어떤 점에서 양립할 수 있고 어떤 점에서 양립할 수 없는지를 드러내 보여주어야 합니다.

사실 모든 학문은 이미 주어진, 그러나 인간의 죄와 타락으로 말미암아 희미해진 진리의 빛에 대한 탐구의 결과입니다. 그리고 그 탐구의 결과는 주로 이성의 추론에 의하여 성립된 것들입니다. 그러나 학문의 연구대상인 사물과 사실들의 인과관계는 이성의 추측 범위 안에 있지만 보다 궁극적인 학문의 연원은 이성의 추론을 초월하는 것입니다.

길버트 체스터턴(Gilbert K. Chesterton, 1874-1936)이 세계의 모든 사물은 마치 난파선에서 쏟아진 보물과 같다고 말한 것도 바로 이러한 이유 때문입니다.[70] 정확하게 말하자면, 그가 말하는 보물은 어떤 사물에 대한 개별적 지식들입니다. 그러나 우리 인간은 창조주 하나님에 대한 인식 없이는 어떤 사물이 우주 전체에 대하여 갖는 연관성이나 의미에 대하여는 알 수 없습니다. 더욱이 그 사물의 존재의 근원을 알 수 없기 때문에, 그것이 존재하는 목적과 올바른 사용에 대해서는 무지할 수밖에 없습니다. 학문은 개별적인 사물들의 정체에 대하여 가르쳐 줄 수 있고, 그것들이 갖는 자연적인 아름다움이나 역학 관계에 대하여 한정된 지식을 줄 수는 있지만 그 아름다움이나 힘의 근원에 대하여는 아무 것도 가르쳐 주지 못합니다.

천문학을 공부한 학자들은 별들의 위치와 성질에 대해서는 잘 알고 있지만 그 아름다운 우주적 질서의 궁극적 원인이 무엇인지에 대해서는 자신의 학문을 통해 알 수 없습니다. 생물학을 탐구하는 학자들은 생명 현상에 대

---

[70] Gilbert K. Chesterton, *Orthodoxy* (New York: Image Books, 1990 reprint), 137.

해서만 임상적으로 탐구할 뿐이지 생명의 의미나 기원 자체에 대해서는 학문의 대상으로 삼지 않습니다. 법학을 연구하는 사람들을 생각해 보십시오. 한 나라를 위하여 법의 체계를 어떻게 세우고 그것들을 어떻게 집행하게 하는지에 대해서는 훌륭하게 탐구한다 할지라도 어떤 법의 좋음과 나쁨의 궁극적인 근거가 무엇인지에 대해서는 확신 있게 대답하지 못합니다.

음악가가 어떤 음률의 아름다움과 조화를 느끼고 그것을 아름답게 하는 음의 질서와 규칙들에 대해서는 어느 정도의 이해를 가지고 있을지 모릅니다. 그러나 왜 어떤 음률들의 연합이 이러저러한 규칙을 따를 때 아름답게 느껴지고 그렇지 못할 때 유쾌하게 느껴지지 않는지, 또 어떤 사람들에게는 아름답게 들리는 그것이 다른 사람들에게는 그렇게 들리지 않는지에 대해서는 음악 공부 자체를 통해 적절한 판단을 얻을 수 없습니다.

모든 학문의 세계가 이러합니다. 그러므로 제가 엄밀한 의미에서 그리스도인으로 말미암는 그 빛의 도움이 없이는 학문이 참으로 그 학문이 될 수 없다고 강조하는 것도 바로 이러한 이유 때문입니다. 교회의 임무는 바로 이렇게 자신들이 믿는 신앙의 진리를 체계화하여 그 빛으로 이 세상의 학문과 사회의 현실을 비추어 성경적인 관점들을 알게 하고 그릇된 관점들을 꾸짖어 바른 관점으로 돌아오게 하는 것입니다.

교회가 사회의 모든 문제에 대해 통일된 견해를 가질 수는 없지만, 성경의 명백한 가르침을 따라 사회의 부도덕과 불경건한 악습을 꾸짖고 책망하는 것은 회피해서는 안 되는 교회의 소명입니다. 그 일은 바로 이러한 학문의 변증을 통해 그것을 더욱 구체적으로 사회에 적용함으로써 이루어집니다. 이로써 건전한 여론을 형성하고 그 여론을 통하여 사람의 양심에 호소하여 사회가 건전한 이성과 도덕의 판단으로 돌아오게 하는 일은, 궁극적으로 복음을 전파하여 자신의 죄를 회개하고 하나님께 돌아오게 하는 선교적 사명을 위해서라도 반드시 필요한 일입니다.

심지어 정부가 변명할 여지없이 현저하게 악을 행하고 그것을 항구적으로 사회 안에 수립하고자 국가 권력을 부당하게 행사할 때 그리스도인은 이에 대해 변증을 넘어서서 사회적인 판단을 내려야 하며 경우에 따라서는 선한 양심의 빛을 좇아 이러한 폭압적인 통치에 대하여 항거하여야 하는 것입니다.

c. 목회 사역으로 드러나는 '그 빛'

하나님께서는 교회에 그 빛을 위탁하셨습니다. 목회 사역은 그 빛을 드러내도록 사용하시는 하나님의 중요한 방편입니다. 성경을 해석함으로써 그 빛을 드러내고, 그 빛을 가르쳐 신자들의 마음에 진리가 심기게 하여 이 세상에서 거룩한 자녀들로 살아가게 하는 것이 목회 사역의 중심이 되어야 합니다(빌 1:9-10, 2:15). 비록 희미한 빛이기는 하지만, 자연세계는 궁극적으로 성경 계시를 통하여 그 실체가 드러날 진리의 빛의 부스러기들을 담고 있습니다.

목회 사역은 성경에 주신 그 빛을 밝히 드러내어 성도들 마음 안에 담음으로써 그들을 개별적으로 이 세상에서 빛들로 살게 할 뿐 아니라 교회로 하여금 그 빛의 총화를 통하여 이 세상에 진리를 보여주게 하는 가장 유력한 수단입니다. 그러므로 객관적으로 주신 성경 계시의 빛이 그리스도인을 통해, 교회 공동체를 통해 이 세상에 드러나는 것이 목회 사역에 달렸다고 해도 과언이 아닙니다. 그러므로 그 목회 사역은 그 빛을 위한 봉사이어야 하고 그 일에 종사하는 사람들은 마땅히 먼저 그 빛을 누리고 그 빛의 가치를 아는 사람이어야 합니다. 그러한 인식을 넘어서서 오히려 그 빛 자체에 숙명처럼 매인 사람들이 바로 목회자들과 그 목회 사역에 동참하는 일꾼들이어야 합니다.

그들은 그리스도를 만나고 그분이 자신과 온 인류를 구원할 유일한 길이요 진리요 생명이심을 확신하는 사람이어야 합니다. 그것은 단지 학문의 훈련을 통하여 이루어지는 것이 아닙니다. 그 이상의 성령의 역사와 그리스도에 대한 그 어떤 경험이 필요합니다. 그러므로 교회가 자기들의 시대와 다음 시대에 훌륭한 목회자들이 나타나기를 원한다면, 교회는 그 진리의 빛과 그 빛을 경험하게 하시는 성령의 역사로 충만하여야 합니다. 그리고 그 빛을 따라 생각하고 또한 살아가는 사상과 윤리의 체계들 안에서 그들이 성장하도록 도와야 합니다. 이렇게 함으로써 목회 사역은 다양한 활동들에도 불구하고 그 다양한 활동들이 한 가지 목적, 바로 그 빛과 진리를 알게 하고 또 드러내는 것에 기여하는 것이어야 합니다.

따라서 목회자는 목회 활동을 통하여 가르쳐 주어야 할 그 빛에 대한 증언과 지식, 그리고 그 빛을 따르는 그리스도인의 참된 행복을 그의 인격과 생활 속에서 보여주기 위하여 세움을 받은 것입니다. 그러므로 그 빛에 대한 지식과 사랑이 없는 모든 목회 활동은 진정한 의미에서 그 빛을 드러내는 목회 사역이라고 말할 수 없습니다.

오늘날 교회가 진리의 체계보다는 경영의 논리를, 그 빛의 아름다움보다는 이 세상에서의 번영의 영광을 더욱 추구하는 것은 우리의 목회 사역에 있어서 진리가 중심 되지 못하고 있음을 여실히 보여주는 것입니다. 그러므로 우리의 목회 사역은 처음 그것을 시작하게 한 동기도 그 빛이신 그리스도이어야 하며 또한 그것을 지속하게 하는 힘도 그 빛에 대한 사랑과 그것으로부터의 감화이어야 합니다. 그래서 목회자들은 그 진리를 사랑하는 사람이 되지 않으면 안 됩니다. 애지자가 됨으로써 자신이 그 진리를 따라 살아가는 삶의 행복이 그 빛으로부터 소외된 어둠 속에 있는 사람들을 향한 말할 수 없는 연민으로 나타나야 합니다.

그는 단지 불우이웃을 구제하도록 보냄을 받은 사람이 아니라 그리스도의 사랑으로 모든 세상 사람을 사랑하며 궁극적으로 그들에게 목회 사역을 통해 진리의 빛을 전달하기 위해 보냄을 받은 사람입니다. 한 편으로는 그 빛을 교회로 하여금 누리게 하고 또 한 편으로는 그 빛을 자기 시대의 사람들이 누리게 되도록 선교와 전도에 헌신하도록 부름 받은 사람입니다. 목회자는 유능한 행정가일 수도 있고 경영자일 수도 있고 학자일 수도 있고 탁월한 사회개혁가일 수도 있습니다. 그러나 그가 성령의 사람이 아니라면 그 모든 것은 아무 것도 아닙니다. 그는 하나님의 진리를 전함에 있어서 특별한 성령의 나타남과 능력을 힘입어야 합니다. 종교개혁사에 나오는 다음 일화는 이러한 일의 훌륭한 한 예증입니다.

1571년, 위대한 종교개혁자 중 한 사람이었던 존 녹스(John Knox, 1514-1572)가 죽기 1년 전의 일이었습니다. 그는 이미 중풍에 걸려 있었습니다. 세인트 앤드류 지방의 한 생도로서 그의 설교를 빼놓지 않고 들었던 제임스 멜빌(James Melville, 1556-1614)은 후일 자신의 일기에서 다음과 같은 사건을 회고하였습니다. 그 때는 녹스가 다니엘서를 강해하던 때였습니다. 어느 날 멜빌은 평소와 같이 그의 설교를 필사하기 위해 예배당에 있었습니다. 설교자는 반 시간 정도 온화하게 본문을 해설해 갔습니다. 그러나 해설이 끝나고 그 내용을 적용하는 부분에 들어가면서 설교는 거룩한 열정에 불탔고 절정에 도달했을 때 멜빌은 더 이상 그의 설교를 받아 적을 수가 없었습니다. 그를 엄습하는 거룩한 성령의 능력이 신적인 엄위와 두려움을 불러 일으켰고 그는 덜덜 떨며 회개하고 있었습니다. 멜빌은 이 장면을 다음과 같이 회고하였습니다.

그는 처음에는 넘어지지 않으려고 강대에 기대어 설교하였으나 설교에 힘을 쏟을수록 마치 강대를 산산이 박살낼 듯이 내리쳤고 또 설교단에서 날아오를 것처럼 힘 있게 설교하였습니다.71)

당시 설교자 존 녹스의 외모가 어떠했는지 아십니까? 그는 추위를 피하기 위해 털목도리를 두르고 한 손에는 지팡이를 들었으며 한 손은 그의 하인의 부축을 받으며 교회당에 들어왔고 교회당에서는 다른 교우들의 부축을 함께 받으며 간신히 강단에 올랐습니다. 쇠약해질 대로 쇠약해진 그는 넘어지지 않기 위해 강단 한 쪽에 몸을 기댄 채 설교를 하여야 했습니다.72) 하늘의 거룩한 능력을 불러일으키는 것은 사람의 외모나 육체의 힘, 고함지르는 설교자의 목청이 아니었습니다. 그것은 성령과 함께 하는 진리의 힘이었습니다.

이처럼 하나님께서 이미 주신 진리의 빛은 목회 사역에 의하여 가변적입니다. 일체의 부지런함과 성실함으로 진리를 탐구할 뿐 아니라, 그것을 연구하는 모든 과정에 성령께서 교회와 신학자들과 목회자들과 성도들과 함께 하시고, 그것을 전달함에 있어서 강력한 성령의 역사가 함께 함으로써 그 진리의 빛은 찬란하게 빛나는 것입니다. 이것은 진리의 연약함을 보여주는 것이 아니라 우리의 부지런한 목회 사역에도 불구하고 그 빛의 풍성한 나타남이 오직 하나님의 은혜에 의존하고 있다는 사실을 보여줍니다.

---

71) G. Barnett Smith, *John Knox and the Scottish Reformation* (Edinburgh: The Religious Tract and Society, 1905 reprint), 17.
72) Clyde E. Fant, Jr. & William M. Pinson, Jr. eds., *20 Centuries of Great Preaching* (Waco: Word Books, 1979), 195.

3. '그 빛'을 누려야 할 성도들

예수 그리스도께서 너희는 세상의 빛이라고 말씀하셨을 때 그 빛은 이 세상에 사는 성도들이 실제로 그 빛을 누려야 할 사람들임을 보여줍니다.

a. 인간 마음에 '그 빛'을 담으심

하나님은 인간의 마음에 그 진리의 빛을 담으십니다. 사람의 마음은 영혼의 기능입니다. 사람의 마음은 외부의 사물들을 인식하고 그것들을 판단하며 그것에 대하여 좋은 감정과 싫은 감정을 갖습니다. 이렇게 함으로써 인간은 사물들이나 사실들을 판단하고 좋음과 나쁨을 구별하기도 하는 것입니다. 그러나 또 한 편 마음은 창조적 기능을 가지고 있어서 수많은 상상 속에서 새로운 관념들을 만들어 내기도 하는데 때로는 마음으로 만들어 낸 이 관념이 인간의 감각기관을 통하여 지각한 것보다 더 풍부한 내용을 가지고 있어서 어떤 관념에 대하여 사랑을 느끼기도 하고 때로는 혐오의 감정을 갖기도 하는 것입니다.

조나단 에드워즈(Jonathan Edwards, 1703-1758)에 따르면 하나님께서 창조하신 이 모든 세계는 하나님께서 당신 자신에 대하여 하신, 당신 자신에 대한, 당신 자신에 의한 묘사입니다. 이는 명백히 이 세계에 창조된 모든 사물을 일자(一者)의 전례(典禮)라고 생각하였던 플라톤(Platon, BC 427-BC 347)의 사상을 따른 것입니다. 이는 또한 경험주의 철학자들이 하나님께서 창조하신 세계를 하나님의 사유의 표상, 혹은 신적 언어로 생각하였던 것과 유사합니다. 그들은 후일 포스트모더니즘의 영향을 받아 언어를 분석하는 철학자들이 과장하였던 '사고-언어-실재'의 괴리라는 도식에 빠지지 않았습니다. 오히려 '사고-언어-실재' 사이의 밀접한 연관을 믿었습니다.

세계가 절대적으로 우연의 산물이라고 믿는 사람들에게는 플라톤의 이러한 사상은 독단처럼 비치겠지만, 만물에 깃든 창조의 신성의 영광을 아는 자들에게는 얼마든지 받아들여질 수 있습니다. "창세로부터 그의 보이지 아니하는 것들 곧 그의 영원하신 능력과 신성이 그가 만드신 만물에 분명히 보여 알려졌나니 그러므로 그들이 핑계하지 못할지니라"(롬 1:20). 또한 이것은 인간의 언어를 이용한 소통이 아니라 하나님께서 창조주의 흔적을 피조물 속에 새겨 주심으로써 가능해진 지식의 소통입니다. "날은 날에게 말하고 밤은 밤에게 지식을 전하니 언어도 없고 말씀도 없으며 들리는 소리도 없으나 그의 소리가 온 땅에 통하고 그의 말씀이 세상 끝까지 이르도다"(시 19:2-4上).

이러한 역사적, 사상적 문맥들을 고려해 볼 때, 우리는 하나님과 세계의 미학적 연속성에 대한 조나단 에드워즈의 생각을 받아들일 수 있습니다. 하나님께서 창조하신 모든 세계는 결국 그분의 지성과 의지의 표현이기 때문입니다. 에드워즈에 따르면 세계의 진정한 아름다움의 근거는 하나님이므로 세상 자체가 하나님을 입증하는 훌륭한 변증의 수단이 됩니다. 마치 바울이 아레오바고에서 철학자들이었을 아데네 사람과 거기 머무는 외국인들에게 다음과 같이 말한 것처럼 말입니다. "내가 두루 다니며 너희가 위하는 것들을 보다가 알지 못하는 신에게라고 새긴 단도 보았으니 그런즉 너희가 알지 못하고 위하는 그것을 내가 너희에게 알게 하리라"(행 17:23).

예술가의 작품을 통해 보이지 않는 그의 정신세계를 유추하듯이 창조세계는 이렇듯 우리로 하여금 하나님에 대하여 생각하게 합니다. 따라서 인간이 하나님께서 창조하신 세계와 만물을 올바르게 바라보기만 한다면 그것을 창조하신 하나님에 대하여 생각하는 것은 자연스러운 것입니다. 그러나 하나님께서 창조하신 세계가 인간의 범죄로 말미암아 저주 아래 있게 되었고 인간 자신도 죄로 말미암아 만물을 통해 하나님을 알 수 있는 능력을 상당 부분 상실하였습니다. 하나님께서 성경을 통해 당신을 계시하시고 구원의 길을 보여주신 것도 바로 이 때문입니다.

그러므로 목회 사역의 요체는 인간의 마음에 그 빛을 가득 담아 성도들로 하여금 그 빛을 사랑하고 그 빛을 마음에 적용하여 그 빛의 사람이 되게 하고 또 그 빛으로 살아가게 하는 것입니다. 성령께서 하나님께서 창조하신 모든 세계 중 인간의 마음을 가장 좋은 거처로 삼으시는 것도 바로 이 때문입니다. 따라서 인간이 마음 안에서 경험하는 성령과의 교제는 다른 모든 피조물이 누리지 못하는 배타적이고 독자적인 영적 교제입니다. 이처럼 이 세상 사람 중 한 사람이었던 그리스도인을 그 빛의 사람으로 만드는 것은 그들의 마음에 담기는 그 빛을 통해서입니다.

교회가 아무리 성경을 해석하고 탐구한다고 할지라도 그 빛을 성도들의 마음에 담아 실제로 그 빛을 사랑하며 그 빛을 따라 행복하게 살도록 만들어 주지 않는다면 결코 교회는 그 빛의 공동체로 이 세상에 나타날 수 없습니다.

b. 은혜의 부패와 마음

이처럼 교회가 진리의 공동체로서 이 어두운 세상에 그 빛으로 나타나기 위하여서는 교회의 지체들인 그리스도인 각 사람의 마음속에 진리가 담겨져야 합니다. 그러나 신자의 마음 안에 담겨진 그 빛도 교회의 목회 사역에 담겨진 그 빛만큼 가변적입니다. 진리를 사랑하고 진리를 알고 또 그것을 따라 살며 진리의 아름다움을 누리지 못하는 사람들에 대한 사랑을 가지고 유능하게 말씀 사역이 이루어질 때 목회 사역은 교회 공동체로 하여금 그 빛을 찬란하게 드러나도록 만들어 줍니다. 그러나 그렇지 못할 때 오히려 목회 사역으로 그 어둠을 더하게 할 수 있습니다(고후 11:13).

이와 마찬가지로 한번 그 빛이 담겨진 성도의 마음이라 할지라도 그 마음은 그가 누리는 은혜의 정도에 따라 그 진리의 빛을 드러냄에 있어 가변적입니다. 왜냐하면 가장 탁월한 신자의 마음이라고 할지라도 종종 부패에 종속되기 때문입니다. 신자의 마음의 부패는 사물이 부패하는 것과 같지 않습니다. 오히려 이것은 신자의 마음이 은혜로부터 멀어짐으로써 신자의 마음에 고유한 기능을 일부 혹은 상당 부분 상실하는 것을 의미하는 것입니다. 인간의 몸이 자연으로부터 멀어질 때 질병과 가까워지는 것처럼 신자의 마음도 은혜로부터 멀어질 때 부패에 종속되기 마련입니다.

한 신자의 마음 안에서 이루어지는 진리에 대한 인식은 그의 마음이 진리에 대한 사랑으로 가득 차 있을 때 가장 탁월합니다. 그러므로 진리를 아는 가장 좋은 방법은 진리 자체를 사랑하는 것입니다. 그래서 예수 그리스도께서는 이렇게 말씀하셨습니다. "나의 계명을 지키는 자라야 나를 사랑하는 자니 나를 사랑하는 자는 내 아버지께 사랑을 받을 것이요 나도 그를 사랑하여 그에게 나를 나타내리라"(요 14:21).

모든 그리스도인은 항상 자신의 마음을 하나님 앞에 순수하게 하는 일에 헌신하여야 합니다. 만약 마음이 하나님께 바쳐지지 않는다면 다른 모든 것은 진정한 의미에서 하나님께 드려진 것이 아니기 때문입니다. 그리스도께서 당신을 시험하는 율법사에게 모든 율법의 요체를 가르치시면서 제일 먼저 마음을 다하라고 말씀하신 것도 바로 이 때문입니다. 그리스도께서 목숨이나 뜻보다 마음을 먼저 말씀하신 것을 기억하기 바랍니다. "예수께서 이르시되 네 마음을 다하고 목숨을 다하고 뜻을 다하여 주 너의 하나님을 사랑하라 하셨으니 이것이 크고 첫째 되는 계명이요"(마 22:37-38).

그러므로 목회 사역은 진리와 함께 신자들의 마음을 다루는 사역이어야 합니다. 어찌 목회 사역만 그러하겠습니까? 전도와 선교 사역은 물론이거니와 신자가 경건의 실천 속에서 하나님께 올리는 간절한 기도와 진지한 묵상과 심지어 모든 섬김에 이르기까지 모든 것이 인간의 마음에서 비롯되고 마음의 변화를 가져옵니다(신 6:6). 그래서 시인은 하나님께 간구하였습니다. "나의 반석이시요 나의 구속자이신 여호와여 내 입의 말과 마음의 묵상이 주님 앞에 열납되기를 원하나이다"(시 19:14). 그래서 아우렐리우스 아우구스티누스(Aurelius Augustinus, 354-430)는 자신의 『고백록』(Confessiones)에서 이렇게 말합니다.

> 사람들은 높은 산과 바다의 거대한 파도와 강의 가장 광활한 낙수와 해류의 순환과 별들의 운행에 탄복하기 위해 여행을 떠나지만 정작 자신들에 대해서는 무관심한 채 기이히 여기지를 않습니다. ······오 주님, 진실로 나의 수고는 여기에 있나이다. 나 자신 안에서 일하고자 하나이다. 고된 노동과 굵은 땀방울이 필요한 문제의 땅은 바로 나 자신이옵나이다.[73]

> 내가 당신을 알게 된 이후부터 당신은 내 기억 속에 머물러 계시오며, 내가 당신을 떠올리며 당신을 뵈옵고 기뻐하는 곳도 바로 기억입니다.[74]

그러므로 그리스도인은 자신의 마음을 알고, 어떤 환경에서 자기 마음속에서 일어나는 작용과 그 작용들이 일관된 도덕과 관련하여 의지로 하여금

---

[73] "Et eunt homines mirari alta montium et ingentes fluctus maris et latissimos lapsus fluminum et Oceani ambitum et gyros siderum et relinquunt se ipsos nee mirantur" Avrelivs Avgvstinvs, *Confessiones*, X. 8. 15, in *Corpvs Christianorvm Series Latina*, XXVII *Avrelii Avgvstini Opera* (Tvrnholti: Thpographi Brepols Editores Pontificii, 1996), 161-163.

[74] "Ego certe, dornine, laboro hie et laboro in me ipso: factus sum mihi terra difficultatis et sudoris nimii." Avrelivs Avgvstinvs, *Confessiones*, X. 16. 25, in *Corpvs Christianorvm Series Latina*, XXVII: *Avrelii Augustini Opera* (Tvrnholti: Thpographi Brepols Editores Pontificii, 1996), 167.

어떤 선택을 하게 하는지 알고 있어야 합니다. 그리고 이것은 곧 자신의 마음의 고유한 성향을 파악함으로써 어떤 상황에서 선악 간에 어느 한 쪽으로 기울어지는지를 미리 알기 위함입니다.

말씀의 빛과 그 빛 아래서 드러난 자신의 부패한 마음의 상태를 발견하고, 진실한 참회와 간구를 통하여 회심할 때 지녔던 꾸밈없고 순수한 마음으로 돌아감으로써 진리의 빛을 더욱 풍부히 누리며 살아야 합니다. 진리를 향하여 순수하고 꾸밈없는 마음은 그 빛을 충만히 받기에 가장 적합한 마음이며, 성령께서 우리 안에 거하시기에 가장 좋은 환경입니다. 거룩함을 좇으며 하나님을 사랑하는 것이 진리를 찾기에 가장 적합한 마음이며, 그렇게 함으로써 마음이 그 빛을 기뻐하며 계명을 따르는 삶을 살아가게 됩니다. 그리고 윤리적 삶은 바로 그러한 실천의 열매입니다. 목회 사역은 성도들을 이렇게 세워 감으로써 하나님의 나라의 확장과 그리스도의 교회의 영적 번영에 이바지하여야 합니다.

C. 하나님을 절대적으로 의존함

셋째로, 하나님을 절대적으로 의존하게 하기 위해서입니다. 이처럼 하나님께서 교회에 위탁하신 그 빛을 가변적으로 남겨 두심은 신자로 하여금 당신을 절실히 의존하게 하시기 위함입니다. 교회가 아무리 성경을 해석하고 교리를 세우며 목회 사역을 통해서 그것을 신자들의 마음 안에 담으려고 노력한다 할지라도 하나님께서 성령으로써 그 모든 활동에 복을 내려주시지 아니하면 그것들은 진리와 관련하여, 그 열매인 윤리와 관련하여 아무 것도 할 수 없습니다.

하나님은 진리의 원천이 되실 뿐 아니라, 또한 교회에 위탁된 그 빛이 인간의 섬김에 의해 풍성하게 되는 일에 있어서도 주권을 가지고 계십니다. 설교자도 하나님께서 그리스도를 통하여 성령 안에서 세우시며, 교회에 유익을 끼치는 모든 좋은 은사도 그리스도를 통하여 성령 안에서 부여됩니다. 이처럼 그리스도의 교회에 부여되는 모든 좋은 것은 하나님에게서 오는 것입니다. 그렇다면 하나님께서 진리를 위한 인간의 모든 섬김이 매 순간 당신을 의존하는 마음으로 이루어지기를 바라는 것은 얼마나 자연스러운 것입니까?

그렇습니다. 더욱이 진리 자체가 바로 인간으로 하여금 그것을 의존하게 하는 힘입니다. 그러므로 진리를 의존하는 마음 없이 그것을 사랑하는 것도 어려우며, 그것을 가르치거나 전파하는 것은 더더욱 불가능한 일입니다. 이러한 사실을 사도 바울은 이렇게 표현했습니다. "내가 내게 있는 모든 것으로 구제하고 또 내 몸을 불사르게 내 줄지라도 사랑이 없으면 내게 아무 유익이 없느니라"(고전 13:3).

이 사랑이 어디로부터 온 것입니까? 그리스도인의 사랑에서 진리를 제하고 나면 이것은 인간의 자기 본위적 충동 이외에 아무 것도 아닙니다. 사랑은 우리가 진리에 속한 것을 입증하는 가장 훌륭한 증거입니다. 그래서 사도 요한은 이렇게 말합니다. "자녀들아 우리가 말과 혀로만 사랑하지 말고 행함과 진실함으로 하자 이로써 우리가 진리에 속한 줄을 알고 또 우리 마음을 주 앞에서 굳세게 하리니"(요일 3:18-19).

빛에 속한 자녀들은 또한 사랑에 속한 자녀들이며 그 진리를 사랑하는 모든 사람은 그 진리에 대한 사랑 때문에 하나가 됩니다. 이러한 원리는 예수 그리스도의 기도 속에서도 명백히 나타납니다. 그분의 기도에서 '진리-거룩함-사랑-연합'은 하나입니다. "또 그들을 위하여 내가 나를 거룩하게 하오니 이는 그들도 진리로 거룩함을 얻게 하려 함이니이다 내가 비옵는 것은 이 사람들만 위함이 아니요 또 그들의 말로 말미암아 나를 믿는 사람들도 위함이니 아버지여, 아버지께서 내 안에, 내가 아버지 안에 있는 것같이 그들도 다 하나가 되어 우리 안에 있게 하사 세상으로 아버지께서 나를 보내신 것을 믿게 하옵소서"(요17:19-21).

이는 사랑하는 사람들의 마음은 여럿이지만 그 모든 마음으로 사랑받는 거룩한 진리는 하나이기 때문입니다. 그리고 하나님은 온 인류가 이런 사랑 안에서 진리를 앎으로써 하나 되기를 원하십니다. 이처럼 진리의 빛을 누리며 그 빛을 사랑하는 것은 전적으로 하나님께 대한 의존 안에서 이루어지는 것입니다(시 145:14, 약 4:6, 벧전 5:5).

1. '그 빛'의 누림이 하나님께 의존함

이러한 원리 안에서 그리스도께서 주신 그 빛을 교회가 누리는 것은 전적으로 하나님을 의존함으로써 이루어집니다. 그리스도의 교회가 성경을 해석하고 그 해석을 토대로 교리를 고백하며 기독교 신앙을 변증하고 이 세상의 사조들을 꾸짖고 바르게 한다 할지라도 그 일들은 본질적으로 영적인 사역입니다. 본질적으로 이러한 사역에 성령의 도우심이 없다면 인간의 많은 수고와 노력은 그 목적에 온전히 이바지하지 못합니다. 이를 위하여 우리의 학문과 변증에도 하나님의 능력이 절실하게 필요합니다.

"또한 우리를 육신에 따라 행하는 자로 여기는 자들에 대하여 내가 담대히 대하는 것같이 너희와 함께 있을 때에 나로 하여금 이 담대한 태도로 대하지 않게 하기를 구하노라 우리가 육신으로 행하나 육신에 따라 싸우지 아니하노니 우리의 싸우는 무기는 육신에 속한 것이 아니요 오직 어떤 견고한 진도 무너뜨리는 하나님의 능력이라 모든 이론을 무너뜨리며 하나님 아는 것을 대적하여 높아진 것을 다 무너뜨리고 모든 생각을 사로잡아 그리스도에게 복종하게 하니"(고후 10:2-5).

하나님을 아는 참된 지식은 이미 진리를 안 사람들을 굴복하게 하신 하나님께 대한 경외와 함께 있는 것입니다. 거룩한 은혜의 바다 위에서 인간의 지성의 배는 가장 올바른 항적(航跡)을 그립니다. 그리고 그 모든 항해와 같은 학문의 활동을 통해 성령의 활동을 드러내고 생명의 역사를 이루게 됩니다.

그러므로 어두운 세상에 있는 교회가 간절히 구할 것은 보다 많은 회중도 아니고, 더 넓고 큰 교회의 대지나 건물도 아니며, 아름다운 소리를 내는 고가의 악기도 아닙니다. 심지어 경영의 능력이나 수완도 아닙니다. 그것은 찬란한 진리의 빛이 교회 안에 충만해지는 것입니다. 개인적으로뿐만 아니라 우주적 보편 교회와 지상 교회가 진리를 알고 사랑하고 그것을 따라 살아가는 성도들로 충만하게 되기를 간구하여야 합니다. 괴테(Johann Wolfgang von Goethe, 1749-1832)가 침대에서 죽어 가면서 남긴 마지막 말이 또 다른 의미에서 우리의 기도가 되어야 합니다. "저 창문을 열어 더 많은 빛을 내게 비추도록……."

하나님께서 조금 사랑하는 사람들에게는 물질을 주시지만, 많이 사랑하는 신자들에게는 진리의 빛을 주십니다. 기독교의 역사를 살펴보십시오. 번쇄한 철학이 신학을 뒤덮던 때가 있었습니다. 교회가 거룩한 생명으로 충만할 때에는 그런 세밀한 철학들이 주님을 올바로 알고 경외하게 하는 데 이바지하였지만, 교회 자체가 영적 생명을 잃어버렸을 때에는 그러한 철학과 치밀한 성경의 해석들은 많은 성도에게 귀찮은 것이 되었습니다.

이것은 교회가 이 세상에서 그 빛으로 나타나기 위해서는 자신이 먼저 그 빛을 누리지 않으면 안 된다는 사실을 보여줍니다. 그리고 그것은 단지 인간의 성경 해석이나 신학 활동, 목회 활동에만 달린 것이 아니라 그것들 안에 함께 하시는 성령의 역사가 절실하다는 것을 보여줍니다.

우리가 걸어 온 교회의 역사는 이 두 가지, 진리에 대한 탐구와 성령의 은혜에 대한 절실한 갈망이 공존하는 것이 얼마나 드문 일인지를 보여줍니다. 지식에 치중하던 교회는 기도와 경건을 소홀히 하였고 기도와 열정을 중시하던 교회는 진리의 체계와 학문의 치밀함에 소홀하였습니다. 그리하여 이것으로 저것을 무시하기도 하고 저것으로 이것을 무시하기도 하였습니다. 그러나 어느 경우에도 그 빛을 충만하게 이 세상에 비추고 교회가 그것을 누리게 하지 못하였습니다.

여러 해 동안, 신학교에서 학생들을 가르친 저의 경험도 비슷한 것을 말해 줍니다. 비교적 열정적이고 뜨겁게 기도하는 학생들은 공부하지 않습니다. 또 공부를 잘 하는 학생들은 열렬한 기도와 구령의 열정이 현저히 모자랍니다. 물론 둘 다 안하는 학생들이 훨씬 더 많습니다. 아주 드물게 뜨거운 기도의 은혜와 치열한 탐구의 능력을 함께 가진 학생들이 있습니다. 그러나 사막에서 바늘을 찾는 것만큼 쉽지 않은 일입니다.

타락한 인간은 주님께서 풍부하게 주시면 그것 때문에 주님을 덜 의지하고 아예 주시지 않으면 없기 때문에 하나님께 갈망하지 않습니다. 그러므로 하나님을 우러르는 경건한 신앙이야말로 지성적으로 준비되고 영적으로 충만한 그리스도인을 생산해 내는 가장 좋은 토양입니다.

2. 하나님과 생명의 역사

그리스도의 교회에서 울려 퍼지는 진리는 비록 면도날처럼 예리한 지식이 아닐지라도 성령 안에서 선포될 때 모든 인간의 지혜를 굴복시키는 장

중한 힘이 있습니다. 바로 그러한 성령과 말씀의 경험 안에서 사람들은 거룩하신 하나님을 향한 참된 경배자가 됩니다. 이렇게 함으로써 비로소 진리를 배우고 또 많은 사람에게 전파할 수 있는 사람이 되는 것입니다.

이러한 하나님의 위엄과 영광 자체에 대한 신자의 경험은 일회적이 아니라 반복적으로 이루어져야 합니다. 지식은 그것이 비록 하나님에 관한 것이라고 할지라도 은혜에 붙들린 마음이 아니면 사람을 교만하게 합니다. 그래서 하나님께서는 교회에 대한 자기의 의지를 두 가지로 드러내십니다. 하나님의 영원한 의지와 그 의지의 시간적 실현이 그것입니다.

하나님께서는 모든 교회가 진리의 충만함을 누리기를 원하십니다. 그러나 현실적으로 그들이 시간 안에서 누리는 진리의 분량은 신앙과 진리에 대한 섬김에 영향 받게 하심으로써 인간을 교훈하십니다.

한 편으로는 어느 시대의 교회에 베풀어 주실 그 진리의 빛의 크기를 영원 전에 작정하셨으면서도 또한 시간 속에서 교회와 목회자들과 성도들의 진리를 위해 헌신하는 활동들을 사용하심으로써 마치 그들의 활동 여하에 진리의 풍성함의 나타남이 달린 것처럼 다루십니다. 이것은 하나님께서 진리의 빛을 자신들의 교회와 자기 시대 안에 충만하게 하시기를 교훈하시는 신적 의지의 또 다른 표현입니다. 그러므로 교회는 자신들의 풍부한 신학의 결과물로 인하여 자만하지 말아야 합니다.

네덜란드에 출장 갔을 때 한평생을 세계 선교에 헌신했던 어느 선교회의 지도자를 만났습니다. 그분은 저에게 이런 질문을 하였습니다. "우리 네덜란드의 교회는 매우 훌륭한 칼빈주의 유산들을 가진 투철한 신앙의 나라였는데 왜 그렇게 빨리 짧은 시간에 신앙을 버리게 되었다고 생각하십니까?" 사실 이 질문은 몇 해 전 네덜란드의 유명한 신학자 한 분이 우리 교회에서 설교를 하고 난 후 제가 그분에게 물었던 질문이기도 하였습니다. 그 때 저는 이렇게 물었습니다. "네덜란드는 개혁신학의 위대한 유산을 가진 훌륭한 나라입니다. 그런데 그렇게 엄청난 신학적 유산을 가진 나라가 어쩌면 그렇게 신속히 자유주의로 돌아서게 되었습니까?" 결국 제가 그 신학자에게 한 질문을 그 나라 선교 전문가가 다시 제게 묻고 있는 상황이 되었습니다. 그 때 신학자는 저에게 간단하게 대답하였습니다. "계몽주의 때문입니다." 그래서 저는 그 선교 전문가에게 똑같이 대답했습니다. "계몽주의 때문입니다."

그러나 저는 그 신학자가 저에게 해주지 않은 몇 가지 설명들을 보태었습니다. "계몽주의가 네덜란드 교회의 쇠퇴의 가장 중요한 원인임에는 틀림이 없습니다. 그러나 계몽주의는 교회에 있어서 질병과 같은 것이었습니다. 계몽주의는 어느 시대에나 있었습니다. 사도들의 시대에 헬라인들은 자신들이 계몽주의 빛 아래 있다고 믿었고 그에 비하여 유대인은 전근대적인 미몽(迷夢)에서 벗어나지 못한 사람들이라고 생각하였습니다. 그리스도인도 바로 그런 어리석은 사람들이라고 믿었지요. 어디 그뿐입니까? 중세시대에 기독교 국가의 사람들은 이교도 국가의 사람들을 어둠 속에 사는 미개인들이라고 생각하였고 자신들을 계몽된 시대에 사는 사람들이라고 믿었습니다. 근대의 계몽주의가 체계적이고 혁명적인 주장들을 담아 인본주의를 구축한 것은 사실입니다. 그러나 계몽주의가 짧은 기간 내에 유럽의 교회들을 폐허로 만들 수 있었던 것은 이마 당시의 교회가 계몽주의라는 괴상한 질병을 이길 내적 힘을 충분히 상실했기 때문입니다. 다시 말해서 면역력이 없는 네덜란드의 교회를 계몽주의라는 강력한 페스트가 덮친 것입니다."

진리를 논증함에 있어서, 교회가 언제나 세상의 견해와 말로써 겨루어 이길 필요는 없습니다. 때로는 이기지 못할 때도 있고 이길 때도 있습니다.

그러나 그리스도인이 이 어두운 세상에 빛으로 나타난 것은 논리의 싸움에서 이김으로써만이 아닙니다. 인간의 모든 논리와 사상을 파하는 강력한 은혜의 빛이, 생명의 역사가 있을 때 인간의 사상들은 지푸라기처럼 가볍게 불태워지는 것입니다(고전 2:2). 이에 대하여 사도 바울은 말합니다. "그의 힘의 위력으로 역사하심을 따라 믿는 우리에게 베푸신 능력의 지극히 크심이 어떠한 것을 너희로 알게 하시기를 구하노라"(엡 1:19).

3. 하나님만을 의지함

하나님은 우리가 풍부한 신학의 결과물들을 가지고 있다고 할지라도 그것이 현재적인 성령의 강력한 역사와 충만한 생명을 대신할 수 없다는 것을 알게 하십니다. 한 편으로는 마음과 뜻을 다하여 성경을 해석하고 교리를 세우며 신앙을 변증하고, 또 한 편으로는 그것들만으로는 결코 교회를 그 빛으로 가득 채울 수 없다고 믿으며, 교회는 어린아이 같은 마음으로 하나님을 의존하며 열렬히 기도하고 도움을 구하여야 합니다. 하나님의 사람 아우구스티누스는 그 많은 학문적인 글들을 기록하면서 수시로 이렇게 고백했습니다.

> 그러므로 창조주께서 당신의 놀라운 자비하심으로 우리를 도와주신다면, 지금까지 연구해 온 것보다 더 세밀한 방식으로 분석해야 할 이 주제들에 대해 집중하자. ……그러는 동안 확고히 지켜야 힐 규칙이 있다 곧 우리의 지성으로 분명하게 이해되지 않는다 하더라도 견고한 믿음으로 이를 굳게 잡고 가야 한다는 것이다.[75]

혼신을 다하고 경건을 힘입어 이성의 거리를 활보하라. 이는 하나님의 도움이 있는데도 지극히 명료하고 평이하게 되지 않을 정도로 험하고 난해한 것은 존재하지 않기 때문이다.[76]

그러한 도움을 가지고 우리는 우리가 시작한 것을 온전하게 해낼 때까지 해명할 것이다.[77]

그러므로 어두운 시대에 그 빛으로 나타나고자 하는 교회마다 하나님께 간절히 기도하는 교회가 되어야 합니다. 왜냐하면 간절한 기도는 하나님을 향한 절대적인 의존의 가장 분명한 표지이기 때문입니다. 오늘날과 같은 이성주의 시대에는 기도라는 은혜의 수단 자체가 경시됩니다. 심지어 성경적 신학을 추구한다고 자처하는 교회에서조차 기도의 의무는 거의 무시됩니다. 이것은 교회로 하여금 하나님을 향한 의존의 마음을 버리게 하는 현상입니다. 간절한 기도가 신학 연구에 미치는 영향에 대하여 개혁파 정통주의 신학자 뵈티우스(Gisbertus Voetius, 1589-1676)는 다음과 같이 지적하였습니다.

---

75) "Nunc itaque in quantum ipse adiuuat creator mire misericors attendamus haec quae modo interiore quam superiora tractauimus, ······seruata illa regula ut quod intellectui nostro nondum eluxerit a firmitate fidei non dimittatur." Avrelvs Avgvstinvs, *De Trinitate*, VIII. 1, in *Corpvs Christianorvm Series Latina*, L: *Avrelii Avgvstini Opera*, Pars XVI. 1 (Tvrnholti: Typographi Brepols Editores Pontificii, 1968), 269.

76) "Immo adesto animo et rationis uias pietate fretus ingredere. Nihil est enim tam arduum atque difficile, quod non deo adiuuante planissimum atque expeditissimum fiat." Avrelvs Avgvstinvs, *De Libero Arbitrio*, I. VI. 14, in *Corpvs Christianorvm Series Latina*, XXIX: *Avrelii Avgvstini Opera*, Pars II. 2 (Tvrnholti: Typographi Brepols Editores Pontificii, 1970), 219.

77) "······illo adiuuante quod coepimus ut possumus explicemus." Avrelvs Avgvstinvs, *De Civitate Dei*, XI. 28, in *Corpvs Christianorvm Series Latina*, XLVIII: *Avrelii Avgvstini Opera*, Pars XIV. 2 (Tvrnholti: Typographi Brepols Editores Pontificii, 1970), 349.

경건의 실천에 있어서 가장 고상한 부분은 성령 안에서의 기도와 묵상, 혹은 둘 다에 있다. 왜냐하면 이것들 안에서 신학의 모든 분야가 함께 나타나는 것이기 때문이다.[78]

한 시대의 교회가 어린아이 같은 마음으로 애절하게 기도하는 모습이야말로 하나님을 전적으로 의존하고 있는 모습입니다. 그러므로 진리의 빛을 드러내는 우리의 모든 신학 활동은 간절한 기도 속에서 수행되어야 합니다.

마음으로부터 우러나는 경외심에 가득 찬 간절한 기도야말로 성령의 인도를 받기에 가장 적합한 신학의 자세입니다. 이것은 개인의 신앙생활에 있어서도 마찬가지입니다. 열렬한 기도의 실천 없는 진리에 대한 탐구는 지적인 즐거움에서 끝나기 쉽습니다.

이제껏 교회를 섬겨 오면서 겪은 목회의 경험을 통해 저는 성도들에게 경고하곤 합니다. "열렬한 기도와 순종하는 실천 없이, 하나님의 말씀에 즐거워하는 은혜의 상태는 길면 6개월 짧으면 3개월입니다."

그러므로 우리는 그 빛을 잃어버린 교회를 바라보며 다시 그 빛이 먼저 교회에서 사랑받도록, 또한 그 빛이 비칠 때 세상이 하나님께로 돌아오도록 그리스도처럼 "심한 통곡과 눈물로" 기도할 수 있어야 합니다(히 5:7).

---

78) "……the most elevated part of the practice of piety consists in prayer in the Spirit, in meditation, or in both. For in these all parts of theology come together." Gisbertus Voetius, *Gisbertus Voetius: De praktijk der godzaligheid*, ed. by C.A. de Niet (Ta askètika sive Exercitia pietatis, 1664), 제4장., Aza Goudriaan, "What Piety is Needed?," in Voetius on Piety and Learning, 열린교회 주최 제2회 개혁파정통주의신학 세미나 강의안(미간행, 2010)에서 재인용.

V. 우리는 무엇을 해야 하는가

지금까지의 논의로 우리는 교회가 진리를 충만하게 소유해야 하고, 성도인 우리는 그것을 충만하게 누리며 살아가야 한다는 사실을 깨닫게 되었습니다. 그러면 이것을 위하여 우리는 지금 무엇을 해야 합니까?

A. 하나님을 의존하는 경건

먼저 하나님을 의존하는 경건이 필요합니다. 우리 그리스도인은 진리에 대한 커다란 확신과 신념 속에서 살아가야 합니다. 또한 진리를 통해 시대정신의 정체와 미래의 소망을 발견하고, 예수 믿는 사람답게 행동하는 방식을 배워 가야 합니다. 우리는 하나님의 영적 군사입니다. 그런데 어떤 정복의 목적도 없이, 반드시 이루어 내야 할 사명도 없이, 그저 죽지 않는 것이 유일한 목표이기에 적이 오면 피하기 급급한 군인이라면 그는 얼마나 비참한 사람입니까? 우리는 하나님의 나라를 위한 원대한 꿈을 품고, 어둠 속에서도 빛 된 삶을 살아가야 합니다. 이를 위해 필요한 것이 하나님을 의존하는 경건과 우리의 시대를 사랑하며 실천하는 충성입니다. 여기에서 불꽃 같은 삶이 나옵니다.

우리는 진리를 통해 이 세대의 진정한 희망을 발견하고 하나님을 아는 지식의 빛을 이 어두운 세상 구석구석에 비춰서 어느 한 곳도 주님의 주권이 미치지 않는 곳이 없게 하는 삶을 살아가야 합니다. 이를 위해서는 두 가지가 절실하게 필요합니다. 산 같은 사상과 물 같은 마음입니다.

1. 산 같은 사상

첫째로, 산과 같은 사상입니다. 그리스도인에게 있어서, 하나님을 의존하는 경건의 첫 번째 요소는 산 같은 사상입니다. 모든 삶을 지식의 기반 위에 세우고, 그 지식들을 삶의 실천과 관계 지으면서, 진리에 대한 커다란 확신과 신념을 가지고 살아가야 합니다. 최소한 약 1,700년 동안 계속 이어져 오던 기독교적인 전통은 하나님 앞에서 인생을 지혜롭게 살아가는 사람을 만드는 것이었습니다. 그리고 목회는 이 일에 봉사하는 진리의 활동이었습니다. 그러나 그렇게 하나님과 세계와 인간과 역사를 종합적으로 바라볼 수 있는 안목을 길러 주던 기독교 신앙이 이제 와서는 개인의 종교적 욕구를 만족시키는 수단이 되어 버렸습니다.

진리에 대한 분명한 지식과 확신이 있을 때에만, 어디에서 무엇을 하든지 예수 그리스도를 믿는 사람답게 살고 행동하고 죽을 수 있습니다. 따라서 우리는 산과 같은 사상을 소유하기 위해 열심히 진리를 탐구해야 합니다. 우리의 신앙의 목표는 겨우 상처받은 마음을 위로받거나 죄 짓지 않고 살아가는 것에 머물러서는 안 됩니다. 하나님을 알고 사랑하는 지혜자로서 창조세계와 인간과 자신에 대하여 통일된 사상을 가지고 인생의 문제를 바라보며 해석함으로써 자신이 지혜로운 인생을 살아갈 뿐 아니라 이웃들을 도울 수 있어야 합니다.

2. 물 같은 마음

둘째로 물 같은 심령입니다. 물 같은 심령은 하나님을 의존하는 마음의 표현입니다(애 2:19). 이러한 경험에 대하여 시인은 말합니다. "나는 물같이 쏟아졌으며 내 모든 뼈는 어그러졌으며 내 마음은 밀랍 같아서 내 속에서

녹았으며"(시 22:14). 하나님의 계명대로 살지 않으므로 그분의 이름을 모욕하는 세대를 바라보며 그는 말합니다. "그들이 주의 법을 지키지 아니하므로 내 눈물이 시냇물같이 흐르나이다"(시 119:136). 그리고 사도 요한 또한 교회에 알려야 할 미래에 대한 계시의 책을 볼 합당한 자가 없다는 천사의 선언을 들었을 때에 어린아이처럼 통곡하며 울었습니다(계 5:4). 진리에 대한 이러한 마음이 바로 물 같은 마음이니 이는 모두 하나님을 의지하는 마음의 상태입니다.

그리스도인은 성경의 지식 속에서 더 많은 그 빛을 발견하여야 하며, 성령의 은혜 안에서 더 온전한 윤리적 삶을 살아야 합니다. 왜냐하면 그것이 바로 하늘 아버지의 뜻이기 때문입니다(마 5:48). 하나님께서 우리에게 이미 알게 하신 진리의 빛이 아주 많다고 할지라도, 그것 때문에 우리의 마음이 부요해지는 것은 우리의 교만 때문입니다. 그 빛으로 말미암아 자신이 비록 불신자보다 훨씬 더 지혜롭다고 여겨질지라도 그것 때문에 교만해서는 안 됩니다. 어느 상황에서라도 하나님께서 소원을 물으신다면 이렇게 대답할 수 있어야 합니다. "하나님! 하나님 이외에는 아무 것도 필요 없습니다. 더 많은 진리를 주시면 더 철저하게 그에 부합하는 삶을 살아 더 많은 영광을 주님께 돌리겠나이다." 이러한 이치는 아우구스티누스가 자신의 작품 『독백록』(Solioquia)에서 자신의 이성과 나눈 다음의 독백을 생각나게 합니다.

이성(reason) : 무엇을 알고 싶은가?
아우구스티누스 : 하나님과 영혼에 대해서 알고 싶습니다.
이성 : 그 밖에 다른 것은 없는가?
아우구스티누스 : 그 외에는 전혀 없습니다.[79]

B. 우리의 시대 안에서 사랑하며 충성함

은혜를 받으면, 오히려 세상을 더욱 적대시하는 사람들이 있습니다. 세상은 음녀의 도성이요 멸망할 곳이라 생각하는 것입니다. 심지어 단지 세상이 세상이라는 이유 때문에 앙심을 품기도 합니다. 그러나 이것은 올바른 신앙이 아닙니다. 우리가 미워해야 할 것은 죄와 죄의 결과이지, 죄의 영향으로 타락한 세상이나 세상에 살고 있는 사람들이 아닙니다.

1. 예루살렘을 보시고 우신 예수님

하나님께서 창조하신 세상은 처음에는 선하고 아름다운 곳이었습니다. 그러므로 그리스도인은 죄로 타락한 세상을 가엾게 여겨야 하며, 교회는 진흙탕에 넘어진 아이를 일으켜 세워 끌어안는 어머니의 마음으로 세상을 품어야 합니다.

예수 그리스도께서는 하나님을 버리고 멸망을 향해 가는 예루살렘 성을 바라보시며 우셨습니다. "가까이 오사 성을 보시고 우시며 이르시되 너도 오늘 평화에 관한 일을 알았더라면 좋을 뻔하였거니와 지금 네 눈에 숨겨졌도다 날이 이를지라 네 원수들이 토둔을 쌓고 너를 둘러 사면으로 가두고 또 너와 및 그 가운데 있는 네 자식들을 땅에 메어치며 돌 하나도 돌 위에 남기지 아니하리니 이는 네가 보살핌 받는 날을 알지 못함을 인함이니라 하시니라"(눅 19:41-44).

한글 성경에는 "우시며"(ἔκλαυσεν)라고 기록되어 있지만, 원어상 이것은

---

79) "R. Quid ergo scire vis? ······A. Deum et animam scire cupio. R. Nihilne plus? A. Nihil omnino." Aurelius Augustinus, *Soliloquiorum*, I. II. 7, in *Sancti Aurelii Augustini Hipponensis Episcopi Opera Omnia*, vol. 1 (Parisiis: Apud Gaume fratres, 1836), 602.

그냥 눈물을 흘리신 것이 아니라 통곡하시는 것을 의미합니다. 심판받아 마땅한 예루살렘 성을 보시며 주님은 왜 통곡하셨습니까? 그들이 범한 죄는 밉지만 죄 때문에 멸망할 백성을 생각하며 우셨던 것입니다. 우리에게도 이런 마음이 필요합니다. 그리스도인이 근거 없는 이유로 세상에 앙심을 품고 적대시하는 것은 모두 자신의 시대를 제대로 사랑하지 않기 때문입니다.

우리는 신앙생활을 하면서 현실을 버리면 안 됩니다. 현실과 타협하는 것도 문제지만, 현실과 상관없이 살아가는 것도 문제입니다. 실천하는 삶과 신앙과의 연관성이 끊어지기 때문입니다. 신앙이 현실과 유리되는 것이라면, 구원받는 순간 장렬하게 죽는 것이 가장 바람직할 것입니다. 죄의 때가 묻기 전에 하나님 앞에 가게 되니 얼마나 행복합니까?

그러나 기독교 신앙은 그런 것이 아닙니다. 세상의 현실을 깊이 인정하며, 순교의 각오보다 더 처절한 각오로 그 세상을 살아 내야 합니다. 신자로서 이러한 경험을 사도 바울은 이렇게 고백하였습니다. "형제들아 내가 그리스도 예수 우리 주 안에서 가진 바 너희에 대한 나의 자랑을 두고 단언하노니 나는 날마다 죽노라"(고전 15:31). 이것은 세상의 불의를 용납하라는 것이 아닙니다. 어떻게 하든지 그 현실을 끌어안고 그리스도의 진리로 녹여서 변화시켜야 한다는 것입니다.

2. 하나님의 용서를 구한 모세

모세를 보십시오. 이스라엘 백성이 금송아지를 만들어 섬겼을 때, 하나님은 진노하여 그에게 말씀하셨습니다. "내가 그들에게 진노하여 그들을 진멸하고 너를 큰 나라가 되게 하리라"(출 32:10). 이것이 무슨 뜻입니까? 하나님께서 이스라엘 백성을 모두 멸망시키시고 새로운 민족을 모세를 통해 이루시겠다는 뜻이 아닙니까? 하나님께서 이렇게 진노하실 상황이라면, 인간인 모세는 얼마나 더 이스라엘 백성이 싫었겠습니까? 그러나 모세는 이스라엘 백성의 죄를 마치 자신의 죄인 것처럼 끌어안고 용서를 빌었습니다. "그러나 이제 그들의 죄를 사하시옵소서 그렇지 아니하시오면 원하건대 주께서 기록하신 책에서 내 이름을 지워 버려 주옵소서"(출 32:32).

모세는 이렇게 자기의 백성을 사랑하였습니다. 이것은 이스라엘 백성을 향한 모세의 목자적인 사랑인 동시에 훼방받을지도 모르는 하나님의 이름의 명예에 대한 사랑이었습니다. 왜냐하면 만약 하나님께서 이스라엘 백성을 멸망시키신다면, 출애굽을 지켜보았던 많은 나라와 민족이 하나님을 비난할 것이 틀림없기 때문입니다. "여호와가 자기의 백성을 애굽에서 끌어내기는 하였지만 가나안까지 들어가게 할 능력은 없었기에 그들을 버렸다."라고 그들은 입을 모아 비난할 것이었습니다(민 14:15-16).

우리에게도 모세와 같은 태도가 필요합니다. 세상이 아무리 악하고 더러워도 우리는 복음으로 세상을 깊이 끌어안아야 합니다. 그러기 위해서는 먼저 이 세상을 움직이고 있는 시대 정신이 무엇인지를 정확히 이해하여야 합니다. 그러나 이 일은 쉬운 것이 아닙니다. 세상을 미워하거나 사랑하는 일은 한 순간의 감정으로 할 수 있지만, 그 세상의 정체를 이해하기 위해서는 지성과 열의를 다하여 지속적으로 그것을 탐구하여야 하기 때문입니다.

3. 꾸짖을 세상을 알고 사랑함

시대 정신을 꾸짖기 위해서는, 말씀의 빛 아래서 그 정신을 따라 살아가는 현대인을 이해할 수 있어야 합니다. 그리고 정확히 판단하고 꾸짖을 수 있는 용기와 그것을 바르게 하는 끈질긴 헌신이 필요합니다. 그러나 그 모든 것과 함께 강조되어야 할 것이 바로 그리스도의 마음으로 세상을 깊이 사랑하는 것입니다(빌 2:5). 이 마음은 그리스도께서 이 세상을 구원하시기 위하여 육신을 입고 이 세상에 오신 바로 그 마음입니다(빌 2:6-7).

그 빛이신 그리스도께서 이 세상에서 어떤 방식으로 빛으로 사셨는지를 생각해 보십시오. 그분은 조명가게에 수없이 매달린 등기구처럼 사시지 않으셨습니다. 타락한 세상과 관계없이 빛인 제자들 속에서 또 하나의 빛으로 사신 것이 아니라, 오히려 죄인들과 함께 먹고 마시셨습니다. 그리고 이것이 바로 그들을 불러 회개시키시는 방법이었습니다.

이스라엘 문화의 맥락에서 보면 함께 식사를 나누는 것은 곧 '형제됨'(brotherhood)을 의미합니다. 당시 바리새인들과 서기관들이 예수님께서 죄인과 세리들과 함께 식사하시는 것을 그토록 커다란 문젯거리로 삼았던 이유가 바로 이 때문이었습니다(눅 5:30).

그러나 예수 그리스도께서는 그들의 죄를 질병의 상태로 여기시며 치료해 주고자 하셨습니다. "예수께서 대답하여 이르시되 건강한 자에게는 의사가 쓸 데 없고 병든 자에게라야 쓸 데 있나니 내가 의인을 부르러 온 것이 아니요 죄인을 불러 회개시키러 왔노라"(눅 5:31-32). 이것이 바로 타락한 세상의 죄인들을 바라보시는 예수 그리스도의 심정입니다. 그러므로 우리에게는 그리스도를 본받아 이 시대를 진정으로 사랑하고 바로 그 사랑으로 녹여야 할 책임이 있습니다. 그리스도인은 이 세상이 참으로 행복한 세상이 되도록 올바르게 사랑할 수 있는 마지막 사람들입니다.

아우구스티누스가 지적하는 바와 같이 이 세상에 존재하는 모든 것은 하나님으로 말미암아 있게 된 것이기에 아무 것도 우리의 것이라고 말할 수 있는 것이 없습니다. 그러나 오직 하나, 전적으로 우리의 소유라고 말할 수 있는 것이 있으니 바로 죄입니다. "죄를 제외하고는 전적으로 우리의 것이라고 할 수 있는 것이 없다"(Nemo habet de proprio, nisi peccatum).80) 이러한 인간의 타락한 본성을 고려할 때, 우리는 이 일을 행하기에 결코 적합한 사람들이 아닙니다. 대적해야 할 세상의 정신과 꼭 같은 정신이 우리 안에도 있으며, 피 흘리기까지 싸워야 할 이 세상의 죄악들과 꼭 같은 잔존하는 죄가 우리 안에도 있기 때문입니다(롬 7:17). 그러나 그렇기에 날마다 하나님 앞에 겸손해지지 않을 수 없습니다. 그리고 날마다 찬란한 진리의 빛과 거룩한 성령의 능력 안에서 그리스도의 형상에 이르기까지 지속적으로 변화되어 가지 않으면 안 됩니다. 이것은 매우 고단하고 긴 성화의 과정이지만, 성령께서 함께 하시기에 거룩한 기쁨 속에서 걸어가게 될 길이기도 합니다.

성경은 우리가 이 세상의 빛인 근거를 구원받았다는 사실뿐만 아니라, 이렇게 그리스도를 닮아 온전해져 간 결과로서 제시합니다. "우리가 다 하나님의 아들을 믿는 것과 아는 일에 하나가 되어 온전한 사람을 이루어 그리스도의 장성한 분량이 충만한 데까지 이르리니"(엡 4:13). "이는 너희가 흠이 없고 순전하여 어그러지고 거스르는 세대 가운데서 하나님의 흠 없는 자녀로 세상에서 그들 가운데 빛들로 나타내며"(빌 2:15).

VI. 결론

이제껏 우리는 그리스도께서 세상의 빛이라고 부른 그리스도인이 왜 때

---

80) 라틴어 본문의 직역은 "자기 자신으로부터 죄 이외에 다른 것을 가지는 사람은 없다." 임. Thomas Watson, *The Lord's Prayer* (Carlisle: The Banner of Truth Trust, 1993), 223에서 재인용.

로는 빛으로 나타나기도 하고, 또 때로는 그렇지 못할 수 있는지에 대하여 살펴보았습니다. 그 빛 자체이신 예수 그리스도께서는 불변하시지만 우리는 진리 자체가 아니기에 우리를 통하여 비추는 진리의 빛도 가변적일 수밖에 없습니다. 그러면 마지막으로 지금까지의 논의들을 우리 자신에게 적용해 보겠습니다.

첫째로, 개인적 지평에서 살펴봅시다. 우리는 우리의 시대 안에서 빛으로 나타나도록 충성하기 위해서 먼저 그리스도인으로서 정체성을 잃지 말아야 합니다. 이것은 단순히 외면적인 윤리적 생활만을 뜻하는 것이 아닙니다. 이것은 우리 자신이 그리스도와 이미 이루고 있는 사랑의 연합을 매일 새롭게 함으로써 그 빛이신 그리스도께 매인 삶을 살아가는 것입니다. 그렇게 함으로써 그리스도의 형상을 더욱 닮아 가는 것입니다.

우리 자신을 돌아봅시다. 매주 감격이 있는 예배를 드립니까? 날마다 성경을 묵상하고, 교리를 배우고, 이 세상에 대하여 공부하고 있습니까? 진리의 말씀을 통해 하나님을 알아 가는 기쁨이 있습니까? 배운 바 진리를 따라 살고자 하는 몸부림이 있습니까? 하나님께서 우리에게 주신 많은 복은 우리의 교회가 진리의 빛으로 더욱 밝게 빛나고, 우리가 진리의 빛을 더욱 많은 사람에게 전파하게 하기 위한 것입니다. 여러분은 이 일에 마음을 다하고 있습니까?

우리가 소유한 빛은 우리가 하나님 앞에 충성되게 살면 찬란하게 빛을 발하지만, 게으르고 나태하게 살면 사위어 가는 심지의 마지막 불꽃과 같아질 것입니다. 이 얼마나 두려운 일입니까? 우리의 교회가 꺼져 가는 심지와 같다면, 우리가 살아 있는 것이 무슨 의미가 있겠습니까? 우리의 살아 있음이 하나님 앞에 송구스러운 일이 될 것입니다.

둘째로, 교회적 지평에서 생각해 봅시다. 이처럼 우리 시대를 사랑하며 살아갈 그 빛의 사명을 감당하기 위하여 우리는 개인적으로뿐만 아니라 교회적인 지평에서 이러한 사실들을 적용하여야 합니다. 이것은 한 편으로는 우리가 현실적으로 몸담은 지역 교회와 관련해서이고, 또 한 편으로는 보편 교회와 관련해서입니다.

먼저 우리는 지역 교회 안에서 이러한 섬김들을 감당하여야 합니다. 한 시대를 향한 교회의 영향력은 그 교회를 구성하고 있는 신자들이 진리에 붙들려 살아가는 영향력의 총화입니다. 기독교가 아무리 거창한 구호와 신학적인 견해를 표명한다 할지라도, 성도들 개개인이 자신이 몸담은 교회 안에서 진리를 사랑하고 그것을 따라 헌신하며 살아가지 않는다면 그것은 마치 따르는 군사 없이 홀로 나부끼는 깃발과 같습니다. 그것만으로는 결코 이 세상을 이길 수도 없고 고칠 수도 없습니다. 그리스도인이 교회 안에서 결코 무위도식하는 자가 되지 말고 헌신하는 자가 되어야 하는 이유가 바로 여기에 있습니다.

또한 우리는 우리가 몸담은 지역 교회는 더 큰 보편 교회의 일부임을 기억하여야 합니다. 그리스도를 믿고 거듭난 자들의 영적인 연합체로서의 보이지 않는 보편 교회를 위하여 우리는 공동체적으로 부름 받았습니다. 이미 앞서 간 그리스도인도 천상에서 자기들의 시대의 교회가 아니라 우리의 시대의 교회를 위하여 기도할 것이며 천사들도 바로 이 시대의 교회를 위하여 봉사하고 있습니다. 우리는 그리스도 안에서 주를 고백하는 모든 그리스도 안에 있는 영적인 지체들과 함께 이 시대를 향하여 영적 전쟁의 공동 전선을 펴고 있는 것입니다.

비록 근본적이지 않은 신앙 조항에 있어서 서로의 견해를 달리한다 할지라도 우리는 신실한 형제자매들로서 이 시대를 위해 함께 빛으로 부름 받은 사람들임을 기억하여야 합니다. 그리고 이 싸움이 누구 한 사람의 싸움이 아닌 우리 모두의 싸움인 것을 생각하며 서로가 승리할 수 있도록 격려하고 도와야 합니다. 무엇보다도 온 마음을 다하여 이 세상 어디에선가 그리스도의 나라를 위하여 헌신하고 있는 일꾼들을 위해 기도하여야 합니다. 비록 지구 반대편에 있는 언어와 피부색이 다른 지체들의 교회라 할지라도 우리는 그들의 전투에 함께 참여하며 분투하지 않으면 안 됩니다. 왜냐하면 그 모든 싸움의 결국은 이 세상에 참 빛이신 그리스도를 비추어 세상 사람들을 창조의 목적으로 돌아오게 하는 데 있기 때문입니다.

우리 자신뿐 아니라 우리 교회, 우리 교회뿐 아니라 조국 교회와 보편 교회가 어디서든지 주님의 진리를 드러내는 존재가 되게 해달라고 기도하십시오.

우리 모두가 진리의 사람으로 남기를 진심으로 소망합니다.

'그 빛'의 가변성과 불변성
한·눈·에·보·는·3장

I. 들어가는 말
 - 예수님은 현재직설법으로 우리가 세상의 빛이라고 선언하셨는데, 왜 우리는 실제로 '그 빛'을 제대로 비추지 못하기도 하는 것인가?

II. 그 빛이 비치게 하라
 A. 허락을 뜻하는 명령
  - 본문의 "비치게 하여"는 원문상 '너희 빛이 빛나도록 두라.'라는 의미를 담고 있다. 하나님의 은혜와 사랑을 현재적으로 누리며 살아가는 일에 실패하면, 하나님께서 우리에게 주신 '그 빛'이 오히려 우리에 의해 가려진다.
 B. 너희의 '그 빛'
  - 우리는 결코 빛의 근원이 될 수 없으나 성경은 너희의 빛이라고 말한다. 어떻게 '그 빛'이 우리의 소유가 되는 것일까?
  1. 진리를 소유함
   - 친숙성과 관계됨. 바울이 복음을 '나의 복음'이라고 부를 수 있었던 것은 그 복음이 그의 안에서 발생한 것이어서가 아니라 그가 복음과 일체를 이루었기 때문이다. 우리가 진리의 빛을 소유하는 것도 마찬가지 원리이다. 나의 존재와 삶이 그 진리의 빛에 합치될 때, '그 빛'을 '나의 빛'이라 부를 수 있다.
  2. 진리를 위탁하심
   - 하나님께서는 진리를 교회에 위탁하셨다. 따라서 진리와 합치된 교회의 지체가 됨으로써 진리를 소유하게 된다.
  3. 진리를 확장하심
   - 하나님의 나라는 우리를 통해 비치는 진리의 빛이 확장됨으로써 이 땅에 이루어져 간다.

III. '그 빛'의 불변성과 가변성
 A. '그 빛'의 불변성
  1. 예수 그리스도의 위격의 불변성으로 말미암아 '그 빛'의 불변성이 추론된다.
   - 예수 그리스도께서 진리 되심은 잠정적 소지가 아니다. 예수 그리스도만이 인간이 진리에 대하여 온전히 아는 영원하고도 유일한 길이다.
  2. 복음적 교회의 영원성으로 말미암아 '그 빛'의 불변성이 추론된다.
   - 지역 교회는 '그 빛'을 상실하기도 하나, 보편 교회의 빛은 어떠한 경우에도 사라지지 않고 영원하다.
  3. 지상 교회에 대한 섭리로 말미암아 '그 빛'의 불변성이 추론된다.
   - 예수 그리스도께서 친히 교회를 음부의 권세로부터 보존하신다.
   - 역사 속에서 교회는 핍박받기도 하고 쇠퇴하는 것 같기도 하였으나 결코 '그 빛'의 흐름은 소멸되지 않았다. 이것은 보편 교회 전체를 붙들고 계신 예수 그리스도의 능력과 약

속으로 말미암은 것이다.
B. 교회의 정체로서의 '그 빛'
- 교회는 '그 빛'이신 예수 그리스도에 대한 신앙고백 위에 세워지며, 신자는 '그 빛'을 증거하는 교회의 증언에 의하여 믿음을 갖게 된다. 때로는 진리의 빛이 활활 타오르기도 하고 희미하기도 하지만 어떠한 경우에도 교회에는 빛이 있다.

C. '그 빛'의 가변성
1. 가변적 교회에 위탁하심으로 말미암아 '그 빛'이 가변성을 갖는다.
- 교회에 위탁된 진리의 빛은 그 교회에 속한 개개인의 진리의 빛과 밀접한 관련을 지닌다.
- 진리는 불변하는 것이나 인간을 통해 세상에 드러나므로 인간에게 매인 듯 보이기도 한다.
2. 인간의 불의로 진리를 가로막음으로 말미암아 '그 빛'이 가변성을 갖는다.
   a. 진리에 대한 불신자들의 도전
      1) 사상적 도전 : 현대의 사상은 가치 질서의 중심에 인간 자신을 두고 있음. 불변하는 진리를 거부하고 하나님을 배척하려는 세계관을 수립하려는 경향성은 문화와 예술 전반에 걸쳐 나타나고 있다.
      2) 윤리적 도전 : 기독교의 윤리의 기준들을 논리적으로 무시(절대 가치와 절대 진리에 대한 거부)하고, 기독교의 윤리적 기준들을 실천적으로 무시(개인의 행복을 최고의 가치로 여김, 탈규범화)한다.
   b. 신자들의 방해
      1) 잘못된 교훈으로써 : 복음과 복음 교리에 대한 체계적 지식이 없는 그리스도인은 사상적 자유화에 쉽게 물든다. 오늘날 잘못된 교훈들(신사도운동, 번영주의 등), 탈신학적 설교들, 다양한 이단들이 범람하는 것은 교회와 그리스도인조차 진리의 가치를 신봉하지 않기 때문이다.
      2) 그릇된 삶으로써 : 세속적인 생활방식은 신자 안에도 존재한다. 진리를 따르고자 하는 의지적 결단이 없으면 그리스도인이라 할지라도 윤리적인 삶을 살아갈 수 없다. 그리스도인이 하나님 밖에서 기쁨을 찾는 것은 영혼의 질병 상태를 알려주는 신호이다.

IV. 교회의 '그 빛', 가변성의 경륜
A. 인간 창조의 경륜과 조화되기 때문에 가변성을 허락하심
1. 세상을 통해서도 진리를 알게 하심
- 하나님께서 인간을 창조하신 것은 당신의 진리가 보는 사람 없는 하늘에 매달린 별빛처럼 존재하기를 원치 않으셨기 때문이다. 하나님 안에 있는 영원한 지식은 피조세계를 통해 시간과 공간 속에 드러난다.
2. 진리의 배척을 통해서도 영광을 받으심

- 진리의 가치를 드러내는 것은 인간의 순종만이 아니다. 진리를 거스르는 인간의 불순종과 죄를 통해서도 하나님의 성품이 드러난다. 그래서 하나님께서는 진리의 빛이 인간의 지성과 의지 안에서 가변적이 되는 것을 허락하셨다.
  B. '그 빛'의 공동체적 성격 때문에 가변성을 허락하심
    1. '그 빛'에 참여한 교회
    - 교회의 대치할 수 없는 소명은 '그 빛'에 참여한 공동체임을 보여주는 것이다. 교회는 '그 빛'이 무엇이고 어떻게 '그 빛'에 참여할 수 있는지 들려주어야 한다.
    2. 그 빛을 위탁받은 교회
    - 하나님께서는 성경을 교회에 주심으로써 교회가 세상에 빛을 비추게 하셨다.
    - 공동체에 주어진 성경은 해석되도록 주어진 것이다. 교회는 성경의 궁극적 해석자인 성령을 의지하여 성경의 감추어진 진리를 드러내야 한다.
    - 성경에 대한 교회의 해석 활동은 성경 자체의 해석뿐 아니라 교리의 수립, 신앙의 변증을 동반한다.
    - 목회 사역은 교회에 위탁된 빛을 드러내는 하나님의 중요한 방편이다.
    3. '그 빛'을 누려야 할 성도들
    - 하나님께서는 인간 마음에 그 빛을 담으셨다. 거룩함을 좇으며 하나님을 사랑하는 마음이 진리를 담기에 가장 적합하다.
  C. 하나님을 절대적으로 의존하게 하기 위해 가변성을 허락하심
    - '그 빛'을 교회가 누리는 것은 전적으로 하나님을 의존함으로써 이루어진다. 하나님만이 모든 생명의 역사의 주관자이시기에 교회는 하나님만을 간절히 의지해야 한다.

V. 우리는 무엇을 해야 하는가
  A. 하나님을 의존하는 경건
    - 하나님과 세계와 인간과 역사를 종합적으로 바라볼 수 있는 산 같은 사상과 물같이 녹아 내린 심령이 필요하다.
  B. 우리의 시대 안에서 사랑하며 충성함
    - 우리가 미워할 것은 죄와 죄의 결과이지 세상이나 세상에 속한 사람이 아니다.
    - 예루살렘을 보시고 우신 예수님, 생명책에 기록된 이름을 걸고 하나님의 용서를 구한 모세처럼 사랑으로 세상을 끌어안고 꾸짖을 것을 꾸짖어야 한다.

VI. 결론
    - 우리가 비추는 빛이 가변적일 수밖에 없음을 인정하고, 그렇기에 더더욱 하나님을 의지하여 빛의 사람으로 살아가자.

제4장

'그 빛'과 선한 행실

"너희 빛이 사람 앞에 비치게 하여
그들로 너희 착한 행실을 보고"
(마 5:16上)

I. 들어가는 말

예수 그리스도께서는 우리에게 그 빛을 비추라고 말씀하셨습니다. 그리고 그 빛은 산 위에 있는 동리가 모든 사람에게 나타나는 것처럼, 또 어두운 밤을 등불이 비추는 것처럼 그런 방식으로 비추는 것이었습니다.

앞에서 살펴본 바와 같이 그 빛은 어떤 의미에서는 불변하는 빛이지만 또 어떤 의미에서는 가변적인 빛입니다. 왜냐하면 진리는 불변하지만, 그것이 인간의 지성과 의지 안에서 행사될 때는 가변적이기 때문입니다. 그리스도인을 통해 이 세상을 비추는 그 빛이 가변적이라는 사실은 이중적으로 설명될 수 있습니다. 첫째로는, 그 진리의 빛이 인간의 지성과 의지 안에서 행사된다는 점에서 가변적입니다. 나시 말해서 우리에게 순수한 진리의 말씀이 전달된다 할지라도 그것을 깨닫고 이해하고 받아들이는 우리의 마음의 작용이 얼마든지 가변적이라는 의미입니다. 찬란한 햇빛은 좋은 것이지만, 눈이 아픈 사람에게는 그 햇살이 고통스러워서 피하게 되는 것처럼 말입니다. 둘째로는, 우리가 받아들인 진리를 우리의 인격과 삶을 통해 다른 사람들에게 드러내 보인다는 점에 있어서도 가변적입니다. 왜냐하면 사람들은 자신이 알고 있는 대로 반드시 행하는 것도 아니며 또 모든 선한 행동이 반드시 하나님을 보여주는 것도 아니기 때문입니다. 위선적 행동 같은 것들이 바로 그 좋은 예입니다.

예수 그리스도께서 그 빛과 선한 행실을 연관지으신 것도 바로 이 때문입니다. 그래서 본 장에서는 빛을 비추게 한다는 것의 실천적인 의미를 선한 행실과 연관하여 살펴보고자 합니다.

II. '그 빛'을 비치게 한다는 의미

우리는 이미 그 빛을 비추도록 부름을 받은 사람들이 예수님 당시의 제자들뿐 아니라 모든 그리스도인임을 알았습니다. 그러면 우리가 그 빛을 비추어야 할 대상은 누구일까요? 그리고 그 빛을 비치게 한다는 의미는 무엇일까요?

A. 사람 앞에

성경 본문은 "사람 앞에"(ἔμπροσθεν τῶν ἀνθρώπων)라고 말하고 있습니다. 여기서 우리는 빛을 비추어 주어야 할 대상이 사람이라는 사실을 깨닫게 됩니다. 희랍어 성경은 '(장소적 · 시간적으로) 앞에'라는 의미를 지닌 '엠프로스덴'(ἔμπροσθεν)이라는 단어와 정관사 '톤'(τῶν), 그리고 '사람들'을 의미하는 복수형 명사 '안드로폰'(ἀνθρώπων)을 사용하여 이 구절을 표현하고 있습니다. 즉 직역하면 '그 사람들 앞에'입니다.

이는 그리스도인이 장소적으로 자기 시대 사람들 앞에서 빛을 비춘다는 의미뿐 아니라 시간적으로도 다른 사람들보다 더 앞서서 무엇인가를 볼 수 있도록 빛을 비추어 준다는 의미입니다.

많은 사람은 이 구절을 해석하면서 착한 행실이 곧 그 빛이라고 생각합니다. 그러나 오늘 본문을 보십시오. 사람들이 착한 행실을 보고 그것을 빛이라고 생각한 것이 아닙니다. 오히려 빛을 비추었기 때문에 착한 행실을 볼 수 있었던 것입니다.

여기서 우리는 다음 두 가지 사실을 지적하지 않을 수 없습니다. 첫째로, 모든 사람 앞에 비춰야 할 사상의 빛입니다. 이것은 그리스도인이 믿고 있는 바 진리의 빛을 사람들 앞에서, 그리고 시간적으로 보다 더 앞서서 비춰 줌으로써 그들로 하여금 진리를 보게 하는 것입니다. 둘째로, 모든 사람 앞에 비춰야 할 윤리의 빛입니다. 착한 행실을 보게 하라는 그리스도의 가르침이 바로 이것을 입증합니다. 이처럼 이 세상을 향하여 그 빛을 비춘다는 사상적인 의미는 착한 행실이라는 윤리적 의미와 분리되지 않는 것입니다.

여기서 '그 사람들'이라는 표현에서 정관사가 붙은 복수 명사 '톤 안드 로폰'(τῶν ἀνθρώπων)은 진리의 빛을 필요로 하는 모든 사람이며 특별히 그리스도인과 함께 살아가고 있는 그 시대의 사람들을 의미합니다. 장소적으로 그들 앞에서 그 빛을 비출 뿐 아니라 시간적으로도 그들 앞서서 빛을 비추는 것이 그리스도인의 소명입니다. 그래서 한 시대를 그 빛으로 섬긴 그리스도인은 자기 시대의 사람들뿐만 아니라 후대의 사람들에게도 그 빛을 비추어 하나님에 대하여 올바른 지식을 갖게 하고, 올바른 삶을 살게 합니다.

제가 독자들에게 종종 받는 질문이 있습니다. 저의 신학과 신앙에 깊은 영향을 끼친 인물이 누구인가 하는 질문입니다. 물론 제게는 깊이 존경하는 스승들이 여럿 계십니다. 그분들 가운데 어떤 분들은 이미 하늘나라로 가셨고, 어떤 분들은 아직 살아 계십니다. 그분들 중 어떤 분들은 한국 사람이고, 어떤 분들은 외국 사람입니다. 그리고 어떤 분은 신학자이고, 또 어떤 분은 목회자입니다.

그러나 저는 오늘날 우리와 같은 시대를 살아가는 신학자들에게서보다 지난 세대의 거목과 같은 신학자들에게서 훨씬 더 많이 배웠음을 부인할 수 없습니다. 저의 스승들 중 많은 분은 지나간 교회 역사의 한 장(場)을 채우신 신학의 큰 나무와 같은 분들입니다. 교부들과 중세신학자들과 종교개혁자들과 영국 청교도들, 그리고 17세기의 개혁파 정통주의 신학자들……. 이 분들은 모두 우리와 같은 시대를 산 인물들은 아니었으나, 이 시대 신학자들 중 누구도 줄 수 없었던 커다란 진리의 빛을 제게 주었습니다.

그들의 깊은 신학 사상의 세계를 탐구하노라면 마치 누구도 다가가 보지 못한 히말라야 설산의 영봉들을 밟는 것 같은 장엄미에 전율을 느낍니다. 그들의 후손들은 대부분 그들의 작품들을 버렸습니다만, 저는 지금도 유럽 출장길에는 꼭 고서점에 들러 수백 년 손 때 묻은 그 고서들을 구입합니다. 다른 사람들의 눈에는 그 책이 먼지 앉은 골동품처럼 보이겠지만, 저에게는 거룩한 지혜의 보고이기에 수집하고 공부합니다.

그들이 남긴 그 빛에는 저의 영혼을 전율하게 하는 힘이 있습니다. 저는 아직도 잊을 수가 없습니다. 위대한 하나님의 사람 아우구스티누스의 저작들을 읽으며 받았던 그 빛의 광채를 말입니다. 저는 태어나서 이제까지 어떤 책을 읽으면서도 그 책의 저자가 천재라고 생각한 적이 없었습니다. 그러나 아우구스티누스의 방대한 저작물들 중 두 권을 다 읽기 전에 그가 천재라는 사실을 인정하지 않을 수 없었습니다. 하나님의 진리를 드러내는 저자의 지성의 크기와 힘 앞에서 저의 정신의 초라함과 무력함을 대조하며 눈물로 무릎을 꿇었습니다.

존 오웬(John Owen, 1616-1683)을 비롯한 17세기 개혁파 정통주의 신학자들의 하나님을 아는 지식은 현대의 일반적인 신학자들의 그것과 비교하자면 거목과 묘목에 비견할 만한 차이입니다. 그 신앙의 거목들의 거룩한 삶은 저에게 매우 커다란 빛을 주었습니다. 선악에 대한 단호한 판단과 구원의 은혜를 따라 살고자 하는 괄목할 만한 의지의 크기 등을 대면하면서 사소한 도덕적 실천과 윤리 생활로 자족할 수 없는 이유들을 발견하였던 것입니다. 그들은 자기 시대 사람들 앞에서만 그 빛으로 산 것이 아니라 수백 년 후의 시대를 살아가는 제게도 그 빛이 되어 주었습니다.

이렇게 죽은 사람이 비추는 빛이 살아남은 사람들이 비추는 빛보다 크고, 살아 있는 사람이 발하지 못하는 향기를 죽고 없는 사람이 뿜어 내는 경우는 허다합니다.

오늘날 교회 안팎에서 들려오는 그 빛을 잃은 그리스도인에 관한 우울한 소식들을 생각해 보십시오. 그러나 무지하고 불법한 자들만 살아가는 것 같은 시대에도 언제나 하나님은 소수의 사람들을 남겨 두십니다. 그들의 이름은 세상에 널리 알려졌을 수도 있고, 기억조차 해주는 사람이 없을 수도 있습니다. 그러나 진리를 사모하며 그 빛을 따라 사는 일에 자신을 바치는 사람들은 어느 시대에나 있습니다. 그들의 사상의 빛과 윤리의 빛은 자기 시대뿐 아니라 이어지는 세대의 사람들을 위해서도 그 빛이 될 것입니다. 사기 시대의 사람들과 다른 시대의 사람들이 함께 그들이 비춘 그 빛을 힘입어 예수 그리스도의 몸인 교회를 섬기게 될 것입니다.

그렇게 한 시대를 그 빛으로 섬긴 그리스도인은 인류에게 구원 얻을 수 있는 길을 가르쳐 줄 수 있는 등불이 됩니다.

B. 그 시대의 사람들 앞에 빛을 비춤

오늘날 이 세상을 살아가고 있는 사람들이 누구인지 생각해 보십시오. 그들은 모두 자기 시대에 태어나서 자기 시대의 아들로 살아갑니다. 이것은 곧 그 시대 정신 아래서 살아가는 것이 인간의 삶임을 보여줍니다. 자기 시대의 정신에 뒤떨어지는 삶을 사는 사람들도 불편하고 소외되며, 또 그것을 앞서가는 사람들도 소외되고 때로는 고통을 받습니다.

1. 그 시대의 아들로 살아가는 사람들

최근에 북극곰에 대한 과학자들의 새로운 연구 보고서가 나왔습니다. 지구 온난화 현상으로 북극의 얼음이 녹아 내리면서 먹잇감을 찾지 못하는 북극곰들이 스스로 체중을 줄이기 시작했다는 보고였습니다. 그 보고서에 따르면 1980년대 초까지만 해도 북극곰의 평균 체중은 260kg을 상회하였는데, 30여 년이 흐른 지금 북극곰의 평균 체중은 230kg에 불과하다고 합니다. 이것은 곰이 먹이를 못 먹어서 체중이 줄어든 것이기도 하지만, 원활하게 식량을 조달할 수 없는 환경에 적응하고자 스스로 지방 축적량을 줄인 결과이기도 합니다. 사실 북극곰뿐 아니라 모든 동물이 자기에게 주어진 환경에 적절히 적응하며 살아갑니다. 그리고 이것은 인간의 경우도 마찬가지입니다.

a. 시대의 정신으로 살아감

사람이 한 시대를 살아간다는 것은, 공기를 코로 들이마시고 입으로 내쉬며 호흡하듯이 그 시대의 정신과 풍조를 호흡하며 살아가는 것입니다. 건강한 사람에게 호흡이 하나도 어려운 일이 아닌 것처럼, 시대의 정신을 우리 안에 수용하고 받아들이는 일도 숨 쉬고 밥 먹듯 자연스러운 일입니다. 그래서 평소에는 시대의 정신에 사로잡혀 살아가고 있다는 사실을 인식하지 못하다가, 세월이 많이 흐르고 난 뒤에야 비로소 깨닫게 됩니다. 자신이 그 시대의 정신에 깊이 세뇌되고 감염되어 있다는 사실을 말입니다. 하지만 그 때에는 이미 모든 것이 늦습니다.

내재하는 죄는 제일 먼저 인간의 지성을 공격합니다. 그리하여 그의 생각을 미혹하고, 죄에 대한 깨어 있는 경계와 확고한 판단을 흐려 놓습니다(약 1:14). 이어서 사람의 마음에 침투하여 죄를 이루는 생각이 그의 정서 안에서 사랑을 받게 합니다. 그리고 의지를 움직여 죄를 실행에 옮기게 합니다.

마찬가지 방법으로 죄는 한 시대의 정신의 소산인 문화 속에 스며듭니다. 문화 자체는 선한 것도 악한 것도 아닙니다. 그러나 죄가 그 속에 스며들면 신자의 경계를 피하여 그의 마음에 침투할 수 있는 훌륭한 수단이 됩니다(창 19:5, 삿 19:22). 그 시대의 정신이 어떤 부도덕한 것을 지향할 경우 그것은 문화의 물결을 타고 윤리적 판단을 비껴 가면서 동시대인들의 의식을 장악합니다. 그리하여 그 부도덕한 것을 정당한 것으로 유포합니다. 얼굴 없는 대중의 광범위한 지지를 받으면서 말입니다.

시대의 정신은 이렇게 문화를 타고 들어와 그리스도인에게까지 스며듭니다. 자신도 모르는 사이에 시대의 정신에 의해 자기가 형성되어 가는 것입니다. 그리고 자신은 또 동시대의 수많은 사람과 함께 그 정신을 새롭게 형성해 갑니다.

시대 정신은 마치 살아 있는 생물체처럼 시시각각 변화합니다. 그러나 모든 세대의 시대의 정신을 가로지르는 변하지 않는 본질이 있습니다. 그것은 바로 인간 자신을 온 우주의 중심으로 생각하고 자신의 행복을 최고의 가치로 여기는 것입니다. 시대의 정신은 마치 굽이굽이 흐르는 계곡물처럼 때로는 서서히 때로는 격렬하게 물길을 이루며 흘러갑니다. 그리고 그 시대의 사람들은 어쩔 수 없이 그 물결에 휩싸여 함께 흘러갑니다. 그러므로 시대를 거슬러 살고 그 정신에 항거한다는 것은 결코 쉬운 일이 아닙니다. 자신이 어디로 흘러가는지 알지 못할 뿐 아니라 또 그것을 명백히 안다고 할지라도 그 물결을 거스르며 사는 것은 많은 고난과 희생을 요하는 일이기 때문입니다.

b. 시대 정신의 본질

자신을 온 우주의 중심으로 삼고, 자신이 창조된 목적과는 상관이 없이 스스로의 행복을 최고의 가치로 여기는 시대 정신의 본질은 바로 죄의 본질이기도 합니다. 왜냐하면 죄는 하나님의 중심성에 대한 모든 반항과 무협조이기 때문입니다. 그래서 모든 시대 정신의 본질에는 하나님을 향한 반역과 무관심이 있습니다. 왜냐하면 인류의 타락으로 죄가 들어온 이후로는 모든 인간이 죄 아래 있으며, 그 죄의 본질이 바로 하나님께 대한 반감과 대적으로 역사하는 적의이기 때문입니다. 죄 아래서 태어난 인류의 마음에는 선천적으로 죄가 내재합니다. 그래서 학습하지 않아도, 마음으로 생각하고 느끼고 의지하는 모든 기능에 하나님께 대적하는 악한 성향이 우세하게 작용합니다(창 8:21, 막 7:22, 롬 1:21). 여기에 시대의 정신까지 합세하여 사람들로 하여금 천지를 창조하신 하나님의 중심성과 인간에게 계시하신 도덕의 기준들을 하찮게 여기도록 만듭니다.

물론 모든 시대의 정신이 항상 꼭 같은 정도로 하나님의 권위에 도전하고 선악의 기준들을 폐기하거나 거부하려 하는 것은 아닙니다. 한 시대 안에도 여러 개의 정신이 존재하고, 어떤 정신들은 시대의 주류를 이루는 정신 속에 편입되기를 완강히 거부하며 독자적으로 하나님의 정의에 부합하는 길을 가기도 합니다.

아브라함 카이퍼(Abraham Kuyper, 1837-1920)는 이러한 세상의 정신에 영향을 끼치는 그리스도인의 역할을 특별히 강조한 신학자입니다. 그는 특별 은총의 영역뿐만 아니라 일반 은총의 영역까지도 한 성령의 통치 아래 있다는 사실을 강조하면서, 비록 죄인을 구속하는 역사가 아닐지라도 일반 은총의 영역에서 이 세상이 하나님의 율법에 합치한 세상이 되어 가도록 하는 성령의 '정화'(purification)가 있다고 보았습니다. 다시 말해서 이 세상의 정신이 하나님의 법을 인정하고 계시의 판단에 부합하는 선악의 기준을 따르게 되는 것도 성령의 일반적 역사로 이루어지는 결과이니, 그리스도인이 교회의 지체로서뿐만 아니라 사회의 구성원으로서 최선을 다하여 세상의 정화를 이루어 가야 한다는 것입니다.

이처럼 문화도 하나님의 자녀들에 의하여 정화되어야 할 영역입니다. 그러나 문화를 통해 유입되는 시대의 정신은 그리스도인의 기독교적 세계관에 명백히 도전하는 방식으로서가 아니라 생활하는 환경을 세상적인 영향력으로 물들이는 방식으로, 때로는 달콤하게 설득하는 방식으로 그리스도인의 마음을 잠식해 들어오는 것이 문제입니다.

오늘날 매우 쇠약해진 그리스도인의 윤리의식은 하나님의 은혜가 부족한 것도 원인이지만 이러한 시대 정신에 감염된 결과이기도 합니다.

c. 시대를 아는 지식

그리스도인은 영적으로 하늘로부터 다시 태어난 사람들이지만 육신으로는 이 세상에 살아가고 있는 존재들입니다. 그러므로 그들은 하늘의 하나님과 지상의 나라를 함께 만나며 사는 사람들입니다.

그래서 예수 그리스도께서는 시대를 분별할 줄 모르는 그 시대의 사람들을 안타깝게 여기며 책망하셨습니다. "아침에 하늘이 붉고 흐리면 오늘은 날이 궂겠다 하나니 너희가 날씨는 분별할 줄 알면서 시대의 표적은 분별할 수 없느냐"(마 16:3).

그리스도인이 그 세대를 본받는다는 것은 바로 생각과 삶이 시대의 정신의 틀에 찍힌다는 의미이며, 그것을 극복하는 길은 변전(變轉)하는 세상의 정신을 따르지 않고 불변하는 하나님의 뜻을 분별하며 따르는 것입니다. "너희는 이 세대를 본받지 말고 오직 마음을 새롭게 함으로 변화를 받아 하나님의 선하시고 기뻐하시고 온전하신 뜻이 무엇인지 분별하도록 하라"(롬 12:2). 그리고 그러한 시대의 정신을 거스르면서 사는 구체적인 삶은 분별력과 진실함과 순전함입니다. 이에 대하여 사도 바울은 다음과 같이 말합니다. "너희로 지극히 선한 것을 분별하며 또 진실하여 허물 없이 그리스도의 날까지 이르고 예수 그리스도로 말미암아 의의 열매가 가득하여 하나님의 영광과 찬송이 되기를 원하노라"(빌 1:10-11).

신령한 은혜는 하늘로부터 오지만 그가 구현하여야 할 삶의 무대는 이 세상입니다. 한 사람의 그리스도인이 자기 시대의 사람들 앞에 빛을 비추며 윤리의 열매를 나타내기 위해서는 다음 세 가지 지식이 절실하게 필요합니다. 하늘에 대한 신령한 지식, 자기가 살아야 할 세상에 대한 지식, 자신으로 하여금 거룩하고 윤리적으로 살아가게 만드는 은혜의 비밀에 대한 지식입니다. 그리스도인은 비둘기같이 순결할 뿐 아니라 뱀같이 지혜로워야 합니다(마 10:16). 특히 자신의 시대를 아는 일에 있어서 더욱 그러해야 합니다.

원유를 실어 나르는 커다란 배를 본 적이 있습니까? 세계에서 가장 큰 유조선은 1975년 일본 스미토모 중공업에서 건조된 야레 바이킹호입니다.

이 배는 길이가 458.45m, 폭이 68.86m, 높이가 29.8m, 선체 중량이 236,710t으로, 화물칸의 크기만 658,363m²에 이른다고 합니다. 우리나라 63빌딩의 높이가 209m이니, 이 배의 길이는 그 두 배가 넘는 셈입니다. 갑판의 면적만 축구장 크기의 약 세 배에 이른다고 하니, 어마어마한 크기가 아닐 수 없습니다.

이런 거대한 배의 갑판이라면 그 위에 있는 사람은 콩알만하게 보일 것입니다. 그런데 그 넓은 갑판 위에 서 있는 한 사람에게 어떤 임무가 부여되었습니다. 바로 계속하여 북쪽으로 가라는 것이었습니다. 그리하여 그는 갑판 위에서 나침반을 보며 계속 북쪽으로 걸어갔습니다. 게으름부리지 않고 임무를 수행하며, 그는 자신이 끊임없이 더 북쪽으로 나아가고 있다고 확신했습니다. 그러나 그 배는 남쪽으로 항해하고 있는 중이었습니다. 즉 실제적으로 그는 자신도 모르는 사이에 북쪽으로부터 조금씩 더 멀어지고 있었던 것입니다.

우리는 교회 안에서 혹은 기독교 신학 안에서 이런 저런 주제와 교리들에 대하여 공부합니다. 이것은 매우 중요한 일이며, 개인의 영적 성장을 위해서도 꼭 필요한 일입니다. 그러나 그 일만 중요한 것이 아닙니다. 우리가 살고 있는 시대 전체의 정체가 무엇이고 또 그 정신이 인류를 어느 방향으로 데려가고 있는지를 아는 것 역시 이에 못지않게 중요한 일입니다.

제가 목회를 하면서 경험한 것은 한때 복음을 듣고 깊이 회심한 그리스도인이라고 할지라도 시대의 정신에 대한 올바른 지식을 가지고 있지 않으면, 균형 잡힌 그리스도인으로서 살아가기 어렵다는 사실이었습니다. 이러한 상황은 우리 나라에서 1990년대 후반에 접어들면서 더욱 뚜렷해지기 시작하였습니다. 개인적인 소견으로는 이러한 상황이 2000년대에 와서는 너무나 현저해져서, 이제는 시대 정신에 대한 올바른 지식이 없으면 신앙이 경건을 잃어버리고 세속화되거나 세상에 대하여 배타적이 된 영성을 추구하게 될 수밖에 없다고 봅니다.

오늘날 신번영주의나 신사도운동, 그리고 불건전한 신비주의운동 같은 것들이 각광받고 있는 것이 이러한 사실에 대한 좋은 증거들입니다. 목회에 있어서 세속과 타협이 없는 순수한 복음을 설교하는 일은 무엇과도 비교할 수 없는 탁월한 일입니다. 그것은 설교자에게 양보할 수 없는 가치입니다. 오죽 했으면 사도 바울이 다음과 같이 말했겠습니까? "내가 너희 중에서 예수 그리스도와 그가 십자가에 못 박히신 것 외에는 아무 것도 알지 아니하기로 작정하였음이라"(고전 2:2).

그러나 곧이어 사도 바울은 신앙이 깊고 성장한 그리스도인에 대하여 다음과 같이 말합니다. "그러나 우리가 온전한 자들 중에서는 지혜를 말하노니 이는 이 세상의 지혜가 아니요 또 이 세상에서 없어질 통치자들의 지혜도 아니요 오직 은밀한 가운데 있는 하나님의 지혜를 말하는 것으로서 곧 감추어졌던 것인데 하나님이 우리의 영광을 위하여 만세 전에 미리 정하신 것이라"(고전 2:6-7).

여기서 "지혜"는 희랍어로 '소피아'(σοφία)입니다. 그리고 그것은 바로 사도 바울 당시 많은 철학자들이 궁구하던 인생을 사는 삶의 방식(the way of living)에 관한 대답이었습니다. 사도 바울은 그리스도의 십자가 이외에는 아무 것도 알지 아니하기로 작정하였습니다. 이것이 바로 고린도지방에 들어올 때에 사도 바울의 심정이었습니다. 그러나 복음에 대한 신앙이 깊어진 장성한 교인들은 인간은 누구이며 어떻게 살아야 하는지에 대한 철학적 답변에 대한 해답으로서 복음에 대한 이해를 가지기 원하였습니다. 이것이 바로 사도 바울이 "그러나 우리가 온전한 자들 중에서는 지혜를 말하노니"라고 한 말의 의미입니다.

제가 열린교회 교인들에게 일 년에 한 차례 정도 근대와 포스트모더니즘의 시대 정신에 대하여 사회, 철학, 역사, 예술, 문화 등을 아우르는 내용으로 특강을 하는 것도 바로 이 때문입니다. 저는 자라나는 세대와 교인들에 대한 이러한 지적(知的) 작업이 너무나 중요한 일이라고 생각합니다. 왜냐하면 그 동안 교인들이 너무나 당연하게 받아들이고 있던 가치관과 인생관들이, 때로는 복음의 정신으로 생겨난 것이라고까지 믿었던 내용들조차 사실은 하나님을 멀리 떠난 인간 중심주의의 영향을 받은 것임을 알게 하는 기회가 되기 때문입니다. 이것은 앞에서 말씀드린 항해하는 배의 비유로 설명하자면, 마치 북쪽으로 가라는 임무를 열심히 수행하던 그 사람이 자신이 탄 배의 항로가 남쪽을 향하고 있다는 사실을 깨닫는 것과 같습니다.

그러므로 우리는 성경 자체만이 아니라, 성경의 정신으로 조명한 현대 사상과 시대의 정신의 실체에 대하여도 배워야 합니다. 현대의 정신사나 현대 철학 사조의 사상적 배경에 대한 지식을 습득하고 삶의 태도와 정신이 변하여야 합니다. 조금만 설교가 어려워지거나 사상적 논의들이 언급되기만 해도 지겨워하고 힘들어하는 사람들은 스스로 시대의 정신과 세계관에 대하여 여러 가지 책들을 찾아 읽어야 합니다. 교회와 그리스도인이 세상의 영향으로부터 결코 안전하지 않음을 깨닫는 한 편, 세상의 정신을 꾸짖고 오류에 속지 않도록 경계하여야 합니다.

우리가 복음을 받아들이고 그리스도인이 되었다고 하는 사실은 정말 놀라운 일입니다. 자신의 정체성과 복음으로부터 받는 영향력을 유지하며 살아가는 한, 그는 결코 이 세상을 온전히 따라가지 않을 것입니다. 그렇지만 단지 그리스도인이 되었다는 사실만으로, 저절로 이 시대의 정신으로부터 보호받을 수 있다고 생각해서는 안 됩니다. 하나님의 말씀과 세상, 그리고 인간에 대한 진지한 탐구와 열렬한 삶을 통해서 비로소 이 시대를 거슬러 살 수 있는 그리스도인이 되는 것입니다.

d. 사람을 빚는 두 틀, 세상과 그리스도

시대의 정신은 그 시대에 속한 모든 사람을 자기의 정신에 알맞도록 만들어 가고자 합니다. 이것을 가리켜 신학적으로 '콘포르마치오'(conformatio) 혹은 '본받게 함'이라고 합니다. 이러한 사상은 로마서에서 잘 나타납니다. "너희는 이 세대를 본받지 말고 오직 마음을 새롭게 함으로 변화를 받아 하나님의 선하시고 기뻐하시고 온전하신 뜻이 무엇인지 분별하도록 하라"(롬 12:2).

여기서 "이 세대를 본받지 말고"라는 구절을 희랍어 성경은 '카이 메 쉬스케마티제스데 토 아이오니 투토'(καὶ μὴ συσχηματίζεσθε τῷ αἰῶνι τούτῳ)라고 기록하고 있는데 이것을 직역하면 '그리고 너희는 이 시대에 대하여 형성되지 말고'입니다. '본받다'라고 번역된 희랍어 단어는 '수스케마티조'(συσχηματίζω)라는 단어의 수동태입니다. 이것은 '틀에 찍혀지고'라는 정도의 의미입니다. 원래 이 단어는 어떤 형태를 가진 틀에 주물 같은 것을 부어 똑같이 찍어 내는 것을 가리킬 때 사용되던 단어였습니다.

시대의 정신은 모든 사람을 본질적으로 자기 시대의 정신에 맞추어 찍어 내려고 합니다. 시대 정신이 강요하는 것은 형식뿐만 아니라 본질과 내용입니다. 그리고 그 본질은 인간을 온 우주의 중심이라고 생각하고 자신의 행복이 최고의 가치라고 믿게 하는 것입니다.

그러나 인간은 이러한 자기 중심성을 자신이 원하는 만큼 확장하지는 못합니다. 왜냐하면 그러기 위해서는 자신의 욕구에 의해 확장되는 질서에 타인들을 복종시켜야 하는데 그럴 수 있는 정신적, 물리적 자원이 없거나 충분하지 못하기 때문입니다. 인간은 경험적으로 자신의 행복이 다른 사람들의 행복과 밀접한 관계가 있다는 사실을 알기에, 적절한 한계점에서 자신의 행복과 다른 사람들의 행복을 절충합니다. 이것이 바로 '입장 바꿔 생각하기'(swapping places)의 논리인데, 흔히 도덕 철학에서는 이것을 가리켜 '가역성 테스트'(reversibility test)라고도 합니다. 이는 어떤 행위에 대해 도덕적으로 판단함에 있어서 우리가 다른 사람의 입장에 서 보고, 다른 사람으로 하여금 나의 입장에 서 보게 하는 것입니다. 그러나 이것은 결코 인간의 도덕적 판단의 궁극적 근거가 되지 못합니다. 왜냐하면 그런 식의 추론을 아무리 확대한다고 할지라도 화해의 여지가 없는 원수에게까지 그것을 적용하지는 못할 것이기 때문입니다.[81] 그러나 만약 '입장 바꿔 생각하기'를 우리와 이웃이 아니라, 우리와 예수 그리스도에게로 적용한다면, 우리는 하나의 지점으로 수렴하는 무한한 선(善)에 이르게 될 것입니다. 예수 그리스도께서는 어떠한 자기 사랑도 없이 하나님의 사랑으로 이웃은 물론 원수까지 사랑하실 것이기 때문입니다.

리처드 도킨스(Richard Dawkins, 1941-)는 그의 책 『이기적 유전자』(Selfish Gene)에서 심리학적 무의식이나 도덕 철학적 관점이 아닌 생물학적 유전자의 시각에서 인간 행동의 진화를 고찰하고 있습니다. 인간을 포함한 여러 동물이 이행하는 행동은 표면상 이타적으로 보이든지 이기적으로 보이든지 상관없이 모두 가상의 이타 행위자의 생존을 높이고 가상의 수익자의 생존 가능성을 낮추는 이기적인 행동이라는 것입니다.[82] 물론 육체를 가진 인간이라는 생물학적 측면을 고려한다면, 그가 말하는 이기적 유전자도 개체의 유지를 위한 하나님의 자연적 섭리의 일부라고 생각할 수 있을 것입니다.

---

81) Paul Ramsey, "Editor's Introduction," Jonathan Edwards, *Ethical Writings*, in *The Works of Jonathan Edwards*, vol. 8 (New Haven: Yale University Press, 2004), 2.
82) 리처드 도킨스, 『이기적 유전자』, 홍영남 역 (서울: 을유문화사, 2006), 23-27.

그러나 도덕적 측면의 자기 중심성은 생존을 위한 생물학적 측면의 이기심과 그 성격이 다릅니다. 도덕적 측면의 자기 중심성은 인간에게 마땅히 지정된 그 이상의 무엇이 되고자 하는 욕망입니다. 이것을 성경은 '정욕'(lust)이라고 부릅니다. 좁은 의미에서의 정욕은 성적 욕망을 의미하지만(딤후 2:22, 벧전 4:3), 넓은 의미에서는 자기를 주인 삼은 모든 원천적 욕망을 가리킵니다(롬 7:5, 약 3:15).

인간이 자기 중심성을 무한히 확장하지 않는 것은 '입장 바꿔 생각하기' 이론만으로는 충분히 설명할 수 없습니다. 여기에는 하나님께서 인간에게 부여하신 본성의 빛도 작용합니다. 하나님은 인간에게 초자연적으로 선악을 분별할 수 있는 능력을 주셨습니다. 물론 그것이 하나님의 존재와 성품을 알게 하거나, 자기가 죄인이라는 것을 자각하게 하거나, 그리스도의 구속의 계획 등을 가르쳐 줄 수 없습니다. 그러나 하나님께서 존재하신다는 사실과 자기가 지은 악에 대하여 책임을 져야 한다는 사실은 평계 댈 수 없으리만치 충분히 가르쳐 줍니다. 그리하여 인간은 어떤 행동이 자신과 이웃에 이익을 주는지에 의해서만 행동하는 것이 아니라 어떤 행위 자체가 가진 도덕적 성격 자체를 고려하여 행동하게 됩니다. 이것이 바로 자기 사랑이 지향하는 선과 이웃에 대한 고려가 지향하는 선 사이에 조화점을 찾은 '복합적 선'(compounded good)입니다.

그러나 복합적인 선이든지 혹은 2차적인 선이든지 하나님의 영광을 위한 완전한 윤리적 토대가 되지는 못합니다. 이것이 바로 세상이 아무리 도덕적인 사회가 될지라도 여전히 그리스도의 복음과 죄에 대한 인간의 회개와 그리스도께 대한 믿음이 절대적으로 필요한 이유입니다.

더욱이 인간의 죄와 악이 지배하는 세상은 공중 권세 잡은 자의 지원을 받으며 이 세상 사람들은 물론 빛의 자녀인 신자들까지라도 세상의 정신을 본받음으로써 시대 정신을 따라 살아가는 존재가 되게 합니다.

그러나 성경은 이에 반하는 또 다른 본받음이 있다고 말합니다. "오직 마음을 새롭게 함으로 변화를 받아 하나님의 선하시고 기뻐하시고 온전하신 뜻이 무엇인지 분별하도록 하라"(롬 12:2). 이 부분이 희랍어 성경에는 다음과 같이 되어 있습니다. '알라 메타모르푸스데 테 아나카이노세이 투 누스, 에이스 토 도키마제인 휘마스 티 토 델레마 투 데우, 토 아가돈 카이 휴아레스톤 카이 텔레이온'(ἀλλὰ μεταμορφοῦσθε τῇ ἀνακαινώσει τοῦ νοός, εἰς τὸ δοκιμάζειν ὑμᾶς τί τὸ θέλημα τοῦ θεοῦ, τὸ ἀγαθὸν καὶ εὐάρεστον καὶ τέλειον). 이 부분을 직역하면 다음과 같습니다. '그러나 너희의 마음을 새롭게 함으로써 변형될지니 이는 너희로 하여금 하나님의 선하시고 기뻐하시고 완전하신 의지가 무엇인지를 시험해 증명하기 위함이다.'

여기서 "변화를 받아"라고 번역된 부분이 희랍어로 '메타모르푸스데'(μεταμορφοῦσθε)인데 이는 '변형되다'라는 의미입니다. 이 단어를 통해 이 표현이 형상을 의미하는 '모르페'(μορφή)라는 명사와 연관이 있음을 알 수 있습니다. 즉 하나님께서도 이 세상을 향해 가지고 계신 의지를 입증하시기 위해 그리스도인의 형상을 새롭게 변화시키기도 하신다는 것입니다. 이 변화는 그리스도를 말미암는 것으로, 우리의 전 존재와 삶의 변화이며, 우리의 정신을 새롭게 하심으로써 성취되는 변화입니다.

요약하자면, 세상이 그리스도인을 자기의 틀에 맞도록 찍어 내는 것이 사실이지만, 한 편으로는 하나님께서도 이 세상을 향해 가지고 계신 당신의 의지를 입증할 수 있도록 우리의 전 존재를 변형시키십니다. 그러므로 인간이 빚어지는 것은 오직 두 종류의 본받음을 통해서입니다. 하나는 세상이고 또 다른 하나는 그리스도입니다.

여러분은 바람떡을 어떻게 만드는지 아십니까? 제가 어릴 적만 해도, 소풍 갈 때면 집에서 만든 바람떡을 싸 가곤 했습니다. 쌀가루를 쪄서 절구에 넣고 물을 섞어 가면서 뭉쳐질 때까지 떡을 칩니다. 그리고 치댄 떡을 밀대로 적절한 두께가 되도록 밀어서, 콩고물이나 팥고물 등으로 만든 소를 한 순가락 올리고 떡을 접어 동그란 컵이나 주전자 뚜껑 등으로 찍어 줍니다. 천천히 누르는 것이 아니라, 떡을 반으로 접는 동시에 한 번에 힘을 주어서 찍어 주어야 바람이 들어가 팽팽한 부채 모양의 떡이 됩니다. 밥공기로 찍으면 제법 널찍한 반원형의 떡이 나오고, 물컵으로 찍으면 한 입에 들어갈 만한 떡이 나오며, 한 쪽 구석이 찌그러진 주전자 뚜껑으로 찍으면 한 쪽이 찌그러진 떡이 나옵니다. 그 틀이 무엇인가에 따라, 수백 수천 개의 떡들이 그 틀과 동일한 모양으로 찍혀 나오는 것입니다.

경험주의 철학자들은 인간은 순수한 상태로 태어난다고 말하는데, 이것을 '백색 서판'(*tabula rasa*)의 상태라고 합니다. 이후 경험하는 바에 의하여 서판이 채워지듯 개개인의 인간성이 형성되어 간다는 주장입니다. 그러나 인간에 대한 이러한 견해는 성경적 인간관과 부합하지 않습니다.

성경은 인간은 태어나면서부터 죄성을 가진 존재라고 가르칩니다. 인간은 처음부터 타락한 본성을 가지고 태어나는데, 여기에 두 주체가 개입하여 자기의 틀을 반영한 인간을 만들어 내고자 합니다. 그 두 주체는 그리스도와 세상으로, 세상이라는 틀에 찍혀서 나오면 그는 시대 정신을 따르는 사람이 됩니다. 그러나 그리스도의 형상을 본받게 되면, 우리는 하나님께서 인간을 창조하셨을 때 의도하셨던 사람이 됩니다. 예수 그리스도께서는 당신의 형상을 본받게 하심으로써 우리의 전(全) 본성을 새롭게 하십니다(골 3:10).

그리스도께서 우리를 새롭게 하시는 것은 시대 정신이 사람들을 찍어 내는 것과는 다른 방식으로 이루어집니다. 각 사람의 영혼을 신비롭게 거듭나게 하시고 그의 지성을 설득하시고 의지를 감화하심으로써 그리스도 안에서 계시된 참된 인간의 형상을 빚어 가시는 것입니다. 이것은 인간이 타락으로 말미암아 잃어버렸던 형상인데, 이 형상은 성육신하신 그리스도를 통하여 가장 잘 계시되었습니다.

어쨌거나 인간은 세상이라는 주체의 틀에 찍혀서 만들어지기도 하고 그리스도라는 주체의 형상을 따라 새롭게 빚어지기도 하는데, 이에 따라 전혀 다른 가치관과 인생관을 따라 사는 사람들이 됩니다.

그러나 인간이 그리스도를 통하여 새로운 형상으로 빚음을 받는 일은 단회적인 중생으로 끝나는 것이 아닙니다. 이 일은 중생과 회심을 통해 시작되었고, 성화를 통해 진전될 것입니다. 그러므로 그는 구원받은 즉시 이 세상의 빛이지만 그리스도를 더욱 본받아 가는 영적인 성장을 통하여 더욱 그 빛의 사람이 되어갑니다(빌 2:15). 그리고 그 빛의 사람으로서 거룩한 행실로써 열매를 맺어 갑니다. 그런 점에서 볼 때 그리스도인은 이미 빛으로 부름 받은 사람이며 또한 아직은 자신 안에 어둠의 요소를 가지고 있는 사람입니다.

이 완결과 미완결의 절묘한 시제로 말미암아 인간은 확신을 가지면서도 또 한 편으로 자신을 계속 그리스도의 형상으로 빚어 가시는 하나님을 절실하게 의존하지 않을 수 없는 것입니다(빌 1:6, 고전 9:27). 우리가 낙심하기에는 너무나 큰 하늘의 능력과 은혜와 진리가 이미 우리 안에 있고, 교만하기에는 아직도 많은 부패와 죄성과 무능력이 우리 안에 엄연히 존재합니다. 그래서 우리는 전심으로 하나님을 의지하지 않을 수 없습니다.

그런데 세상은 인간 밖에 있는 것이 아니라 인간 안에 있습니다. 따라서 세상의 틀에 찍히는 것은 특별한 노력 없이도 가능합니다. 죄 된 본성을 따라 살아가면 저절로 그렇게 되는 것입니다. 그러나 예수 그리스도의 틀에 찍히기 위해서는 인간 속에 혁명적 변화가 도입되어야 합니다. 허물과 죄로 인해 죽었던 영혼이 살아나고 자기의 죄를 진실하게 회개하고 구원자이신 예수 그리스도를 절실하게 믿는 놀라운 변화가 사람의 영혼 안에 일어나야 비로소 예수 그리스도의 틀에 찍힐 수 있습니다.

본문에 나타난 "너희 빛을 비치게 하라."는 예수님의 명령 속에서 빛을 비치게 해야 할 사람들은 예수 그리스도의 틀에 찍힌 사람들이며, 비치는 빛을 받아야 할 사람들은 세상의 틀에 찍힌 사람들입니다. 교회에 출석하고 있건 교회 근처에도 가 보지 않은 불신자들이건 간에 그 시대 속에 태어나서 밥 먹고 숨 쉬듯이 자연스럽게 그 시대의 정신을 따라 살아가는 사람이라면, 그들은 세상의 틀에 찍힌 사람들입니다. 우리가 빛을 비추어 주어야 할 대상인 것입니다.

2. '그 빛'을 비치게 한다는 의미

예수 그리스도께서는 그 빛을 비치게 하라고 말씀하셨습니다. 이미 살펴보았듯이 그 빛은 일반적인 빛이 아니라 '그 빛'(the light)입니다. 빛이 무엇을 비춘다는 이 비유는 예수님께서 고안해 내신 비유가 아닙니다. 이것은 이미 구약에 자주 등장하는 비유입니다.

대표적인 성경 구절이 시편 119편에 등장합니다. "주의 말씀은 내 발에 등이요 내 길에 빛이니이다"(시 119:105). "주의 말씀을 열면 빛이 비치어 우둔한 사람들을 깨닫게 하나이다"(시 119:130). 여기서 빛은 히브리어로 '오르'(אוֹר)입니다. 이 단어는 '빛, 낮, 광선, 광명, 태양' 등을 가리키는 의미로 사용되었습니다(창 1:3, 삼하 23:4, 욥 3:9, 31:26).

시편 119편 105절에 나오는 "등"이라는 단어는 히브리어 '네르'(נֵר)로

이는 막대에 끼어서 들고 다니는 등불을 의미합니다. 이런 등불은 '오르' 와는 달리 멀리 있는 어둠까지 몰아내지는 못합니다. 걸어가는 발끝을 비추어 한 걸음 한 걸음 헛딛지 않고 걸어가게 하는 데 사용되는 휴대용 등불입니다. 이처럼 예수 그리스도께서는 구약에서 사용된 빛에 대한 용례를 잘 이해하시는 가운데 "너희는 세상의 빛이라."고 말씀하신 것입니다.

a. 비치게 하라-첫 번째 의미

길 전체를 찬란히 비치는 빛과 발걸음을 지켜주는 등불은 다른 종류의 빛이지만 그 효용에 있어서는 같은 작용을 합니다. 주변의 이목을 집중시켜 자신의 밝음을 과시하기 위한 것이 아니라 어떤 사물이나 존재에 비추어 그 빛의 도움으로 그것들을 분별하고 판별하게 하는 것입니다.

한번 상상해 보십시오. 여러분이 어두운 방 안에 들어갔습니다. 손에는 전등 하나가 들려 있습니다. 어떻게 그 불빛을 사용하겠습니까? 어두운 방 안에서 그 전등을 켜서 자신의 눈앞에 대고 그 빛을 응시하며 서 있는 사람은 없을 것입니다.

어둠 속에 등불을 비췄을 때, 정말 보고 싶은 것은 등불이 아니라 그 불빛을 받아서 이제 보이게 된 방 안의 사물들입니다. 그래서 등불로 방 안을 두루 비추어 어디에 문턱이 있고 가구가 있는지를 살펴 그 방을 안전하게 걸어 다니도록 도움 받고자 할 것입니다. 이것이 바로 그 빛을 비치게 하라는 명령의 첫 번째 의미입니다. 그러므로 예수 그리스도께서는 다음과 같이 말씀하시는 것입니다. "너희들이 알고 있는 진리의 빛을 세상 사람들 앞에 비치게 하라. 그리하여 너희가 그 빛으로 비추어 주지 않았더라면 결코 분별할 수 없었던 사람들이 그 빛 때문에 새로운 이해와 판단력을 가지고 하나님과 세상과 인간에 대하여 생각하게 하라."

1) 동굴의 비유

이 문제에 있어, 여러분의 이해를 도울 만한 좋은 비유가 있습니다. 영국의 경험주의 철학자 프란시스 베이컨(Francis Bacon, 1561-1626)은 『신기관론』(Novum Organon)이라는 책에서 '동굴의 우상'이라는 말로 인간이 자신이 가진 지식을 절대적 진리라고 착각하고 있는 상태를 설명했습니다. 사실 이 말은 플라톤(Platon, BC 427-BC 347)의 '동굴의 비유'(Allegory of the Cave)의 연관 개념입니다.

동굴의 비유는 플라톤의 『국가론』(republic) 제7권에 나오는 유명한 비유로, 동굴의 너비만큼이나 넓은 입구를 가진 직선형 지하 동굴이 있다는 가정에서 출발합니다. 그 동굴 속에는 사지와 목이 결박당한 채, 입구를 등지고 동굴의 막다른 벽만을 바라보는 상태로 놓인 죄수들이 있습니다. 이들은 태어날 때부터 그 벽만을 바라보며 살아온 사람들입니다. 그들의 뒤로는 횃불이 타고 있으며, 이 횃불 앞과 죄수들 사이에 가로로 길이 나 있고 길을 따라 담이 세워져 있습니다. 이 담이 흡사 인형극 공연처럼 야트막한 휘장 역할을 합니다. 횃불 앞에 각종 모양판이나 인형을 세우면 동굴벽에 그림자가 생깁니다. 오직 그 그림자만을 보고 살기 때문에, 죄수들은 그 그림자를 실재라고 생각합니다. 그래서 자신들이 벽면에서 보는 것들에 대해 연구하고 알아가기 시작합니다. 그 중에는 특별히 더 그 그림자가 무엇이며, 어떤 패턴으로 움직이는지 다른 사람들보다 정확하게 알고 있는 사람도 있을 것입니다. 그래서 동료들 사이에서 남다른 대접을 받으며, 지혜로운 사람으로 추앙받기도 할 것입니다.

그런데 그 묶여 있는 죄수 중 한 사람을 쇠사슬의 결박에서 풀고 그에게 뒤를 돌아보도록 강요하는 일이 일어납니다. 뒤를 돌아보자 처음에는 고통스러움이 찾아옵니다. 어둠에만 익숙하던 눈이기에, 이글거리는 횃불의 환한 빛을 마주하면 한 동안은 아무 것도 보이지 않을 것이 분명합니다. 그런데 시간이 지나고 서서히 밝음에 익숙해지고 나자, 놀라운 장면이 눈에 들어옵니다. 그 동안 박쥐라고 생각했던 것이 박쥐 모양의 판이 만들어 낸 그림자였고, 토끼라고 생각했던 것도 토끼 모양의 판이 만들어 낸 그림자에 불과했음을 알게 된 것입니다. 충격을 받은 그 죄수를 횃불을 지나 계속 올라가 보게 합니다. 횃불을 넘어서자 횃불과는 비교도 할 수 없는 더욱 찬란한 빛이 나타납니다. 이번에도 그는 한 동안 제대로 눈을 뜨지 못합니다. 그 빛 속으로 나가 보니, 동굴 안과는 완전히 다른 세계가 눈앞에 펼쳐집니다. 그림자로, 인형으로만 보았던 사람이 걸어 다니고 있습니다. 진짜 말이 초록 벌판을 뛰어다니고, 진짜 새가 푸른 하늘을 날아다닙니다. 그림자로 볼 때는 알 수 없었던 오색찬란한 빛깔이 고스란히 시야에 들어옵니다.

그림자만 볼 때는 그림자가 세상 최고의 아름다움이라고 생각했는데, 막상 그 그림자를 만들어 낸 인형을 보자 '아! 그림자는 아무 것도 아니로구나.' 싶어졌습니다. 그런데 진짜 사람을 보자 '아! 인형은 아무 것도 아니구나. 말할 수 없는 아름다움이 여기에 있구나.' 깨닫게 됩니다. 그러면서 그는 그림자만 보며, 그 그림자에 감탄하고 그 그림자에 대해 잘 아는 것으로 사람들에게 대접을 받는 것이 얼마나 부질없고 추루한 일인지 발견합니다. 그리고 찬란한 햇빛이 쏟아지는 대지 위에 서 있는 행복을 동굴 속에 묶여 있는 동료들에게도 맛보게 해주어야 한다는 생각을 하기 시작합니다. 여전히 어둠 속에서 인생을 의미 없이 살아가는 동료들이 너무 불쌍해서, 그리고 한 편으로는 이러한 큰 깨달음과 큰 행복을 홀로만 누리는 것이 두려워서……

이제 그는 올라온 길을 거슬러 내려갑니다. 그러나 지하 동굴 세계로 되돌아가 '너희들이 보는 것은 그림자일 뿐이다. 그 그림자를 만들어 내는 실체도 실체가 아니라 모형일 뿐이다. 동굴 밖으로 나가 보면 상상할 수조차 없이 찬란하고 눈부신 아름다운 세상이 있다.'라고 전해도, 아무도 그의 말을 믿어 주지 않습니다. 환한 곳에 있다 어둠 속으로 들어갔으니, 처음에는 앞이 잘 보이지 않아 넘어지기도 하고 손으로 더듬기도 할 것입니다. 그런데 그 모습이 원래부터 그 안에 있던 사람들에게는 얼마나 어눌하게 보이겠습니까? 변변치 못한 놈이 변변치 못한 소리만 하고 있다 생각하며, 동굴 세계에 적응하지 못하는 낙오자 취급을 할 것입니다. 심지어 어떻게든 그들을 묶고 있는 사슬을 풀고 동료들을 끌고 나가 동굴 바깥 세계를 보여주려는 그를 평온한 현실을 파괴하려는 적으로 간주하고 죽여 버리려 할 것입니다. 자신들이 실재라고 믿는 것이 부인되고, 자신들이 바르다고 생각했던 행동이 틀리다고 판정되는 것을 견딜 수 없기 때문입니다.

2) '아나바시스'(anabasis)와 '카타바시스'(katabasis)

플라톤의 동굴의 비유를 연구하는 사람들 사이에 가장 많이 논의되는 질문은 이것입니다. 모든 사람이 벽을 바라보며 살아가는데 그 어떤 사람으로 하여금 뒤를 돌아보게 한 것이 무엇인가 하는 질문입니다. 누구도 단정적으로 답하기 어렵습니다. 그러나 많은 학자는 그로 하여금 뒤를 돌아보게 만든 것은 진리 자체가 가지고 있는 힘이라고 생각합니다. 그런데 그 진리의 힘이 왜 모든 사람에게 작용하지 않았을까 하는 것은 여전히 의문입니다.

아무튼 뒤를 돌아본 그는 처음에는 고통을 느꼈습니다. 어둠에만 익숙하던 시각 기관이 갑자기 환한 빛을 마주하게 되었기 때문입니다. 그가 횃불을 향해 올라갑니다. 그리고 그림자의 원인이 되었던 인형을 발견하게 되고 거기를 지나쳐 동굴 밖의 세계로 걸어갑니다. 찬란한 햇빛이 비치고 거기서 실물을 보게 됩니다. 이렇게 진리에 이끌려 참된 것을 향하여 올라가는 것을 '상승'(anabasis)라고 합니다.

거기서 그는 최고의 행복을 경험하게 되고 동굴 속에서의 삶이 얼마나 부질없고 추루한 것인지를 깨닫게 됩니다. 그런데 이렇게 상승한 사람들의 운명은 거기서 그것을 홀로 즐기며 누리는 것이 아니라 다시 지하 동굴로 내려가는 것입니다. 그것을 '하강'(katabasis)이라고 합니다. 그가 지하 동굴로 내려가는 것은 상승을 통하여 태양빛 아래 실재 세계를 보았기 때문입니다. 이러한 비유는 복음을 통하여 하나님의 사랑과 영광을 깨달아, 여전히 복음을 모르는 채 어둠 속에서 살고 있는 사람들을 위하여 세상으로 나아가는 그리스도인의 사명과도 닮았습니다.

3) 복음과 그리스도인의 숙명

이 동굴의 비유는 인간의 존재와 진리에 대한 깨달음의 중요성을 설명하기 위한 것입니다. 물론 이 비유가 그리스도인이 복음을 아는 것과 완전히 일치하는 것은 아닙니다. 그러나 상당히 많은 부분에 있어 기독교적인 경험과 비견될 수 있습니다.

오늘날 많은 그리스도인이 기독교 신앙을 가지고 있다고 하지만 다시 어둠 속에 있는 사람들을 구원해야 할 소명에 사로잡혀 동굴을 내려오는 '카타바시스'의 삶이 없는 것이 현실입니다. 혹시 '아나바시스'를 한 적이 없기 때문에 '카타바시스'를 하지 못하는 것은 아닐까요?

그러나 이 동굴의 비유로 말하자면 어떤 사람에게 하강이 없다면, 그것은 상승한 적이 없는 것입니다. 그는 정말 동굴 밖의 태양빛 아래서 실재 세계를 본 사람이 아닙니다. 사도 바울은 예수 그리스도를 만난 후 다음과 같은 고백을 남겼습니다. "헬라인이나 야만인이나 지혜 있는 자나 어리석은 자에게 다 내가 빚진 자라 그러므로 나는 할 수 있는 대로 로마에 있는 너희에게도 복음 전하기를 원하노라"(롬 1:14-15). 또한 복음을 전하는 일이 신적인 강제력에 사로잡혀서 할 수밖에 없었던 일이었음을 다음과 같이 고백합니다. "내가 복음을 전할지라도 자랑할 것이 없음은 내가 부득불 할 일임이라"(고전 9:16上).

우리는 부분적으로 이러한 경험을 가지고 있습니다. 이 세상 어둠 속에서 방황하다가 복음의 진리를 알게 되었을 때 그 때 우리의 고백이 무엇이었습니까? 그리스도의 십자가를 통해 하나님의 놀라운 사랑을 깨닫게 되었을 때 우리의 마음은 어떠하였습니까?

교회에 와서 회심하고 복음의 진리가 영혼에 비추는 것을 경험한 지체가 있었습니다. 그는 마치 가뭄에 물을 만난 사람처럼 성경 말씀을 들이마셨습니다. 그리고 매주 예배와 성경 공부에서 은혜를 받았습니다. 그러던 어느 날 그는 이렇게 고백하였습니다. "나는 이렇게 복음의 진리를 깨닫고 하나님께 사랑을 받는데, 아직도 진리를 알지 못하고 방황하는 다른 사람들을 생각할 때 견딜 수 없이 마음이 아픕니다." 그의 눈에는 눈물이 흐르고 있었습니다.

만약 어떤 사람이 예수 그리스도를 만나고 진리를 알게 되었을 때 다음과 같이 말한다면 그는 정말로 그리스도를 통해 하나님의 사랑을 안 사람이 아닙니다. "아, 여기가 참 좋군요. 정말 나는 행복합니다. 나는 나의 상태에 충분히 만족합니다. 그것으로 충분합니다."

오히려 사랑은 교통입니다. 하나님 없는 자기 사랑은 단절적 사랑이고 복음을 통한 하나님의 사랑은 교통적 사랑입니다. 그리하여 하나님의 사랑을 알기 전까지는 사랑하지도 않고 생각나지도 않았던 사람들 때문에 아파하고, 그들의 영혼의 곤궁한 처지에 안타까움을 느끼게 됩니다. 경건한 슬

픔이 폭포수처럼 솟구쳐서 그들을 그 진리를 모르는 어둠과 비참한 상태에서 건져내기 위해서라면 무엇이라도 희생하고 싶은 마음이 생겨나게 되는 것입니다. 이것이 바로 복음을 통해 하나님 사랑을 안 그리스도인의 운명입니다. 신적인 강제력이 필연처럼 역사하게 될 때 그들의 마음에는 하나님께 대한 사랑과 사람들에 대한 사랑이 완전한 일치를 이룹니다. 하나님 안에서 사람을, 사람 안에서 하나님을 사랑하게 되는 것입니다. 그래서 아우렐리우스 아우구스티누스(Aurelius Augustinus, 354-430)는 다음과 같이 말하였습니다.

우리가 사랑을 사랑한다고 할 때에 그것은 사랑이 사랑하는 그 무엇을 사랑하기 때문이다. ……사랑이 아무 것도 사랑하지 않는다면 그것은 사랑이 아니다. 그러나 사랑이 사랑 자신을 사랑한다면, 자신을 사랑하기 위해 사랑은 무언가를 사랑해야만 한다. 한 단어는 어떤 대상을 지시하기도 하지만 단어 자신을 지시하기도 하듯이 사랑은 사랑 자신을 사랑함이 분명하며, 사랑이 무언가를 사랑하는 자신을 사랑하지 않는다면 사랑은 사랑인 자신을 사랑하지 않는 것이 된다. 그러므로 우리가 사랑으로 사랑하는 어떤 대상 말고 사랑은 그 무엇을 사랑한다는 말인가? 가장 가깝게는 바로 우리의 형제들이다. ……우리가 사랑으로 형제를 사랑하는 것은 형제를 사랑하시는 하나님으로 인해 사랑하는 것이다.[83]

---

83) "Quia cum diligimus caritatem, aliquid diligentem diligimus ……Caritas enim non est quae nihil diligit. Si autem se ipsam diligit, diligat aliquid oportet ut caritate se diligat. Sicut enim uerbum indicat aliquid, indicat etiam se ipsum, sed non se uerbum indicat nisi se aliquid indicare indicet; sic et caritas diligit quidem se, sed nisi se aliquid diligentem diligat non caritate se diligit. Quid ergo diligit caritas nisi quod caritate diligimus? Id autem ut a proximo prouehamur frater est. ……Cum ergo de dilectione diligimus fratrem, de deo diligimus fratrem." Avrelivs Avgvstinvs, *De Trinitate*, VIII. 8. 12, in *Corpvs Christianorvm Series Latina*, L: *Avrelii Avgvstini Opera*, Pars XVI. 1 (Tvrnholti: Typographi Brepols Editores Pontificii, 1968), 287-289.

이는 마치 존 칼빈(John Calvin, 1509-1564)이 하나님을 향한 사랑과 인간 안에 있는 하나님의 형상을 향한 사랑이 하나의 사랑이라고 지적한 것과 같은 논리입니다. 그러한 사랑의 마음속에는 하나님을 향한 절대적 의존과 완전한 순종의 고백이 있습니다. 무지가 인간의 마음을 뒤덮지 않는다면 인간은 반드시 순종할 것이며, 하나님의 법을 알고 사랑하는 것만큼 순종하는 삶으로 윤리적인 열매를 맺게 될 것입니다.

4) 하나님의 계획 : 시대 정신과 진리의 판단

"그 빛을 비치게 하라."는 말씀의 첫 번째 의미는 진리의 빛으로 사물에 내린 판단을 세상 사람들에게 보여주는 것입니다. 동굴 속 죄수들처럼 시대의 빛을 따라 판단하고 행동하던 사람들에게 진리의 빛을 따라 판단하고 행동하는 것이 무엇인지 삶으로 가르쳐 주어야 하는 것입니다.

이 시대의 빛으로 내린 판단과 진리의 빛으로 내린 판단이 얼마나 다른지 하나님의 4중의 계획을 가지고 대조해 보면 극명하게 드러납니다. 하나님의 4중의 계획은 인간의 창조와 타락, 구원, 그리고 세계의 완성입니다. 그런데 창조, 타락, 구원, 완성도 시대의 빛을 따라 세속주의적이고 인본주의적인 관점으로 보면 인간의 일일 뿐입니다. 이 시대의 빛으로 보면 하나님의 위대한 계획 전체가 터무니없는 이야기에 불과한 것입니다.

a) 창조에 대하여

첫째로, 창조에 대해서입니다. 성경은 창조를 말하지만 시대의 빛은 모든 물질이 영원 전부터 있는 단자(單子)라고 주장합니다. 창조는 처음부터 없는 개념으로, 모든 물질은 영원 전부터 단자로서 존재하고 있다가 무수한 진화의 과정을 거쳐 나타난 것에 불과하다는 것입니다. 따라서 인간이라는 존재도 물질적 필연을 따라 등장한 개체일 뿐입니다. 이런 사고 속에서는 "인간은 왜 존재하는 것일까?" 또는 "사람은 무엇으로 사는가?" 등의 사유도 부질없는 것이 되고 맙니다.

그러나 진리의 빛은 창조에 대해 전혀 다른 설명을 합니다. 원래는 하나님 한 분만 계셨고, 하나님께서 당신 자신의 영광을 보이시기 위해서 두 개의 세계를 창조하셨다는 것입니다. 그 두 개의 세계는 하늘의 영적인 세계와 이 땅의 물질의 세계인데, 하나님은 그 가운데 특별히 인간에게 당신의 형상을 부여하셨습니다. 즉 인간은 우연히 어떤 물질로부터 진화되어 등장한 개체가 아니라, 이 세계를 하나님의 뜻에 맞게끔 다스리며 하나님과 가족 관계를 이루며 살아가게 하시려고 하나님께서 창조하신 특별한 피조물입니다.

b) 타락에 대하여

둘째로, 타락에 대해서입니다. 이 시대의 빛은 인간이 이렇게 비참하고 괴롭게 된 이유를 이렇게 설명합니다. '종교와 도덕의 개입으로 자유가 억압된 것이 인간의 모든 불행의 시작이다.' 그러나 성경은 전혀 다른 설명을 합니다. 인간은 위로는 하나님과 관계를 맺고, 좌우로는 사람과 관계를 맺으며, 아래로는 하나님께서 창조하신 만물과 관계를 맺는 가운데 피조세계를 잘 돌보고 가꾸며 살아가야 할 존재였습니다. 그런데 인간은 하나님을 버리고, 스스로 그 모든 질서의 주인공이 되고자 하였습니다. 이것이 타락이고, 이 타락으로 이 세상에 죄가 들어오게 되었습니다. 그리고 죄의 징후로 이 세상에 수많은 악과 부조화가 나타나게 되었다고 판단하고 있는 것입니다.

c) 구원에 대하여

셋째로, 구원에 대해서입니다. 이 시대의 빛으로 보면, 구원은 인간을 완전히 자유로운 존재로 만드는 것입니다. 자기 자신이 아닌 타인이나, 다른 근원, 자신이 동의하지 않는 권위로부터 강제된 모든 도덕과 규범으로부터 벗어나는 것입니다. 그리하여 자신에 대한 완전한 신뢰 속에서 스스로 하고 싶은 것은 무엇이든지 자율적으로 할 수 있고, 할 수 있도록 허락받을 필요가 없는 완전한 자유의 상태를 누리게 되는 것이 세상의 구원관입니다.

세상에 속한 사람들에게 있어서 궁극적 실재(實在)는 한 덩어리입니다. 그들은 세상에 있는 모든 사물은 그 궁극적 실재의 분화된 개체들로서 선과 악, 주체와 객체 같은 것들은 모두 실재가 분화되어 존재하는 일시적인 모습일 뿐이라고 생각합니다. 마치 흐르는 물이나 얼음이나 수증기가 모두 물이라는 본질의 다른 존재의 형태이듯이 말입니다. 이 궁극적 실재로서의 하나인 덩어리는 인격적 존재가 아닙니다. 인간의 인격조차도 이 실재의 일시적 분화가 만들어 낸 현상에 불과합니다. 궁극적 존재로서의 인간은 바로 이러한 미분화의 통일체로서의 한 덩어리인 실재의 한 부분입니다. 그리고 그들에게 있어서 구원은 바로 인간이 이렇게 자신이 신의 일부임을 깨닫는 것입니다.

그러나 성경 진리의 빛은 다음과 같이 증언합니다. 죄로부터 벗어날 수 없는 자기 중심적인 인간이 하나님을 알고 사랑하며 창조 목적을 따라 살아갈 수 있도록 삼위일체 하나님과 생명적 관계를 누리는 것이 구원이라는 것입니다.

인간은 스스로의 의지로 하나님을 떠나 죄를 짓고 타락하였습니다. 인간이 만물을 다스리는 탁월한 존재가 될 수 있도록 하나님께서 부여하신 인간의 지(知), 정(情), 의(意)가 오히려 인간을 가장 비참한 존재가 되게 만들었습니다. 영혼이 추루하게 된 인간은 영혼 없는 짐승보다 더 불행한 상태로 전락했습니다. 하나님께서 창조하신 모든 피조물 중 인간 이외에는 그 어떤 것도, 하나님께서 창조하신 그 모습 이상이나 이하가 될 수 있는 것이 없습니다. 그러나 인간은 하나님께서 탁월하게 부여하신 영혼의 기능으로 말미암아, 자신의 부패한 지성과 타락한 의지로써 인간 이하의 존재가 되기를 선택할 수 있게 되었습니다.

  구원은 죄와 죄의 결과로 비참한 상태에 빠진 인간을 건져 주시는 하나님의 자비로운 구출입니다. 인간 스스로는 그 비참함으로부터 빠져 나올 수 없기에, 예수 그리스도께서 사람의 몸을 입으시고 이 세상에 오셨습니다. "하나님이 세상을 이처럼 사랑하사 독생자를 주셨으니 이는 그를 믿는 자마다 멸망하지 않고 영생을 얻게 하려 하심이라"(요 3:16). 스스로 자기를 우주의 중심이자 모든 가치의 최고봉이라 생각하는 죄성과 교만과 무지를 해결할 수 없는 인간을 위하여 예수 그리스도께서 이 세상에 오셔서 당신 자신을 희생의 제물로 바치신 것입니다. 예수 그리스도께서 십자가에서 우리의 죄를 대속하심으로 인간을 원래의 창조의 질서로 돌아가도록 만들어 주셨는데, 이것을 성경은 구원이라고 말합니다. 그래서 사도 요한은 이렇게 말합니다. "사랑은 여기 있으니 우리가 하나님을 사랑한 것이 아니요 하나님이 우리를 사랑하사 우리 죄를 속하기 위하여 화목 제물로 그 아들을 보내셨음이라"(요일 4:10).

d) 완성에 대하여

넷째로, 완성에 대해서입니다. 이에 대해서도 시대의 빛과 진리의 빛은 전혀 다른 판단을 내리고 있습니다. 지금 우리의 시대는 인간을 신이 될 수 있는 존재로 봅니다. 인간이 자신 안에 내재된 신적인 성질을 계발해서 우주 안에 가득한 신과 일체를 이루면, 신화(神化)되어서 하나님과 합일을 이룰 수 있다는 것입니다. 이런 주장을 하는 사람들은 이렇게 되는 것이 인간의 궁극적인 행복이요, 이 세계의 완성이라고 말합니다.

특히 우리 시대에 종교, 문화, 사회, 예술 등에 광범위한 영향을 끼치고 있는 뉴에이지 사상에 따르면, '물병자리 시대'(The age of Aquarius)가 인간을 위한 유토피아가 될 것인데 이것은 인간 스스로 자신이 신과 동일함을 깨닫게 됨으로써 이루어진다는 것입니다. 오늘날 명상을 통하여 자아를 우주의 신적 본질과 일체를 이루고 있는 한 부분으로 받아들이며, 스스로 신접(神接)을 통해 '고양된 자아'(higher self)로까지 상승하고자 하는 것도 바로 이러한 생각 때문입니다.[84]

그러나 성경 진리의 빛은 완성에 대해 전혀 다른 판단을 내리고 있습니다. 그리스도 예수의 구속의 은혜를 힘입어서 한 사람 한 사람이 죄에서 벗어나고, 이후 성령의 역사를 통하여 정결한 사람이 되어 가다 보면 마지막 날이 도래합니다. 그 인류 역사의 마지막 날에 이 땅에 존재했던 모든 사람이 다시 부활하여 영원한 심판이나 영원한 생명을 받게 될 것입니다. 그 때에 이 세상은 모든 죄를 제거하고 창조하실 때 의도하셨던 아름다운 상태로 회복될 것이며, 하나님의 영광을 충만하게 드러내게 될 것입니다. 이것이 진정한 완성이고, 인간의 행복도 이 안에 있습니다.

비록 개괄적으로 살펴보기는 했지만, 이 시대의 정신으로 보는 하나님의 계획, 즉 창조 · 타락 · 구속 · 완성과 불변하는 성경 진리의 빛으로 보는 그것은 도저히 합의할 수 없을 정도로 다른 견해입니다. 빛을 비추라는 것은 사람들로 하여금 이 시대의 정신의 판단이 아니라 성경의 가르침을 따르는 판단 아래에서 생각하도록 만들어 주라는 것입니다.

---

[84] 김남준, 『개혁신학과 관상기도』 (안양: 열린교회출판부, 2011), 14-15.

인간은 지성으로써 진리를 알고 온 마음으로 그 진리에 붙들려 살 때만 사물들에 대한 올바른 판단을 내릴 수 있고, 그 판단대로 행할 수 있습니다. 진리를 아는 것이 지혜라면 진리에 붙들려 살게 하는 것은 하나님의 은혜입니다. 그리고 이 두 가지는 모두 성령의 작용으로 말미암는 것입니다. 아우구스티누스가 "마음은 불변하는 진리에 가까워진 만큼 (그 진리를) 깨닫게 되며 (가까워진 만큼 그 진리를) 고수할 수 있다."(Tantum autem mens debet intellegere quantum propius admoueri atque inherere potuerit incommutabili ueritati)고 말한 것도 바로 이러한 의미입니다.[85]

그러나 오늘날 교회를 생각해 보십시오. 회심한 직후 아우구스티누스가 탄식하며 고백한 것과 같이 이 사람은 이렇게 믿고 저 사람은 저렇게 믿으며 각자 제 길을 갑니다. 진리를 보여주기에는 그들의 삶이 진리로부터 너무나 멀어져 있습니다. 너무나 많은 그리스도인이 시대 정신에 매몰되어 진리가 무엇인지를 알고자 하는 의지 없이 신앙생활하고 있습니다.

이런 처지에서 교회가 어떻게 이 세상을 향하여 참된 진리를 선포하고 또 그 진리를 따라 살아가는 그리스도인의 삶을 보여줄 수 있겠습니까? 더욱이 그렇게 함으로써 거룩하신 하나님을 생각하게 하는 것이 어떻게 가능할 수 있겠습니까?

그러므로 우리는 교회가 하나님의 진리가 선포되는 곳이며, 보이는 성도들의 연합은 바로 이 진리를 따르는 사람들의 연합임을 명심하여야 합니다. 그리하여 다시 교회 안에 진리를 사모하는 사람들이 가득 차고, 그 진리가 하나님의 능력과 함께 나타나 망가진 세상을 고치고 죄로 병든 인간을 치료하기를 사모해야 합니다.

---

[85] Avrelivs Avgvstinvs, *De Libero Arbitrio*, II. 12. 34, in *Corpvs Christianorvm Series Latina*, XXIX: *Avrelii Avgvstini Opera*, Pars II. 2 (Tvrnholti: Typographi Brepols Editores Pontificii, 1970), 261.

b. 비치게 하라-두 번째 의미

빛을 비치게 하라는 명령의 두 번째 의미는 '성경 진리의 빛을 세상의 모든 영역에 비추라.' 는 의미입니다. 어두운 길을 비추는 빛과 캄캄한 방을 밝히는 등불에 대하여 생각해 보십시오. 밝기의 차이는 있으나 그 빛은 객관적으로 모든 사물을 비추어 줍니다. 어떤 사물을 더 많이 비추고 또 어떤 사물을 덜 비추는 법이 없습니다. 이렇게 함으로써 빛과 등불은 어디에서든지 어둠 속에 있는 사물들을 나타내 보여주어 사람들로 하여금 바르게 판단하도록 만들어 줍니다.

1) 모든 사물을 차별 없이 비춤

사냥용 자동차를 본 적이 있습니까? 지프 위에 강력한 서치라이트를 여러 개씩 달고 다닙니다. 칠흑같이 어두운 깊은 산중이라 할지라도, 이것만 켜면 순식간에 주변이 환해집니다. 그리고 갑작스러운 빛에 놀라 도망가는 동물들에서부터, 유유히 밤바람에 나부끼는 식물들까지 고스란히 시야에 들어옵니다. 사냥을 위한 불빛이라고 해서, 사냥감만 비추지는 않습니다. 일단 켜면, 어두울 때는 보이지 않던 돌멩이도 보이고 실개천도 보이며 이름 모를 잡초들도 보입니다. 우리가 비추어야 할 진리의 빛도 이러합니다. 어느 한 분야, 어느 한 부분만이 아니라 모든 영역에 비추어야 하는 것입니다.

온 천하 만물이 그림책 같으니
그 고운 그림 보아서 그 사랑 알아요.

이 찬송의 가사처럼 온 천하 만물에 하나님의 아름다운 섭리와 질서가 담겨 있습니다. 그래서 저는 아이를 교육할 때 성경과 과학을 함께 가르치라고 주장합니다. 과학을 배우면서 하나님께서 창조하신 세계가 얼마나 아름답고 신비한지를 함께 깨우치며 자라난 아이는 진화론이나 무신론에 영향을 거의 받지 않습니다. 낙엽 하나를 들고서도 잎새 위의 가느다란 줄기들이 정확한 배열을 이루고 있는 모습을 바라보며 오히려 이렇게 말할 것입니다. "엄마, 왜 이 작은 나뭇잎 하나에도 이런 아름다운 무늬가 있는지 아세요? 이 나뭇잎을 만드신 하나님께서 살아 계시기 때문이에요."

이 세상의 교육은 인간을 하나님 없이 살아가는 존재로 만들려고 합니다. 그러므로 세상 교육에만 우리 아이들을 맡겨서는 안 됩니다. 우리가 먼저 과학도 열심히 공부하고, 철학도 열심히 공부하여 성경과 함께 아이들에게 가르쳐 줄 수 있어야 합니다. 아이가 "아빠! 저 별은 무슨 별이야?"라고 물으면, "별이 다 별이지 뭐야?"라고 대답하지 말고, 우주 공간에 깃든 하나님의 섭리와 법칙을 성경적인 관점에서 가르쳐 줄 수 있어야 하는 것입니다. 그럴 때 우리 아이들이 하나님께서 창조하신 세계의 아름다움을 보면서 찬양하는 사람으로 성장합니다. 그리고 아이들 스스로 세속의 교육을 우습게 생각하며, 세속적인 교육이 지닌 한계를 넘어 참된 깨달음으로 나아가고자 하는 마음을 갖게 합니다.

아우구스티누스가 46세 때 저술한 자서전, 『고백록』(Confessiones)에는 이런 내용이 나옵니다.

하늘과 땅과 그 안에 있는 모든 것도 날더러 사랑하라 말하고, 쉼 없이 모든 사람에게 외쳐 그들로 하여금 핑계치 못하게 하나이다. ……내가 당신을 사랑한다고 할 때에 도대체 무엇을 사랑한다는 것입니까? 그것은 몸의 아름다움도 잠세적인 영광도 아닙니다. ……그럼 이것이 대체 무엇인가

하고 ······ 땅에게 물었으나 "나는 그분이 아니다."라는 것이었습니다. 그 안에 있는 모든 것도 동일한 고백으로 대답하였습니다. 나는 바다와 거대한 심연과 땅에 기는 많은 생명체에게 물었으나 "우리는 네 하나님이 아니다. 우리 위에서 찾으라."고 대답했습니다. 공기에게 물었습니다. 그 안에서 살아가는 것들과 함께 공기는 이렇게 대답했습니다. "아낙시메네스가 틀렸다. 나는 하나님이 아니다." 하늘과 해, 달, 별들에게 물었더니 그들 역시 "우리는 네가 찾는 하나님이 아니다."라고 답했습니다. 내 육신의 문 주위에 서 있는 모든 것을 향하여 말했습니다. ······그랬더니 힘차게 목소리를 높여서 고함치는 것이었습니다. "그분이 우리를 지으셨다."[86]

이 물음은 피조물들을 바라본 아우구스티누스의 관찰이었고, 그 대답은 피조물들의 아름다운 모습이었습니다. 하지만 그는 뒤이어 이런 고백을 덧붙였습니다. 감관이 완전한 인간이라면 누구나 이 아름다운 모습을 보겠지만 그것들이 누구에게나 똑같은 말을 해주지 않는 까닭은 이를 판단하는 진리가 그 사람 속에 없기 때문이라는 것입니다. 즉 그의 안에 진리가 없다면 생명의 생명이신 하나님을 외치는 피조물들의 소리를 알아듣지 못한다는 말입니다.

---

[86] "caelum et terra et omnia, quae in eis sunt, ecce undique mihi dicunt, ut te amem, nee cessant dicere omnibus, ut sint inexcusabiles. ······Quid autem amo, cum te amo? Non speciem corporis nec decus temporis, ······Et quid est hoc? ······Interrogaui terram, et dixit: 'Non sum' ; et quaecumque in eadem sunt, idem confessa sunt. Interrogaui mare et abyssos et reptilia animarum uiuarum, et responderunt : 'Non sumus deus tuus ; quaere super nos'. Interrogaui auras flabiles, et inquit uniuersus aer cum incolis suis : 'Fallitur Anaximenes; non sum deus'. Interrogaui caelum, solem, lunam, stellas : 'Neque nos sumus | deus, quem quaeris', inquiunt. Et dixi omnibus his, quae circumstant fores carnis meae ······Et exclamauerunt uoce magna: 'Ipse fecit nos'" Avrelivs Avgvstinvs, *Confessiones*, X. 6, in *Corpus Christianorvm Series Latina*, XXVII: *Avrelii Avgvstini Opera* (Tvrnholti: Thpographi Brepols Editores Pontificii, 1996), 158−160.

2) 삶의 모든 영역에서 진리를 드러냄

인간이 진리의 빛으로 삶의 모든 영역을 비추어 다시 진리를 드러내야 한다는 것은 너무나 분명한 사실입니다. 하나님께서 창조하신 영역은 자연세계만이 아닙니다. 도덕세계도 하나님께서 창조하셨습니다. 하나님은 온 우주 만물들을 당신의 질서를 따라 창조하셨고, 그 질서 안에서 만물들을 보존하고 계십니다.

태양계의 신비를 공부하다 보면, 놀라운 우주의 질서에 저절로 탄성이 나옵니다. 태양을 중심으로 여러 행성들이 질서정연하게 공전하며 또한 자전합니다. 그 행성들을 돌고 있는 또 다른 위성들 역시 질서정연한 가운데 공전 운동을 유지하고 있습니다. 힘과 힘들이 균형을 이루며 태양계의 별들을 규칙적으로 운행하게 하고 있는 것입니다. 지구를 백만 개나 집어넣을 수 있는 크기의 태양은 이글거리는 불꽃으로 타오르며 그 생명의 기운을 지구에까지 전달해 주고, 그 생명력으로 말미암아 수많은 행성들과 위성들이 역동적으로 살아 움직입니다.

그런데 지구가 지금과 같은 환경을 유지하며 존재할 수 있는 것은 비단 태양의 작용 때문만은 아닙니다. 목성이 현재의 위치에 존재하며 우주에서 날아드는 무수한 유성들을 막아 주지 않았다면 지구는 이미 멸망하고 없을 것입니다. 또한 만약 목성이 지금보다 훨씬 작아서 강한 중력을 행사하지 못했다면 지금도 태양계는 소행성들로 초만원을 이루고 있었을 것이며 그 중 몇 개만 지구로 떨어져도 지구의 생명체는 멸종하였을 것입니다.[87] 그리고 목성이 아예 사라져 버린다면 어느 정도 시간이 흐른 후 지구는 태양계에서 이탈하여 우주의 미아가 될 것이라는 것이 과학자들의 관측입니다.

천문학이나 우주과학은 직접 실측할 수 있는 분야가 아니므로, 구체적인

---

87) 미치오 카쿠, 『평행우주』, 박병철 역 (파주: 김영사, 2011), 380.

수치에 대해서는 과학자마다 이견이 있을 수 있을 것입니다. 그러나 제가 본 다큐멘터리에 따르면, 직경 10킬로미터의 운석이 지구와 충돌할 때 1억 메가톤의 핵탄두의 폭발과 맞먹는 폭발이 일어난다고 합니다. 직경 10킬로미터의 운석은 약 1조 톤에 달하는 소행성입니다. 이만한 운석이 지구에 떨어지면 반경 160킬로미터 안에 있는 모든 생물이 10초 안에 그 충격파로 죽게 됩니다. 이것은 그나마도 운석이 대기권에 돌입하면서 대기와의 마찰로 엄청난 열이 발생하며 수억톤의 물과 수천억톤의 운석이 몇 초만에 기체로 변하여 날아갈 것을, 염두에 둔 가정입니다. 바다에 떨어지는 경우에도 약 깊이 28킬로미터, 직경 112킬로미터 이상의 크레이터(crater)가 생깁니다. 그리고 바다에서는 그 충격으로 뜨거운 열기와 함께 엄청난 물기둥이 38킬로미터 상공까지 솟구칠 것입니다. 다시 떨어진 바닷물은 높이 300미터 이상의 해일을 일으키게 됩니다. 모두 소행성 충돌 후 90초 안에 일어나는 일입니다.

 과학자들은 실제로 이런 일이 6,500-6,600만 년 전 멕시코만 유카탄 반도의 칙슬루브라는 지역에서 일어났다고 믿고 있습니다.[88] 이로 말미암아 공룡을 비롯한 많은 생물체들이 멸망하였는데, 과학자들은 이것을 가리켜 KT 멸종 사건이라고 부릅니다. 여러 지역에서 지층 사이에서 우주에서나 흔히 찾을 수 있는 이리듐이 발견되는 것이 그 증거라고 합니다. 폭발과 함께 앞으로 밀고 나가는 소위 '루스터 테일'(rooster tail)이라고 불리는 폭발의 파편이 시속 65,000킬로미터의 속도로 비행하며 부딪치는 모든 것을 파괴합니다. 하늘로 치솟은 파편들 중 10% 정도는 어마어마한 힘으로 솟구쳐 올라 지구에서 튕겨져 나가 우주 공간으로 영원히 사라져 버리고, 나머지는 비처럼 온 지면에 쏟아져 온 세상을 불태웁니다.

---

88) 게릿 L. 버슈, 『대충돌: 혜성과 소행성의 위협』 (서울: 영림 카디널, 2004), 37-60 참고.

어디 이뿐입니까? 우리 은하계의 중심으로부터 약 26,000광년 떨어진 곳에 위치한 한 항성, 태양계의 중심인 태양에 대하여 생각해 보십시오. 자신의 주위를 돌고 있는 8개의 행성들의 운행의 질서들을 주관하고 있을 뿐만 아니라 지구상에 이렇게 풍성한 생명체들이 넘쳐 나게 하는 에너지의 근원이 되고 있습니다.

코로나(corona)는 이온화된 높은 온도의 가스로 이루어져 있으며 태양 대기의 가장 바깥에 위치해 있습니다. 태양의 크기는 지구의 백만 배에 달하는 크기이며 이 코로나의 온도는 백만 ℃를 넘는데 표면 온도의 약 200배 이상의 온도입니다. 태양은 시간당 70억톤의 코로나를 태양풍을 타고 시속 백만킬로미터의 속도로 발산합니다. 이 위력은 지구를 뒤덮고 있는 모든 대기를 날려 버릴 정도의 힘입니다. 그러나 지구 중심에서 나온 자기장이 이것들을 막아 주어 안정된 대기의 상태를 만들어 줍니다. 태양에서 방출된 플라스마의 일부가 지구 자기장에 이끌려 대기로 진입하면서 공기분자와 반응하여 다양한 색깔을 내게 되는데 이것이 바로 극광(極光), 오로라(aurora)입니다. 산소와 결합할 때 초록빛을 띠고 질소와 결합할 때 보라색을 띠면서 환상적인 분위기를 연출하게 됩니다. 이 모든 자연현상의 핵심에는 질서가 있습니다. 그리고 무질서처럼 보이는 것들도 결국은 새로운 질서를 형성하는 데 이바지하게끔 사용됩니다.

지구를 감싸고 있는 대기권은 또한 어떻습니까? 우주에서 수시로 날아드는 크고 작은 운석들을 대기권에서 불타 소멸하게 함으로써 지구의 표면에 떨어지는 것을 막아줍니다. 태양으로부터 미오듯 쏟아지는 그 수많은 방사선들로부터 생명체가 살 수 있도록 지구를 보호해 줍니다. 온 땅을 두루 적시는 빗줄기와 폭풍, 바람과 습기 등도 대기를 통해 조절됩니다. 태양으로부터 흡수한 복사 에너지를 지표면이 우주를 향해 다시 방출할 때에

이 지구 복사 에너지를 흡수하여 지구 전체가 따뜻한 기온을 유지하도록 도와주는 것도 대기입니다.

태양계가 속한 우리 은하계의 회전 운동은 더욱 놀랍지 않습니까? 은하 중심으로부터 떨어진 거리에 따라 각 은하수는 '차등 회전'(differential rotation)을 하며 서로와의 일정한 간격을 유지합니다. 뿐만 아니라 개개의 별들도 은하 회전 운동에 참여하면서 동시에 자신만의 '특이 운동'(peculiar motion)을 함으로써 마치 고속도로에서 차선을 바꾸며 달리듯 질서정연하게 이동합니다. 그리하여 약 2천억 개의 항성들로 이루어진 우리 은하계가 별들 사이의 거리를 그대로 유지하면서 태양 궤적 속도 기준으로 초속 약 220킬로미터의 속도로 우주 공간을 날아가고 있다는 것을 아는 사람들은 많지 않을 것입니다.[89]

이 모든 자연의 질서의 주관자는 하나님이십니다. 하나님께서는 그것들을 움직이는 법칙들만 만드신 것이 아니라 바로 그 법칙 안에서 우주 만물들을 친히 다스리십니다. 우주 공간 아무 데도 계시지 아니하시면서도, 하나님은 우주 모든 만물 중 어느 사물보다 모든 것에 가장 가까이 계시기에 아무 것도 그분을 벗어나 있지 못합니다. 그러하기에 성경의 빛 안에서 드러나는 모든 만물, 티끌같이 작은 사물로부터 무한히 펼쳐진 우주에 있는 수많은 별들과 은하에 이르기까지, 그 어떤 것도 하나님을 향한 경탄의 마음 없이는 바라볼 수 없습니다.

그러나 이 신묘막측한 자연세계의 아름다움도 도덕세계에 나타나는 하나님의 아름다움과 신비에 비하면 아무 것도 아닙니다. 자연세계의 원인과 결과 사이의 관계는 하나님과 인간 영혼의 기능 사이에 존재하는 관계에

---

[89] 민영기, 우종옥, 윤홍식 공저, 『교양 천문학』(서울: 형설출판사, 2003), 274-275.; 앤드류 프래크노이, 데이비드 모리슨, 시드니 울프, 『우주로의 여행』(Voyages through the Universe), 윤홍식 외 8인 공역 (서울: 청범, 1998), 155.

비하면 신비롭다고 말할 수 없을 정도입니다. 하나님은 지금도 당신이 하고자 하시는 일을 이 세상의 인간의 영혼에 영향을 미침으로써 그 기능을 당신의 뜻과 조화를 이루게 하사 성취해 가십니다. 이것을 조나단 에드워즈(Jonathan Edwards, 1703-1758)는 영혼에 대한 하나님의 이중적인 역사로 설명합니다.

영혼에 대한 하나님의 이중적인 역사가 있는데 하나는 힘적인 역사이고 다른 하나는 도덕적인 역사이다. 힘적인 역사는 생명의 주입이고 도덕적인 역사는 이성의 추론과 설복의 방식 안에 있다. 이 두 방식들은 인간 편에서는 모두 필수적이지만 하나님 편에서는 필요하지 않으신 것으로 단지 우리에 대한 하나님의 사랑이시다. 하나님은 그분 자신처럼 강하게 역사하기도 하시고 달콤하게 역사하기도 하셔서 그분의 사역을 우리의 본성에 알맞게 맞추시고 열쇠를 자물쇠의 방향에 맞추신다. ······인간의 영혼은 자기 바깥의 대상에 의해, 그리고 자기 안의 자질에 의해 결정된다. 그 대상은 그것의 모든 조건과 함께 제시된다. 즉 지성은 정보를 받고 확신하며, 의지와 정동들은 강하고 고등한 추론의 방식으로 설복된다. 그러나 인간의 마음을 결정하는 일이란 영혼에 대한 하나님의 힘적인 역사인 내적인 자질, 곧 주입된 은혜 없이는 충분하지가 않다. 이성의 추론들과 논증들의 제시가 있을 뿐만 아니라, 힘적인 역사에 있어서······강력한 마음의 성향의 제시도 있다. 말씀이 도구적인 원인이 아니라 하나님께서 기록되고 선포된 말씀을 위해 직접적으로 역사하신다. 음성, 문자들, 음절들은 영적인 생명을 받아서 그것을 우리에게 전달해 줄 수 있는 주체들이 아니다. 나는 말한다. 말씀의 음절들과 문장들의 소리 안에 어떤 미덕이 있는 것이 아니라 성령님이 이러한 역사를 직접적으로 행하시는 것이라고

말이다. 그러나 논증과 설복의 방식인 도덕적인 역사에 있어서는 말씀이 그러한 도구이다.[90]

말할 수 없는 하나님의 신비로운 은혜는 인간의 마음에 배척되기도 하고 받아들여지기도 하면서 밤하늘에 별들이 명멸(明滅)하듯이 인간의 도덕 세계 안에 선과 악이 반짝이게 합니다. 그리고 당신을 사랑하고 의지하는 사람들로 하여금 하나님의 신비로운 은혜의 도움 아래서 이 세상의 악과 더불어 싸우게 하심으로써 창조주의 위엄을 드러내십니다. 불의한 자들에게는 하나님의 공의를, 의로운 자들에게는 하나님의 진리를 보이시며, 고통받는 자들에게는 사랑을, 비참한 자들에게는 자비를 베푸십니다.

하나님은 선과 악을 모두 사용하셔서 당신의 영광을 나타내십니다. 그러나 인간이 도덕의 질서를 따라 살아가는 그 모습 안에서 하나님은 당신 자신의 존재와 영광을 가장 잘 드러내 보여주십니다. 또한 사람들도 그 영광을 보며 하나님을 인정하게 됩니다.

우리의 삶의 모든 영역이 진리의 빛을 받아야 한다는 사실은 삶의 모든 영역이 그 진리의 빛에 의하여 바른 질서로 돌아가야 한다는 사실을 알게 합니다. 그러므로 우리는 성경이 가르쳐 주는 견해를 따라서 빛의 자녀다운 신념을 가지고 정치, 경제, 사회, 문화 모든 분야에서 하나님의 진리가 드러나도록 포기하지 않고 기도하며 거기에 참여하여야 합니다. 그리하여 세계 구석구석 그 어디에서든지 하나님께서 거기 계시며 진리가 그것들을 통하여 나타난다는 증거를 보여줄 수 있어야 합니다.

모든 삶의 영역에 빛을 비춘다는 것은 성경적인 세계관과 하나님의 자녀

---

[90] Jonathan Edwards, *The Miscellanies(1153-1360)*, in *The Works of Jonathan Edwards*, vol. 23, ed. by Douglas A. Sweeney (New Haven: Yale University Press, 2004), 71-72.

다운 신념을 가지고 정치, 경제, 사회, 문화 등 모든 분야가 하나님의 영광에 기여하도록 포기하지 않고 기도하며 참여하는 것입니다. 그렇게 할 때 세계 구석구석에서 하나님께서 거기 계시다는 증거들이 나타납니다.

교회와 가정만이 아니라 국가까지도 하나님께서 만드셨고, 인간의 예술과 학문과 기술도 모두 하나님께서 주신 재능임을 알리고 그것들이 어떻게 올바로 사용되어 이 땅에 하나님의 진리를 드러내게 하는데 이바지하는지 보여주어야 합니다. 특별 은총의 영역은 물론 일반 은총의 영역에 이르기까지 하나의 질서를 보여주는 것이 우리의 존재의 목적이기 때문입니다. 이것이 바로 그리스도인이 아직 죽지 않고 이 세상에 살아 있는 이유이며, 각자의 영역에서 봉사하는 목적입니다. 우리가 비록 장사를 하고 있어도 돈을 버는 것이 목적이 아니라 그 사업을 통하여 진리의 빛을 자신의 영역에 비춘다는 소명을 가져야 합니다. 정치는 권력을 쫓지만 권력이 정치의 목적이 되어서는 안 됩니다. 오히려 그 진리의 빛을 따라 정치를 통해 사회의 질서를 바로잡기 위하여 정치를 해야 합니다.

그러면 학문은 어떻습니까? 진리의 빛을 따라 학문을 연구하는 사람은 세상의 모든 지혜가 하나님의 지혜임을 압니다. 이교도들과 거짓 사상을 가진 사람들에 의해 부당하게 조작된 체계 안에서 오용되고 있는 진리들이 있다면 올바른 체계 안에 자리잡게 하여 더욱 아름답게 비추도록 만들어주어야 합니다. 그런데 이 일은 철저한 학문의 탐구와 변증 없이는 불가능한 것입니다. 그러나 세계적인 유물이 시궁창 같은 곳에서 굴러다니는 것을 두고 볼 사람은 없을 것입니다. 그것은 비록 낡은 물건이나 그것이 가지고 있는 의미 때문에 화려한 전시실에 놓여야 합니다. 이러한 사실에 대하여 아브라함 카이퍼(Abraham Kuyper, 1837-1920)는 다음과 같이 주장합니다.

자연에도 고정된 법칙을 따라 질료들에게 힘을 행사하는 주권 영역이 있듯이 개인, 가정, 학문, 사회, 교회 생활에도 저마다의 생활 규칙에 순종하며 그 수장에게 복종하는 영역이 있습니다. ……(이렇듯) 우리가 살아가는 전 영역 가운데 만물을 지배하는 주권자 되시는 그리스도께서 "내 것이다." 라고 주장하실 수 없는 곳은 단 한 곳도 없습니다! ……사용하지 않은 단 하나의 화살이 남아 있다 하더라도, 그리스도로 말미암아 세움을 받은 파수꾼이 단 한 명이 있다고 하더라도, 지극히 많은 수가 그렇게 하지 않는다 하더라도 골고다에서 쟁취한 깃발이 원수의 손에 들어가는 것을 허락할 수 있겠습니까?[91]

이처럼 어떤 사실들이 진리의 체계 안에 놓이도록 포괄적으로 하나님과 세계와의 관계를 바라보며 진리를 따라 학문을 하는 사람들이 필요합니다. 이렇게 그리스도인의 삶의 전 영역이 진리의 빛을 드러내게 될 때 모든 사람은 깨닫게 됩니다. 그리고 다음과 같이 고백하게 됩니다. "이 모든 사실로 미루어볼 때, 인간인 나는 이 세계의 중심이 아니구나. 나보다 더 탁월한 사람들이 보이지 않는 하나님을 섬기며 진리를 따라 살아가면서 저렇게 행복한 것을 보니 참으로 진리는 존재하는구나."

그러므로 문화에 소명을 받았다면 문화의 현장에서, 정치에 재능을 가졌다면 정치의 현장에서, 돈을 버는 기술이 있다면 돈을 많이 벌어서 하나님의 하나님 되심을 드러내야 합니다. 하나님께서 우리에게 신앙을 갖게 하신 이유는 교회뿐 아니라 세상 속에도 하나님께서 만물의 주인이심을 알리기 원하셨기 때문입니다. 그리고 교회 안뿐 아니라 일반 은총의 영역에 이

---

91) Abraham Kuyper, *Abraham Kuyper: A Centennial Reader*, ed. by James D. Bratt (Grand Rapids: The Paternoster Press, 1998), 467, 488, 490.

르기까지 그 통치의 질서가 창조의 목적에 부합하게 되기를 바라셨기 때문입니다.

그러나 아무리 열심히 살아간다고 해도 그것만으로는 충분하지 않습니다. 창조의 질서가 회복되는 일들은 한 사람의 노력만으로 되는 것이 아니기 때문입니다. 그러므로 우리는 각자의 삶의 영역에서 진리의 빛을 드러내고자 분투하며 살아가는 동시에 기도와 전도를 쉬지 않아야 합니다.

더욱 더 많은 사람이 진리 중의 핵심적인 진리인 복음으로 돌아와서 회개하고 하나님의 자녀가 되어야 합니다. 그렇게 이 어두운 세상을 밝히는 불빛이 하나 둘 번져 나가야 합니다. 빛으로서의 자각과 사명이 있는 사람은 전도의 열정이 없을 수 없습니다. 여전히 어둠 속에서 사슬에 매여 노예처럼 살아가는 사람이 있는데도, 그것을 보면서 빛을 비추고자 하는 열정을 품지 않는다면, 그는 진정으로 빛을 본 사람이 아닙니다.

3. 대적할 세상과 끌어안을 세상

그리스도인에게 있어서 세상은 대적하여야 할 대상인 동시에 사랑하여야 할 대상입니다. 그리스도인의 삶에 모든 죄악은 바로 이 두 가지를 올바른 질서로서 분별하지 못하는 데 있습니다. 대적하여야 할 세상 안에 있는 요소를 사랑하거나 사랑하여야 할 것을 대적하기 때문에 생겨나는 것입니다. 그러므로 그리스도인이 이 세상에서 그 빛으로 살아가기 위하여 절실하게 필요한 것은 바로 이 두 가지를 올바르게 분별하고 이에 합당한 정서를 가지고 올바르게 의지를 행사하는 것입니다. 세상 안에 있는 무엇이 끝까지 대적해야 할 것이며, 또 무엇이 끝까지 끌어안고 사랑해야 할 것인지를 올바로 분별하지 않으면 안 되는 것입니다.

하나님을 부인하는 세상의 정신과 이 모든 세상을 움직이는 영적인 세력인 악한 마귀와 그의 궤계와는 타협할 수도 없고 화해할 수도 없습니다. 그래서 청교도 신학자 존 오웬(John Owen, 1616-1683)은 이렇게 말했습니다.

> 정죄하는 죄의 권세로부터 확실히 자유로워진 택함을 입은 신자들은 그럼에도 불구하고 내재하는 죄의 능력을 죽이는 일을 그들 평생의 임무로 삼아야만 합니다.[92]

여기서 죄는 하나님께 대한 적의를 가리킵니다. 하나님을 대적하는 적의는 내버려 두든지, 받아들이든지, 파괴하든지 셋 중 하나입니다. 그리스도인은 바로 이러한 영적인 세력과 죄의 권능에 대적하도록 하나님께로부터 성령을 받은 사람입니다. 우리에게 부어지는 거룩한 성령의 능력은 악한 마귀의 궤계와 하나님을 향한 적의를 파괴하기 위하여 부여되는 것입니다. 우리는 이점에 있어서는 그 어떤 것도 양보하거나 용납하여서는 안 됩니다.

그러나 이 세상에 있는 사람들은 어떠합니까? 그들은 하나님께서 구속하고자 하시는 잃어버린 영혼들입니다. 하나님께서 정하신 영원한 작정을 따라 어떤 사람은 구원에 이를 것이고 어떤 사람은 그렇지 못할 것입니다. 그러나 우리는 하나님께서 누구를 그렇게 정하셨는지 알 수 없습니다. 그래서 그리스도로 말미암아 그 빛을 본 사람들은 마치 모든 사람이 그 빛으로 말미암아 구원을 얻기로 작정된 사람들인 것처럼 생각하고 섬기지 않으면 안 되는 것입니다. 그 일을 위하여 우리에게는 하나님께로부터 부어지

---

[92] John Owen, *On the Mortification of Sin*, in *The Works of John Owen*, vol. 6, ed. by William H. Goold (Edinburgh: The Banner of Truth Trust, 1991), 9.

는 끊임없는 은혜가 필요합니다. 그 은혜로 말미암아 하나님께서 그 불쌍한 세상의 인간을 사랑하시는 것처럼 사랑할 수 있기 때문입니다.

그들을 향한 사랑의 깊이와 넓이가 곧 그리스도께 대한 사랑의 깊이와 넓이이며 하나님께 대한 사랑의 깊이와 넓이입니다. 그러나 또한 우리의 사랑의 대상은 아니지만 우리가 갱신하여야 할 세상 안에 있는 요소도 있습니다. 문화가 바로 그것입니다. 문화는 사람들이 살아가는 삶의 환경이고 또 사람들의 삶의 결과물입니다. 그것들은 사람들로 하여금 하나님과 세상과 인간과 자신에 대하여 어떤 관계를 맺고 살아야 할지를 알게 하는 통로이기도 합니다.

문화 자체는 선한 것도 악한 것도 아닙니다. 그것은 다만 하나님께서 이 세상을 창조하시고 인간을 지으신 그 목적을 실현하게 하는 도구일 뿐입니다. 이 도구로서의 문화는 칼과 같아서 어떤 사상을 가진 사람들이 그 문화를 사용하는가에 따라서 그 문화가 죄로 물들어 많은 인간을 하나님을 대적하게 만들기도 하고 또 그들의 마음을 열어 하나님을 향하게 만들어 주기도 합니다.

여러분은 많은 청소년이 이미 어린 나이에 낮은 문화에 속한 노래들에 익숙해져 가는 것을 자주 볼 것입니다. 인간의 문화 안에는 상위 문화와 하위 문화가 있습니다. 이것이 절대적으로 구별되는 것은 아니지만 감각적이고 자극적이며 즉흥적인 문화가 있는가 하면, 일반 은총의 빛 아래서 정제되어 인간의 정신세계를 숭고하게 하고 도덕 질서를 향하여 인간의 마음을 고양되게 하는 문화도 있습니다.

따라서 우리는 그것이 무슨 내용을 담고 있는가에 대한 정확한 판단을 내리며 문화를 대하여야 합니다. 그리스도인이 문화 속에 스며들어 온 죄의 요소들과 인간을 타락하게 하는 조건들을 주의 깊게 살펴야 할 이유도 여기에 있습니다. 문화가 광범위하게 인간의 악과 부도덕을 조장하고 두루 퍼뜨려 하나님께서 주신 율법에 대한 의식들을 흐리게 하지 못하도록 하는 것도 그리스도인의 사명입니다. 인간과 함께 인간을 형성하는 그 문화 역시 복음과 성령, 기독교 지성으로 말미암아 갱신되어야 할 대상인 것입니다.

그리스도께서 우리에게 빛을 비추라고 하신 세상은 바로 세상에 속한 사람들과 그들을 형성하는 문화입니다. 그러므로 우리는 죄는 혐오하되, 세상에 있는 사람들은 넓은 의미에서 하나님의 형상을 닮은 피조물들로 보고 사랑하면서 섬겨야 합니다. 푸줏간의 주인이 고기를 자르는 것처럼 세상을 다루지 아니하고 외과의사가 환자의 몸을 수술할 때 다루는 것처럼 다루지 않으면 안 되는 것입니다.

4. 세상에 '그 빛'을 비춘다는 것은

그러면 우리는 세상을 어떻게 대해야 할까요? 무조건 대적할 수도, 그렇다고 무턱대고 끌어안을 수도 없는 이 세상에 그 빛을 비추며 살아가려면 구체적으로 어떻게 해야 할까요? 이를 요약하면 다음과 같습니다.

첫째로, 그리스도인은 타락한 세상 배후에 있는 영적인 세력들과 죄의 영향력에 대하여는 성령의 능력과 순결함으로 대적하여야 합니다. 그것들에 물들거나 타협하지 말고, 그것들이 파괴되거나 우리가 굴복하는 것 외에는 또 다른 길이 없다고 생각해야 합니다.

둘째로, 세상 사람들 속에 스며들어 있는 사상적인 무신론에 대하여는 온 지성을 다하여 하나님이 없다고 주장하는 사람들보다 훨씬 더 유능하고 설득력 있게 변증하여야 합니다. 그들의 사상의 허구성을 학문의 모든 분야에서 밝히 드러내고 더 높은 진리의 표준을 가지고 그들을 꾸짖지 않으면 안 되는 것입니다. 그리하여 모든 이 세상의 학문과 문화의 결과물들을 진리의 빛인 성경의 계시의 빛 아래 놓고 그것들을 꾸짖고 책망하여 바르게 하여야 합니다. 이 일을 위하여 우리는 교회 안에서 신자들끼리 주고받는 언어뿐 아니라 불신자들의 언어로도 자신의 의견을 표현할 수 있어야 합니다. 그들이 사용하는 용어와 어법을 가지고 동일하게 하나님의 살아 계심과 성경의 진리성에 대하여 논변할 수 있어야 하는 것입니다. 단지 말과 혀의 논증이 아니라 듣는 사람들을 굴복하게 할 수 있는 탁월한 영적인 권위와 정신적인 힘을 가진 언변으로 그들을 압도할 수 있어야 할 것이니, 이는 단순한 학문의 차원을 넘어서 성령의 능력을 요하는 일입니다.

셋째로, 실천적인 무신론에 대하여는 우리의 일체의 공의롭고 성결한 삶으로써 이 세상이 아무리 변하여도 여전히 그 진리를 사모하며 그것을 따라 살아가는 것을 행복으로 생각하는 사람들이 있다는 것을 알게 하여야 합니다. 이를 위하여서 그리스도인은 기꺼이 고난을 받고 희생하고 이 세상으로부터 따돌림을 당하거나 배척을 당할 각오를 가져야 합니다. 그리고 같은 하나님을 사랑하고 그 거룩한 가치를 따르는 것을 즐거워하는 사람들이 힘차게 연대를 이루어 작은 실개천이 모여 큰 개울을 이루듯 이 불의한 세상을 도도히 흘러갈 강물을 이루어야 합니다. 그리스도인은 이러한 일을 구원받은 자신이 이 세상에 살아 있는 이유라고 여겨야 합니다.

넷째로, 죄에 물든 문화에 대하여는 진리와 성령으로 이것들을 갱신하고자 하는 의욕을 가져야 합니다. 문화를 거스르며 사는 것은 때로는 정치 권력을 거스르며 사는 것보다 어려울 수 있습니다. 한 사람이 죄로 물든 문화를 거슬러 사는 것은 마치 거대한 해일을 두 팔 벌린 어린아이의 몸짓으로 막으려는 시도처럼 쓸모없어 보일 때도 있습니다. 그러나 그것은 결코 의미 없는 노력이 아닙니다. 그리고 그리스도인은 그렇게 죄로 물든 문화에 저항하며 사는 그 안에서 자신의 신앙을 고백하는 희열과 기쁨을 느낄 수 있는 전사적인 삶을 살아야 하는 존재입니다. 지금은 비록 소수의 사람들이 그 문화에 대적하지만 하나님은 그들의 섬김을 축복하실 것이며 언젠가는 다수가 되게 하실 것입니다. 설령 끝까지 다수가 되지 못한다고 할지라도 그 문화에 깃든 죄성과 비인간성을 고발함으로써 외치는 자의 소리가 될 수 있을 것입니다. 그렇게 살아가는 것이 그리스도인의 본분입니다.

III. 착한 행실과 '그 빛'을 비춤

이어서 예수 그리스도께서는 "그들로 너희 착한 행실(καλὰ ἔργα)을 보고 하늘에 계신 너희 아버지께 영광을 돌리게 하라"(마 5:16 下)라고 말씀하십니다. 이 본문은 앞에 있는 상반절과 연결하여 의미를 살펴보아야 합니다. 이 부분을 희랍어에서 직역하면 다음과 같습니다. "이와 같이 너희의 그 빛을 그 사람들 앞에서 비춰게 하라. 그래서 그들로 하여금 너희의 그 착한 행실들을 보게 하라. 그래서 그들이 하늘에 계신 너희의 그 아버지께 영광을 돌리게 하라."

우리는 흔히 이 구절을 보며, 우리가 선한 행실을 함으로써 사람들 앞에 빛을 비추게 된다고 생각합니다. 그러나 원문 성경의 표현대로라면 그 순서가 정반대입니다. 우리 안에 있는 그 빛을 시간적으로 혹은 공간적으로 그 시대의 사람들 앞에 비추면, 그것이 세상 사람들로 하여금 우리의 선한 행실을 바라보게 만들어 주고 그래서 하늘에 계신 우리의 아버지께 영광을 돌리게 하도록 만들어 준다는 것입니다.

이러한 사실은 아무리 윤리적 행위가 중요하다고 할지라도 그것이 결코 우리가 믿고 전하는 사상에 앞서는 것이 아니라는 사실을 보여줍니다.

A. 착한 행실들

우리말 성경에서는 "착한 행실"이라고 적고 있지만 희랍어 원문에는 복수형 '에르가'(ἔργα)로 나옵니다. 즉 '그 착한 행실들'입니다. 이것은 그 빛으로 살아가는 사람들에게 부합하는 착한 행실은 단 한 번의 영웅적 선행이 아님을 보여줍니다. 이것은 일관된 신념과 가치의 체계를 따라 살아가는 사람들의 삶 속에 맺힌 지속적인 열매로서의 행실들, 그리스도의 교회라는 공동체에 속한 모든 행위자에 의해 이루어진 다수의 착한 일들을 가리킵니다.

세상은 어떤 착한 행실들이 신문에 대서특필되었다고 달라지지 않습니다. 그러므로 그리스도인이 자신들의 착한 행실이 신문에 실렸다거나, 사람들에게 널리 알려졌다고 해서 우쭐한 마음을 갖는 것은 우스운 일입니다. 착한 일을 한두 번 하고 우연적으로 그것이 사람들에게 알려져 좋은 인상을 주었다고 할지라도 그것으로 세상이 바뀌지는 않습니다. 세상은 사람들의 착한 행실 자체가 아니라 그 착한 행실들의 뿌리가 되는 진리에 의해서 본질적으로 변화됩니다.

그리스도인으로 하여금 착한 삶을 살아가게 만들었던 모든 가치관과 신념, 그리고 다른 사람들과는 다른 관점으로 사물들의 질서를 보는 빛, 이것이 바로 세상을 고치는 도구입니다. 그리고 이러한 진리와 함께 하는 인격적인 성령의 능력을 통하여 하나님을 대적하는 이 세상은 본질적으로 고침을 받게 되는 것입니다. 조나단 에드워즈(Jonathan Edwards, 1703-1758)는 이에 대하여 자신의 책 『참된 미덕의 본질』(The Nature of True Virtue)에서 다음과 같이 말하였습니다.

> 이리하여 다음 사실이 명백하게 드러난다. 즉 이러한 종교 혹은 도덕 철학의 도식들이 몇몇 측면들에 있어서 인류에 대한 박애와 그 박애를 의존하는 다른 미덕들을 아무리 잘 다룰 수 있다고 하여도 그것들이 이 박애와 관련하여서, 그리고 이 박애에 종속되어 다루어지는 그 토대와 다른 모든 미덕들 안에 놓인 하나님께 대한 최고의 공경과 하나님에 대한 사랑을 갖지 않는다면 그것들은 참된 철학의 도식들이 아니며 오히려 근본적으로 또한 본질적으로 결함이 있다는 것이다.[93]

언젠가 한밤중에 고속도로 휴게소에 들르게 되었습니다. 마침 거기에는 작은 트럭을 세워 놓고 여러 가지 물건을 파는 상인들이 있었습니다. 장거리 여행에 졸음도 쫓을 겸 가판대의 물건들을 구경하였습니다. 제법 정교해 보이는 망원경이 있었는데 러시아제 야간 투시경이라고 제게 사기를 권하였습니다. 호기심에 야간 투시경을 들여다보았습니다. 신기하게도 캄캄한 자동차 아래에 숨어 있는 고양이의 수염까지 선명하게 보였습니다. 물론 야간 투시경을 내려 놓고 들여다보았을 때에는 캄캄한 어둠뿐 아무 것도 보이지 않았습니다. 이것은 바로 여러 가지 빛의 파장 중 적외선의 파장을 감지할 수 있게 하여 어둠 속에서도 그 물체를 보게 만드는 것입니다.

그리스도인의 착한 행실도 마찬가지입니다. 마치 물체가 적외선을 뿜어 냄으로써 망원경이 그 전파를 포착하여 관측하는 사람에게 그 물체를 인식

---

[93] Jonathan Edwards, "The Nature of True Virtue," in *The Works of Jonathan Edwards*, vol.8. ed. by Paul Smith (New Heaven: Yale University Press, 1987), 560.

할 수 있게 만들어 주는 것처럼 우리의 착한 행실도 바로 우리가 어떠한 가치관과 신념에 사로잡혀 살아가는 사람인지를 말해 줍니다. 그리하여 우리 개개인이 아니라 우리와 관계를 맺으신 그리스도가 어떤 진리이신지를 보여주는 것입니다.

저는 오늘날 예수 그리스도를 믿기는 하였지만 기독교인으로서의 신념은 없는 다수의 그리스도인을 봅니다. 그들은 분명히 그리스도와 복음에 대한 경험은 갖고 있지만 그 복음이 어떻게 우리로 하여금 이 세상 사람들과 구별되는 가치관을 가지고 살아가게 만드는지에 대하여 적절한 이해를 갖지 못하고 있습니다. 기독교 신앙을 갖는다는 것은 곧 기독교 사상을 갖는다는 것입니다. 우리가 왜 그렇게 믿고 또 그렇게 살고 있는지에 대하여 그 근거를 하나님과 세상 사람들과 자신의 양심 앞에 고백할 수 있어야 하는 것입니다. 그래서 사도 베드로도 다음과 같이 말하였습니다. "너희 속에 있는 소망에 관한 이유를 묻는 자에게는 대답할 것을 항상 준비하되 온유와 두려움으로 하고"(벧전 3:15).

그러므로 우리는 다시 한번 오래 전 사라진 기독교 신앙의 전통을 계승하여야 합니다. 예수 그리스도를 깊이 만나고 복음의 감격을 가진 사람들로 하여금 철저히 우리가 믿는 신앙의 도리들을 배우고 모든 학문과 지성의 헌신을 통하여 기독교적인 가치관과 세계관을 수립하도록 만들어 주어야 하는 것입니다. 그래야 세상의 가치관에 떠밀리는 삶을 살지 않을 수 있고, 모든 삶이 진리의 체계에서 흘러나오는 인생을 살아갈 수 있습니다. '모든 삶은 지식의 체계 위에, 모든 지식은 삶으로 고백되게', 이것이 바로 우리의 신앙이 목표로 삼아야 할 인생입니다.

B. 세계와 인간의 목적으로서의 선

우리말 성경에 "착한"이라고 되어 있는 이 형용사는 희랍어로 '칼로스' (καλός)라는 단어의 복수 형태입니다. 이 단어는 성경에서 아주 여러 가지 의미로 사용되었습니다. 대개 '아름다운, 좋은, 소중한, 탁월한, 유익한' 등의 의미였습니다(마 3:10, 26:24, 딛 3:8, 히 13:9).

본문에서 "착한"은 본질적으로 선하다는 의미를 갖습니다. 그리고 이러한 의미는 선과 악에 대한 거대한 담론으로 우리를 데려갑니다. 그러나 선과 악에 대한 그 담론을 상세히 설명하는 것은 이 책의 목적과는 좀 다른 것입니다. 그렇지만 기본적으로 이 선에 대한 이해를 갖지 않는다면 우리는 이 구절을 오해하게 될 소지가 있기에 세계와 인간의 목적으로서의 선이 무엇인지에 대해 간략하게 언급하고자 합니다.

1. 창조의 목적과 관련됨

신약성경에서 '착한'으로 번역된 '칼로스' (καλός)라는 단어는 구약 희랍어 성경인 70인역에서 히브리어 '토브'(טוב)를 번역한 단어로 사용되었습니다. 그러므로 예수 그리스도께서 '칼로스' (καλός)를 말씀하셨을 때 그분의 마음 안에 있는 구약의 개념은 '토브'(טוב)였습니다.

구약 성경에서 '선' 혹은 '선하다'라고 번역된 이 단어는 창세기 1장에 처음 나옵니다. "하나님이 보시기에 좋았더라." 여기에서 "좋았더라"가 바로 히브리어 '토브'의 번역입니다. 그러므로 성경 본문에 나오는 '착한'이라는 형용사는 성경에 나오는 선(善)의 개념과 연관지어서 생각하여야 합니다.

선은 하나님께서 천지를 창조하시고 인간을 지으셨을 때 의도하셨던 궁극적인 목적에 부합하는 조건이나 상태를 가리킵니다. 하나님은 이 모든 세계를 목적을 가지고 창조하셨습니다. 그 목적은 당신의 신성의 영광을 충만하게 드러내는 것이었습니다. 순결한 영이신 하나님께서는 당신의 지성과 의지를 끊임없이 당신 밖으로 드러내시려는 경향성을 가지고 계십니다. 그래서 세계를 창조하셨고, 인간을 지으셨습니다. 하나님은 인간으로 하여금 위로는 하나님을 알게 하시고 아래로는 하나님께서 주신 이 세계의 사물들을 알게 하셨습니다. 그리고 옆으로는 자기와 같이 하나님의 형상을 받은 인간을 알고 사랑하게 하심으로써 하나님께서 세계를 창조하신 의도를 구현해 낼 수 있도록 하셨습니다.

인간이 타락하기 전에는 하나님께서 천지를 창조하신 목적을 자신의 존재의 목적으로 받아들였습니다. 인간은 한 편으로는 하나님의 형상을 닮아 모든 피조물과 구별되는 존재로서, 또 한 편으로는 그 모든 세계에 있는 사물들과 동일한 하나의 피조물로서 하나님의 영광을 드러내는 것을 자신의 행복으로 삼았습니다. 그래서 하나님의 영광과 인간의 행복 사이에는 갈등이 없었습니다. 그러나 죄가 들어왔습니다. 죄는 하나님께서 세계를 창조하신 목적과 인간을 지으신 의도를 떠나서 살라는 유혹으로부터 시작되었습니다. 결국 그 유혹에 넘어간 인간은 죄로 말미암아 영혼과 육체의 죽음이라는 질병 상태에 들어가게 되었습니다.

예수님께서 말씀하신 "착한 행실"은 단순히 사람들에게 감동을 주고 이웃의 복지에 증진하라는 미담을 가리키는 것이 아닙니다. 이 세상에는 빛이 아니어도 반짝이는 많은 것이 있듯이 하나님의 선이 아닐지라도 그 선에 외관상 합치하기 때문에 선으로 판단되는 것들이 많이 있습니다. 이웃에 대한 훈훈한 인정, 고통 받는 자들에 대한 도움과 헌신, 이웃의 행복에 증진하는 기여 같은 것들은 누구도 싫어하는 사람이 없는 아름다운 행동들이고 이것들을 우리는 착한 행동들이라고 부릅니다.

그래서 조나단 에드워즈는 선을 말하면서 일차적인 선과 이차적인 선으로 분류하였습니다. 일차적인 선은 하나님을 사랑하고 공경하는 데서 비롯되는 성경적 정신을 따르는 선이고 이차적인 선은 인간의 윤리와 양심 등 일반 은총 안에서 일차적 선과 유사하게 보이는 선입니다.

> 하지만 일차적인 아름다움의 어떤 모상이면서 영적인 존재들 특유의 것이 아닌 무생물체들에서도 발견될 수 있는 또 다른 열등한 이차적 아름다움이 있다. ……이는 제시된 바, 이런 종류의 아름다움은 그것이 물질적인 사물들이든, 비물질적인 사물들이든 간에 참된 미덕의 아름다움과는 전적으로 다른 것이다. 그러므로 뒤따르는 바, 이런 종류의 아름다움에 대한 취향은 참된 미덕에 대한 취향과 전적으로 다른 것이다.[94]

이차적인 선도 일반 은총의 영역에서 의미 있는 것들이며, 또한 성령의 일반적인 작용에 의해 나타나는 결과입니다. 그러나 이러한 이차적인 선은 일차적인 선과 궁극적으로 동일하지 않습니다. 왜냐하면 이것은 하나님께 복종하지 않은 마음과 영혼의 상태에서도 가능한 외관적 선이기 때문입니다. 그리고 그리스도를 통한 하나님과의 화해 없이도 가능한 부분적 선입니다.

따라서 끝까지 그 뿌리를 캐 들어가면 일차적인 선과 이차적인 선은 서로 다른 뿌리를 가지고 있음을 발견하게 됩니다. 하나는 하나님을 사랑하고 공경하는 신앙심에서 비롯된 선이고 또 하나는 부분적으로 하나님의

---

[94] Jonathan Edwards, *The Nature of True Virtue* in *The Works of Jonathan Edwards*, vol. 8, ed. by John E. Smith (New Haven: Yale University Press, 1989), 562, 574.

선을 받아들이나 인간의 유익을 궁극적인 목표로 하는 선임을 알게 되는 것입니다.

2. 세상이 받는 유익은 반사적인 것임

법률에는 '반사이익'(反射利益)이라는 개념이 있습니다. 이것은 공공의 이익을 보호하기 위해 어떤 규제를 일반인에게 가하였는데 그로 인하여 특정한 사람들이 간접적으로 이익을 누리게 되었을 때 그 이익의 법적 성격을 가리키는 용어입니다.

예를 들어서 어떤 사람이 주유소를 개업하였습니다. 그런데 여러 가지 안전상의 이유로 일정한 거리 안에 다른 주유소를 세울 수 없다는 규정이 만들어졌습니다. 이 때문에 다른 주유소가 들어오지 못하게 되었다면 그 사람은 그 지역 내에서 독점적인 이익을 누리게 됩니다. 이것은 그 사람에게 있어서 적극적인 이익이라기보다는 공공의 이익을 위하여 규제를 가했기 때문에 그에게 미치는 소극적인 이익입니다. 이것을 우리는 반사적 이익이라고 부릅니다.

그리스도인이 하나님을 사랑하고 성경의 말씀에 순종하며 살아갈 때 이웃들은 가장 커다란 수혜자가 됩니다. 그러나 이것은 그리스도인이 이웃에게 어떤 혜택을 주기 위해 살았기 때문에 나타난 결과가 아닙니다. 진정한 그리스도인은 사람들에게 좋은 평가를 받고 칭찬을 받는 것을 목표로 이웃에게 착한 일을 행하지 않습니다. 그늘이 마음에 두는 것은 세상 사람들의 칭찬이나 매스컴의 보도로 많은 사람에게 인정을 받는 것이 아닙니다. 오히려 그리스도인의 궁극적인 관심은 자신들이 사랑하고 공경하는 하나님께 기쁨을 드리는 것입니다. 그러나 그리스도인이 하나님을 사랑하며 하나님의 말씀에 순종하며 살아가면, 그것이 간접적으로 이웃에게까지 유익을 끼칩니다. 이 때 이웃들이 받는 이익은 사실 그리스도인을 통해 얻는 반사적인 이익일 뿐입니다.

우리나라가 일제의 강점기에서 해방되었을 당시 일제시대 때 투옥당하고 고문을 당한 사람들은 국가에서 보상을 할테니 신고하라고 제안한 적이 있습니다. 그런데 독립운동을 하고 신앙을 지키다가 순교한 가족들 중 상당수가 보상을 신청하지 않았습니다. 또 순교는 하지 않았다고 할지라도 감옥에 끌려가 고문을 당하고 불구가 된 사람들도 있었는데 그들 중 많은 사람이 보상금을 신청하지 않았습니다. 그 이유가 무엇 때문인지 아십니까?

그 고초와 고문을 감수한 궁극적인 이유가 나라 사랑이나 국가의 독립 쟁취가 아니었다는 것입니다. 그리스도인으로서 순교한 순교자의 가족들과 고문을 당하여 불구가 된 사람들은 이렇게 자신들의 입장을 설명했습니다. "우리의 행동이 나라에 도움이 되었다면 감사한 일이지만, 우리가 그렇게 행동한 것은 나라를 위해서가 아니었습니다. 우리가 고난을 받고 순교를 마다하지 않았던 것은 하나님 이외의 다른 신을 섬기지 말라는 계명에 순종하기 위해서였으니 하나님으로부터 보상을 받았으면 받았지 나라로부터 보상을 받을 이유는 없습니다. 우리의 용감한 행동 때문에 국가가 식민지를 벗어나는 데 도움이 되었다면 그것으로 기쁘고 감사합니다. 우리도 나라의 독립을 간절히 바랐던 사람들이지만, 우리는 지금도 우리의 그 고난과 섬김이 국가를 위한 일이 아니라 하나님께 드리는 경배였다고 믿고 있습니다."

이처럼 예수 그리스도를 믿는 사람들이 하나님께서 천지를 창조하시고 인간을 구원하신 목적을 따라 살아가려고 헌신하게 되면, 그 거룩한 신앙의 실천 때문에 세상 사람들이 우연히 덕을 보게 됩니다. 그리스도인의 존재로 말미암아 여러 가지 도덕적 이익을 보게 되는 것입니다.

그리고 세상 사람들은 그리스도인이 무슨 사상을 가지고 무엇 때문에 그렇게 윤리적인 삶을 살고 있는지 알게 됩니다. 세상 사람들은 그들의 신실하고 정직하고 자비로운 삶을 통해 자신들이 살아가고 있는 삶의 초라함을 생각하게 되고, 그들이 공경하는 하나님과 기독교 신앙에 대하여 다시 생각하게 됩니다. 이것이 바로 그리스도인이 이웃에게 미치는 반사이익입니다.

3. 교회는 거룩한 공동체임

교회의 거룩함과 성도의 도덕성은 밀접한 관계를 갖고 있습니다. 예수님의 제자들은 그리스도를 통하여 미래에 이루어질 교회를 보았지만 오늘날 세상 사람들은 이미 이루어진 교회를 통하여 그리스도를 봅니다.

그러므로 보이는 교회의 성도들이 도덕적이지 않다면 교회는 어떤 식으로도 그리스도를 보여줄 수 없습니다. 왜냐하면 세상은 그리스도를 따르는 사람들을 통하여 그리스도를 보기 때문입니다. 세상 사람들에게 있어 교회의 거룩함이라고 하는 것은 아직 볼 수도, 알 수도 없는 내용입니다. 그러나 그들이 비록 하나님의 자녀가 아니더라도 도덕성은 알 수 있습니다. 성도의 도덕성은 세상 사람들의 눈에도 보이며 판단할 수 있는 것이기 때문입니다.

성도의 윤리적인 삶은 세상 사람들에게 성도들이 이 세상 사람과 구별된 존재라는 사실과 그렇게 구별된 사람들이 모인 교회는 세상과 다를 수밖에 없다는 것을 알게 합니다. 이것이 바로 교회의 거룩함과 성도의 도덕성 사이의 관계입니다.

우리 그리스도인이 창조의 목적을 따라 착한 행실을 계속하는 것은 도덕적이고 윤리적인 목적이 아니라 궁극적으로 신학적인 목적을 이루기 위한 것입니다. 즉 윤리적이고 도덕적인 삶을 이 세상에 보여주는 것은 세상 사람들로 하여금 그리스도인 자신을 주목하게 하기 위해서가 아니라 그리스도인이 지체로서 부분을 이루고 있는 교회, 교회의 머리이신 그리스도, 그리고 그리스도와 관계를 맺고 계신 삼위 하나님의 거룩하심을 알게 하기 위해서입니다.

그러므로 그리스도인의 삶의 지표는 사람들의 평가가 아닙니다. 하나님께서 인간에게 계시해 주신 흠 없는 의지입니다. 그 뜻을 따라 선악을 선택하고 거기에 부합하는 착한 행실들을 해 나가다 보면, 때로는 하나님의 기준에 부합하기 위하여 사람들에게 칭찬이 아니라 비난을 받아야 할 때도 있습니다. 그러나 그리스도인은 그런 것들에 개의치 않습니다. 왜냐하면 수많은 사람을 기쁘게 하는 것보다 한 분 하나님을 기쁘시게 하는 것이 옳다고 믿기 때문입니다.

우리는 사람들에게 인정을 받는 것과 하나님께 인정받는 것이 서로 모순될 때 방황하거나 어리둥절해 하지 않아야 합니다. 하나님께서 궁극적으로 선이라고 여기시는 판단을 따라 행동하며 살아가는데 그것이 이 세상 사람들과 갈등을 일으킨다면 그러한 갈등이 이 세상에 존재한다는 것 자체가 우리가 하나님께 순종하며 살아야 할 이유가 되기 때문입니다.

그러나 하나님께 순종하기 위해서는 언제나 이 세상과 투쟁하고 갈등하지 않으면 안 된다는 타계적 비관주의를 따라서는 안 됩니다. 현실 세계에 대한 헌신이 없는 타계적인 종말론도, 종말론적인 기대가 없는 현실에 대한 헌신도 모두 그리스도께서 우리에게 가르쳐 주신 신앙이 아닙니다. 그리스도인은 자신들과 생각이 다르다는 이유 때문에 세상에 앙심을 품거나 적대감을 갖지 않습니다.

그리스도인의 궁극적인 삶은 종말론적 기대 속에서 살아가는 것입니다. 우리가 이 세상 사람들 앞에 그 빛을 비추고 착한 행실로 하나님께 영광을 돌리게 한다 할지라도 그것이 이 세상을 향한 하나님의 궁극적인 뜻의 최종적인 성취는 아닙니다. 그러므로 우리는 종말에 이루어질 하나님의 완전한 나라를 앙망하는 것을 그칠 수 없습니다.

세상은 스스로 완성될 수 없고, 하나님의 나라는 인간의 윤리적인 노력으로 오는 나라가 아니라는 것을 알기에, 우리는 이 현실 세계를 살면서도 오직 하나님께만 소망을 두게 됩니다. 그러나 그 소망은 현실과 분리된 타계적 영성의 소망이 아닙니다. 완성에 대한 하나님의 약속은 이 세상에서 이루어질 성취라고 굳게 믿기에 우리는 하늘로부터 덧입혀질 나라를 사모하면서 살아갑니다. 그러므로 그리스도인의 거룩한 삶은 결국 유한한 시간을 살면서 영원에 잇대어 살아가는 삶이라 할 수 있습니다.

C. 착한 행실과 '그 빛'을 비춤

이어서 살펴볼 것은 우리의 착한 행실들과 그 빛을 비추는 것과의 관계입니다. 분명한 것은 착한 행실 그 자체가 빛이 아니라는 것입니다.

1. 목표는 사람의 감동이 아님

조국 교회가 윤리적으로 많이 물러가 있고 그래서 도덕적인 개혁이 필요한 것은 사실입니다. 그럼에도 불구하고 복음의 원리와는 상관이 없이 교회에 일방적으로 윤리적 실천만을 강조하는 것은 교회를 복음의 자녀가 아닌 도덕주의라는 이념의 머슴으로 내모는 것입니다.

교회가 윤리적으로 개혁되어야 한다는 사실에 대해서는 아무도 이의를 제기하지 않을 것입니다. 그러나 그 일을 위해서는 먼저 하나님의 말씀과 성령으로 말미암는 성도의 내면의 변화가 필요하다는 사실을 강조하지 않을 수 없습니다. 그리스도인의 마음과 영혼에 하나님의 은혜가 부어지고 놀라운 영적인 역사가 신자의 마음속에 충만하게 일어나는 것, 이것이 바로 예수 그리스도께서 이 땅에 있는 죄인들을 불러 변화시키시던 방법이었습니다.

예수님께서는 죄인을 불러 회개시키시고 그들의 영혼과 마음에 새로운 생명을 주셨습니다. 그리고 그들을 빛의 자녀라고 부르시며, 그들에게 이미 받은 영혼과 마음의 변화, 그리고 하나님의 자녀의 명분에 어울리는 생활을 하도록 촉구하셨습니다. 이것은 우리로 하여금 인간의 죄성과 선행에 대한 하나님 말씀의 요구 사이에서 올린 아우구스티누스의 기도를 생각나게 합니다. "명하는 바를 주시옵소서, 원하시는 것을 명하시옵소서"(*Da quod iubes et iube quod uis*).[95]

그러므로 우리의 빛을 사람들 앞에 비치게 하여 우리의 착한 행실을 보고 하나님께 영광을 돌리게 하라고 하신 예수 그리스도의 당부는 이런 의미입니다. "너희는 그리스도를 통하여 받은 진리의 빛을 비춰 주어라. 그리하여 이 세상 사람들이 너희의 착한 행실을 보면서 그 빛에 대하여 보다 더 확실히 알게 하라."

그렇습니다. 그리스도인의 언어로 표현된 사상이 본문이라면, 그들이 보

---

[95] Avrelivs Avgvstinvs, *Confessiones*, X. 29, in *Corpvs Christianorvm Series Latina*, XXVII: *Avrelii Avgustini Opera* (Tvrnholti: Thpographi Brepols Editores Pontificii, 1996), 176.

여주는 착한 행실은 그 본문에 대한 주석입니다. 착한 행실은 그리스도인이 전하고 있는 진리의 빛이 무엇인지를 보다 더 상세히 설명해 주는 하나의 방식입니다.

착한 행동 자체로 세상에 감동을 주려 하거나, 착한 행동을 하는 것 자체를 목표로 삼거나, 도덕적 수준에 있어서 세상 사람들을 능가하기 위해 경쟁하는 것은 사람의 영광을 구하기 위해 착한 행동을 하는 것과 다르지 않습니다. 제 아무리 위대한 도덕적 실천이라고 할지라도 그 자체가 영혼의 생명을 대신할 수는 없습니다. 착한 행실은 살아 있는 영혼으로부터 나오는 진실한 생활의 열매이지 그 자체가 목적일 수 없습니다. 만약에 그것을 목적으로 삼는다면 그것은 또 다른 의미에서 깨어져야 할 자기 의를 쌓아가는 거짓된 행위에 불과합니다.

예수님께서 십자가에 달리셨을 때, 양 쪽에 두 강도가 함께 매달렸습니다. 복음서를 종합해 보면 시기적으로 처음에는 두 강도가 함께 예수님을 욕했던 것을 알 수 있습니다. 그러나 시간이 흐르면서 그 중의 한 강도가 회심을 하게 됩니다. 그래서 함께 욕하던 자신의 동료를 꾸짖으며 예수님이 죄 없으신 분이라는 사실을 변증해 주었습니다. "하나는 그 사람을 꾸짖어 이르되 네가 동일한 정죄를 받고서도 하나님을 두려워하지 아니하느냐 우리는 우리가 행한 일에 상당한 보응을 받는 것이니 이에 당연하거니와 이 사람이 행한 것은 옳지 않은 것이 없느니라 하고 이르되 예수여 당신의 나라에 임하실 때에 나를 기억하소서 하니"(눅 23:40-42).

예수님께서 십자가에서 유정하게 교리를 가르치신 것도 아니고, 긴 시간 설교하신 것도 아닌데 이 강도는 어떻게 예수 그리스도께서 하나님의 아들이신 것과 내세가 있다는 것과 자기가 죄인이라는 것과 예수 그리스도의 은혜를 힘입으면 하나님의 나라에 들어갈 수 있다는 사실을 깨닫게 되었을까요? 예수님께서 이 강도에게 보여주신 모습은 십자가에 매달려 비참하게 죽어 가고 있는 장면이었습니다. 그러나 일체의 평정을 잃지 않고 그 끔찍한 십자가 고난을 감당하고 있는 모습을 바라보며, 강도는 하나님이 살아 계시다는 사실을 깨닫게 되었습니다.

이것이 바로 '그 빛'의 효과이며, 우리의 선한 행실이 궁극적으로 바라보아야 할 목적입니다.

2. 판단을 위한 절대적 기준이 필요함

우리가 세상 속에서 살아갈 때, 우리를 향한 하나님의 기대는 하나님의 뜻에 부합하는 삶을 살아가는 것입니다. 그런데 그 일을 위해서는 절대적인 기준이 필요합니다.

열린교회 예배당은 개인별로 좌석이 나뉜 의자를 채택하여 사용하고 있습니다. 그렇지만 제가 전도사 생활을 하던 시절만 하더라도 거의 모든 교회가 여러 사람이 함께 앉는 기다란 목재 장의자를 예배용으로 사용하였습니다. 저는 당시 교회 안에 기거하면서 전도사 겸 사찰로 교회를 섬겼습니다. 그 때 교회를 돌아보고 청소하는 것이 몸에 배어서 지금도 청소하는 일을 좋아하고 또 교회당이 깨끗하지 않으면 마음이 상합니다.

당시 연로하신 담임목사님은 저를 각별히 좋아하셨는데, 그 이유 중 하나는 제가 청소한 날은 예배당 의자의 줄이 자로 잰 듯 잘 맞추어져 있었기 때문이었습니다. 저는 예배당 청소를 모두 끝낸 후 마지막으로 의자의 줄을 맞췄습니다. 그런데 다른 평신도나 교역자들과는 달리 특별한 방식으로 줄을 맞췄습니다. 각 열의 맨 앞의 의자와 맨 뒤의 의자 두 개를 정위치에 배열하고 두 의자 끝에 압정을 꽂고 실로 연결합니다. 이 일은 번거로워 보여도 일단 그렇게 해 두면, 그 다음에는 의자들을 정리하는 것이 매우 쉬워집니다. 그 줄을 기준으로 삼아 의자들을 툭툭 치거나 잡아당기면서 끝만 맞추어 주면 예배당의 의자들은 칼로 두부를 자른 듯 정확하고 반듯하게 자리를 잡습니다.

멀리서 보면 사람들의 눈에 그 가느다란 실이 보일 리 없습니다. 그러나 그 줄을 기준으로 삼아 의자들을 밀기도 하고 당기기도 하는 저의 작업 광경을 보면서 눈에 보이지 않는 어떤 선이 있음을 인식하지 않을 수 없을 것입니다. 이것이 바로 우리의 착한 행실들이 진리를 드러내는 데 이바지하는 방식입니다. 우리는 그 빛의 사람이기 때문에 그 빛을 따르는 착한 행동들을 하게 됩니다. 그리고 그 개별적인 착한 행동들은 우리 안에 있는 그 빛이라고 하는 진리의 기준들에 대하여 사람들로 하여금 생각하게 만듭니다.

3. 진리에 의한 판단을 삶으로 보여줌

세상 사람들은 자기를 주인 삼고 살아가지만 우리는 하나님을 중심으로 여기며 살아갑니다. 저들은 자신이 온 우주의 중심이며 자기의 행복이 모든 가치의 절대적인 기준이라고 생각합니다. 그러나 진리만이 그 기준입니다. 그리스도인이 빛으로 삶으로써 보여주어야 할 바가 바로 진리를 따르는 판단입니다.

a. 세상의 도덕 기준과 '그 빛'

세상의 도덕은 모든 사람이 극단적으로 자기 개인의 가치 기준만을 따르면 평화를 얻을 수 없기 때문에 서로 양보하여 최소한의 공통선에 근접한 것입니다. 그런 점에서 하나님 없는 사람들이 도달한 도덕이라고 하는 것은 자기 사랑을 합리적으로 확장한 결과일 뿐입니다. 그러나 그리스도인이 규범으로 생각하는 도덕의 기준은 성경의 계명들입니다. 그리스도인은 그 계명이 하나님께서 세계와 인간을 창조하신 궁극적인 목적으로 이끌어 주는 것이라는 사실을 인정하기에, 그것을 삶의 기준으로 삼습니다.

오늘날 우리는 철학의 임무에 대한 새로운 시도들에서 절대적인 가치와 규범을 거절해 온 현대인의 사상의 현실적인 한계를 분명하게 볼 수 있습니다. 현대 독일에서 비토리오 훼슬레(Vittorio Hösle, 1960-)와 같은 사람들에 의해 상대주의적이고 회의주의적인 시대 정신을 성찰하며 절대적인 진리의 존재를 인정하는 객관적 관념론이 부활하고 있는 것이나,[96] 무신론자로서 종교를 권유하는 알랭 드 보통(Alain de Botton, 1969-)의 사유들은 바로 그러한 실례들입니다.[97]

특히 에마뉘엘 레비나스(Emmanuel Lévinas, 1906-1995)의 타자성에 대한 논의는 인간 주체를 타인과의 윤리적인 관계에서 찾고자 하는데 이렇게 인간의 타자성에 기초한 도덕의 촉구가 많은 사람에게 설득력을 얻고 있는 것도 현대의 주관적인 사상의 한계를 보여주고 있습니다. 여기서 타자란 '나와 똑같은 위치에 있지 않고, 거주하며 노동하는 나에게 윤리적 요구로서 임하는 무한자로, 내가 어떠한 수단을 통해서도 지배할 수 없는 절대적 외재

---

96) "게오르크 헤겔(George Wilhelm Friedrich Hegel, 1770-1831)에 따르면 개념들 자체가 참일 수 있다. 물론 한 개별적인 개념이 아니라 개념들의 조직이 그러하다. ……헤겔은 자연적인 것에 친한 존재의 위상을 지니지만 동시에 논리적인 것에 명시적인 관계를 갖고 있는 어떤 것이 존재해야만 한다는 점을 고수한다." 비토리오 훼슬레, 『비토리오 훼슬레, 21세기의 객관적 관념론』, 나종석 역 (서울: 에코리브르, 2007), 35, 36.
97) "현대 무신론의 오류는 어떤 신앙의 핵심 교의가 더 이상 유효하지 않더라도 여전히 타당성을 지니는 신앙의 측면들이 무척 많다는 점을 간과한 데에 있다. 우리가 종교에 굴복할 수밖에 없거나 그렇지 않으면 종교를 모독하거나 둘 중 하나라는 생각을 버리고 나면 우리는 종교라는 것이 갖가지 정교한 개념들의 저장고임을 얼마든지 발견할 수 있을 것이다. 그리고 우리는 세속적 생활의 가장 끈질기고도 대책이 없는 질환들 가운데 몇 가지를 완화시키는 일에서 그 개념들을 적용할 수 있을 것이다." 알랭 드 보통, 『무신론자를 위한 종교』, 박중서 역 (서울: 청미래, 2011), 13.

성'으로 묘사됩니다. 그가 이와 같이 다른 이의 존재를 그토록 강조한 까닭은 주체의 주체성을 올바르게 드러내기 위한 것이었고 그가 말하는 주체성의 의미는 '상처받을 수 있다는 것, 타인을 위해 책임질 수 있다는 것, 타인을 대신해서 고통받을 수 있다는 것'이었습니다.[98]

그러나 그리스도인은 그리스도의 복음을 통하여 자신의 행복이 가치 판단의 절대적인 기준이 아니라 하나님께서 천지를 창조하신 목적이 모든 판단의 절대적인 기준이 된다는 사실을 깨달은 사람들입니다. 따라서 그리스도인으로서 사상을 가지고 살아간다는 것은 그러한 절대적인 기준에 의해 사물들의 존재와 질서들을 정위(正位)하며, 어떤 개별적인 행동들의 미덕과 악덕 여부를 판단할 수 있는 체계를 가지고 살아가는 것이어야 합니다.

b. 사상-은혜-윤리

그러므로 그리스도인의 착한 행실들은 우발적이고 단속적인 것일 수 없습니다. 그것은 그리스도인의 인격과 마음의 경향성으로부터 지속적으로 산출되는 것들이기 때문입니다.

여기서 우리는 다음과 같은 명확한 구도로 그리스도인의 삶을 제시할 수 있습니다.

> 하나님을 중심으로 하는 사상―그것에 의한 사물들과 인간 행위에 대한 가치 판단―창조의 목적에 부합하는 삶을 살아가게 하는 인간 마음 안에 있는 경향성―이러한 경향성들을 부여하고 유지되게 하는 영적인 은혜―실제적으로 개별 행동에 있어서 착하게 행동함.

---

[98] 강영안, 『타인의 얼굴: 레비나스의 철학』 (서울: 문학과 지성사, 2009), 41, 74, 79.

이러한 그리스도인의 확신에 찬 삶을 바라볼 때 비로소 세상 사람들은 예수 그리스도께 관심을 갖게 됩니다.

그리스도인이 어떤 삶을 일관되게 살아갈 때, 그 삶을 빚어 내는 도덕 기준과 가치 체계에 대하여 세상 사람들이 동의할 수 없다고 할지라도, 그것을 무시할 수는 없게 됩니다. 그러나 윤리가 복음을 대치할 수는 없습니다. 만약 그리스도인이 보여주는 삶의 덕스러운 감동 때문에 오직 그것만으로 죄인들이 회개하고 그리스도를 믿게 된다면 복음은 필요 없을 것입니다. 그러나 그리스도인의 윤리적 삶에는 그런 능력이 없습니다. 그래서 우리는 진리를 따르는 윤리적인 삶을 살아가면서도 말과 글로써 전하는 복음의 선포를 게을리해서는 안 됩니다.

그런데 여기서 정말로 중요한 것은 이것입니다. 그리스도인이 어떤 착한 행실을 지속적으로 해 나갈 때, 세상 사람들은 그 삶을 바라보며 그 삶을 무시할 수 없게 된다는 것입니다. 세상 사람들이 절대적인 가치를 따르는 그리스도인의 삶에 대해 동의하는가 또는 동의하지 않는가는 문제가 되지 않습니다.

사실 윤리 그 자체도 모든 사람에게 지지를 받거나 환영을 받는 것은 아닙니다. 그런데 하물며 그러한 윤리를 통하여 보여주는 신학적인 사실들, 즉 하나님이 살아 계시다는 것과 인간이 어린아이처럼 하나님을 의지하며 살아야 하는 연약한 존재라는 사실 등이 어떻게 모든 사람에게 동의를 받을 수 있겠습니까?

그러나 산 위에 있는 동리가 모든 사람에게 보이는 것처럼, 어두운 밤중에 빛나는 등불은 그 등불을 보고자 하는 의지를 가진 사람이나 그렇지 않은 사람이나 모두에게 보이는 것처럼, 그리스도인의 존재와 삶도 세상 속에 선명하게 드러납니다. 왜냐하면 그리스도인은 그 빛이고 이 세상은 어둠이기 때문입니다. 그러나 그렇게 드러난 그리스도인의 거룩한 삶은 구원받을 사람들에게는 복음을 전파받는 통로가 될 것이지만, 멸망당할 사람들에게는 거치는 것이 될 것입니다.

c. 진리를 따르는 일관된 삶

열린교회를 개척할 때의 일이었습니다. 기도 가운데 응답을 받고 예배당 건물을 구하러 다녔습니다. 적합한 건물이 없었고, 위치와 크기가 우리가 원하는 것일 때에는 건물주가 교회가 들어오는 것을 거절하였습니다. 그러다가 힘들게 어느 건물의 지하 공간을 소개받았습니다. 크기와 위치가 교회의 용도에 적합하였습니다. 비록 지하였지만 잘 수리하면 예배당으로 쓸 만하다고 판단되었습니다. 주인도 기꺼이 동의하여 계약을 하려던 참이었습니다.

공간을 돌아보고 나서는데 우리를 활짝 웃으며 환영하는 사람이 있었습니다. 바로 옆의 점포를 운영하는 사람이었습니다. 그는 그 지하가 얼마나 좋은 장소인지를 설명하며 어서 이사 오라고 권하였습니다. 그러면서 이렇게 물었습니다. "그런데 여기 오셔서 무슨 가게를 하시려고 하세요?" 우리는 "교회를 세우려고 합니다."라고 대답하였습니다. 순간 싸늘하게 변하던 그 여주인의 얼굴빛을 잊을 수가 없습니다. 갑자기 적대감과 염려에 가득 찬 표정으로 말했습니다. "여기로 오지 마세요. 당신들이 여기에 교회를 세우면 우리는 주인에게 이야기해서 당장 이사를 가겠다고 요구할 것입니다." 그 가게는 퇴폐 이발소였습니다.

말씀드리려는 요지는 이것입니다. 세상 사람들의 행동은 그들의 이해관계나 기분, 그들이 처한 형편에 따라 들쑥날쑥할 수 있습니다. 그러나 진리에 의해 움직이는 사람은 변덕스러울 수 없습니다. 진리는 불변하는 것이기 때문입니다.

따라서 우리는 진리의 빛을 우리의 말을 통해서나 창조의 목적에 부합하는 행실을 통해서나 일관되게 보여주어야 합니다. 우리의 관심은 우리가 아는 진리의 빛을 사랑하고 우리의 모든 삶을 그 진리의 빛에 부합하도록 영위하는 것입니다. 우리는 세상 사람들에게 진리의 빛을 나누어 주기를 원하지만, 그것은 우리가 진리의 빛을 누리고 그 진리를 따라 살아가는 것보다 더 중요하지 않습니다. 만약 우리가 배척한 진리의 빛을 저들에게 사랑하도록 전한다면 그것이 어떻게 이 세상에서 진리의 빛을 비추는 삶이 될 수 있겠으며, 그러한 모순 속에서 행하는 윤리적인 행실들이 어떻게 하나님의 영광을 보여줄 수 있겠습니까?

진리를 입으로 말하는 것은 어려운 것이 아니지만 진리를 따라 살아가는 일은 매 순간 피를 흘려야 하는 일입니다. 그러나 우리는 우리 자신의 행복을 위하여 진리를 따라 살아갑니다. 왜냐하면 우리가 그렇게 살 때에 하나님께 가장 영광을 돌릴 수 있고, 하나님께 영광을 돌릴 수 있을 때에 우리는 가장 행복할 수 있기 때문입니다.

오늘날은 인간의 삶에 있어서 진실의 가치가 잊혀진 시대입니다. 왜냐하면 진실이라고 하는 것은 진리의 기준에 부합한 인간의 마음과 삶의 상태를 가리키는 것이기 때문입니다. 이미 현대인은 절대적인 기준으로서의 진리를 버렸습니다. 그러나 시대가 어둡다는 것은 한 편으로는 우리 그리스도인이 이 세상에서 그 빛으로 드러날 수 있는 절호의 기회라는 의미이기도 합니다.

물론 이것은 쉬운 일이 아닙니다. 비록 그리스도인이 되었다고 할지라도 그의 마음 안에는 그가 대적해야 할 세상이 존재합니다. 그러므로 그리스도인이 진리를 따르는 일관된 삶을 보여주며 이 세상에서 그 빛으로 살아간다는 것은 단지 생각과 사상의 동의만으로 가능한 일이 아닙니다. 매 순간 자기가 확신한 가치 체계를 붙들고 성령을 힘입어 선한 의지를 행사하여야 합니다. 한 인간의 아름다움은 영혼의 아름다움이며 인간 존재의 가치는 선한 의지의 크기에 있습니다. 그러나 진리를 확신하고 어떤 착한 행동을 실천할 의지가 있다고 할지라도, 그 마음에 하나님으로부터 부어진 사랑의 감화가 없다면 거룩한 삶은 불가능합니다.

이는 성령께서 인간의 본성을 거룩하게 하시는 성화의 작용 자체가 우리 안에 거룩한 새 성향을 심으시는 것이기 때문입니다. 이것은 우리가 하나님의 성품에 어울리는, 진리가 무엇인지를 드러내는 지속적인 '성향'(disposition) 혹은 '습관'(habit)을 갖게 되는 것을 의미합니다. 본성이 바뀌지 않은 사람이 우연적으로 어떤 선한 행동을 할 때, 우리는 이렇게 말합니다. "그 행동은 그 사람답지 않은 행동이야!" 인색하지 짝이 없는 사람이 우연히 행한 한 번의 자선 행위는 그를 자비로운 사람으로 입증하지 못합니다.[99]

중요한 것은 진리에 부합하는 행동을 한두 번 하는 것이 아니라 꾸준히 진리에 부합하는 삶을 살아가는 것입니다. 그래서 인간의 완전한 모본이신 예수 그리스도께서 그리시는 사랑의 궤적을 따라 우리 인생 위에 그려 내야 합니다. 물론 예수 그리스도의 궤적과 우리가 그려 내는 궤적은 완전히 일치할 수 없습니다. 그러나 이 둘이 일치하도록 애쓰며 살아가는 것이 그리스도인의 의무이고, 이 두 궤적을 하나 되게 하시는 성령의 거룩한 작용이 성화입니다.

그러므로 한 사람의 그리스도인이 그 빛으로 살아가며 그 존재에 합당한

---

[99] William C. Mattison III, *Introducing Moral Theology: True Happiness and the Virtues* (Grand Rapids: Brazos Press, 2008 reprint), 59.

착한 행실로써 사람들에게 하나님의 영광을 보여줄 수 있다면, 그것은 단지 자신의 개별적인 윤리적 실천의 결과가 아니라 오히려 그의 모든 본성을 거룩하게 하신 하나님의 은혜의 결과입니다.

4. 마음과 뜻을 다하여 섬김

이 세상은 본질적으로 진리를 싫어하고, 빛이신 그리스도를 대적합니다. 뿐만 아니라 우리가 착한 행실들의 절대적인 기준으로 받아들이는 하나님과 창조의 목적을 인정하려 하지 않습니다.

어디 세상뿐입니까? 그리스도인이 된 우리 안에도 그 빛을 비추며 착한 행실로 살아가는 것을 싫어하는 죄성이 있습니다. 우리는 필연적으로 옛 사람을 짊어지고 살아가는 새 사람들입니다. 따라서 지성 안에 있는 옛 사람의 무지와 어둠을 몰아내지 않으면 안 됩니다. 이를 위하여 우리는 먼저 지성으로써 헌신해야 합니다. 사랑은 아는 것에 대한 사랑이며 지식은 사랑하는 것에 대한 앎입니다. 또한 우리는 마음의 의지로써 헌신해야 합니다. 어느 한 순간도 우리가 받은 구원이 일상적인 것이 되지 않도록 감격 속에서 살아가며 죄에 대한 안일함을 축출해야 하는 것입니다.

이처럼 그 빛을 비추는 것은 지성의 헌신 속에서 성경적 사상을 가지고 살아간다는 것이며, 의지의 헌신 속에서 하나님의 뜻을 단호하게 실천하며 살아간다는 것입니다. 물론 이러한 삶은 결코 쉬운 일이 아닙니다. 그러나 우리에게는 하나님이 계십니다. 이렇게 헌신된 마음으로 하나님을 위해 살아가고자 할 때, 하나님께서는 은혜를 부어 주시고 말씀의 빛과 성령의 불로써 우리로 하여금 착한 행실을 실천하게 만들어 주십니다.

기독교의 힘은 사상의 힘, 윤리의 힘, 그리고 은혜의 힘입니다. 지성으로써 하나님의 지혜를 아는 것이 사상이라면, 의지로써 하나님의 뜻을 따르는 것이 윤리이며 은혜는 이러한 삶을 가능하게 하는 하나님 사랑의 감화입니다.

예전에 제가 직장생활을 할 때 있었던 일입니다. 입사동기 중 한 사람이 직장에서 이루어지던 성경공부 모임에 참여하며 은혜를 받았습니다. 그는 결국 목회의 길을 걷기 위해 신학대학원에 진학을 하였습니다. 경제적으로 많은 어려움이 있었지만 같은 교회에 출석하고 있는 어느 집사님이 그 친구의 사정을 알고 학비를 대 주었습니다. 그런데 어느 날 우연히 그는 다른 신학생 친구가 등록금 문제로 고민하는 것을 듣게 되었습니다. 그래서 자기를 도와주고 있는 집사님을 찾아가 사정이 몹시 어려운 친구가 있으니 도와주시면 좋겠다고 간청하였습니다. 그의 오지랖 넓은 간청에 그 집사님은 처음에는 힘들어서인지 짜증을 내셨다고 합니다. 그리고 도와줄 수 없다고 냉정하게 거절했습니다.

그러나 그 다음날 아침 일찍 그 집사님에게서 전화 한 통이 걸려 왔습니다. 밤새도록 갈등하다가 결국 그 친구 신학생도 도와주기로 결심했다는 것입니다. 하나님께서 그 집사님의 마음을 움직이셔서 도와주기로 결심하게 하신 것입니다.

이것이 착한 행실입니다. 세상 사람들의 윤리 기준에서는 이웃에게 잘해 주는 사람이 착한 사람이지만, 기독교 신앙 안에서는 회개 잘하는 사람이 착한 사람입니다. 왜냐하면 회개는 자기를 중심으로 하는 판단에서 돌이켜서는 것이기 때문입니다. 자기가 하고 싶은 대로가 아니라 하나님이 원하시는 대로 살아가는 사람, 자기가 옳다고 생각하는 대로가 아니라 하나님이 옳다고 판단하시는 대로 행하는 사람, 그가 바로 착한 사람입니다.

어제는 화를 내고 돌아간 사람이 아침에 "형제! 내가 미안했습니다. 하나님께서 당신을 도우라고 하시는군요."라고 나올 때, 상대방은 무엇을 보게 되겠습니까? '하나님께서 저 사람의 마음을 움직이셨구나. 하나님께서 살아 일하고 계시구나!' 라는 생각을 하지 않겠습니까?

IV. 결론

그 빛으로 비추는 판단과 이 세상의 빛으로 비추는 판단은 같을 수 없습니다. 그러므로 진리가 가르쳐 주는 창조의 목적을 따르는 사람과 이 시대의 정신을 따르는 사람은 다를 수밖에 없습니다. 그러나 이 날카로운 대립은 우리로 하여금 이 세상을 향하여 앙심을 품거나 세상 사람들을 적대하게 하지 않습니다.

교회는 조명 기구 가게가 아닙니다. 빛은 더 밝은 빛 가운데 있는 동안에는 가치가 없습니다. 자신들끼리 비추는 빛은 어두운 세상에서 비추는 빛만 못합니다. 예수 그리스도께서는 어두운 세상 속에 빛으로 오셨습니다. 그리고 그 빛이신 그리스도는 우리를 또 다른 그 빛으로 이 세상에 보내셨습니다. 자신이 하나님 아버지께로부터 보냄을 받으셨던 것처럼 우리를 그렇게 이 세상에 파송하셨던 것입니다.

이것은 단지 우리가 이 세상 사람들과 다르다는 것을 보이시기 위해서 하신 일이 아닙니다. 우리도 한때는 어둠 가운데 일부였고 하나님이 없다고 믿는 사람들이었습니다. 우리도 처음에는 자신을 주인 삼으며 자신의 행복을 최고의 가치로 여기며 살았던 세상 사람들이었습니다. 그러나 어둠이었던 우리 앞에 그리스도께서 누군가를 통해 빛으로 나타나셨습니다. 우리는 누군가를 통해 그 빛이신 그리스도를 알게 되었고, 누군가의 착한 행실을 통해 그 빛 가운데 사는 삶이 행복하다는 사실을 깨닫게 되었습니다.

지금 우리가 해야 할 것은 바로 그 일입니다. 우리가 경험했던 그 빛을 어둠 가운데 있는 사람들에게 비추고 그 빛에 어울리는 착한 행실들로써 우리가 따르는 판단의 기준과 가치 체계의 탁월함을 보여줄 수 있어야 하는 것입니다.

'그 빛'과 선한 행실
한·눈·에·보·는·4장

I. 들어가는 말
 - 빛을 비춘다는 것의 실천적 의미를 선한 행실과 연관지어 살펴보자.

II. '그 빛'을 비치게 한다는 의미
 A. 사람 앞에
  - 원어적으로 '(장소적·시간적으로) 그 사람들 앞에'라는 의미이다.
  - 착한 행실을 보고 그것을 빛이라 생각한 것이 아니라 빛이 비추어졌기에 착한 행실을 본 것이다.
 B. 그 시대의 사람들 앞에 빛을 비춤
  1. 그 시대의 아들로 살아가는 사람들
   - 한 시대를 살아간다는 것은 그 시대의 정신과 풍조를 호흡하며 사는 것이다.
   - 시대 정신의 본질은 자신을 우주의 중심으로 삼고 창조의 목적과 상관없이 스스로의 행복을 최고 가치로 여기는 것으로 죄의 본질과 같다. 그리스도인이 그리스도인답게 살아가기 위해서는 시대를 아는 지식도 필요하다.
   - 사람을 빚는 두 틀에는 세상과 그리스도가 있다.
  2. '그 빛'을 비치게 한다는 의미
   a. 비치게 하라-첫 번째 의미 : '그 빛' 아래에서 분별하고 판단하게 하라. 즉 진리의 빛으로 내린 판단을 보여주라.
    1) 동굴의 비유 : 진리에 대한 깨달음의 중요성을 설명한다.
    2) '아나바시스'(anabasis)와 '카타바시스'(katabasis) : 진리에 이끌려 실물 세계를 향해 올라가는 상승을 '아나바시스', 그 실물 세계를 혼자 누릴 수 없어 여전히 진리를 모른 채 어둠 속에 갇혀 있는 동료들을 향해 내려가는 하강을 '카타바시스'라고 한다.
    3) 복음과 그리스도인의 숙명 : 복음 진리를 경험한 사람들에게 카타바시스는 선택이 아니라 숙명이다.
    4) 진리의 빛으로 내린 판단과 시대 정신을 따라 내린 판단은 같을 수 없다.
     a) 창조 : 진리의 판단-하나님의 영광을 드러내시기 위한 놀라운 사역 vs 시대 정신의 판단-진화의 과정 중 우연히 발생.
     b) 타락 : 진리의 판단-하나님을 떠나 스스로 우주의 중심이 되고자 함 vs 시대 정신의 판단-인간 자유의 억압.
     c) 구원 : 진리의 판단-죄에서 벗어나 창조 질서대로 돌아감 vs 시대 정신의 판단-그 무엇에도 속박받지 않는 완전한 자유.
     d) 완성 : 진리의 판단-영화 vs 시대 정신의 판단-인간의 신화(神化), 하나님과의 합일.
   b. 비치게 하라-두 번째 의미 : 성경 진리의 빛을 모든 영역에 비추라.
    1) 진리의 빛은 어느 부분에만 집중되는 것이 아니라 모든 사물을 차별 없이 비춘다.
    2) 하나님이 창조하신 영역은 자연 세계만이 아니다. 정치, 경제, 사회, 문화 각 분야가

하나님의 영광을 구현해야 할 곳이므로 우리 모두는 각자의 삶의 영역에서 진리의 빛을 드러내야 한다.
3. 대적할 세상과 끌어안을 세상
- 세상의 정신과 악한 마귀의 궤계는 타협도 화해도 할 수 없는 대적이나, 세상 사람들은 사랑과 인내로 끌어안아야 할 잃어버린 영혼들이다.
4. 세상에 '그 빛'을 비춘다는 것은
- 첫째로, 악한 영적 세력들과 죄의 영향력에 대하여 성령의 능력과 순결함으로 대적해야 한다.
- 둘째로, 사상적 무신론에 대하여 설득력 있게 변증해야 한다.
- 셋째로, 실천적인 무신론에 대하여 공의롭고 성결한 삶으로써 대항해야 한다.
- 넷째로, 죄에 물든 문화에 대하여 진리와 성령의 능력으로 그것을 갱신해야 한다.

III. 착한 행실과 '그 빛'을 비춤
A. 착한 행실들
- 공동체적 행위자들에 의한 다수의 착한 일들을 의미한다.
B. 세계와 인간의 목적으로서의 선
1. 착하다는 것은 궁극적으로 하나님께서 세계를 창조하신 목적과 관련이 있다.
2. 세상이 받는 유익은 그리스도인이 창조의 목적을 따라 살아가기 때문에 우연히 얻게 된 반사 이익일 뿐이다.
3. 교회는 미덕을 생산하는 공동체가 아니라 거룩함을 보여주어야 하는 공동체이다. 세상은 성도의 도덕성을 보며 교회의 거룩함을 판단한다.
C. 착한 행실과 '그 빛'을 비춤
1. 목표는 사람의 감동이 아님 : 착한 행실 그 자체가 빛은 아니다. 따라서 착한 행동 자체로 감동시키려 하거나 경쟁적으로 선행을 하는 것은 옳지 않다.
2. 판단을 위한 절대적 기준이 필요함 : 우리의 착한 행실이 진리를 드러내는 데 이바지하는 방식은 개별적인 착한 행동으로 진리의 기준을 보여주는 것이다.
3. 진리에 의한 판단을 삶으로 보여줌 : 그리스도인의 착한 행실은 '사상-은혜-윤리'의 구조 속에서 지속적으로 산출된다. 한 사람의 그리스도인이 착한 행실로써 사람들에게 하나님의 영광을 보여준다면 그것은 그의 본성을 거룩하게 하신 하나님의 은혜의 결과이다.
4. '그 빛'을 비추며 살아가기 위해서는 지성과 의지의 헌신 속에서 마음과 뜻을 다하여 섬기는 실천이 필요하다.

IV. 결론
- 우리는 우리가 경험한 빛을 어둠 가운데 있는 사람들에게 비추고 '그 빛'에 어울리는 착한 행실들로써 우리가 따르는 판단의 기준과 가치 체계의 탁월함을 보여줄 수 있어야 한다.

제5장

세상도 하나님께 영광을 돌리게 하라

"그들로 너희 착한 행실을 보고 하늘에 계신 너희 아버지께 영광을 돌리게 하라"
(마 5:16下)

I. 들어가는 말

예수 그리스도께서는 제자들에게 그 빛을 사람들 앞에 비추고, 그들의 착한 행실을 통해 하늘에 계신 하나님께 영광을 돌리게 하라고 당부하셨습니다. 우리는 앞 장에서 그 빛과 착한 행실의 관계를 살펴보았습니다. 여기서는 그리스도인의 착한 행실과 하나님께 영광을 돌리는 것에 대해 살펴보고자 합니다.

그리스도인은 이미 진리인 그 빛을 보았고 그 빛에 의하여 변화된 사람이기 때문에 하나님께서 세계를 창조하신 목적과 의도를 따라 선하게 살아갑니다. 그리고 그러한 선한 행실들은 우리의 이웃들과의 관계에서 그들을 유익하게 하고, 또 그들로 하여금 우리가 어떤 가치 체계를 따라서 살아가는지를 알게 만들어 줍니다. 이렇게 살아가는 그리스도인의 윤리적 실천은 신학적 사실을 가르쳐 주는데 이것이 바로 우리의 착한 행실을 통해 하나님께 이웃들이 영광을 돌리게 하라는 말씀의 의미입니다.

II. 너희 착한 행실을 보고

그리스도인은 그 빛이신 그리스도를 만남으로 진리의 체계를 알게 되고, 복음의 교리들을 보다 상세히 배움으로 하나님과 세계와 인간을 바라보는 통일된 사상을 가지게 됩니다. 그러한 사상들이 있기에 그들의 삶은 다를 수밖에 없습니다. 예전에는 자신이 주인이 되어 자기의 행복을 좇는 삶을 살았지만 이제는 그리스도를 통해 나타난 하나님의 사랑을 깨닫고 하나님의 뜻대로 살아가기 때문입니다.

이러한 가치관과 인생관에서 나오는 일관된 행실들이 성경 본문이 말하는 착한 행실들입니다. 인간의 행실은 사회생활 속에서 드러나 이웃들과의 관계 속에서 미덕스럽다거나 혹은 악덕스럽다는 윤리적 평가를 받게 됩니다.

인간의 미덕은 끊임없이 발달되어야 하는데, 이 진보는 인간의 지성과 의지 안에서 이루어집니다. 그리고 인간은 그러한 덕성의 함양을 통하여 자신을 둘러싸고 있는 세계에 대해 책임 있는 반응을 할 수 있게 됩니다.[100] 이처럼 미덕은 한 인간이 살아가는 삶의 방식(*modus vivendi*)의 자연스러운 드러남이며, 그의 삶의 방식을 좌우하는 분으로서의 하나님의 존재와 진리의 실재를 보여주는 방편입니다.

그리스도인의 삶은 끊임없이 사람들과의 관계에서 이루어지는 것이며, 그리스도인의 존재의 선교적 의의는 바로 이러한 사람들과의 교통 속에서 그리스도의 구속의 아름다움과 하나님의 사랑을 전파하는 것입니다.

자연세계 안에 흩어져 있는 하나님의 아름다움과 그리스도의 탁월성의

---

100) William C. Mattison III, *Introducing Moral Theology: True Happiness and the Virtues* (Grand Rapids: Brazos Press, 2008 reprint), 85.

증거는 끝이 없지만 성경 계시는 그 모든 아름다움의 정수입니다. 우리의 가장 중요한 임무는 바로 하나님의 아름다움과 그리스도의 탁월함의 정수인 성경 안에서 인류를 구원하시려는 하나님의 사랑스러운 계획을 발견하는 것입니다.

또한 우리는 성경을 통해 발견한 하나님의 아름다움과 구속 역사의 탁월성을 세계와 모든 학문 안에서 발견되는 하나님에 대한 증거와 연결지을 수 있어야 합니다. 그리하여 세계와 모든 학문에 관한 지식의 근원이 하나님이심을 기억하면서 그 모든 자연에 관한 지식의 좌표 위에 성경의 계시를 정위해 나가야 합니다. 구속하시는 하나님의 사랑을 통해 나타난 찬란한 삼위일체 하나님의 성품은 그러한 좌표 위에서 더욱 아름답게 빛을 발하며 모든 세계가 하나님의 통치와 사랑 아래 있음을 깨닫게 해줄 것입니다.

인간은 이렇게 '구속주에 관한 지식' (cognitio dei redemptoris)을 통하여 하나님을 알고, 다시 이 모든 세계를 더듬어 그리스도를 알지 못했더라면 올바로 보지 못했을 희미한 빛들을 찾아내어 찬란한 복음의 빛과 연결시킴으로써 '창조주에 관한 지식' (cognitio dei creatoris)을 쌓아 갑니다.

그리스도인으로서 하나님의 아름다우심과 그리스도의 탁월성에 의하여 더 크게 감동을 받게 될 때, 성속의 구분이 없이 이 모든 세계가 하나님에 의하여 창조된 것이며 그분의 통치를 받고 그분께만 드려져야 할 세상이라는 사실을 깨닫게 됩니다.

그리고 그리스도인은 하나님의 아름다우심과 그리스도의 탁월하심을, 착한 행실들을 통하여 이 세상에 보여주도록 보냄을 받은 사람들입니다.

A. '보고' : 봄과 앎

예수 그리스도께서는 다음과 같이 말씀하셨습니다. "그들로 너희 착한 행실을 보고"(ἴδωσιν). 여기서 "보고"라고 번역된 희랍어는 '이도신'(ἴδωσιν)입니다. 신약성경에서 이 단어는 문자적인 의미뿐 아니라 상징적 의미로도 여러 번 사용됩니다. 육체의 눈으로 물질을 보는 것 이외에도 마음으로 추상적인 사물이나 사실들의 실재를 아는 것을 의미하기도 하는 것입니다. 특히 어떤 사물들 이면에 있는 의미나 아직 파악되지 않은 원인들을 통찰하는 행동을 가리키기도 합니다.

모든 사물은 각기 자신의 고유한 본질을 가지고 있습니다. 그리고 그 본질은 곧 그 사물만의 독특한 경향성입니다. 그런데 이러한 경향성은 다른 사물들과 관계를 가질 때 자연스럽게 드러나게 됩니다. 이러한 본질의 드러남을 우리는 본성이라고 부릅니다.

예를 들어서, 비슷한 모양의 투명도와 크기를 가진 얼음과 유리가 있다고 가정해 봅시다. 언뜻 보면 크게 차이를 발견할 수 없을 것입니다. 그러나 손에 꼭 쥐어 보면 금세 차이를 느낄 수 있습니다. 하나는 녹기 시작하면서 손바닥을 흥건히 적실 것이며, 다른 하나는 변함없이 똑같은 모양과 크기를 유지하고 있을 것입니다.

이처럼 홀로 고고히 존재할 때는 드러나지 않던 고유한 성질이 다른 사물 또는 다른 외부적 요인과 관계될 때 드러나는 경우가 있습니다. 실제로 많은 사물이 다른 사물들과의 관계 속에서 그 고유한 성질과 경향성들을 나타내 보여 줍니다. 그리스도인 역시 마찬가지입니다. 그리스도인이 세상 사람들과 구별된다고 하는 것은 다른 사람들과의 관계를 통하여 드러나는 고유한 경향성과 성질로서 입증됩니다.

사람에게는 저마다 자연적인 성품들이 있습니다. 인내심이 큰 사람이 있는가 하면 그렇지 못한 사람도 있고, 논리적인 사람이 있는가 하면 감정적이고 충동적인 사람도 있습니다. 그리스도인이 된 후에도 이러한 자연적인 성품은 상당 부분 유지됩니다. 바뀌는 것은 자연적인 성품이라기보다는 도덕적인 성품입니다. 그러나 도덕적인 성품의 변화는 자연적 성품에 영향을 끼칩니다. 자기를 사랑하는 사람이 하나님을 사랑하게 되면서, 이로 인해 자연적 성품에 배인 악한 습관과 경향성들을 거슬러 살려고 애를 쓰기도 하는 것입니다.

예를 들어서, 논리적이지 않던 사람이 진리의 체계의 중요성을 알고 하나님의 말씀을 체계적으로 배움으로써 신앙의 논리를 갖게 된다거나, 혹은 감정적이고 충동적이던 성격의 사람이 이성적이고 신중한 것이 기독교의 덕에 유익하다는 사실을 깊이 깨닫고 자신의 감정을 억제하려고 애를 쓰는 것 등이 그러한 사례입니다.

어쨌든 그러한 각 사람의 성품은 그 사람이 다른 사람들과 맺는 인간관계 및 그가 보여주는 습관이나 행동, 그의 호불호(好不好)를 통하여 드러납니다.

습관적으로 행하는 모든 일관된 행실은 그 사람의 자연적인 성품뿐만 아니라 도덕적인 성품까지도 판단할 수 있게 만들어 줍니다. 그리스도께서 우리의 이웃들로 하여금 우리의 선한 행실들을 보고 하나님께 영광을 돌리게 하라고 말씀하신 것은 이러한 이치를 염두에 두셨기 때문입니다.

우리의 개별적인 행동들은 우리의 의도와는 상관이 없이 우리 이웃들에게 드러나 우리가 어떠한 사람인지를 보여줍니다. 또한 이것은 우리와 관계를 맺고 있는 하나님께서 어떤 분이신지도 그들에게 보여줍니다.

B. 윤리적 행동들의 특성

그리스도인의 윤리적 행동은 그 개별적인 착한 행실 이면에 있는 신학적 사실에 대하여 우리의 이웃들로 하여금 관심을 갖게 합니다. 이것은 그리스도인의 윤리적 행동이 다음과 같은 세 가지 중요한 역할을 수행하는 특성을 지니기 때문입니다.

1. 그 사람을 알게 함

첫째로, 윤리적 행동의 개별적인 실천을 통하여 그 사람 속에 있는 마음, 경향, 정신, 의도 등을 알려줍니다. 인간의 본성이라고 하는 것은 마치 하나님의 본질과 같아서 인간이 직접 볼 수가 없습니다. 다만 그것이 그가 행하는 모든 마음의 작용과 외적인 행동들의 근원이 된다는 것만을 알 뿐입니다. 그래서 우리는 개별적으로 그가 행한 행실 하나하나를 살피면서 그의 마음의 경향성이나 성품의 도덕성을 평가합니다.

최근에 저는 18세기 미국에서 교인들에게 세례 줄 때 점검했던 일들을 읽으며 많은 감동을 받았습니다.

당시 교회에서 기독교 신앙을 갖고자 하는 사람에게 세례를 베풀고자 할 때에는, 그 사람이 진정으로 거듭나고 회심한 사람인지, 기독교의 진리를 제대로 이해하고 있는지, 학습자로서 성실하게 교회생활을 하였는지 철저하게 확인하였다고 합니다. 그리고 거기서 그치지 않고 교회의 일꾼들을 그 사람이 사는 동네에 보내어 이웃들을 탐문하며 그 사람에 대한 마을 사람들의 평판을 조사하게 하였답니다. 그리하여 마을 사람들의 평판이 좋지 않으면 세례를 주지 않았다는 것입니다.

물론 이러한 18세기의 미국 교회의 관습을 오늘날 그대로 적용할 수 있을지에 대해서는 여러 가지 이견들이 있을 수 있을 것입니다. 그러나 당시 교회가 신앙의 행실을 그 사람의 신앙을 판단하는 매우 중요한 증거로 삼았다는 사실은 염두에 둘 필요가 있습니다.

오늘날과 같이 중생과 회심도 불분명한 상태에서 세례를 주고 교회의 중요한 직분자로 세우는 때에는 더욱 그러합니다. 강한 종교적인 충동이나 신비적인 열정 같은 것들이 최종적인 신앙의 증거인 것처럼 받아들여지고 있는 조국 교회의 형편을 생각할 때, 구원받은 신자로서의 삶의 열매인 윤리로 그의 신앙의 유무를 다시 판별하는 것은 꼭 필요한 일이 아닐 수 없습니다.

우리는 그리스도인이면서도 너절한 삶으로 이웃들에게 좋지 않은 인상을 남기는 사람들을 너무나 많이 만납니다. 이사 갈 때 각종 공과금을 흐지부지 내지 않고 간다거나 주위 상점과 거래처에 외상을 남기고 갚지 않고 말없이 사라지는 행동은 그가 정직한 사람이 아니라는 것을 보여줍니다. 그리스도인은 그렇게 살아서는 안 되는 사람들입니다.

그리스도인은 하나님을 믿고 신앙의 열정을 경험하고자 힘쓰는 것 못지않게 구체적으로 자신의 삶과 행실에 공을 들여야 합니다. 여기에는 그리스도인으로서의 정체성의 확립, 이웃을 향한 의무에 대한 숙고, 그리고 자신의 행동을 반성하고 성찰하는 정사(精査)가 필수적입니다. 자신의 모든 행동을 마치 농사를 지은 사람이 열매를 거둔 후 그 열매를 종류별, 품질별로 구별하는 것처럼 객관적인 진리의 기준에 비추어 반성하고 판별할 수 있어야 합니다. 그리고 그 삶의 열매가 곧 하나님께 드리는 넓은 의미의 예배라는 사실을 기억하여야 합니다.

2. 가치 체계를 알게 함

둘째로, 윤리적 행동의 실천은 그가 믿는 가치 체계가 무엇인지를 보여줍니다. 지상에 있는 그리스도의 교회는 다가올 하나님의 나라의 맛보기입니다. 사도 바울이 빌립보교인들에게 복음에 합당하게 생활하라고 당부한 것도 바로 그와 같은 맥락입니다(빌 1:27).[101]

지상에 있는 교회가 다가올 하나님의 나라의 성격을 정확하게 보여줄 때, 그 교회는 이 세상에서 하나님께 최고의 섬김을 드리고 있는 중입니다. 교회의 사명이 다가올 하나님의 나라의 성격을 보여주는 것이라면, 그리스도인의 사명은 그 교회가 어떤 공동체인지를 보여주는 것입니다.

보편 교회는 보이지 않는 교회이고 지역 교회는 한 곳에 정착하고 있지만, 그리스도인은 여러 곳에 흩어져 살아갑니다. 그리스도인이 여러 지역을 다니고 여러 사람과 관계를 맺으며 보여주어야 할 것은 교회가 무엇인가 하는 것입니다.

이것은 교회의 지체 된 그리스도인이 어떤 사상을 가지고 어떤 가치를 신봉하며 살아가는지를 알림으로써 보여줄 수 있습니다. 그런데 그리스도인의 사상과 가치의 체계라고 하는 것은 사람들의 말로써 전달되고 습득되는 것이 아닙니다.

세상 사람들은 우리가 믿는 신앙의 내용과 신봉하는 가치의 체계가 무엇

---

101) 사도 바울은 여기에서 평소에 '사는 것' 이라는 의미로 사용하던 '페리파테인'(περιπατεῖν)이라는 단어를 쓰지 않고 '폴리튜에스데'(πολιτεύεσθε)라는 단어를 사용하고 있다. '폴리튜에스데'(πολιτεύεσθε)는 신약에서는 이 곳과 사도행전 23:1에서만 사용되고 있다. 이 동사는 '국가(폴리스, πόλις)의 시민으로 산다' 는 의미를 함축하고 있다. 고대 헬라인들에게 국가는 인간이 가진 선 중에서 가장 최고의 선에 이르게 하기 위하여 이루어진 공동체라는 의미가 있다. 이 동사는 그러한 공동체적인 의미를 지니는 것이다. 그러므로 바울이 말하고자 한, 복음에 합당하게 '사는 것' 은 하나님 나라의 시민으로서 그 의무를 다하며 살아가는 것이다. Gerald F. Hawthorne, *Philippians*, in *Word Biblical Commentary*, vol. 43, Philippians (Waco: Word Books, 1983), 55–56.

인지 장시간 귀를 기울여 들으려 하지 않습니다. 우리가 그들의 세속주의적인 인생관이나 하나님 없는 가치관을 귀를 기울여 들으려 하지 않는 것처럼 말입니다. 특별히 기독교 신앙에 대해 알고 싶어하는 구도의 마음을 가진 세상 사람들이 아예 없는 것은 아니지만, 그런 사람들은 극히 소수일 뿐입니다. 그러므로 우리는 우리의 착한 행실로서 우리가 신봉하는 가치 체계가 무엇인지 보여주어야 합니다.

그러나 이것은 우리의 착한 행실을 사람들에게 보여주고자 노력하라는 의미가 아닙니다. 우리는 보여주기 위해 윤리적 삶을 살아가서는 안 됩니다. 그리스도인의 윤리적인 삶의 동기는 하나님의 거룩하심입니다. 그리스도인이 사욕을 버리고 하나님의 거룩함을 좇은 결과 착한 행실이 나오는 것입니다. "너희가 순종하는 자식처럼 전에 알지 못할 때에 따르던 너희 사욕을 본받지 말고 오직 너희를 부르신 거룩한 이처럼 너희도 모든 행실에 거룩한 자가 되라 기록되었으되 내가 거룩하니 너희도 거룩할지어다 하셨느니라"(벧전 1:14-16).

언젠가 미국을 방문했을 때의 일입니다. 고급 레스토랑이 아닌 아주 허름한 레스토랑에서 점심 식사를 하게 되었습니다. 당시 저와 동행했던 분들은 그 레스토랑이 좋지 않다고 저를 거기로 데려가지 않으려 했으나, 미국의 값싼 레스토랑의 스테이크 맛이 궁금하여 제가 고집을 부려 들어갔습니다. 6명이 한 테이블에 앉아서 각기 여러 종류의 스테이크를 주문했습니다.

드디어 식사가 나오고 스테이크를 먹기 시작했는데, 저는 절반 이상을 먹고 나서야 지금 먹고 있는 스테이크가 제가 주문한 것과 다르다는 것을 깨달았습니다. 그래서 웨이터를 불러 확인을 부탁했더니, 전표를 가지고 와서 보고는 아주 정중하게 제게 사과하는 것이었습니다. 주문한 음식대로 가져오긴 했으나, 자신의 착오로 다른 사람의 접시와 내 접시를 바꾸어서 테이블에 올려놓았다는 것입니다. 그리고는 다시 한 번 자신이 잘못했다고 하면서 두 접시의 새로운 스테이크를 가져다주겠다고 했습니다. 그러자 오히려 제가 미안해졌습니다. 반 이상 먹고 나서야 음식이 바뀐 것을 알아챈 것이 민망하게 느껴졌던 것입니다.

그런데 그 때 제 마음에 인상적으로 다가왔던 것이 그 웨이터의 강한 책임감이었습니다. 자기가 한 실수에 대하여 다른 사람에게 그 탓을 전가하지 아니하고 정직하게 자신의 실수를 인정하고 책임지려는 자세가 오래도록 기억에 남았습니다.

그의 작은 행동을 통하여 비록 크지 않은 레스토랑이었지만, 오래도록 그 회사의 브랜드가 제 마음 속에 자신의 서비스에 대하여 책임을 지는 브랜드로 남게 되었습니다. 이처럼 그리스도인은 착한 행실을 통하여 이웃들에게 자신이 신봉하는 가체 체계를 알게 합니다. 그리고 그러한 가치 체계를 통하여 하나님의 존재와 성품을 알게 합니다.

3. 하나님의 통치를 알게 함

셋째로, 그리스도인의 윤리적 행동은 당신의 자녀들을 향한 하나님의 도덕적 통치를 보여줍니다. 하나님께서 인간에게 부여하신 모든 계명은 거기에 순종하게 하심으로 도달하게 하고자 하시는 궁극적인 목표를 갖고 있습니다.

우리가 보여주는 개별적인 하나하나의 행실들이 하나님의 창조와 구원의 계획에 매달린 채 일관성 있게 계속될 때, 사람들은 '저들은 우리와 다른 통치를 받고 있다.'라는 사실을 깨닫게 됩니다.

언젠가 우리 교회에서 물건을 구입할 때 있었던 일입니다. 약 천만 원 가량의 물건이었는데, 영수증을 발행해 달라고 요구하니 판매처에서 법적으로 인정되지 않는 거래명세서를 대신 보내 주겠다고 했습니다. 그래서 교회 내부의 회계 처리 규정상 법정 세금영수증만을 받게 되어 있다고 말했더니, 무려 15%의 가격을 더 내야 한다고 했습니다. 다시 말해서 1,000만 원인 물건을 사는데 제대로 된 영수증 한 장 요구했더니 1,150만 원으로 가격이 뛴 것입니다.

그 판매자는 교회는 부가가치세도 환급받지 못하는데 무엇 때문에 정식 영수증을 받고 세금을 내려 하느냐며 오히려 우리 직원을 타이르며 영수증 없이 저렴한 가격에 사라고 권했습니다.

그러나 교회의 직원이 단호하게 말했습니다. "우리 교회는 그것을 탈세라고 봅니다. 당신도 영수증 없이 물건을 팔면 소득세를 탈세하는 것입니다. 우리 교회에서는 연말에 공인회계사의 외부 감사까지 받기 때문에 그렇게 거래하면 당사자가 문책을 받고 변상해야 합니다."

이 사건이 있은 후로 거래처로서 교회를 대하는 그 사람의 태도가 완전히 바뀌었습니다. 편법이나 부정직한 거래에 대해서는 말도 꺼내지 않았으며, 공정한 물건을 공정한 가격으로 세법에 맞게 투명하게 거래해야 한다는 생각을 가지고 우리를 대하기 시작했습니다. 그리고 말했습니다. "우리는 교회가 세상 회사와 이렇게 다른 줄 몰랐습니다."

무엇 때문일까요? 우리가 무엇 때문에 작은 행동에 있어서도 정직을 추구하고, 손해를 보면서도 옳은 것을 따라 행하여야 하는 것일까요? 하나님은 각 사람의 개별적 행동들 속에서도 당신의 통치를 실현하고자 하십니다. 왜냐하면 한 사람의 그리스도인이 개별적인 하나하나의 행동 속에서 일관된 어떤 규범을 보여줄 때, 사람들은 그 속에서 그 규범을 요구하시는 영적 실재로서의 하나님을 보기 때문입니다.

우리의 삶의 현실은 하나님의 말씀에 온전히 순종하며 살아가기에 적합하지 않습니다. 그래서 어떤 때는 하나님께 순종하는 삶을 살기 위해 가혹할 정도로 많은 희생을 치르지 않으면 안 됩니다. 그러나 그것이 바로 그리스도인이 어두운 세상을 빛으로 살아가기 위하여 지불하여야 하는 대가입니다. 진리를 말하는 것은 입술에 침을 바르면 충분하지만, 그 진리를 따라 사는 것은 때로는 땀이 맺히고 피가 흐르는 일입니다.

그래서 디트리히 본회퍼(Dietrich Bonhoeffer, 1906-1945)는 자신의 어느 책 속에서 이렇게 말했습니다. "우리가 복음서를 정직하게 읽어 보면 그리스도께서는 우리에게 다음과 같이 말씀하십니다. '너희는 나를 따르라. 그리고 나와 함께 죽자.' 라고 말입니다."

그렇습니다. 그리스도인은 이렇게 하나님께로부터 통치를 받는 것을 영광으로 생각하는 사람들입니다. 그러므로 우리는 그분의 통치를 벗어나 형통한 어둠의 자녀들과 같이 되기보다는 오히려 그분의 통치를 받으며 고난 받는 빛의 자녀들이 되기를 원하여야 합니다. 우리가 그러한 삶을 살면 이 세상에서 항상 악을 이기게 되는 것은 아닙니다. 그러나 마르틴 루터(Martin Luther, 1483-1546)가 말했듯이, "패배한 선은 승리한 악보다 훌륭합니다." 그것이 바로 하나님의 도덕적 통치를 보여주는 신자의 삶입니다.

우리는 종종 "현실적으로······.", "꼭 그렇게까지 할 필요가······.", "현실을 이해한다면 그럴 수도 있지······." 등의 상투적 변명으로 그리스도인의 도덕적 의무를 포기하거나 태만히 합니다. 이것은 모두 세상에 맞서 하나님의 통치를 보여주는 것이 두렵고 버겁기 때문입니다. 그러나 그리스도인이 정의를 보여주지 못한다면, 그가 보여주는 사랑의 의미도 축소될 수밖에 없습니다. 왜냐하면 하나님께 있어서 정의는 사랑의 근거이기 때문입니다.

영국의 청교도들이 불신자들에게 복음을 제시하기 전에 율법을 제시하는 데 공을 들였던 이유도 바로 이 때문입니다. 율법이라는 정의의 검은 벨벳 위에서라야 복음이라는 다이아몬드는 찬란하게 빛을 발합니다.

사실 국가의 가장 중요한 존재 의의는 국민들에게 정의가 무엇인지를 보여주는 것입니다. 그러나 오늘날 국가는 이런 일을 하기에 적합하지 않게 되었고, 그렇게 할 근거와 의지까지 거의 잃어버렸습니다. 그렇기 때문에 교회가 사랑과 함께 정의를 이 세상에 보여주어야 합니다.

하나님께서는 율법과 은혜로 이 세상을 통치하십니다. 하나님의 은혜는 우리로 하여금 율법을 완성하게 만들어 주는 힘입니다. 거룩한 하나님의 사랑과 생명을 충만하게 분여받을수록 그리스도인은 하나님의 통치가 자신들의 삶을 통해 온전히 구현되어 정의가 이루어지기를 갈망합니다. 그래서 싱클레어 퍼거슨(Sinclair Ferguson, 1948-)은 은혜의 선구자로서 율법의 기능에 대한 존 오웬(John Owen, 1616-1683)의 견해에 대해 다음과 같이 말합니다.

> 오웬은 개혁파 신학에서 전통적인 율법의 세 가지 사용을 자신의 구별된 강조로 진술한다. 첫째, 율법은 선하심, 거룩하심, 그리고 지혜 가운데 계시는 하나님의 성품을 드러낸다. 둘째, 율법은 죄인이든 신자이든 간에 인간의 의무를 드러낸다. 셋째, 율법은 인간을 예수 그리스도께로 데려다 준다. ① 율법은 죄를 죄로 드러낸다. ② 율법은 '죄의 죄 됨'을 드러낸다. ③ 율법은 인간을 '죄, 사망, 사단, 그리고 지옥의 속박 아래로' 데리고 가므로 우리로 하여금 구원자를 간절히 찾게 한다.[102]

---

[102] Sinclair B. Ferguson, *John Owen on The Christian Life* (Edinburgh: The Banner of Truth Trust, 1987), 49-50.

C. 도덕은 우리의 종교의 참됨을 입증함

그리스도인 중에는 신자의 도덕생활의 가치를 지나치게 폄훼하는 사람도 있습니다. 도덕은 그 판정 기준이 인간의 관점과 현세의 입장에 머물기 때문에, 기독교 신앙에서 추구할 만한 것이 아니라는 것입니다.

그러나 이러한 견해는 복음으로 말미암은 자유를 강조한 나머지 무율법주의 내지는 반율법주의로 굴러 떨어진 것입니다. 도덕은 우리의 종교가 참된 진리에 입각하고 있다는 사실을 입증해 줍니다.

이 세상에는 기독교 신앙을 위협하는 두 개의 세력이 있습니다. 첫째는 교만한 이성이고, 둘째는 거만한 불신앙입니다. 우리는 이 두 세력을 굴복시켜야 합니다. 그러면 어떻게 이 두 세력을 굴복시킬 수 있을까요?

첫째로, 세상의 교만한 이성입니다. 이것은 진리의 체계를 변증하는 지식으로써 굴복시킬 수 있습니다. 교만한 이성에 사로잡힌 사람들은 이 세상에 이성보다 더 믿을 만한 것이 없다고 말하며, 성경의 진리를 하찮은 것으로 무시합니다. 이들을 굴복시키기 위해서는 그들의 학문보다 더 월등한 지혜로 이 세상의 이치를 설명하는 성경의 진리를 체계화해야 합니다. 그래서 그들이 갖추고 있는 것보다 더 깊은 학문과 논리로, 그들을 굴복시켜야 합니다.

둘째로, 세상의 거만한 불신앙입니다. 이것은 진리를 따르는 착한 행실로 굴복시킬 수 있습니다. 불신앙이란 단순한 회의가 아니라 굳은 고집입니다. 회의가 아직 의지를 결정하지 못하고 있는 상태라면, 불신앙은 의지를 굳건히 해서 들어오는 모든 증거, 즉 하나님은 살아 계시고 성경이 진리라고 하는 증거들을 의도적으로 짓밟고 무시하겠다는 결단입니다. 그러나 어둠은 어둠만 있을 때는 엄청난 힘을 가지고 있는 것 같아도 빛이 비치기 시작하면 힘없이 물러갑니다. 당장은 철옹성같이 굳게 안 믿겠다고 거부하며 사는 것처럼 보여도, 믿는 우리가 삶의 열매로 우리의 믿음을 보여주기 시작하면 불신앙은 쉽게 깨어지고 마는 것입니다. 어둠은 빛을 비춤으로 물러 가지만, 빛은 어둠에게 제거당하지 않습니다. 빛 자체가 사라지지 않는 한, 어둠은 빛을 물러나게 할 수 없기 때문입니다.

이러한 일들을 효능 있게 수행하려면, 성령과 복음의 능력이 절대적으로 필요합니다. 성경은 말합니다. "우리의 싸우는 무기는 육신에 속한 것이 아니요 오직 어떤 견고한 진도 무너뜨리는 하나님의 능력이라 모든 이론을 무너뜨리며"(고후 10:4).

세상의 교만한 이성과 거만한 불신앙을 완전하게 굴복시키기 위해서는 우리의 노력뿐 아니라 궁극적으로 영적인 능력이 필요합니다. 그러나 우리의 선한 행실 역시 이 일에 필수적입니다. 그러므로 도덕적인 삶을 살아가며, 선한 행실로 세상 사람들에게 빛을 비춰 주는 것은 그리스도인의 양보할 수 없는 사명입니다. 그럴 때 비로소 세상은 우리가 믿는 종교가 참된 것임을 인정하고 우리가 믿는 하나님께로 시선을 돌릴 것이기 때문입니다.

III. 하늘에 계신 너희 아버지께 영광을 돌리게 하라

예수 그리스도께서는 빛의 비유를 마무리하시면서 이렇게 말씀하십니다. "그들로……하늘에 계신 너희 아버지께 영광을 돌리게 하라"(마 5:16下). 이 구절의 의미를 정확하게 이해하기 위해 '하늘에 계신 하나님', '너희 아버지이신 하나님', '하나님께 영광을 돌림' 세 부분으로 나누어 살펴보겠습니다.

A. 하늘에 계신 하나님

유대인은 하늘이 3층으로 이루어져 있다고 보았습니다. 먼저 새들이 날아다니는 하늘이 있고, 그 위에 공중 권세 잡은 자들의 하늘이 있으며, 그 위에 그 어떤 더러운 것도 범접할 수 없는 하나님의 보좌가 있는 하늘이 있다고 믿었던 것입니다. 본문에서 말하는 하늘은 그 삼층천(三層天) 중 세 번째 하늘, 모든 것을 초월해서 하나님 홀로 보좌에 계신 하늘입니다.

그런데 본문의 "하늘에 계신"이 의미하는 바는 그 세 번째 하늘에 하나님께서 임재하고 계시다는 것이 아닙니다. 여기서 하늘은 장소적인 하늘이 아니며, 계시다는 말도 땅을 비워 두시고 하늘에 가 계시다는 의미가 아닙니다.

피조물의 있음과 하나님의 존재하심은 완전히 다릅니다. 하나님은 세계 안에 계시지만, 돌이나 흙, 물병이 있는 것과 같이 계신 것이 아닙니다. 그렇다고 우리의 영혼, 정신 등이 있는 것처럼 계신 것도 아닙니다. 모든 피조물이 하나님을 벗어나지 못하도록 모든 피조물을 품고 계시지만, 그러나 어느 피조물도 하나님을 간직하고 있을 수는 없습니다. 다른 어떠한 피조물보다도 가까이 계시지만, 그렇다고 바로 여기 계시다고 할 수도 없습니다. 그래서 모든 만물은 하나님을 벗어나지 못하지만, 어디에서도 하나님과 피조물은 섞일 수가 없습니다.

본문이 "하늘에 계신"이라고 표현하고 있는 것은 하나님께서 이처럼 초월적인 양상으로 존재하고 계시기 때문입니다. 초월적인 하나님이시기에, 하늘에 계신 하나님이라고 표현하고 있는 것입니다. 따라서 이것은 단순히 멀리 계신다는 의미가 아니라, 이 세상에 있는 모든 것과 완전히 구별되는 초월적인 성격으로 존재하신다는 의미로 해석해야 합니다.

물론 때때로 하나님은 인격적인 관계 속에서, 우리에게 살을 맞대고 있는 피붙이보다 더 가깝게 다가오기도 하십니다. 그러나 그 때에도 하나님 은 우리와 전적으로 다른 타자(他者)이십니다. 나의 자아보다 더 가까이, 내가 느낄 수 있는 가장 가까이 계신 분임에도 불구하고, 이 세상 모든 것 위에 뛰어난 초월적이고도 완전한 타자로 존재하시는 것입니다. 이 때문에 우리는 하나님과 친밀함을 누리는 그 순간에도, 그분의 위엄 앞에 굴복하며 두려워 떨지 않을 수 없습니다. 따라서 우리는 이 구절을 이렇게 해석해야 합니다. "우리와는 좁힐 수 없는 큰 격차가 있는 분이신 크고 위대하신 하나님, 당신의 존재 앞에서 우리는 티끌이고, 당신의 완전하심 앞에서 우리는 소망 없는 죄인에 불과합니다. 오, 거룩하신 하나님."

이처럼 "하늘에 계신"이라는 구절은 하나님께서 인간과 완전히 구별되는 전적인 타자이심을 보여줍니다. 사람이 하나님의 형상으로 지은 바 되었다는 것은 인간의 영혼이 하나님의 일부라는 의미가 아닙니다. 인간의 영혼이 하나님과 같은 본질의 것이라거나, 하나님의 본질과 섞일 수 있다거나, 인간의 영혼이 존재하시는 방식처럼 하나님께서 존재하신다는 의미는 더더욱 아닙니다.

하나님께서 하늘에 계시다는 사실은 우리가 땅에 있다는 사실을 일깨워줍니다. 그리하여 하늘에 계신 하나님을 생각할 때마다 하나님은 당신이 창조하신 모든 피조물과 구별되시고, 심지어 모든 피조물 중 가장 뛰어난 인간과도 구별되시며, 인간의 영혼과도 구별되시는 존재이심을 기억해야 합니다. 그 존재의 격차는 무한한 것으로, 하나님의 존재하심에 비하면 인간은 없는 것과 같습니다. 인간이 이 세상에 존재함으로 갖는 가치와 의의는 오직 하나님과 맺은 관계 속에서만, 그리고 하나님께서 관계 맺게 하신 다른 존재들과의 연관 속에서만 찾을 수 있습니다.

하나님은 이처럼 모든 세계 위에 뛰어나시고, 모든 인간과 구별되시고,

모든 영적 존재로부터 초월해 계신 분이십니다. 천상과 지상에 존재하는 어떠한 피조물이라도, 인간의 지성의 관념 속에 있는 그 어떠한 사유도 하나님의 존재와 비견될 수 없는 것입니다. 그렇게 높고 위대하신 하나님 아버지가 우리를 통해 이 세상 사람들에게 영광을 받고자 하십니다. 그러니 우리의 기독교 사상에 부합하는 윤리적인 삶의 가치와 이를 위한 하나님의 부르심은 얼마나 중차대한 것입니까!

B. 너희 아버지이신 하나님

이어서 성경은 하나님을 '너희의 그 아버지'(τὸν πατέρα ὑμῶν)라고 소개합니다. 성경 본문에서 '너희'는 복수인데, '그 아버지'는 단수입니다. 아무리 많은 하나님의 백성이 있어도 하나님은 그 모든 자에게 각각 아버지가 되신다는 것입니다.

'아버지'라고 번역된 희랍어 '파테라'(πατέρα)는 가족 관계에서 사용되는 호칭입니다. 우리말로 하자면 '아빠' 정도가 될 것입니다. 예수 그리스도께서 하늘에 계신 하나님을 이렇게 칭하도록 가르쳐 주신 것은 복음의 진수를 보여줍니다. 존재와 위엄, 영광에 있어서 하나님과 인간은 비교될 수 없을 정도로 서로 다른 존재이지만 그분과 인간 사이에 이루어지는 인격적인 관계는 친근한 사랑의 관계라는 것입니다.

한때는 세상 사람이었던 그리스도인이 예수 그리스도를 믿음으로 모두 하나님의 가족이 되고 하나님은 그들이 인격적인 관계 안에서 서로를 용납하고 사랑하게 하십니다. 그리고 그렇게 하나님의 모든 자녀는 그리스도를 통해 성령 안에서 하나님 앞에 모여 한 가족이 됩니다. 단지 함께 살아가는 공동체가 아니라 그리스도를 통해 성령 안에서 아름다운 영적인 연합을 이루며 그 신비적인 연합을 눈에 보이는 공동체의 삶 속에서 실제로 구현해 갑니다.

그래서 어느 청교도가 이런 말을 남겼습니다. "하나님께는 손자가 없다." 하나님의 자녀가 된 사람들은 모두 각자가 그리스도로 말미암아 하나님 앞에 다시 태어남으로써 그분의 자녀가 되었지, 육신의 부모가 하나님의 자녀라는 이유 때문에 자동적으로 하나님의 자녀가 된 사람은 아무도 없습니다. 그래서 우리 하나님은 할아버지에게도 아버지이시며, 아버지에게도 아버지이시고, 나에게도 아버지이시며, 내 아들에게도 아버지가 되십니다. 세상의 관점으로는 이해할 수 없는 족보이나 성령 안에서는 가장 정상적인 족보입니다. 그래서 사도 요한은 이렇게 말합니다. "영접하는 자 곧 그 이름을 믿는 자들에게는 하나님의 자녀가 되는 권세를 주셨으니"(요 1:12).

또한 사도 바울은 이렇게 하나님의 자녀가 된 사람들이 그리스도 안에서 어떤 연합을 이루며 살아가는지에 대해 다음과 같이 감격적으로 말합니다. "이는 이방인들이 복음으로 말미암아 그리스도 예수 안에서 함께 상속자가 되고 함께 지체가 되고 함께 약속에 참여하는 자가 됨이라"(엡 3:6).

하나님께서 신자의 아버지가 되신다는 것은 곧 그의 자녀인 우리가 하나님의 후사(後嗣)가 된다는 의미입니다. 청교도 신학자 존 오웬(John Owen, 1616-1683)은 하나님의 자녀들이 그분의 후사가 되는 것의 의미를 다음과 같이 세 가지로 설명을 했습니다. 첫째로, 그들은 하나님의 약속에 대해 후사들입니다(갈 3:29, 히 6:17). 이 약속은 죄와 사단의 지배가 가져온 모든 악으로부터 그들을 구원해 주실 것과 그리스도 안에서 하늘에 속한 모든 영적인 복을 그들에게 부으실 것을 가리킵니다. 둘째로, 그들은 의의 후사들입니다(히 11:7). 또는 이것을 생명의 은혜의 후사라고 부르기도 하였습니다(벧전 3:7). 이것은 그리스도를 믿어 거룩한 하나님의 자녀가 됨으로써 누리게 되는 기업입니다. 그들은 더 이상 죄인이 아니요 하나님 안에서 의롭게 된 사람들입니다. 셋째로, 그들은 구원의 후사입니다(히 1:14, 딛 3:7). 이것은 영생의 소망을 따르는 후사이며 그리스도로 말미암아 하나님께로부터 받는 썩지 않을 기업입니다. 이것은 이미 지상에서 그들이 누리고 있는 그 빛과 거룩함의 기업을 가리킵니다. 하나님의 생명이 부어지고 그 관계를 누리며 살아가는 특권을 가리키는 것입니다. 이 모든 좋은 것들의 원천은 하나님 자신이 그들의 분깃이요 기업이심에 있습니다.[103]

이처럼 하나님께서 우리의 아버지이시라는 사실은 하나님께서 허락하시는 모든 것을 누리며 살아간다는 것을 가리킵니다.

C. 하나님께 영광을 돌림

이 세상에서 빛으로 살아가는 하나님의 자녀들이 그 빛으로 가득 찬 하나님 나라의 완성을 고대하는 이유가 무엇입니까? 거기에서 누리게 될 물질의 풍족함이나 마음의 행복 때문이 아닙니다. 바로 물이 바다를 덮음과 같이 가득한 하나님을 아는 지식으로 말미암아 하나님의 이름이 가장 존귀하게 여김을 받을 것이기 때문입니다.

하나님께서는 구원받은 당신의 자녀들을 이렇게 이 땅에서 당신의 명예를 위해 살게 하셨습니다. 이것은 당신이 이 세상에서 영광을 받으심으로써 비로소 완전해지시거나 거룩해지시기 때문이 아닙니다. 이 일 없이도 하나님은 완전하시고 거룩하시며 충만한 영광이십니다. 그러나 우리는 이 세상에서 하나님의 이름의 명예를 위해 마음을 쏟으며 살아가는 동안에만

---

[103] John Owen, *Of Communion with God*, in *The Works of John Owen*, vol. 2., ed. by William H. Goold (Edinburgh: The Banner of Truth Trust, 1990), 218-219.

가장 인간다운 삶을 살 수 있고 하나님의 자녀다운 삶을 구가할 수 있습니다. 그래서 하나님께서는 우리에게 하나님께 영광을 돌리며 살아가라고 하셨던 것입니다.

1. 영광을 돌리다

그러면 하나님께 '영광을 돌린다'(δοξάσωσιν)는 것이 의미하는 것은 무엇일까요? 이것은 하나님 자신의 영광에 인간의 행동이 어떤 변화를 가져올 수 있다는 것이 아닙니다. 그리스도께서 하나님께 영광을 돌리라고 하셨을 때 그 영광은 하나님 자신의 영광이라기보다는 하나님 이름의 영광입니다. 이것은 높아지기도 하고 낮아지기도 하는데 인간의 태도에 따라 그렇게 됩니다. 그러므로 하나님께 영광을 돌린다는 말은 곧 하나님을 하나님으로 인정한다는 의미입니다. 하나님보다 더한 것이 없으니 더하게 인정할 수도 없고, 또 하나님보다 덜하게 인정하는 것은 하나님을 인정하는 것은 아니니 하나님을 인정한다는 것은 하나님을 하나님에 합당한 예우로 대한다는 것이 될 것입니다. 즉 하나님께 영광을 돌린다는 것은 곧 하나님을 하나님으로서 인정하고 반응한다는 의미입니다.

하나님을 인정한 사람은 하나님을 인정하지 않았을 때 따르던 가치의 질서를 버리고 하나님을 인정함으로써 도입된 새로운 가치의 질서를 따라 살아가야 합니다. 하나님께서는 말로 올리는 인간의 경배와 노래와 악기들의 연주로 올리는 찬양 속에서만 영광을 받으시는 분이 아닙니다. 비록 들리는 가락이 없고 울려 퍼지는 곡조가 없을지라도, 사람의 마음의 움직임과 삶의 질서가 거룩하신 하나님의 이름의 영광을 인정하고 그 위엄과 질서에 복종할 때, 오히려 하나님은 그것을 통해 더 큰 영광을 받으십니다. 삶이 거룩한 제의(祭儀)의 표현이 될 때 하나님은 그것들을 통하여 총체적으로 영광을 받으시는 것입니다.

메러디스 클라인(Meredith G. Kline, 1922-2007)은 자신의 책 『하나님 나라의 서막』(Kingdom Prologue)에서 하나님의 백성의 제의적 직무를 세 가지로 나누어 진술하였습니다. 경배와 성별, 성소의 수호자직, 제사장직의 수위성(首位性)이 그것입니다.104) 저는 그의 생각을 토대로 이 세상에서 마땅히 살아가야 할 그리스도인의 삶을 다음과 같이 정리합니다.

첫째로, 제의적 사명입니다. 그 핵심은 예배자가 되는 것인데, 이는 하나님께 대한 경배와 하나님을 향한 성별로 이루어집니다. 인간은 먼저 복음을 통하여 창조주 하나님의 영광을 대면하고 진정한 예배자가 되어야 합니다. 그리고 그것은 성경 계시의 빛으로 경배받으실 하나님을 안 결과입니다. 창조주를 인정할 때, 그는 성별된 사람으로서 살아야 할 근거를 갖지 않을 수 없습니다.

둘째로, 성소적 사명입니다. 그 핵심은 교회와 자신의 순결입니다. 구원받은 신자는 순결을 위하여 살아가야 합니다. 그는 한 편으로는 구원받은 성도로서 그리스도의 몸인 교회의 일부가 되어 교회의 순결을 위해 살아가야 하고, 또 한 편으로는 그 자신이 성령께서 거하시는 전(殿)으로서 개인의 순결을 지키며 살아가야 합니다. 이것은 소극적으로는 자신과 교회를 모든 불결로부터 지킴으로써, 적극적으로는 자신과 교회의 거룩함을 증진하는 일에 헌신함으로써 성취됩니다. 그리스도인에게는 진리와 교훈에 있어서 교회의 순결을 더럽히는 모든 거짓된 가르침으로부터 진리를 파수할 사명과 함께, 도덕과 행위에 있어서 교회의 순결을 더럽히는 모든 불결한 악으로부터 교회를 지켜야 할 사명이 있습니다.

---

104) Meredith G. Kline, *Kingdom Prologue* (Overland Park: Two Age Press, 2000), 83-90.

셋째로, 문화적 사명입니다. 그 핵심은 노동과 선교입니다. 노동을 통하여 인류의 모든 삶의 영역에서 하나님의 통치가 이루어지게 하여야 하며, 하나님을 알지 못하는 사람들에게 복음을 전파해야 합니다. 그리스도인의 문화적 사명은 제의적 사명과 성소적 사명에 대하여 종속적입니다. 즉 '제의적·성소적 사명 vs 문화적 사명'과 같이 이원론(二元論)으로 생각하는 것도 성경적이 아니며, 그 사이에 아무런 구분이 없다고 일원론(一元論)으로 보는 것도 성경적인 견해가 아닙니다. 이 세 가지 사명의 관계는 원뿔형의 구도로 생각하는 것이 가장 정확합니다. 제의적·성소적 사명이 원뿔의 윗부분이라면 그 아래에 문화적 사명이 있습니다. 둘 사이에는 높이의 차이가 있을 뿐 담장은 없습니다. 인간은 하나님 앞에서 참된 경배자가 되는 만큼, 순결하게 사는 만큼, 이 세상 인류의 모든 삶의 영역에서 하나님의 통치를 보여줄 수 있습니다. 그런 점에서 문화적 사명은 하나님을 경배하고 그분 앞에서 성결을 유지하는 제의적 사명에 대하여 종속적이라고 할 수 있습니다.

오늘날 조국 교회는 극단적 이원론과 설익은 일원론으로 고통 받고 있습니다. 한 편으로는 성(聖)과 속(俗), 교회와 세상을 단절시키는 극단적 이원론으로 고통을 받고, 또 한 편으로는 그것들 사이의 구별을 지나치게 무시하는 어렵지 않은 일원론으로 거룩한 종교의 근본을 파괴당하고 있습니다. 실제로 저는 서울에 소재하고 있는 잘 알려진 복음적인 교회에서 매주 많은 젊은이들이 사회봉사를 이유로 주일예배에 공식적으로 결석하는 것을 보았습니다. 교회는 오히려 이것을 권장하고 있었습니다. 성속일원론에 의하면 노동도 곧 예배라는 미명하에 말입니다.

2. 세상도 하나님 영광을 위함

본문의 말씀은 우리에게 하나님의 자녀들뿐 아니라 이 세상 전체가 하나님의 영광을 위해 지은 바 되었다는 것을 알려줍니다. 인간은 타락하여 하나님께서 세계를 창조하시고 인간을 지으신 목적으로부터 멀리 떠났으나, 그렇다고 하나님께서 세계를 창조하신 목적이 변한 것은 아닙니다. 인간의 타락에도 불구하고 하나님의 창조 목적은 좌절되지 않았습니다. 이스라엘을 선택하신 것, 예수 그리스도를 이 세상에 보내신 것, 교회를 세우시고 우리를 구원하신 것, 구원받은 우리에게 진리의 빛과 성령의 은혜를 주신 것도 바로 이 세상이 창조의 목적으로 돌아가게 하시기 위함입니다.

모든 세계는 하나님께 영광을 돌리도록 창조되었고, 우리는 그 빛을 비추어 이 세상 사람들을 그 원래의 목적대로 돌이켜 하나님께 영광을 돌리게 하는 데 기여하도록 부름 받았습니다. 우리가 끊임없이 복음을 전파함으로 그 빛을 사람들로 하여금 알게 하고, 착한 행실로 사람들에게 그 빛의 의미를 전하는 것도 바로 이 때문입니다.

우리는 교회를 위하여 있고, 교회는 세상을 위하여 있으며, 세상은 그리스도를 위하여 있고, 그리스도는 하나님을 위하여 있습니다. 하나님께서 교회를 사랑하시며, 그 교회 공동체 위에 이 땅과 하늘의 자원을 부어 주시는 이유가 무엇입니까? 교회를 교회답게 하시기 위해 하나님의 말씀으로 날마다 성결하게 하시는 이유가 무엇입니까? 그것은 교회 자체를 위해서가 아니라 교회가 그렇게 순전한 교회가 됨으로써만 이 세상이 하나님께 돌아올 수 있기 때문입니다.

"이는 내 뼈 중의 뼈요 살 중의 살이라"(창 2:23)는 고백은 아담과 하와 사이에서만 나눌 수 있는 고백이 아닙니다. 이것은 결혼 관계로 묶일 사람들 사이의 고백을 넘어서서, 모든 인류가 예수 그리스도의 사랑 가운데 궁극적으로 하나로 묶일 때 서로 나누게 될 고백입니다. 만물을 참된 사랑의 질서로 회복시키는 것, 그 일을 위해 하나님은 예수 그리스도를 보내셨고 교회를 세우셨고 우리를 구원하셨습니다. 그러므로 선교는 이러한 사랑의 전파와 확산입니다.

그러므로 우리가 그 빛을 전하고 그 빛을 따라 착한 행실의 삶을 사는 것은 세상과 우리를 구별하기 위해서가 아니요, 그들도 우리처럼 하나님께로 돌아오게 하기 위해서입니다. 하나님의 나라는 그 빛의 확장이며 그 사랑의 확장입니다.

IV. 결론

하나님의 자녀들의 가장 최상의 소명은 이 세상에서 그 빛으로 살아가는 것입니다. 그리고 그 빛에 합당한 착한 행실로 열매를 맺으며 살아가는 것입니다. 하나님의 자녀들은 교회와 동떨어진 개체로서 그 일을 하는 것이 아닙니다. 완성의 날에 세상과 하나 될 교회의 일원으로서 그 일을 하는 것입니다.

지상에 있는 불완전한 교회는 이 땅에 먼저 내려온 하나님의 나라입니다. 새로 회복될 세상의 종자씨로서 하나님께서 가루와 같은 이 세상에 넣어 두신 누룩이며 부패해 가는 이 세상에 심어 놓으신 소금이며 어두운 이 세상을 밝히는 등불입니다. 그러나 교회가 진리와 사랑의 공동체가 아니라면, 그것은 가루를 부풀게 할 수 없는 부패한 누룩, 맛 잃은 소금, 불 꺼진 등불에 지나지 않습니다.

우리의 교회는 어떻습니까? 진리로 사랑을 점증해 가고, 다시 사랑으로 진리를 점증해 가는 공동체입니까? 하나님께서는 교회를 이루고 있는 그리스도인 안에도 세상과 똑같은 부패한 정신의 잔재들이 잔존하고 있음을 아십니다. 그래서 하나님께서는 날마다 용서와 은혜와 진리의 빛과 성령의 불을 교회에 부어 주십니다. 용서의 은혜를 베풀어 죄책으로부터 자유로울 수 있게 하시고, 진리의 빛을 비추어 오류로부터 돌이켜 설 수 있게 하시며, 성령의 능력을 부어 주어 부패와 타락으로부터 돌이킬 수 있게 하셨습니다.

하나님의 자녀인 우리가 누리는 진리의 빛과 성령의 은혜는 모두 하나님께서 그리스도의 교회에 부어 주신 축복에 참여함으로써 분여받는 것입니다. 그리고 하나님께서 그리스도의 교회에 이렇게 말할 수 없는 축복을 허락하신 이유는 교회를 통해 이 세상을 향한 당신의 사랑을 실현하시기로 정하셨기 때문입니다.

사랑하는 여러분! 그리스도의 교회의 일원으로서 우리의 사명은 세상도 우리처럼 하나님께 영광 돌리게 하는 것입니다. 물론 우리 역시 세상 사람들과 똑같은 시대 속에서 세상 정신의 영향을 받으며 살아가는 존재일 뿐입니다. 그러나 우리는 그 영향보다 더 큰 영향을 하나님의 말씀과 그리스도와 성령을 통해 공급받고 있습니다.

그러므로 우리는 하나님께서 당신의 창조의 목적을 따라 이 세상을 완성하시는 날까지 그 나라의 도래를 위해 살아가야 합니다. 아직 완성되지는 않았으나 이미 먼저 임한 하나님 나라의 실재와 영광을 누리며 사는 사람들로서 이 세상에 나타나야 합니다. 그 빛이신 그리스도를 누리며, 그 빛에 합당한 착한 행실들로써 우리가 믿고 살아가는 이 모든 진리의 체계들이 확고한 근거를 가지고 있다는 사실을 보여줄 수 있어야 하는 것입니다.

하나님께서 우리에게 주신 모든 직업, 사회적인 지위, 자연적인 성품과 물질과 건강, 우리의 재능, 나아가 우리의 생명까지도 하나님께서 우리를 이 세상에서 그 빛으로 살아가게 하시고자 주신 것입니다. 그러므로 우리는 생명 다하는 날까지 어두운 이 세상에서 빛으로 살아가야 합니다. 세상이 어두우면 어두울수록 그 빛으로 살아가는 우리에게는 더 많은 기회가 주어질 것입니다. 왜냐하면 어둠 속에서 빛은 더욱 더 찬란하게 빛날 것이기 때문입니다.

세상도 하나님께 영광을 돌리게 하라
한 · 눈 · 에 · 보 · 는 · 5장

I. 들어가는 말
  - 그리스도인의 착한 행실과 하나님께 영광을 돌리는 것의 관계를 살펴보자.

II. 너희 착한 행실들을 보고
  A. '보고' : 봄과 앎
    - 착한 행실을 눈으로 확인할 수 있게 보여줄 뿐 아니라 그 동기가 된 진리를 인정하고 나아가 알게 해주라는 의미이다.
  B. 윤리적 행동들의 특성 : 다음의 세 가지 역할을 수행함
    1. 그 개별적 실천을 하고 있는 사람의 마음, 경향, 정신, 의도 등을 보여준다.
    2. 그 사람이 믿는 가치 체계가 무엇인지를 보여준다.
    3. 당신의 자녀들을 향한 하나님의 통치를 보여준다.
  C. 도덕은 우리의 종교의 참됨을 입증함
    - 도덕은 우리의 종교가 참된 진리에 입각한 종교라는 사실을 입증하는 방편이 된다.
    - 세상의 교만한 이성은 진리의 체계를 변증하는 지식으로, 세상의 거만한 불신앙은 진리를 따르는 착한 행실로 굴복시켜야 한다. 이 일을 위해서는 우리의 노력뿐 아니라 성령과 복음의 능력이 필요하다.

III. 하늘에 계신 아버지께 영광을 돌리게 하라
  A. 하늘에 계신 하나님
    - 여기서 하늘은 장소를 의미하는 것이 아님. 이것은 하나님께서 모든 세계 위에 뛰어난 초월적 양상으로 존재하고 계심을 의미한다.
  B. 너희 아버지이신 하나님
    - 원어적으로 '많은 자녀의 한 아버지' 라는 뜻을 지닌다.
    - 하나님과 우리가 맺는 관계는 가족 관계와 같은 친근한 사랑의 관계이다. 하나님께는 손자가 없다. 모든 그리스도인은 하나님과 친자 관계를 맺는다.
  C. 하나님께 영광을 돌림
    - 하나님께 영광을 돌린다는 것은 하나님을 하나님으로서 인정하고 반응한다는 것이다.
    - 우리를 만나지 않았으면 하나님을 인정하지 않았을 사람들이 우리의 삶을 보고 하나님을 인정하게 만들어 주는 것이 바로 하나님께 영광을 돌리는 삶이다.
    - 세상 역시 하나님의 주권 아래 있기에 교회뿐 아니라 세상도 하나님께 영광돌려야 한다.
    - 우리가 그 빛을 따라 착한 행실의 삶을 사는 것은 세상과 구별되기 위해서가 아니라 세상도 우리처럼 하나님께로 돌아오게 하기 위해서이다.

Ⅳ. 결론

- 우리는 완성의 날에 세상과 하나 될 교회의 일원으로서 이 세상에서 '그 빛'으로 살아가야 한다.
- 하나님께서 이 세상을 창조 목적을 따라 완성하시는 그 날까지 착한 행실로써 우리가 믿는 진리의 체계들이 확고한 근거를 가지고 있음을 보여주어야 한다.
- 세상의 어둠은 오히려 우리의 빛이 드러날 기회이다.

부록 1

참고 문헌

참고 문헌

성경 주석

Hawthorne, Gerald F. Philippians, in *Word Biblical Commentary*, vol. 43, *Philippians* (Waco: Word Books, 1983).

Limburg, James. *Hosea-Micah, Interpretation: A Bible Commentary for Teaching and Preaching* (Atlanta: John Knox Press, 1988).

Ridderbos, Herman. *Matthew* (Grand Rapids: Regency Reference Library, 1987).

Turner, David L. *Matthew; Baker Exegetical Commentary on the New Testament* (Grand Rapids: Baker Publishing Group, 2008).

단행본 - 신학 부문

김남준, 『개혁신학과 관상기도』 (안양: 열린교회출판부, 2011).

김남준, 『하나님의 도덕적 통치』 (서울: 생명의말씀사, 2007).

Augustinus, Aurelius. *Soliloquiorum, in Sancti Aurelii Augustini Hipponensis Episcopi Opera Omnia*, vol. 1 (Parisiis: Apud Gaume fratres, 1836).

Avgvstinvs, Avrelivs. *Confessiones*, in *Corpvs Christianorvm Series Latina*, XXVII: *Avrelii Avgvstini Opera* (Tvrnholti: Thpographi Brepols Editores Pontificii, 1996).

Avgvstinvs, Avrelivs. *De Beata Vita*, in *Corpvs Christianorvm Series Latina*, XXIX: *Avrelii Avgvstini Opera* (Tvrnholti: Typographi Brepols Editores Pontificii, 1970).

Avgvstinvs, Avrelvs. *De Civitate Dei*, in *Corpvs Christianorvm Series Latina*, XLVIII: *Avrelii Avgvstini Opera* (Tvrnholti: Typographi Brepols Editores Pontificii, 1970).

Avgvstinvs, Avrelivs. *De Doctrina Christiana*, in *Corpvs Christianorvm Series Latina*, XXXII: *Avrelii Avgvstini Opera* (Tvrnholti: Typographi Brepols Editores Pontificii, 1996).

Avgvstinvs, Avrelvs. *De Libero Arbitrio*, in *Corpvs Christianorvm Series Latina*, XXIX: *Avrelii Avgvstini Opera* (Tvrnholti: Typographi Brepols Editores Pontificii, 1970).

Avgvstinvs, Avrelivs. *De Trinitate*, in *Corpvs Christianorvm Series Latina*, L: *Avrelii Avgvstini Opera* (Tvrnholti: Typographi Brepols Editores Pontificii, 1968).

Chesterton, G. K. *Orthodoxy* (New York: Image Books, 1990 reprint).

Clement of Alexandria. *Stromata* in *Patrologia Graeca*, vol. VIII, ed. by J. P. Migne (Paris: n. p. 1857).

Dargan, E. C. *A History of Preaching*, vol. 2 (Grand Rapids: Baker Book House, 1974).

Edwards, Jonathan. *A History of the Work of Redemption*, in *The Works of Jonathan Edwards*, vol. 9, ed. by John E. Smith (New Haven: Yale University Press, 1989).

Edwards, Jonathan. *End of Creation*, in *The Works of Jonathan Edwards*, vol. 8, ed. by John E. Smith (New Haven: Yale University Press, 1987).

Edwards, Jonathan. "God Makes Men Sensible of Their Misery Before He Reveals His Mercy and Love", *Sermons and Discourses(1730-1733)*, in *The Works of Jonathan Edwards*, vol. 17, ed. by Harry S. Stout (New Haven: Yale University Press, 1999).

Edwards, Jonathan. *Original Sin*, in *The Works of Jonathan Edwards*, vol. 3, ed. by John E. Smith (New Haven: Yale University Press, 1997).

Edwards, Jonathan. *Religious Affection*, in *The Works of Jonathan Edwards*, vol.

2, ed. by Perry Miller (New Haven: Yale University Press, 1986).

Edwards, Jonathan. *The Miscellanies(1153-1360)* in *The Works of Jonathan Edwards*, vol. 23, ed. by Douglas A. Sweeney (New Haven: Yale University Press, 2004).

Edwards, Jonathan. *The Nature of True Virtue*, in *The Works of Jonathan Edwards*, vol. 8, ed. by Paul Smith (New Haven: Yale University Press, 1987).

Edwards, Jonathan. "The Perpetuity and Change of the Sabbath," *Sermons and Discourses(1739-1742)*, in *The Works of Jonathan Edwards*, vol. 22, ed. by Harry S. Stout (New Haven: Yale University Press, 2003).

Fant, Clyde E. Jr. & Pinson, William M. Jr. eds., *20 Centuries of Great Preaching* (Waco: Word Books, 1979).

Ferguson, Sinclair B. *John Owen on The Christian Life* (Edinburgh: The Banner of Truth Trust, 1987).

Goudriaan, Aza. "What Piety is Needed?", in *Voetius on Piety and Learning*, 열린교회 주최 제2회 개혁파정통주의신학 세미나 강의안 (미간행, 2010).

Kim, Seyoon. *The Origin of Paul's Gospel* (Tübingen: J. C. B. Mohr Paul Siebeck, 1981).

Kline, Meredith G. *Kingdom Prologue* (Overland Park: Two Age Press, 2000).

Kuyper, Abraham. *Abraham Kuyper: A Centennial Reader*, ed. by James D. Bratt (Grand Rapids: The Paternoster Press, 1998).

Lloyd-Jones, Martyn. *Romans: Exposition of Chapters 3:20-4:25 Atonement and Justification* (Edinburgh: The Banner of Truth Trust, 2003).

Luther, Martin. *The Book of Concord* ed. by Robert Kolb & Timothy J. Wengert (Minneapolis: Fortress Press, 2000).

Mattison, William C. III. *Introducing Moral Theology: True Happiness and the Virtues* (Grand Rapids: Brazos Press, 2008 reprint).

Owen, John. *Of Communion with God*, in *The Works of John Owen*, vol. 2., ed. by William H. Goold (Edinburgh: The Banner of Truth Trust, 1990).

Owen, John. *On the Mortification of Sin*, in *The Works of John Owen*, vol. 6, ed. by William H. Goold (Edinburgh: The Banner of Truth Trust, 1991).

Owen, John. *On the Nature and Causes of Apostasy, and the Punishment of Apostates*, in *The Works of John Owen*, vol. 7, ed. by William H. Goold (Edinburgh: The Banner of Truth Trust, 1988).

Owen, John. *On the Persons of Christ*, in *The Works of John Owen*, vol. 1 ed. by William H. Goold (Edinburgh: The Banner of Truth Trust, 1972).

Pearcey, Nancy R. *Total Truth: Liberating Christianity from Its Cultural Captivity* (Wheaton: Crossway Books, 2004).

Purkiser, W. T. *The Biblical Foundations*, in *Exploring Christian Holiness*, vol. 1 (Kansas: Beacon Hill Press, 1983).

Ramsey, Paul. "Editor's Introduction", *Ethical Writings*, in *The Works of Jonathan Edwards*, vol. 8 (New Haven: Yale University Press, 2004).

Smith, G. Barnett. *John Knox and the Scottish Reformation* (Edinburgh: The Religious Tract and Society, 1905 reprint).

St. Augustine. *The Nature of the Good*, in *The Works of Augustine*, vol. 1/19, ed. by Boniface Ramsey (New York: New City Press, 2006).

St. Augustine, *True Religion*, in *The Works of Saint Augustine*, vol. I/8, ed. by Boniface Ramsey (New York: New City Press, 2005).

Voetius, Gisbertus. *Gisbertus Voetius: De praktijk der godzaligheid*, ed. by C. A. de Niet (Ta askētika sive Exercitia pietatis, 1664).

Watson, Thomas. *The Lord's Prayer* (Carlisle: The Banner of Truth Trust, 1993).

Wells, David F. *God in the Wasteland: The Reality of Truth in a World of Fading Dreams* (Grand Rapids: William B. Eerdmans Publishing, 1994).

Wells, David F. *Losing Our Virtue: Why the Church Must Recover Its Moral Vision* (Grand Rapids: William B. Eerdmans Publishing, 1998).

West, Christopher, *The Theology of Body Explained: A Commentary on John Paul II's "Gospel of the Body"* (Wiltshre: Antony Rowe, 2003).

사전류

Danker, Frederick W. *A Greek-English Lexicon of the New Testament and Other Early Christian Literature*, 3rd edition (Chicago: The University of Chicago Press, 2000), 561-562.

단행본 - 신학 외 부문

강영안, 『우리에게 철학은 무엇인가』 (서울: 궁리, 2002).

강영안, 『타인의 얼굴: 레비나스의 철학』 (서울: 문학과지성사, 2009).

게릿 L. 버슈, 『대충돌: 혜성과 소행성의 위협』 (서울: 영림카디널, 2004).

김덕호, 김연진 공편, 『현대 미국의 사회운동』 (서울: 비봉출판사, 2001).

리처드 도킨스, 『이기적 유전자』, 홍영남 역 (서울: 을유문화사, 2006).

미치오 카쿠, 『평행우주』, 박병철 역 (파주: 김영사, 2011).

민영기, 우종옥, 윤홍식 공저, 『교양 천문학』 (서울: 형설출판사, 2003).

박종홍, "철학개론강의", 『박종홍 전집』 1권 (서울: 형설출판사, 1953).

변광배, 『존재와 무: 자유를 향한 실존적 탐색』 (파주: 살림, 2005).

비토리오 훼슬레, 『비토리오 훼슬레, 21세기의 객관적 관념론』, 나종석 역 (서울: 에코리브르, 2007).

애덤 스미스, 『도덕감정론』, 박세일, 민경국 공역 (서울: 비봉출판사, 2009).

알랭 드 보통, 『무신론자를 위한 종교』, 박중서 역 (서울: 청미래, 2011).

앤드류 프래크노이, 데이비드 모리슨, 시드니 울프, 『우주로의 여행』 윤홍식 외 8인 공역 (서울: 청범, 1998).

오병남, 『미학강의』 (서울: 서울대학교출판문화원, 2010).

올더스 헉슬리, 『멋진 신세계』, 이덕형 역 (서울: 문예출판사, 1998).

유교문화연구소 편, 『맹자』, 告子章 上, 6장, 유교경전번역총서 2권 (서울: 성균관대학교 출판부, 2008).

유주, 『아침 해는 밝은데 안개가 하늘을 가린다』, 이성애 편역 (서울: 동인, 1995).

정용환, 『철학적 성찰로서 유교론』 (서울: 철학과 현실사, 2011).

진중권, 『미학 오디세이 3』 (서울: 휴머니스트, 2006).

카를 로젠크란츠, 『추의 미학』, 조경식 역 (서울: 나남, 2008).

황인평 편, 『볼셰비키와 러시아 혁명 Ⅰ』 (서울: 거름, 1985).

Berkeley, George. *A Treatise Concerning the Principles of Human Knowledge* (Rockville: Arc Manor, 2008).

Brouwer, L. E. J. *L. E. J. Brouwer Collected Works: Philosophy and Foundations of Mathematics*, vol. 1, ed. by A. Heyting (Amsterdam: North-Holland Publishing, 1975).

Cicero, *De Finibus Bonorum et Malorum*, in *Loeb Classic Library*, vol. 40 (Cambridge: Harvard University Press, 1999).

Chesterton, G. K. *The Collected Works of G. K. Chesterton*, vol. I, ed. by David Dooley (San Francisco: Ignatius, 1986).

Copleston, Frederick, S. J. *A History of Philosophy*, vol. v. *Hobbes to Hume* (Mahwah: Paulist Press, 1959).

Cudworth, Ralph. *The True Intellectual System of the Universe* (London, n.p. 1743).

Fish, Stanley. *Is There a Text in This Class? the Authority of Interpretive Communities* (Cambridge: Harvard University Press, 1980).

Gibbon, Edward. *The History of the Decline and Fall of the Roman Empire*, vol. 6 (New York· J.J. Harper, 1826).

Holmes, Oliver Wendell Jr., "Law in Science" in *The Essential Holmes*, ed. with an introduction by Richard A. Posner (Chicago: University of Chicago Press, 1996).

Israel, Jonathan I. *Radical Enlightenment: Philosophy and the Making of Modernity 1650-1750* (Oxford: Oxford University Press, 2002).

Maslow, A. H. *Motivation and Personality* (New York: Haper Brothers, 1954).

Neumeyer, Fritz. *The Artless word: Mies van der Rohe on the Building art*, trans. by Mark Jarzombek (Cambridge: MIT Press, 1991).

Newton, Isaac. *Opticks: or, A Treatise of the Reflections, Refractions, Inflexions and Colours of Light. Also Two Treatises of the Species and Magnitude of Curvilinear Figures*, Part II (London: n.p., 1704).

Wittgenstein, Ludwig. *Tractatus Logico-philosophicus*, trans. by D. F. Pears & B. F. McGuinnes (New York: Routledge, 2001).

Yaroslavsky, E. *Landmarks in the Life of Stalin* (London: Lawrence Wishart Ltd., 1942).

학술논문

강상진. "선에 관한 아벨라르두스의 의미론적 분석", 중세철학 제 8호 (한국중세철학연구소, 2002).

김병연. "애덤 스미스가 본 사회 통합과 경제 성장", 『현상과 인식』 제 31권 1·2호 (서울: 한국인문사회과학회, 2007).

김정곤. "미스 반데어 로헤(Ludwign Mies vander Rohe, 1886-1969)의 구축적 특성에 관한 연구", 건국기술연구논문지, vol. 26. (서울: 건국대학교 산업기술연구원, 2001).

서인정. "현대음악의 미학적 과제: 20세기 모더니즘에서 포스트모더니즘 음악까지", 미학 예술학 연구 29집 (서울: 한국미학예술학회: 2009).

이효상. "조경설계 응용을 위한 해체주의 디자인 연구" (공주: 조경학 석사논문, 공주대학교, 2003).

Kyungjin Zoh. "An Exploration of Postmodernism in Contemporary Western Landscape Architecture," 『한국조경학회지』, vol. 21, no.1 (서울: 한국조경학회, 1993).

인터넷사이트

Encyclopædia Britannica. Encyclopædia Britannica Online Academic Edition. Encyclopædia Britannica Inc., 2012. Web. 06 Feb. 2012.
[http://www.britannica.com/EBchecked/topic/593494/laws-of-thought.]

Encyclopædia Britannica. Encyclopædia Britannica Online Academic Edition. Encyclopædia Britannica Inc., 2012. Web. 06 Feb. 2012.
[http://www.britannica.com/EBchecked/topic/494815/reductio-ad-absurdum.]

Parc de la Villette
[http://en.wikipedia.org/wiki/Parc_de_la_Villette.]

부록 2
색인

성구 색인

구약

창 1:3	250
창 2:23	334
창 8:21	238
창 19:5	237
출 32:10	218
출 32:32	219
레 10:3	172
민 12:3	160
민 14:15-16	219
신 6:6	203
신 10:13	165
신 33:29	165
삿 19:22	237
삼하 23:4	250
욥 3:9	250
욥 31:26	250
시 19:14	203
시 19:2-4	200
시 22:14	216
시 27:1	26
시 37:6	26
시 51:11-12	124
시 119:18	107
시 119:105	30, 250
시 119:130	250
시 119:136	216
시 145:14	206
잠 6:23	30

사 11:9	133
사 42:3	132
사 42:6	61
사 62:1	26
렘 6:16	124
애 2:19	215
애 4:1	124
겔 36:23	172
겔 38:23	172
호 4:6	67
합 2:14	134

신약

마 3:10	284
마 4:23-25	24
마 5:1	24
마 5:5	160
마 5:14	18, 52, 84
마 5:15	98
마 5:16	280, 325
마 5:48	216
마 6:1	105
마 6:5	105
마 6:23	29
마 7:20	106
마 9:35-36	51
마 10:16	240
마 12:20	132
마 12:33	106
마 16:3	240
마 16:16	64, 130
마 16:18	129, 130
마 16:19	120
마 22:37-38	202
마 24:29	27
마 26:24	284
마 27:3	48
막 1:14	118

막 6:3	177		롬 7:5	246
막 7:22	238		롬 11:17	87
			롬 12:2	240, 244, 247
눅 5:8	48		롬 15:19	118
눅 5:30	220		롬 16:25	118
눅 5:31-32	220			
눅 8:5	177		고전 1:2	89
눅 11:36	27, 94		고전 1:17	87
눅 11:52	120		고전 1:24	87
눅 19:41-44	217		고전 2:2	211, 242
눅 23:40-42	293		고전 2:6-7	242
			고전 9:16	50, 256
요 1:10	71		고전 9:27	249
요 1:12	329		고전 13:3	205
요 3:16	71, 261		고전 15:31	218
요 3:19	27			
요 3:21	27, 181		고후 1:12	160
요 5:26	126		고후 4:2	192
요 10:9	126		고후 5:17	87
요 11:9	71, 103		고후 7:8	48
요 12:35	103		고후 10:2-5	207
요 12:46	26, 181		고후 10:4	325
요 14:6	62, 126		고후 11:13	202
요 14:9	68			
요 14:21	202		갈 2:20	63
요 17:19-21	206		갈 3:29	329
			갈 4:3	71
행 5:2	124			
행 6:1	124		엡 1:19	211
행 15:38	124		엡 3:6	329
행 17:23	200		엡 4:12	184
행 26:18	181		엡 4:13	221
			엡 5:6	87
롬 1:1	118		엡 5:8	61, 181
롬 1:13-16	50		엡 5:8-12	173
롬 1:14-15	256			
롬 1:18	138		빌 1:6	249
롬 1:20	200		빌 1:9-10	195
롬 1:21	107, 238		빌 1:10-11	240
롬 1:21-23	107		빌 1:27	318
롬 1:28	177		빌 2:5	220
롬 2:16	118		빌 2:6-7	220
롬 2:23-24	172		빌 2:15	61, 195, 221, 249
롬 5:11	173		빌 3:8-9	68
롬 5:6	74		빌 3:12	50
롬 5:8	64			
롬 7:17	221		골 1:28-29	183
롬 7:18	87			

살전 5:5	181
딤전 1:15	71
딤전 3:9	160
딤전 4:2	160
딤전 6:16	125
딤후 2:22	246
딤후 4:10	124
딛 1:15	160
딛 3:7	330
딛 3:8	284
몬 1:13	118
히 1:14	330
히 5:7	213
히 5:9	125
히 6:17	329
히 9:2	93
히 9:12	125
히 10:12	125
히 11:7	329
히 11:38	71
히 13:9	284
약 1:14	237
약 3:15	246
약 4:6	206
벧전 1:14-16	319
벧전 2:9	25
벧전 3:7	329
벧전 3:15	283
벧전 3:15-16	159
벧전 3:21	160
벧전 4:3	246
벧전 5:5	206
벧후 3:3	165
요일 1:4	62
요일 1:7	26, 30
요일 3:18-19	205
요일 4:10	261
요일 4:16	126
요일 5:20	48
유 1:18	165
계 1:12	93
계 2:4	124
계 5:4	216
계 11:15	71
계 21:11	27

주제별 색인

ㄱ

가변성 124, 133, 173, 187
가변적 교회 133
가치의 질서 27, 41, 76, 142
계몽주의 121, 129, 155, 210
계시 44, 68, 99, 121, 126, 128, 175, 185, 186, 195, 279, 313, 332
과학 71, 141, 175, 265
교리 144, 145, 166, 189, 190, 191, 312
교만 190, 209, 216, 261, 324
교회의 박사 188
구원 24, 25, 26, 45, 65, 68, 70, 76, 117, 125, 181, 258, 260, 261, 302
그리스도와의 일치 65
그리스도와의 연합 65, 127, 128, 328, 329
기독교 신앙 24, 56, 131, 159, 168, 175, 192, 215, 218, 283, 303, 324

ㄴ

낭만주의 151

ㄷ

도덕 32, 33, 34, 36, 38, 40, 62, 63, 76, 99, 105, 182, 295, 296, 324
도덕주의 62, 76, 292
등대 106

ㅁ

마음 48, 49, 51, 53, 54, 56, 87, 99, 107, 108, 109, 117, 139, 199, 201, 202, 203, 204, 205, 213, 214, 215, 216, 220, 238, 240, 244, 247, 263, 271, 292, 297, 302
목회 55, 56, 57, 195, 196, 201, 202, 204, 215, 242
무신론 140, 265, 278-280
무한성 57, 58
문화 237, 239, 277, 278, 333
물질주의 38, 40, 89, 140
미학 148, 151, 200

ㅂ

반사이익 287
발광체 31
법률 162
보편 교회 128, 129, 130, 131, 184, 223, 318
복음적 교회 127
본성의 빛 41, 42, 44, 99, 246
불변성 124, 125, 127, 129, 130
불의 138, 139, 142
빛의 본질 28, 30, 191

ㅅ

사고방식 97, 169, 170
산상수훈 23
산업혁명 38, 39, 41, 162
선교 50, 55, 90, 135, 166, 197, 203, 312, 333, 335
성경 45-47, 52,53, 55, 89, 108, 131, 134, 142-146, 156-157, 175, 184-186, 186-195, 201, 265
성경적 신학 122, 212
성경 계시 185, 195, 313, 332
성령의 조명 69, 108

성령 186-187, 191, 197-198, 206-213, 221, 278-279, 301, 336
성육신 48, 56, 63, 64, 128, 192, 249
성찬 158
성화 65, 127, 169, 221, 249, 301
세계관 35, 47, 96, 147, 239, 243, 272, 283
세례 158, 316, 317
소명 50, 109, 181, 194, 233, 255, 273, 274, 335
시대 정신 32, 34, 192, 214, 219, 236-239, 244, 248, 263, 296
신념 63, 91, 164, 122, 214, 215, 272, 273, 281, 283
신적 기관 96, 181
신적 강제력 50, 51
실용주의 34-38
십자가 45, 52, 63, 64-66, 71, 77, 87, 131, 172, 242, 256, 261, 293-294

ㅇ

아름다움 49, 52, 53, 54, 55, 145, 147, 151, 164, 175, 182, 193, 200, 253, 265, 270, 286, 301, 312, 313
암체 31
양심 44, 74, 99, 159, 160, 194-195, 283, 286
어둠(어두움) 26, 30, 61, 76, 93, 98, 107-108, 124, 133, 144, 172, 181, 191, 254, 255, 302, 304, 324-325
연합 65, 127, 128, 130, 205, 222, 223, 263, 328-329
영원성 58, 125, 126, 127, 131
완성 43, 125, 133, 258, 261-262, 291, 323, 330, 335, 336
욕구 35, 43, 162, 169, 215, 244
율법 65, 66, 120, 172, 202, 239, 278, 323
이성주의 120, 129, 161, 212
인본주의 120, 168, 170
일반은총 239, 273, 274, 277, 286

ㅈ

자연주의 35
자유주의 120, 210
자유 37, 71, 72-73, 87, 140, 147, 157-158, 259, 260, 276, 324
적의 238, 276
정의 35, 88, 132, 162, 164, 239, 322, 323
정체성(그리스도인의) 26, 52-58, 96, 222, 243, 317
존재의 질서 41
종교개혁 120, 122, 158, 197
종교 다원주의 161, 170
죽음 101, 108, 117, 192, 285
중생 49, 56, 65, 131, 167, 249, 317
지상 교회 129, 207
지역 교회 128, 130, 131, 132, 184, 223, 318

ㅊ

창조 71, 174-176, 179, 258-259, 320
창조의 목적 26, 48, 55, 171, 178, 224, 238, 260, 275, 284-286, 290, 296, 297, 300, 304, 311, 334
철학 37, 43, 45, 142, 143, 207, 243, 265, 282, 296

ㅋ

쾌락 44-45, 103, 105

ㅌ

타락 44, 71, 76, 161, 185, 193, 259, 260, 334, 336

ㅍ

포스트모더니즘 33, 43, 47, 147, 149, 151, 161, 199, 243

ㅎ

하나님을 아는 지식 64, 66, 67, 68, 168, 214
하나님의 나라 86, 120, 123, 291, 318, 335

하나님의 영광 58, 59, 60, 61, 66, 75
합리주의 121, 122
회개 25, 46, 48, 57, 144, 167, 220, 246, 250, 298, 303
회심 47-48, 56, 57, 65, 131, 169, 241, 249, 256, 316, 317

사명선언문

너희가 흠이 없고 순전하여······세상에서 그들 가운데 빛들로
나타내며 생명의 말씀을 밝혀 _ 빌 2:15-16

1. 생명을 담겠습니다
만드는 책에 주님 주신 생명을 담겠습니다.
그 책으로 복음을 선포하겠습니다.

2. 말씀을 밝히겠습니다
생명의 근본은 말씀입니다.
말씀을 밝혀 성도와 교회의 성장을 돕겠습니다.

3. 빛이 되겠습니다
시대와 영혼의 어두움을 밝혀 주님 앞으로 이끄는
빛이 되는 책을 만들겠습니다.

4. 순전히 행하겠습니다
책을 만들고 전하는 일과 경영하는 일에 부끄러움이 없는
정직함으로 행하겠습니다.

5. 끝까지 전파하겠습니다
모든 사람에게, 땅 끝까지, 주님 오시는 그날까지
복음을 전하는 사명을 다하겠습니다.

서점 안내

광화문점 종로구 신문로 1가 58-1 구세군 회관 2층(110-061)
Tel 02)737-2288 | Fax 02)737-4623

강 남 점 서초구 잠원동 75-19 반포쇼핑타운 3동 2층 전관(137-909)
Tel 02) 595-1211 | Fax 02) 595-3549

구 로 점 구로구 구로 3동 1123-1 3층(152-880)
Tel 02) 858-8744 | Fax 02) 838-0653

노 원 점 노원구 상계동 749-4 삼봉빌딩 지하1층(139-200)
Tel 02) 938-7979 | Fax 02) 3391-6169

분 당 점 경기도 성남시 분당구 서현동 273-1 대현빌딩 3층(463-824)
Tel 031) 707-5566 | Fax 031) 707-4999

신 촌 점 마포구 노고산동 107-1 동인빌딩 8층(121-806)
Tel 02) 702-1411 | Fax 02) 702-1131

일 산 점 경기도 고양시 일산구 주엽동 83번지 레이크타운 지하 1층(411-370)
Tel 031) 916-8787 | Fax 031) 916-8788

의정부점 경기도 의정부시 금오동 470-4 성산타워 3층(484-010)
Tel 031) 845-0600 | Fax 031) 852-6930

인터넷서점 www.lifebook.co.kr